BIG THREE

Roger Federer

Rafael Nadal

Novak Djokovic

BIG 3 網壇三巨頭

【典藏紀念版】

費德勒、納達爾、喬科維奇
競逐史上最佳GOAT的網球盛世

CARLOS BÁIDEZ
卡洛斯．拜德茲／著
劉家亨／譯

BIG THREE

La mayor rivalidad
de la historia del deporte

Big 3網壇三巨頭

費德勒、納達爾、喬科維奇競逐史上最佳GOAT的網球盛世

作　　者　卡洛斯・拜德茲（Carlos Báidez）
譯　　者　劉家亨
執 行 長　陳蕙慧
總 編 輯　曹　慧
主　　編　曹　慧
封面設計　比比司設計工作室
內頁排版　思　思
行銷企畫　陳雅雯、林芳如
社　　長　郭重興
發 行 人　曾大福
編輯出版　奇光出版
　　　　　E-mail: lumieres@bookrep.com.tw
　　　　　粉絲團：https://www.facebook.com/lumierespublishing
發　　行　遠足文化事業股份有限公司
　　　　　http://www.bookrep.com.tw
　　　　　23141新北市新店區民權路108-4號8樓
　　　　　電話：(02) 22181417
　　　　　客服專線：0800-221029 傳真：(02) 86671065
　　　　　郵撥帳號：19504465 戶名：遠足文化事業股份有限公司
法律顧問　華洋法律事務所 蘇文生律師
印　　製　呈靖彩藝有限公司
初版一刷　2023年3月
定　　價　600元
I S B N　978-626-7221-13-6
　　　　　978-626-7221150（EPUB）
　　　　　978-626-7221167（PDF）

歡迎團體訂購，另有優惠，請洽業務部（02）22181417分機1124、1135

國家圖書館出版品預行編目資料

Big 3網壇三巨頭：費德勒、納達爾、喬科維奇競逐史上最佳GOAT的網球盛世 / 卡洛斯・拜德茲（Carlos Báidez）著；劉家亨譯. -- 初版. -- 新北市：奇光出版：遠足文化事業股份有限公司發行, 2023.03

面；公分

譯自：Big three : la mayor rivalidad de la historia del deporte

ISBN 978-626-7221-13-6（平裝）

1. CST: 網球　2. CST: 運動員　3. CST: 傳記

528.953　　111022457

線上讀者回函

獻給我的父母，謝謝他們的慷慨與信任。

獻給兩位哥哥和妹妹，因為我們兄妹四人是一體。

〔推薦序〕無與倫比的黃金盛世——許乃仁……008
序言——安赫．賈西亞……011
前言……013

PART 1
三位主角
1-1 命中注定……020
1-2 完美的網球選手……045
1-3 行為典範……058

PART 2
競爭舞台
2-1 大滿貫之路……068
2-2 澳洲網球公開賽……081
2-3 法國網球公開賽……085

目次 CONTENTS

ROGER FEDERER RAFAEL NADAL NOVAK DJOKOVIC

2-4 溫布頓網球公開賽……090
2-5 美國網球公開賽……094
2-6 ATP排名第一……098
2-7 ATP1000大師賽……102
2-8 ATP年終總決賽……106
2-9 台維斯盃……109
2-10 奧運……115

PART 3 宿敵對峙

3-1 一九九九年：頂尖網壇……120
3-2 二〇〇〇年：奧運的愛與失望……123
3-3 二〇〇一年：偶像殞落……128
3-4 二〇〇二年：這個孩子是誰？……132
3-5 二〇〇三年：羅傑的夢想……138

3-6 二〇〇四年：宿敵對峙的起源 …… 146
3-7 二〇〇五年：法網傳奇 …… 155
3-8 二〇〇六年：費德勒霸權 …… 164
3-9 二〇〇七年：喬科維奇來襲 …… 173
3-10 二〇〇八年：納達爾改變歷史 …… 180
3-11 二〇〇九年：史上最強 …… 191
3-12 二〇一〇年：馬納科旋風 …… 201
3-13 二〇一一年：三巨頭誕生 …… 212
3-14 二〇一二年：三強鼎立 …… 220
3-15 二〇一三年：尤利西斯・費德勒 …… 231
3-16 二〇一四年：台維斯盃作為庇護所 …… 240
3-17 二〇一五年：喬科維奇之年 …… 252
3-18 二〇一六年：四巨頭？ …… 263
3-19 二〇一七年：浴火鳳凰 …… 274

目次 CONTENTS

ROGER FEDERER
RAFAEL NADAL
NOVAK DJOKOVIC

3-20 二〇一八年：大滿貫之爭 …… 288
3-21 二〇一九年：近在咫尺 …… 300
3-22 二〇二〇年：納達爾追上費德勒 …… 313
3-23 二〇二一年：喬科維奇大突襲 …… 325

PART 4 數據統計

4.1 正面對決 …… 348
4.2 大滿貫奪冠紀錄 …… 356
4.3 勝場數據 …… 359
4.4 獎項紀錄 …… 360

後記 …… 371
致謝 …… 374
參考書目 …… 376

【推薦序】

無與倫比的黃金盛世

許乃仁—前體育主播/網球評述/運動專欄作家

二〇〇一年美網結束之後，當筆者走出紐約國家網球中心的艾許球場，心中百感交集。在九〇年代主宰男子網球的一代王者、年過三十歲的山普拉斯（Pete Sampras）剛在男單決賽中被二十歲的澳洲小伙子休伊特（Lleyton Hewitt）以快速的腳步和凌厲的穿越球徹底催毀，也宣告他的統治王朝即將結束。

雖然隔年山普拉斯在夏天的紐約奇蹟般的復活，並再次擊敗宿敵阿格西（Andre Agassi）而得以華麗轉身；但這也是這位十四座大滿貫得主生涯的最後一場戰役。同時也讓筆者在心中產生疑問：What's next？誰是下一個統治的王者？更重要的，誰有可能追上、甚至超越山普拉斯的成就？而男子網球在歷經了山普拉斯vs阿格西的黃金年代之後，能夠再複製另一個偉大而膾炙人口的對抗組合嗎？休伊特在二〇〇二年溫布頓拿下第二座大賽冠軍之後便未能繼續主宰；而在這段期間包括費雷羅（Juan Carlos Ferrero）、羅迪克（Andy Roddick）、高迪歐（Gaston Gaudio）、薩芬（Marat Safin）等都紛紛拿下生涯首個大滿貫，彷彿男子網球即將進入群雄並起的時代。但當時任誰也沒有想到男子網壇即將邁入一個更輝煌的神奇年代。

隨著網球在一九六八年正式邁入公開賽年代（Open Era）之後，競爭愈來愈激烈。除了少數的特例（像七〇年代澳洲的羅斯威爾〔Ken Rosewall〕和美國長青樹的康諾斯〔Jimmy Connors〕）之外，三十歲對於現代男子網球來說是巔峰的頂限，歷代的球王名將幾乎都逃不過三十歲之後狀態下滑的定律。瑞典的柏格（Bjorn Borg）甚至在二十六歲那年之後便燃燒殆盡；而要在三十歲之後拿下大滿貫冠軍更是難上加難。在「BIG 3三巨頭」出現之前，相信沒有人能夠想像當今競爭如此激烈的男子網壇竟然會在長達二十年期間，大賽冠軍幾乎都由三個人所壟斷。這也很可能是網球史上唯一一個絕無僅有的「現象」。

過去二十年間，費德勒、納達爾和喬科維奇幾乎打破了所有的歷史紀錄；也重新定義了網球運動員能夠保持在巔峰狀態的長度。他們將男子網球推升到前所未有的嶄新層次；同時以無與倫比的球技和個人魅力襲捲全球；也讓全世界見識到網球的力與美。許多人因他們而開始欣賞、參與網球這項美妙的運動。觀看三巨頭打球就像是一種藝術欣賞般的體驗。三人以其與生俱來的天賦經過長年累月不間斷的刻苦練習，焠煉出大師級的精湛球藝，創造了無數的輝煌成就。背後的動力皆源自於對網球競技的一股純然的熱愛與執著。

這股熱情讓他們能在漫長的歲月中克服一切壓力、孤獨、傷痛和低潮，心無旁鶩地只專注在自己的目標上，同時不斷地自我演化和創造歷史。一般人可能難以想像他們為了成功所付出的一切時間和心力。另外，三巨頭之所以是三巨頭，是在比賽關鍵時刻的巨大壓力之下，他們仍然能夠冷靜而精準完美地執行並贏得比賽。這點也讓三巨頭和歷史上的其他好手區隔開來。然而私底下，三人又都是如此熱愛生命、心地善良、愛家顧家的好男人。是如此坦率風趣、平易近人且深受祝福。不管是做為一位職業選手或是一個人，三位當代傳奇都足以做為後世的表率。

另外，三巨頭除了各自的輝煌成就之外，彼此之間也創造了膾炙人口的經典對峙（rivalry）局面。三人雖然是競爭對手，但彼此尊敬、相知相惜，同時也互相激盪出自己最佳的表現。在過去二十年間，三人為世界球迷留下無數的經典戰役。然而在費德勒去年退役後，我們無從得知三巨頭的時代還能夠持續多久，但可以肯定的是，往後我們將很難再次見證到如此偉大的運動盛世。

最後，關於誰是史上最偉大（GOAT，the Greatest Of All Time）這一點，每個人心中都有自己的定義，也很難以數據去量化。但毫無疑問的，在球迷心目中，三人都像是神一般的存在。當代球迷何其有幸能夠身處在三巨頭的時代，能與這三位網球傳奇共同見證他們生涯的每一個經典的時刻，是一件多麼幸福的事情。

而這樣的網球盛世，當然值得記錄。本書作者拜德茲（Carlos Báidez）憑藉多年來近距離的觀察採訪，以運動報導文學的方式，帶領球迷從三巨頭的崛起過程和所有經典時刻做了鉅細靡遺的導覽，更輔以珍貴的歷史照片，帶球迷來一趟知性的近代網球歷史之旅。對全世界的網球迷來說，是一本值得推薦的好書。

序言

安赫·賈西亞（Ángel García）｜西班牙大眾聯播網廣播電臺（COPE）網球新聞主編

讓我們走進這天才雲集的大廳。角落裡，各位的左手邊，達文西、米開朗基羅和拉斐爾正在天馬行空地創作。另個角落，各位的右手邊，亞歷山大大帝、凱薩大帝和拿破崙正在策畫攻城掠地。達爾文、愛因斯坦和牛頓三人唇槍舌戰，爭論不休。大廳盡頭，塞萬提斯、莎士比亞和但丁正靜靜地撰寫手稿。莫札特、貝多芬和蕭邦所譜的樂曲自遠方悄悄傳來，生怕打斷幾位大文豪的思緒。

想像一下，若歷史給各位一個機會，待在這大廳中央五分鐘，我們的感官會有何反應？各位會走近誰的身邊？會用手上最新一代iPhone錄下什麼內容？這便是最近二十年的網球愛好者的感想，或者相去不遠。史上最強的三位網球選手共存於同一時代，正面交鋒，卻有一座球場不曾三人同時登場（原諒他們吧，羅德·拉沃！）。他們在對決中不斷超越彼此，相互較勁，一同成長，每每揮拍都化作不朽。

羅傑·費德勒（Roger Federer）持拍有如拿著小提琴，揮拍有如提筆揮毫，若你有幸親眼目睹，怎能不愛上他。諾瓦克·喬科維奇（Novak Djokovic）在場上的眼神殺氣騰騰，不屈不撓，唯有成長路上受過巴爾幹半島戰火洗禮的孩子才見得到這股意志，若你有幸親眼見到，怎會不被他嚇著。拉斐爾・納達爾（Rafael Nadal）幾乎從來不會失誤，從不辜負眾人的期望，但勝敗乃兵家常事，若你有幸親眼看他比賽，無論輸贏，怎能不佩服他。

前世界排名第三的二十七冠王，大衛・費雷爾（David Ferrer）曾說自己很榮幸能和他們三人在同個時代打球。他說與巨人共舞令人成長，而與外星人對決則猶如仰望浩瀚星空。費雷爾說自己三生有幸，若生在別的時代，早就贏下大滿貫了，也許還登上世界第一寶座，但他並不這麼想，並沒有受這念頭折磨。他從未和我親口說過，我猜大概也是如此吧，比起在書上閱讀歷史，在球網另一側感受歷史的感覺更棒。現場直播的傳奇，直接體驗的神話，親眼所見的不朽。

未來數十年，甚或數百年，他們創下的紀錄都會名留青史。然而，我們的子孫才不會相信，會說是我們胡謅出來的，是爺爺的記憶模糊不清，說「十四」座法網冠軍，其實只有「四」座，因為爺爺記錯了，在前面多加了「十」。怎麼可能有人能在單一大滿貫比賽十四度封王？爺爺，別瞎扯了！六十四座大滿貫冠軍，而且是二十二比二十二比二十的魔幻局面，簡直就像天方夜譚。爺爺，專心一點呀！他們三人還在決賽場上碰頭超過七十次，爭奪冠軍獎盃。爺爺，得了吧！

網球運動長達三世紀的歷史中，從來沒有發生過這種事。各位別費心在記憶中搜索了。未來的三世紀也不會發生同樣的事，絕對不會，各位也不必去幻想了，倒是可以在本書的字裡行間重新體驗這段傳奇，可以拿著由費德勒、納達爾和喬科維奇簽核的護照，再次於網球的四大國境（墨爾本、巴黎、倫敦和紐約）之間穿梭。爺爺，快買這本書呀！買個好幾本吧，替每個子孫都買一本，送給他們當禮物。這樣他們就不會懷疑你說的話，歷史將永遠銘記這三位不朽的網球巨星：費德勒、納達爾、喬科維奇。

前言

費德勒、納達爾和喬科維奇之間的競爭，是二十一世紀體壇最重要的宿敵關係。三人在二十一世紀的前二十年完全制霸網壇，彼此的球風和個性截然不同，將網球這項競技運動推向嶄新的境界。雖然把不同時代的網球選手拿來做比較並不公平，但若我們把冠軍頭銜數、球技實力以及職業生涯的長壽納入考量，我們討論的無疑是史上最強的三位網球選手。

二〇〇四年，費德勒和納達爾在邁阿密大師賽開啟了精采絕倫的競爭關係。短短幾年後，喬科維奇也加入戰局，闖入費德勒和納達爾的宿敵關係中，對他倆的霸權造成嚴重威脅，同時也意味著鞭策他倆，繼續在每場比賽全力以赴。三人組成了令人讚歎的「網壇三巨頭」（Big 3）。

三人激烈的競爭已近二十年，帶給球迷許多史上最經典的比賽。這些比賽並不只是在網球史上最經典，放諸所有體育競技皆是。二〇〇八年及二〇一九年的溫網決賽、二〇一二年的澳網決賽，或是二〇一〇年的美網決賽都極富戲劇性，在我們的腦海留下烙印。然而，這些年網壇三雄獻給世人值得追憶的對決何其多。當然，有些網球迷大概不會認可這個觀點，他們懷念的是馬克安諾（John McEnroe）和柏格（Björn Borg）的截擊網球；籃球迷則偏好大鳥博德（Larry Bird）和魔術強森（Magic Johnson）的對決，以及塞爾提克隊對決湖人隊的「表演時刻」（Showtime）；賽車迷則說是洗拿（Ayrton Senna）和保魯斯（Alain Prost）無止盡的爭戰才最為經典。很難選定單一一個對戰組合，因為幸運的是，體壇歷史賦予我們諸多範例。

若要比較網壇這三位大宿敵，就得強調三人無法被超越的運動素質，更得強調在同一項運動競技中，鮮少有機會見到史上最強的三位選手共存於同一個時代，同台較勁。這也許是史無前例。就冠軍頭銜的數量和價值來看——這是最客觀的評比方式——費德勒、納達爾和喬科維奇著實是史上最強。當然，把拉沃（Rod Laver）和柏格等網壇傳奇排除在外，也並不公平，他們的天賦也許不亞於本書的三位主人公。然而，在運動世界看的不只是天賦，網壇的普遍共識認為大滿貫奪冠數才是關鍵要素，才決定了誰是最強王者。而「最強王者」的這條路上，只剩本書的三位主人公在競爭：費德勒[1]、納達爾和喬科維奇，三人分別拿下二十座、二十二座、二十二座大滿貫冠軍。山普拉斯（Pete Sampras）曾拿下十四座大滿貫，在當時是無人能企及的紀錄，但仍被遠遠甩在後頭。

不同於其他傳奇宿敵關係（除了前述組合，還有女網的娜拉提洛娃〔Martina Narvatilova〕與艾芙特〔Chris Evert〕、西洋棋的卡爾波夫〔Anatoly Karpov〕和卡斯帕洛夫〔Garry Kasparov〕、足球的C羅〔Cristiano Ronaldo〕與梅西〔Lionel Messi〕等），三巨頭的宿敵關係之所以新奇且獨特，正是因為牽涉到三位選手。此外，網壇賽程緊湊，無時無刻苛求著選手，令三人的對決次數在過去十五年內翻了一倍，彼此的競爭關係以此為養分，不斷成長，三人放眼的目標越來越困難，許多時候堪稱空想。二〇二二年於法網對決後，費德勒、納達爾和喬科維奇三人間合計已交手過一百四十八場，這個數字非比尋常，更何況其中幾乎一半（七十二場）是在決賽遭遇，其中許多次交手可以說是網球史上最具傳奇色彩的對決。三巨頭也是前所未聞的網壇長青樹，也促使了交手次數如此之多。一反所有預測和先例，費德勒、納達爾和喬科維奇年過三十好幾，仍維持頂尖的球技水準和成績，費德勒甚至已經四十出頭。結果就是，這三位前無古人的天才仍活躍於網壇，許多世代的網球選手只能眼睜睜看著自己的夢想被攔腰截斷。三巨頭讓許多實力派選手吃足苦頭，如羅迪克（Andy Roddick）、費雷爾、戴波特羅（Juan Martín Del Potro）、蒂姆（Dominic Thiem）等人，現在他們把矛頭轉向茲維列夫（Alexander Zverev）、西西帕斯（Stefano Tsitsipas）或者梅德維夫（Daniil Medvedev）等「新世代」（NextGen）選手。

費德勒二〇〇三年於溫網首次封王時，納達爾和喬科維奇甚至尚未踏入職業網壇。打從那一刻以來，網壇三巨頭合計參加了八十項大滿貫賽事，奪下其中六十四次冠軍，大滿貫封王率高達八十%；這兩項數據證明了三人的競技水準是如此之高，三人對於勝利有多麼在乎。能從他們手中拿下大滿貫金盃的勇者寥寥無幾，其中值得特別褒揚莫瑞和瓦林卡，兩人分別三度搶下大滿貫冠軍。來自蘇格蘭的莫瑞處於全盛期時，世人甚至討論未來可能看見「四巨頭」誕生，但最終他受到髖部傷勢拖累，沒能維持水準。三巨頭共處同個時代，攻略冠軍頭銜可說是最為困難，但沒有人可以奪走他們打下的輝煌戰果。從二〇〇四年起，除了三巨頭以外，唯一曾登上世界第一的選手就只有莫瑞（Andy Murray）[2]，而過去十五年來，唯獨瓦林卡（Stanislas Wawrinka）曾從他們手上搶下澳網和法網冠軍。此外，羅迪克、高迪歐（Gastón Gaudio）、薩芬（Marat Safin）、戴波特羅、契利奇（Marin Čilić）、蒂姆和梅德維夫也可以自詡曾在三巨頭霸權時代捧過大滿貫金盃[3]。

---

1 編按：費德勒已於二〇二二年九月十五日因傷宣布退休。

2 編按：二〇二二年相繼有梅德維夫和西班牙十九歲小將阿卡瑞茲（Carlos Alcaraz）打破三巨頭壟斷，登上球王寶座。

3 編按：阿卡瑞茲後在二〇二二年贏得美網冠軍。

一段宿敵關係要達到風靡全球的程度，光是競爭者擁有高超的球技還不夠，還需要他們在風格和個性上有所對比，突顯彼此間的差異，迫使球迷選邊站。費德勒、納達爾和喬科維奇的風格迥異，就各種層面來說，完美代表了各自國家的特性，同時又不淪為刻板印象。費德勒冰冷、優雅且精準，無論場內場外，就像是網球版的瑞士。納達爾則與他截然相反，個性質樸、開朗且熱血，非常西班牙、地中海民族的特性。喬科維奇則是「決心」的同義詞，是塞爾維亞民族強大學習力和適應力的完美典範。

網球是單人競技運動，正因為如此，費德勒、納達爾和喬科維奇之間的競爭關係也拉高至另外的層次。唯一的重點在於選手自身，和宿敵在球場上正面交鋒，沒有人可以伸出援手，就連教練也禁止指點迷津。若比賽當天諸事不順，選手也沒辦法躲到同伴身邊避難或者取暖。這點使得在網球這項體育競技中，心智強度成為左右勝負的首要因素，其重要程度不亞於天賦，甚至更為重要，因為世界最強選手之間的素質差異甚微。阿格西（Andre Agassi）曾針對這點給出完美解釋：「網球是與自己對話的運動。站上呼嘯的賽場時，選手就像在公共廣場上大爆粗口的瘋子。怎麼說呢？嗯，因為網球是非常孤獨的運動，唯有拳擊手可以理解網球選手所面臨的孤獨為何物。話雖如此，但拳擊手還有助手坐在角落待命。」

重大的宿敵關係中——無論是體壇或其他領域，如藝術或戰爭——「他我」或者死敵的存在，會將主人翁的自我要求和技藝推向前所未見的水準。這點也有助於選手大大延長其職業生涯，延長到超乎預期的地步，三巨頭還沒發表退役宣言呢[4]。即使年紀不再青春，加上身體為許多傷痛困擾，三人心中競技的熱火仍舊燒得旺盛。這份熱情驅動他們打破網壇的所有紀錄，在每個賽季迎接全新的艱難挑戰。我們無從得知三巨頭的時代還能持續多久，但肯定明白一件事：我們很難再碰上相似的時代。

最後，還有一件小細節，突顯了費德勒、納達爾和喬科維奇三人出眾的形象，值得一提。偉大運動選手之間的角力不只體現於他們在賽場的功勳多寡，也體現在他們的人品上，換句話說，他們透過展現出的品德，以及在社會上的模範形象一較高下。就這點而言，三巨頭沒有對手。三人毋庸置疑具備偉大人格，無論場上場外，他們謙卑、慷慨和體現運動精神的善舉不勝枚舉。

4 編按：三巨頭中的費德勒已率先於二〇二二年九月十五日因傷退役。

PART 1

三位主角

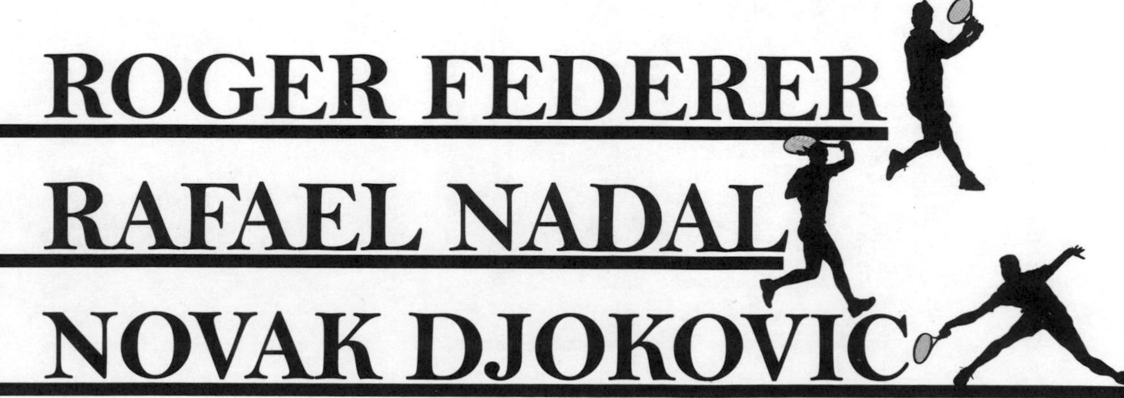

1-1
命中注定

一九八一年八月八日，最具有網球天賦的人誕生在瑞士巴塞爾。瑞士，這個白雪山頭與綠色草原、手作巧克力和鐘錶匠人的國度，也孕育出未來將改變世界網壇的網球大師。羅傑・費德勒天生對網球極有天賦，肢體協調性超乎常人，才三歲就常對著任何能被他當牆打的平面獨自打球，並開始擊球過網。他的父母羅伯・費德勒（Robert Federer）和麗奈特・杜蘭德（Lynette Durande）熱愛網球運動，也將這股熱情傳給小羅傑，週末常帶他到他倆練球的俱樂部會館。一九七〇年，他的父母相識於南非約翰尼斯堡，為瑞士製藥大廠Ciba-Geigy工作。在麗奈特的祖國南非待上幾年後，兩人回到瑞士定居，隨後結婚，繼續任職Ciba-Geigy總部。

這段經歷奠定了費德勒與大他三歲的姊姊黛安娜的國際視野，也熱愛非洲，經常利用假期拜訪母親的祖國。此外，他們的父親熱愛旅遊，當年正是因為旅行才結識未來的愛妻。孩子幼年時，夫婦倆便讓他們習慣旅行。費德勒印象最深刻的一次旅行是青少年時期全家拜訪澳洲；他對雪梨的印象極佳，數年後，這座城市將永遠改變他的人生。今日，費德勒將這股國際化精神傳承給他的孩子們，他在世界各地南征北討，孩子也隨他四處旅行。

小羅傑滿五歲的兩個月前，一九八六年六月三日，安娜・瑪麗亞・帕雷拉（Ana María

吉卜林：「如果你能坦然面對勝利和慘敗，而對這兩個騙子一視同仁。」

Parera）在地中海的西班牙馬納科產下一子。注定成為費德勒在網壇的頭號勁敵誕生了。拉斐爾．納達爾是以他敬愛的爺爺名字命名，家庭美滿，適合挑戰唯有天選之人有望達成的目標。在天堂般的馬約卡島上，他享受得天獨厚的童年，在和睦大家庭的保護下成長。他與小三歲的妹妹瑪麗貝爾（Maribel Nadal）的感情尤其親密。父親塞巴斯蒂安（Sebastián Nadal）的家族賦予他高水準競技所需的基因。叔叔米格．安赫（Miguel Ángel Nadal）從前是傑出的菁英足球選手，是克魯伊夫（Johan Cruyff）在巴塞隆納足球俱樂部率領的「夢之隊」隊員。米格．安赫效力巴薩贏下五次聯賽冠軍和一次歐洲盃冠軍，此外，他還是西班牙國家足球隊成員，征戰國際。然而，這一切並不妨礙姪子成為巴薩的萬年宿敵皇家馬德里隊的狂熱粉絲。雖然米格．安赫在頂尖體壇饒富經驗，但一直以來為納達爾在通往成功路上提供巨大幫助，他運動生涯的關鍵人物其實是托尼．納達爾（Toni Nadal），塞巴斯蒂安和米格．安赫的哥哥。托尼從前也是網球選手，轉型成為馬納科網球俱樂部的教練，納達爾年僅三歲時，托尼便開始和他擊球，比任何人都更早看見這孩子的潛力，發掘他非比尋常的身體和心理素質。

馬約卡島的遠方、戰亂頻仍的貝爾格勒，在父母的溫情環繞下，諾瓦克．喬科維奇初次睜開雙眼。數年後，他的父母將犧牲一切，只為了換取他的美好前程。這天是一九八七年五月二十二日。他的父親瑟強．喬科維奇（Srdjan Djokovic）是出身科索沃米特羅維察的塞爾維亞人，母親迪亞娜．札加爾（Dijana Zagar）是貝爾格勒人。聽說早在孩提時代，喬科維奇的眼神即流露今日的那股果敢。全家人都對喬科維奇的可能性充滿信念，而正是這股信念造就了他日後的成功。喬科維奇與兩大宿敵所經歷的人生截然不同，克服種種困境，他才獲得成就。可以說他通往頂尖選手的路上布滿地雷，一是因為戰爭，二是相繼而來的經濟困境。這些都奠定了他日後成為網球選手的個性，也造就了一家人一同攜手度過難關，達到驚人成就。為達到此目標，甚至以無法照顧喬科維奇兩位弟弟的職業生涯為代價。他倆懷著愛與無奈，接受了自己身為配角的現實。家族的一切資源和精力都為諾瓦克所用。二〇二〇年，迪亞娜接受瑞士《一瞥報》（*Blick*）採訪，表示：「我們沒有妥善照顧他的兩個弟弟，因為一切都圍繞著諾瓦克打轉。我對馬可（Marko Djokovic）和喬傑（Djordje Djokovic）感到抱歉，他們也天賦異稟，但我們沒辦法支持他們。光是打理諾瓦克的事，就耗盡我丈夫的精力了。我們沒有多餘的心力，沒辦法和輔佐諾瓦克一樣幫助他倆。」

貝爾格勒的夏日，瑟強和迪亞娜正沉浸在喜獲麟兒的喜悅中。這個時期，費德勒首次加入巴塞爾的網球訓練營。這年他六歲，在隊上認識了丘迪內利（Marco Chiudinelli），兩人很快成為摯友，一起練球和消磨空閒時間。兩人都在隊上很出名，一方面是因為天生的球技，另一方面是行為不檢點。之後兩人均加入老男孩網球俱樂部——費德勒的母親是那裡的教練，在那兒練了兩年的球。費德勒和丘迪內利的第一位教練是捷克斯洛伐克移民來瑞士的卡科夫斯基（Adolf Kacovsky）。捷克斯洛伐克向現今瑞士輸出了大部分網球知識；女網上的成就是辛吉絲（Martina Hingis），還有費德勒的妻子米爾卡（Mirka Vavrinec）。

卡科夫斯基和費德勒的爸媽早早就注意到他天賦異稟。他的協調性特別優異，在電視上看到職業選手打球，幾乎不怎麼練習，便可以有樣學樣地做出一樣的動作。然而，羅伯和麗奈特選擇不把這當一回事，他們從來都不想給小羅傑壓力，讓他選擇自己的路。費德勒也曉得自己的網球才能極高，小時候常誇嘴說自己有一天會成為世界第一，會贏下溫網冠軍。然而，對他而言，這份對於網球天賦異於常人的自覺一直以來都是一把雙面刃。一方面，這份自覺讓他展現出比同儕高上許多的球技；另一方面，無法透過球拍將腦中紛亂的創意具體表現出來時，這份自覺就會變成挫折。

義大利新聞工作者塞梅拉諾（Stefano Semeraro）在《費德勒密碼》（*El código Federer*）一書中巧妙定義了小羅傑持拍初期所感受的那份無力感，「傑出球員身上的怪事何其多，對於自身才能的自覺，以及無時無刻追求第一，都會令人感到挫敗。最終，他的特質輸了」。在這本關於費德勒的有趣著作中，瑞士退役網球員梅扎德里（Claudio Mezzadri）也指出費德勒之所以在球場上態度不佳，也是出自同樣的原因：「他完全清楚自己天賦過人。從小他的目標就是成為世界第一，贏下溫網冠軍。」所幸，費德勒的父母十分善解人意，總是對他有信心，不管什麼情況都願意敞開心扉與他對話，他還可以靠著爸媽維持平衡，沒有就此跌落谷底。然而，小羅傑依舊時常亂扔球拍，或者在比賽或訓練途中鬼叫哭鬧。就算爸媽再體諒他，也不意味著他們不會為他感到羞恥。這是費德勒終其一生必須對抗的缺點，直到長大成人、成為職業選手的最初幾年，他才終於解決這個難題。

紀錄片《天才之擊》（Strokes of genius）帶觀眾全面重溫二〇〇八年溫網費納史詩決賽上所發生的一切。費德勒本人在片中承認自己的弱點為何：「我總是在追求完美，打從年少就這麼做了。我以為自己可以打出完美的網球，可以跟我在電視看到的選手、跟我崇拜的選手一樣擊球。我說的是貝克（Boris Becker）、艾柏格（Stefan Edberg）和山普拉斯。這個念頭激勵著我，我總是帶著自信且快樂的心情上場打球……然後『砰』，我一頭撞在牆上。我還不夠強壯，也不夠高大。我在球場做出那些舉動時，比方扔球拍、大叫大哭，我爸媽並不開心。我太情緒化了、太瘋癲了，他們對我的表現感到失望透頂。教練常說這麼做並不會讓我的球技進步，只會退步。」

《天才之擊》改編自新聞工作者沃海姆（L. Jon Wertheim）撰寫的同名書籍。在這部紀錄片，費德勒的父母也證實了他前述這段話。羅伯說：「羅傑對他想打的網球設有一道標準，且抱有某種期望。只要達不到這個標準，他就會大發脾氣。我們好幾次都感到顏面盡失，有一次我們對他說『羅傑，我們不會再陪你來了，你一直在場上做這些舉動，我們不會再繼續像笨蛋一樣待在場邊了。』」麗奈特則嘗試讓費德勒明白他的行為舉止是在向對手發出邀請函，就像跟對方說：「贏我吧，我準備好要輸給你了。」

費德勒總是將目光放在最高點；貝克是他的第一位網球偶像。當時，這位德國紅髮小將以年僅十七歲之姿奪下溫網冠軍，驚豔世界，而小羅傑則確信自己未來能夠因循和貝克一樣的路。然而，隨著時間過去，他轉而崇拜起艾柏格，喜歡他那創意十足且防禦力堅強的打法。數年後，費德勒將這些美德發揮得淋漓盡致。艾柏格也許是在費德勒的職業生涯中給予最多啟發的選手。鮮少有選手具備能夠與費德勒相提並論的可塑性，而艾柏格正是其中之一。艾柏格退役後，已步入青春期的費德勒改成崇拜起山普拉斯，九〇年代的網壇大指標。在費德勒進軍職業前，沒有人能夠和綽號「手槍皮特」的山普拉斯一樣制霸溫網草地；二〇〇一年，代表兩人世代交替的那場比賽永被世人銘記。

費德勒在球場上性格叛逆，情緒無常；納達爾的個性與他南轅北轍，幼年就是乖巧的孩子，打從托尼伯父開始訓練他和其他孩子時，他就對托尼的話言聽計從，從不頂撞，就算托尼為了鍛鍊他的性格而刻意不公平地刁難他，他也從不反抗。從一開始，堅毅韌性就是納達爾的優良美德之一。托尼終其一生都在訓練納達爾的忍耐力。小拉法對托尼無比信任，托尼說自己能夠讓天停止下雨，或者害某位選手受傷，他全都相信。二〇一九年，第一屆馬約卡運動週末於馬貝拉舉行，某場座談會上，托尼強調堅毅這個特質在納達爾的運動路上起了何等重要的影響：「拉法年少時就很聽話，這點在孩子身上意味著智慧，代表他理解大人懂得比較多。看見他表現出巨大潛力時，我隨即想到我想在球場上見到的那種選手，而我說的不只是身為選手的素質。我不喜歡妄自尊大的人。我總和拉法強調說打球時務必要擺出好臉色，心情要沉穩且嚴肅，不可以生氣或是狂怒。你爬得越高，就越該尊重他人。比起球打得好，好好做人更重要。」

和拉法一樣，諾瓦克從前也是個安靜的孩子，他最大的優點就是決心和學習力、吸收知識的能力。所有在某個時期訓練過他的人，都將他定義為貨真價實的海綿，總是在發問，想瞭解關於網球的一切。一九九三年夏天，喬科維奇五歲那年，某人改變了他的人生，大幅增強他這項特質。兩年前，喬科維奇的父母在科帕奧尼克開了一家披薩店。科帕奧尼克是度假勝地，鄰近塞爾維亞和科索沃邊境一處滑雪場，位於第拿里阿爾卑斯山區。冬季滑雪愛好者蜂擁而至，夏季時則是登山客的季節。春天和秋天他們通常住在貝爾格勒，經營另一家餐館。

山普拉斯首次在溫網封王的一九九三年，夏季時南斯拉夫網球協會在喬科維奇家的披薩店正對面建了三座水泥地球場。雖然家族的體育傳統是滑雪，但喬科維奇剛在電視上看了溫網決賽轉播，立刻迷戀上網球這項運動。看見山普拉斯在中央球場上擊敗庫瑞爾（Jim Courier）後，他想要效仿他的新偶像，用紙做了一個溫網金盃——世上歷史最悠久的冠軍獎盃——的複製品。在這股嶄新熱情的驅使下，喬科維奇跑去參觀新落成的網球場，在那兒認識了中心的場長。場長很訝異年僅五歲的小童竟然會跑來球場，且對網球如此感興趣。這天她邀請喬科維奇試打，當下馬上意識到自己碰上了一顆原鑽。

眼前的這位小童想成為冠軍，網球天賦與生俱來，令甘西琪（Jelena Gencic）驚歎不已。第一堂課結束後，她想拜訪小喬科維奇的父母，想開門見山告訴他們家中出了個神童，未來有望登上世界第一。甘西琪很清楚自己在說些什麼，她曾是職業選手，此外，身為教練的她還教出了兩位出名門生，莎莉絲（Mónica Seles）和伊凡尼塞維奇（Goran Ivanisevic），兩位出身巴爾幹半島的網壇傳奇。除此之外，甘西琪還曾是手球選手，曾代表南斯拉夫拿下手球奧運銅牌。夫婦倆瞭解了甘西琪的來歷，便放手把小喬科維奇交給她訓練，而且對這項計畫抱有盲目的信念。甘西琪還說她不會為此向他們收費。這時的甘西琪任職於南斯拉夫網球協會和貝爾格勒游擊隊足球俱樂部，這兩個單位將提供小喬科維奇在訓練上所需的一切。然而，甘西琪也提醒夫婦倆，得慢慢思考如何獲得喬科維奇運動生涯所需的資金，因為不出幾年，小喬就必須四處旅行參加比賽，肯定會離開塞爾維亞。喬科維奇總說甘西琪是他「在網球上的母親」，是教導他所有網球基礎的人，訓練他、讓他有能力面對這條路上所遭遇的諸多難關。鮑爾斯（Chris Bowers）寫了一本關於喬科維奇的傳記，曾為此採訪過他。訪問中，喬科維奇表示「甘西琪的眼光獨到，很早就在我身上看見特別之處。她訓練我們，讓我們面對比網球還重大的人生課題。我的家庭教導我對待比我年長的人需時刻保持敬意和禮貌，因此，我從來沒有質疑過她的訓練方法。從前我就像是海綿，總是不斷索求，而甘西琪也樂於盡可能地給我一切。我的每場訓練、每場勝利甚至於每場敗仗，都少不了她。」

與小喬科維奇一樣，這年費德勒也遇見適合替他在網球路上指點方向的人。他在巴塞爾的老男孩網球俱樂部開始與卡特（Peter Carter）合作。卡特是前澳洲網球選手，擅長適應不同類型的球場，運用智慧和精明的手法，將費德勒的巨大潛力一點一滴挖掘出來。此外，卡特還是最瞭解費德勒個性的人，出於這個原因，他的訓練焦點不只放在球技上，也聚焦在費德勒的心理強度上。費德勒的巨大天賦很快兌現成許多冠軍頭銜，也在決賽擊敗好友丘迪內利，拿下首座全國冠軍。新聞工作者史道佛（René Stauffer）同為瑞士人，是最瞭解費德勒的人之一，在他撰寫的費德勒傳記中為讀者揭露了一份十分耐人尋味的史料：在盧塞恩舉辦的這屆賽事中，男子十八歲以下級的冠軍由路奇（Severin Lüthi）拿下，而女子十六歲以下級的獲勝者則為米爾卡。要不是因為數年後這兩人成為費德勒職業生涯和人生的兩大基石，不然這件事本沒什麼值得注意的。路奇成了費德勒的教練，而米爾卡成了他的妻子。

一九九三年的夏天結束後，費德勒第一次有機會體驗職業網壇的大比賽。巴塞爾舉辦的瑞士室內網賽是ＡＴＰ巡迴賽的一大傳統，許多網壇傳奇人物都打過這項比賽。費德勒的母親麗奈特在賽事主辦單位工作，因此他有幸當上球僮。歷經幾天令人熱血沸騰的比賽，史提希（Michael Stich）和艾柏格——費德勒當時的大偶像——的決賽結束後，冠軍邀請所有球僮一起吃披薩，還替他們掛上獎章，表彰他們的辛苦付出。這段經歷令費德勒永生難忘；二〇〇六年首次奪下瑞士室內網賽冠軍時，他也如此犒賞球僮。今天這件事已成了美麗的傳統，要知道，費德勒可是在家鄉十度封王。

這個階段，費德勒與丘迪內利的友誼已轉化為兄弟情誼。丘迪內利是同他一起練球和做壞事的夥伴。兩人的爸媽甚至成了好友，丘迪內利一家人還搬到巴塞爾城郊，來到費德勒一家所在的明興施泰因區居住。兩位年輕人在俱樂部練球，週末則一起從事其他運動或者打電玩消磨時間。他們同時練足球和網球，但魚與熊掌不可兼得，無法兼顧兩項運動和學業，最終選擇握起球拍。這時的費德勒是巴塞爾足球俱樂部的粉絲；時至今日，只要抽得出時間，他仍會親赴聖雅各布公園球場看他們比賽。想當年，這兩位少年是每位教練的噩夢，但也是最有天賦、最令教練滿意的學員。教練完全無法想像許多年後，二〇一四年，這兩個小鬼會征服瑞士唯一一座台維斯盃總冠軍。三年後，丘迪內利高掛球拍，在瑞士巴塞爾室內網賽上告別網壇。他的職業生涯排名最高來到世界第五十二位，還曾奪下屬於自己的銀沙拉碗。他與他的孿生靈魂兩度在賽場上碰頭，兩次都慘遭對方擊敗。丘迪內利在聖雅各布體育場的最後一場比賽，費德勒也到場觀戰，不禁落下感動的淚水。

費德勒首次在瑞士全國大賽封王之際，小納達爾才剛開始與托尼伯父認真訓練。這年拉法年僅七歲，但托尼已隱約看見他的巨大潛力，說服他的爸媽，開始替他訓練。他做的第一件事是替納達爾制定專門的訓練計畫，並安排一種盡可能展現納達爾特質的打球方式，每週按表操課訓練五天。這段時期，練網球之餘，納達爾還參加足球隊，在隊上擔任前鋒。任誰看見納達爾踢足球，都會說他是踢職業足球的天生好手，他的球感極佳，體能強大得令人驚嘆，具有贏下歐冠盃的基因，有人會這麼想也不足為奇。拉法總說他最懷念足球的部分是組隊，和隊友一起分享經驗，一同征戰。他熱愛參加台維斯盃淘汰賽、熱愛代表西班牙出戰奧運，也正是這原因。

托尼以努力文化為基礎，建立了一套蘇聯斯達漢諾夫式的哲學。他非常清楚自己想要培訓出什麼類型的運動員。為達目的，他對年輕學徒納達爾極度嚴格，無時無刻都在考他問題，意圖讓他動動頭腦，理解事物的前因後果。拉法在他與英國記者卡林（John Carlin）共同撰寫的傳記中承認了這點：「網球並不只是把球好好打回去而已，而是做出正確的決定……從小，托尼就讓我思考許多基礎戰術。要是我犯了錯，他會問我錯在哪裡，然後一起討論。」這個結合了蘇格拉底式教學法和斯巴達式訓練法的方針成效卓越，讓這位網球選手最終成為我們所認識的納達爾。一方面，托尼是最讓納達爾理解比賽的人，讓他在戰術和策略上大幅超越對手；另一方面，托尼除了帶領納達爾練就一身本領，更用戰鬥和鬥志在他身上鍛造出不馴的鬥士精神，打造出他那獨一無二的網球風格。

叔姪組合很快便得到回報，收穫許多冠軍頭銜。一九九四年，拉法年僅八歲就拿下巴利亞利群島冠軍盃十二歲以下級的冠軍。現場看他比賽的人想必對這結果感到十分衝擊，因為對這年齡層的孩子來說，四歲的差距無論在體能還是心理都是一道巨大的鴻溝。事實上，那時的納達爾由於力氣不夠大，仍使用雙手持拍回擊每一顆球；不久後，他才開始改用單手持拍。然而，一般人都認為是托尼逼迫納達爾改成左手持拍，好在比賽上取得戰略優勢。這點並不屬實。納達爾在許多場合上都針對這點說明過，聲稱雖然他做其他事都是用右手，左手持拍打球對他來說非常自然，而且是自然而然發生的。托尼為他摯愛姪子的利益做過許多良好決定，但左手持拍並不是其中之一。

作為導師，托尼從不允許納達爾埋怨任何事，也不允許他為犯下的錯誤找藉口。若哪次他這麼做了，托尼總會回答他說「不要因為找得到理由而找理由」或者「靠藉口是絕對贏不下比賽的」。他嘗試讓納達爾明白一個道理，無論好壞，只要是發生在他身上的事，他都責無旁貸。這幾句格言造就了納達爾的人格特質，二〇一六年十月，納達爾網球學院於馬約卡島開幕，他也把這幾話掛在學院的牆上。納達爾從小就內化了這個哲學，甚至有時會貫徹得太過頭。托尼最愛拿出來分享的軼事之一發生在某場比賽上。有人跑來告訴他納達爾正在場上拿著壞掉的球拍比賽。托尼那時在觀看另一位門生比賽，但連忙跑去看看到底發生了什麼事。他發現納達爾確實拿著損壞的球拍打球，而且因此就快要輸掉比賽。托尼問他為什麼不拿其他備用球拍來打，少年納達爾則回答說他已經習慣問題是出在自己身上，習慣到根本沒察覺是球拍惹的禍。他的這番回答替他的哲學下了定義。

一九九五年，若費德勒這幾年的訓練都沒有偏離軌道，未來顯然會走上職業網球選手的道路。幾年前他已放棄練足球，全心全意專注在網球上，儘管在卡特的教導下他的球技大有成長，他仍需要更嚴格也更符合他水準的訓練方案。基於這個理由，經過深思熟慮後，費德勒決定報考瑞士網球學院的體育學術學程入學考試。瑞士網球學院位於洛桑市的郊區埃屈布朗。入學測驗的監考官是帕格尼尼（Pierre Paganini），未來成為費德勒的職業團隊中最重要的一員。不出所料，費德勒順利考取網球學院，搬至法語區的洛桑市，住進寄宿家庭。起初一切都很困難，他曾認真考慮過放棄。他的母語是德語，聽不懂法語，幾乎無法與人溝通，交不到什麼朋友，也因此非常思念家人和朋友，時常以淚洗面，終日只盼望著週末快點來臨，好讓他回去明興施泰因。不難理解他的苦惱，因為這些高級體育學院的競爭壓力很大，訓練的負荷又重，對年輕人來說非常難以承受；早早起床，訓練，上課，回去練球，然後繼續上課……日復一日。要適應這種生活絕非易事，不難理解起初費德勒不想繼續學程。他的爸媽每天都和他通電話，說服他繼續為夢想而努力。一開始，一切都影響費德勒在球場上的表現，他的練球表現大幅下降，然而，每逢重大比賽，情形就不一樣了，他的擊球多變且精準，令人瞠目結舌。幾個月過去，費德勒的法語大有進步，再加上寄宿家庭的支持，他的態度改善許多，逐漸在埃屈布朗找到屬於自己的位置。

一直以來學業對費德勒都是最困難的部分。他依舊對讀書提不起勁，學習成果總是不佳，因此一九九六年完成義務教育後，他便不再上學。他做出這個決定的時間點恰逢瑞士網球學院遷址至三湖泊區的比爾。到了那裡，費德勒把全部時間都投入網球，目標進軍職業網壇。父母無時無刻支持著他，開始增加工作時間，因為瑞士聯邦的獎學金並不足以支撐費德勒前途似錦的網球生涯。父母提醒他必須全力以赴成為職業選手，且光是踏入職業網壇還不夠，唯有最一流的選手才能仰賴熱情維生。然而，費德勒對自己的可能性抱有盲目的信念，這時已征服了數個全國賽事的冠軍頭銜；羅塞特（Marc Rosset）和赫拉塞克（Jakob Hlasek）是九〇年代瑞士最頂尖的兩位網球選手，而費德勒則是有望承接衣缽的明日之星。

一九九六年九月在蘇黎世，費德勒首次對決休伊特（Lleyton Hewitt），他初入職業網壇時總會被人拿來與之比較的眾多選手之一。休伊特來自澳洲，年紀比他稍大幾個月，當時是國際網壇的明日之星。然而，在世界青年盃上，費德勒證明只要他專注起來，任何人都攔不住他，並以四比六、七比六和六比四擊敗休伊特。這場比賽是這兩位未來球王的諸多對決之一。神童費德勒的球技驚豔這屆世青盃的所有人，但他暴怒時會大吼，亂扔球拍，輕易棄賽，同樣也令人詫異。史道佛在他撰寫的費德勒傳記中，說他曾親臨這場比賽訪問少年費德勒。被問起他的不當行為時，費德勒開誠布公，承認說他清楚自己的弱點：「我曉得我不該那麼做，因為那麼做只會傷害我自己。問題在於，即便我知道失誤也是網球的一部分，但我仍無法原諒自己犯下任何錯誤。」費德勒能夠在球場上展現最精湛的球技，也能在球場上做出最不得體的行為；他在頂尖網壇的未來，取決於他是否有能力控制這一點。

在瑞士網球學院中心，費德勒重新與卡特合作。先前在巴塞爾時他已在卡特的門下練過球了，兩人之間的情誼深厚。費德勒很快對澳洲這個國家產生感情，出身澳洲的卡特是關鍵因素。待在比爾這段時期對費德勒的養成至關重要，是他出道晉身職業網壇的前哨站。他在比爾首次結識隆格倫（Peter Lundgren），這位來自瑞典的教練，未來將在費德勒的職業生涯早期扮演非常重要的角色。此外，費德勒還與許多網球員結交成好友，其中包括雙打好手艾利格羅（Yves Allegro）。他和艾利格羅一起合租公寓，不久後一同為國家效力，參戰台維斯盃，共用更衣室。

一九九七年，費德勒拿下瑞士十八歲以下級的全國冠軍，出賽國際賽事的頻率也增加。他遭遇的某些選手，日後將成為他的職業生涯前半段的勁敵，與他爭奪ATP世界排名第一。其中值得一提的選手除了先前提到的休伊特，還有北美網球的明日之星羅迪克。這時的費德勒已因可以在場上自在揮拍而聞名，但他易怒的性格和壞脾氣就快掩蓋過這個特點。出於此原因，這時休伊特和羅迪克的未來更被看好，事實上，他倆也比費德勒更早達到各自的巔峰。到了二〇一四年，費德勒最終接替羅迪克，成為ATP世界第一球王。而在七年前，一九九七年九月二十二日，費德勒首次打進ATP排行榜時的排名為世界第八百零三位，這年他的年終排名則為第七百零四名。成為職業網球選手的目標越來越近了。

若說費德勒正處於躍進頂尖網壇的關鍵時期，那麼納達爾則算是剛開始他的網球之旅，雖然就他的情況而言，他的成長更為飛快。費德勒的名字首次出現在世界排行榜上的幾個月前，納達爾在塞哥維亞贏下他的第一座全國冠軍。那是十二歲以下級的賽事，那年他十一歲。與費德勒在瑞士首次奪冠時一樣，納達爾也在決賽擊敗他的摯友薩爾瓦（Tomeu Salvà）。之後，家人慶祝少年納達爾取得大成功，但慶功派對最終卻演變成一堂「托尼製造」的課程。托尼冒充記者，打電話給西班牙網球協會，索取最近贏得全國大賽的二十五位冠軍選手名單。全家族在晚餐上慶祝納達爾的勝利時，托尼要求他立正站好，接著當著大家的面，把全國大賽的冠軍名字一一念給他聽，並問他是否聽過其中的誰。這份名單中只有五人最終成為職業選手，其中包括科雷查（Àlex Corretja）。因此，托尼盯著驚愕不已的小拉法，冷冷地說：「你成為職業選手的機率只有五分之一。別太感動了，未來還有一條漫長又艱苦的道路。取決於你。」毋庸置疑，這番話在小拉法的身上起了長期正面的效果，但不難想像他當下的臉色有多難看，挑著眉毛，不曉得自己奪冠究竟是做得對還是不對。

一如卡林在他替西班牙球王撰寫的傳記《拉法，我的故事》（*Rafa. Mi historia*）中所言，托尼從來沒有向胞弟收取訓練費用。拉法十歲時——拿下首座全國冠軍的一年前——他倆就知道手上有個球王養成計畫，並商量好讓托尼免除他在兩人合夥公司的職務。托尼全職專門訓練拉法，並收取公司屬於他的那一部分收益。就這樣，商界又少了一位企業家，而網壇則收穫了史上最棒的教練之一。一九九八年，拉法依舊給予父親和伯父把賭注押在他身上的理由，在決賽擊敗他未來的台維斯盃隊友格拉諾勒斯（Marcel Granollers），再次將冠軍頭銜收入囊中。來自加泰隆尼亞的格拉諾勒斯身材高瘦，也是納達爾在雙打比賽的手下敗將。雙打比賽納達爾和薩爾瓦搭檔，聯手拿下冠軍。

他和薩爾瓦席捲各項青少年組賽事，征服了許多國際比賽。薩爾瓦也是網壇的一大奇人。他和好友納達爾都是左手持拍，更是歐洲青少年組冠軍，年僅十七歲就擠身世界排名前四百強。與納達爾相反的是，他接受了西班牙皇家網球協會提供的獎學金，進入聖庫加特高階網球中心訓練。他曾一度打進ATP排行榜第二百八十八位，但年僅二十一歲的他感覺陷入瓶頸，一如他接受數位媒體平台《西班牙報》（*El Español*）採訪時坦言，當年他無法承受自我施加的壓力。起初他只單純想從比賽中抽離，但這段時期他開始在巴利亞利群島協會擔任教練，覺得教練才是自己想繼續的道路。如今薩爾瓦是納達爾網球學院的主要教練之一，指導幾位最高竿的學員。薩爾瓦的例子清楚說明通往頂尖網壇的道路有多麼艱辛；光是身體素質和球技過人並不夠，也需要具備良好的心理強度，才可以消化成功和失敗。選手站上網球殿堂，溫網的草地前，需在入口前等待，這個通往中央球場的入口高掛著作家吉卜林（Rudyard Kipling）的名言：「如果你能坦然面對勝利和慘敗，而對這兩個騙子一視同仁。」

和納達爾一樣，喬科維奇這些年開始征戰他頭幾個十歲以下級比賽，甚至還參加了十二歲以下級賽事，對手通常都是年紀比他還大的孩子。鮑爾斯在他所著的喬科維奇傳記說道，喬科維奇在這些巡迴賽接觸了很多人，其中與伊凡諾維琪（Ana Ivanovic）共處的時間最長。伊凡諾維琪的年紀只比喬科維奇小六個月，兩人在無以計數的錦標賽上碰頭，組隊參賽，並在比賽間的空檔找樂子。兩人今天仍是感情很好的朋友，且說來也妙，兩人都在二〇〇八年贏下各自的第一座大滿貫冠軍，喬科維奇在澳網封王，伊凡諾維琪則在法網封后。他們在這些賽事上也曾遭遇特羅伊茨基、蒂普薩雷維奇（Janko Tipsarevic）和揚科維奇（Jelena Jankovic），而且後兩位是在成人組賽事遇到的。以上這些選手構成了塞爾維亞網球黃金世代。這個世代撐過戰爭和北大西洋公約組織的轟炸，將祖國的網球推至世界一線，但動機大不相同。

喬科維奇開始為巡迴賽四處旅行之際，家裡也開始遭遇經濟上的難關。他的母親迪亞娜曾在瑞士《一瞥報》的採訪中坦言：「那段日子很辛苦。我們夫妻倆在科帕奧尼克工作，但我們手上的錢不夠，就連公寓的租金都付不出來。我先生陪伴諾瓦克參加巡迴賽，我則待在家裡照顧另兩個孩子。有時候早上醒來，我連去哪兒生錢買麵包都不曉得。那段時期我感到絕望至極，但若人在心中懷有目標，終究會達成。我認為我們是勇敢的一家人。若諾瓦克生在其他國家，一切都會截然不同。我們度過許多無法入眠的夜晚。這份憂慮令我們心生絕望。」甚至早在一九九九年塞爾維亞人民遭遇悲劇前，喬科維奇家的困境就開始了。戰後，南斯拉夫在經濟和身分認同上經歷嚴重危機，加上通貨膨脹、失業和遭國際孤立等問題，許多國民被退向絕境。貝爾格勒是當時最難取得金援的地方，更別提支付某人的職業網球生涯了。

費德勒對於巴爾幹半島發生的慘劇一無所知。一九九八年是他職業生涯最關鍵的一年。這年是他以青少年選手身分參賽的最後一個賽季，即將徹底投入ATP巡迴賽，與其他職業選手同台較勁。賽季一開始，他便在澳網青少年組賽事取得漂亮的成績單，最終止步四強，敗給瑞典選手文西格拉（Andrea Vinciguerra）。費德勒是青少年組實力最堅強的選手之一，但對上其他好手，他也只能辜負眾人期待：文西格拉的最佳排名為第三十三位。文西格拉是左撇子，可以說是瀕危物種，比賽一開始就讓費德勒吃足苦頭。這年七月對費德勒是難忘的月份。他首次參加他最愛的溫網青少年組賽事。一直以來他都夢想站上溫網的賽場。而他再次證明若某件事對他很重要，那麼沒有什麼能阻礙他達成。他展現出不符合他年齡的實力，單雙打都制霸比賽。他在單打決賽戰勝喬治亞的拉巴澤（Irakli Labadze），雙打決賽與比利時選手羅庫斯（Olivier Rochus）搭檔，摘下桂冠。

他才快要十七歲，就開始熟悉在大滿貫奪冠的甜美滋味。費德勒沒時間慶祝，馬不停蹄地啟程返回瑞士，於兩天後打了他的職業網壇處女秀，參加瑞士格施塔德網球賽——公開賽版本的瑞士室內網賽。這項比賽在阿爾卑斯山區風景絕美的場地舉辦，深受紅土好手的喜愛。但反觀費德勒，他初入頂尖網壇的第一個舞台，就是站上他最不喜歡的場地類型。他在第一輪遭遇的對手是世界排名八十八的阿諾德（Lucas Arnold）。費德勒初生之犢不畏虎，表現良好，但不足以擊敗阿諾德，最終以六比四和六比四吞敗。

這年九月，費德勒年滿十七歲，參加土魯斯網賽，再次體驗職業網壇的戰場。先前他的ATP排名已降至八百七十八，但多虧了參賽，排名大幅躍進，上升至三百九十六。他的排名之所以如此飛躍，是因為他對上兩名世界前五十強的選手，兩場比賽都拿下精采的勝利。其中一位是法國的拉烏（Guillaume Raoux，排名四十五），另一位是澳洲選手弗隆伯格（Richard Fromberg，名列四十三）。費德勒這次的冒險旅程最終止步八強，以七比六和六比二敗給荷蘭選手西梅林克（Jan Siemerink，排名二十）。同月，他在美網打了他最後一個青少年組大滿貫，再次於重大賽事大展身手，在法拉盛草地公園一路闖進決賽，但不敵阿根廷的納班迪安（David Nalbadian），他初入職業網壇那些年的剋星之一。

多虧了這幾場比賽的良好表現，費德勒取得外卡資格，有機會首次參加巴塞爾網賽。不過四年前，他還在這項比賽擔任球僮。他的處女秀對手正是阿格西，網壇最偉大的傳奇球星之一，當時唯一達成「生涯金滿貫」的選手（湊齊四大滿貫冠軍，並摘下奧運單打金牌；日後，二〇〇八年，納達爾也斬獲這項殊榮）。第一次與網壇大神交手，費德勒被打得束手無策，只能讓阿格西替他好好上一課，以六比三和六比二慘敗。未來，兩人還會在賽場上相見。

費德勒的青少年組時期於這年十二月劃上句點，並以華麗形式完結。他先是來到佛羅里達，參加了頗負盛名的橘子盃，於決賽擊敗阿根廷選手科里亞（Guillermo Coria），拿下冠軍。之後，他登上青少年組世界排名第一的王座，替這個戰果豐碩的一年劃下完美句點。這年他共計贏得獎金兩萬六千三百七十美元，與Nike和Wilson簽訂贊助合約，並簽約加盟知名體育公司國際管理集團（International Management Group），揮別一九九八年。他的ATP排名已來到三〇一，準備好迎戰一九九九年賽季，與世界一流選手一較高下。這個時期他仍輪流參加ATP巡迴賽和挑戰賽，但也是這年，他將初次登上四大滿貫、大師賽和台維斯盃的舞台，是他身為職業網球選手的第一個賽季。

費德勒參加的第一項職業比賽是邁阿密大師賽。他征戰這項賽事時，遠方貝爾格勒發生了一起為期三個月的事件，這三個月將決定喬科維奇的個性和人生，也影響好幾代的塞爾維亞人。一九九九年三月二十四日，北約組織對南斯拉夫發動系統性轟炸，一連持續了七十八天。美軍和盟軍的F-16戰機的首要目標為塞爾維亞首都，但普里斯提納、諾維薩德和波德戈里察等城市也難逃炮火洗禮。攻擊行動持續了十一週之久，估計至少有一千兩百人喪命，塞爾維亞本就破敗的經濟也摧殘得面目全非。數十間醫院和學校被毀，國家的主要基礎建設受到嚴重破壞，政府部門的大樓和設施的毀壞程度尤為嚴重，如機場、火車站、公車轉運站、橋樑和發電廠等。作家馬里歐蒂尼（Diego Mariotni）在其著作《上帝、祖國與死亡》（*Dios, patria y muerte*）中收錄了一篇曾刊載於ariannaeditrice.it網站上的專文，詳細描述北約在盟軍行動中動用了多少資源：「共發射了一萬枚巡弋飛彈，兩萬一千噸炸藥和一千零八十五枚集束炸彈，並在境內散布逾三萬五千枚小型炸彈。這些炸彈作為地雷，迄今仍害逾十六萬名公民置身危險中。」

毀滅性的攻擊，以及在政治、社會和經濟等造成的可怕後果都深深影響了塞爾維亞人民的價值觀，對運動選手的影響尤深，他們都迫不及待向世界展示祖國真正代表了什麼。所有人都記得這年三月至六月間經歷的恐懼和躊躇，不曉得又有什麼東西會在黑夜裡炸飛到空中，下個丟了性命的又會是誰。這段時期喬科維奇才快滿十二歲，全家日日於三更半夜醒來，下樓躲進爺爺弗拉迪米爾在貝爾格勒的公寓底下搭建的防空避難室。每當警報響起，他們就會跟其他人家一起躲進那兒，等待攻擊結束。瑟強．喬科維奇某次接受俄羅斯新聞網站《電報》（Telegraf）訪問，講述了那幾週他們過得有多悲慘，承受何等痛苦：「那年諾瓦克十二歲；馬可八歲，喬傑四歲。每次只要聽見爆炸聲，遭遇危險時，我們就會躲起來。那幾個月無比艱困，我們全家人都睡在同一個房間。雖然事情已經過去許多年了，我們仍忘不了當時經歷的一切，仍會感到恐懼，心中仍有創傷，由不得我們。」

和其餘同胞一樣，年少的喬科維奇漸漸適應日復一日的轟炸，繼續執行他的訓練計畫。甘西琪則負責尋找球場。他們每天練球的場地都不一樣。甘西琪認為最好的辦法就是到前一晚剛被北約飛機轟炸過的地點附近的球場練球，她認為攻擊者不會重複轟炸相同目標，照這個模式找球場練習較為安全。此外，眼下的情況令人倍感壓力、耗人心力，唯有嘗試每日練球，才能在精神上克服這個困境。攻擊行動對南斯拉夫聯邦共和國的經濟造成毀滅性打擊，數百萬家庭因此陷入絕望，歷經十年戰爭後，人人都已心力交瘁，就快撐不住了。所幸喬科維奇一家從來沒挨餓過，但他的父親碰上巨大困難，無法為他剛起步的職業生涯取得必要的資金援助。光靠著經營兩家餐館並不足以支持他，而且那個年代聯邦政府也無法伸出援手。在沒有企業贊助下，唯一的出路就是向地下錢莊借錢，但高利貸利息昂貴，不經過一番討價還價根本償還不起。瑟強曾不只一次說過他為此甚至還受人威脅。要知道，那些年許多黑幫在貝爾格勒扎根，為所欲為，欠他們錢著實不是好主意。

瑟強至關重要，一手造就了喬科維奇的成就。兒子躋身世界最強之列、漸漸開始為自己的未來作主之前，他都是團隊的大腦。這位喬科維奇家族大家長耗費一切心力和金錢，只為了保證兒子在成為頂尖的路上什麼都不缺。喬科維奇最終也辦到了。決心是他從父母身上繼承而來的天賦。瑟強也承認把全副心思傾注在長子身上後，他已無力以同樣方式幫助兩位小兒子，馬可和喬傑。這個情況讓諾瓦克對家裡每位成員懷有特別的愛和感激之情。若不是家人如此慷慨無私，這個一九九九年南斯拉夫中產階級的孩子根本不可能在網壇闖出一片天。

喬科維奇滿十二歲後，甘西琪告訴他的爸媽是時候讓他到塞爾維亞之外繼續養成。喬科維奇需要接受更嚴格的訓練，無論是甘西琪或者貝爾格勒這座城市，都無法滿足這個需求。甘西琪建議讓喬科維奇去慕尼黑，加入知名的尼古拉．皮里奇網球學院。雖然喬科維奇還如此年幼，但甘西琪認識皮里奇（Nikola Pilic），甚至還已和對方談妥收喬科維奇為徒一事了。皮里奇是七〇年代南斯拉夫最強的網球選手，一九七三年曾問鼎法網冠軍，但可惜敗給羅馬尼亞的伊納斯塔塞（Ilie Nastase）。退役告別賽場後，皮里奇創立自己的學院，投入培訓選手。他身為教練的最大成就在台維斯盃兌現；他曾在兩個不同的國家代表隊擔任隊長，曾和兩個不同的國家一起征服台維斯盃，前無古人後無來者。他和以貝克為首的德國隊一起拿下三座沙拉碗（一九八八年、一九八九年和一九九三年），後也帶領克羅埃西亞隊於二〇〇五年奪冠。

瑟強和迪亞娜接受這個大好機會，辦理相關手續，送年幼的喬科維奇去德國待上幾個賽季。初次遠行發生在空襲轟炸結束後不久，有瑟強的弟弟葛蘭叔叔陪著他。這個時期喬科維奇仍在貝爾格勒上學，因此他會在慕尼黑待上兩三個月，然後返回家鄉。起初，由於年僅十二歲的緣故，喬科維奇寄宿在皮里奇和妻子米亞的家中。這對我們的小球王來說並不容易；而對他的父母，看著兒子離鄉背井，也不好受。就這樣，皮里奇夫婦成了喬科維奇的寄養家庭。時至今日，喬科維奇與他們的關係仍十分良好。他與甘西琪的交情也是，直到甘西琪於二〇一三年逝世前，兩人的情誼深厚。每每談到甘西琪和皮里奇，喬科維奇都說他們是他在網球上的父母，帶領他認識網球、愛上網球及鑽研網球，此外，還讓他做好心理建設，面對未來即將到來的賽事。甘西琪和皮里奇，以及瑟強和迪亞娜夫婦，一同奠定了創造無懈球王的基石。

這個時期納達爾的處境截然不同。喬科維奇必須遠離家鄉貝爾格勒生活，而納達爾不一樣，他婉拒了西班牙網球協會的邀約，沒有遠赴巴塞隆納、進入聖庫加特高階網球中心訓練。家人一致認為留在家裡、繼續和托尼執行他的訓練計畫，最為恰當。看看這對叔姪所打下的輝煌戰績，無疑是他們做過最好的決定。這年，拉法再次於全國大賽決賽上擊敗薩爾瓦，在十四歲以下級奪冠。納達爾的家人常說起這場決賽的一件軼事。比賽時，納達爾的一根手指骨折，整場比賽不得不只用四根手指緊抓球拍。托尼在納達爾的血液中注入的頑強已開始產生結果。納達爾和好友薩爾瓦搭檔，再次摘下雙打組的桂冠，於決賽再次擊敗格拉諾勒斯和迪亞茲雙人組。儘管年紀輕輕，但拉法依舊開始在小比賽闖出一番名堂，也贏下他的級別中最知名的兩項國際賽事，法國塔爾布舉行的As青少年網賽，以及在義大利托斯卡尼區普拉托舉行的青少年大師賽。

這個時期，納達爾開始和莫亞一起勤奮苦練。莫亞是法網冠軍，更是前世界排名第一的球王，跟他一起練球對納達爾十分有益。卡林在其著作中描述：「十四歲那年，納達爾開始在馬約卡島和莫亞一起訓練，每週三次，〔……〕這位夢想成為球王的小夥子又占盡天時地利人和。」這位英國大作家也說「莫亞保護納達爾，就像是他從未擁有的大哥」，同時，「納達爾的球技進步飛快，超乎常人」，驚豔眾人。十五歲那年，拉法不得不搬至馬約卡島，完成基礎教育。這年對他來說是難熬的一年，不只是因為學業和練球加起來耗費他許多體力，而是因為他思念家人，唯有週末才見得到他們。他習慣受家人圍繞，至少這段苦不堪言的日子還有托尼伯父陪伴著他，不然他根本練不下去。更加雪上加霜的是，移居馬約卡島迫使他做出犧牲，無緣參加法網和溫網的青少年組賽事，至今，我們的西班牙球王仍為這件事感到痛心。一如當年在埃屈布朗的費德勒，這段時期是納達爾最後一次花力氣在學業上，之後便全心投入網球。

如同納達爾，喬科維奇這年也和家人分開，開始在慕尼黑定居，全心練習網球。他在德國住了兩年，這年他十四歲，是第一年。前兩年他在慕尼黑和貝爾格勒之間來來去去，在貝爾格勒游擊隊的場地和幾位不同教練練球。其中包括他親愛的甘西琪和奧布拉多維奇（Bogdan Obradovic）。奧布拉多維奇後來成為塞爾維亞隊的隊長，率領國家拿下台維斯盃冠軍。這段時期，喬科維奇開始參加國際錦標賽，時常在賽場上碰到莫瑞，他的大勁敵，也是私底下和他交情最好的選手之一。喬科維奇二〇〇一年參加了在聖雷莫舉行的歐洲錦標賽，並拿下勝利，而莫瑞則在塔爾布的As青少年網賽奪冠，是兩人的早年戰役中特別亮眼的勝利。

喬科維奇的父母面臨巨大的資金窘境，難以繼續資助他網球生涯的各項花費。此時，英國草地網球協會的幾名代表與夫婦倆會面，拋出橄欖枝，提議讓他們一家變更國籍。喬科維奇從不否認該協會曾與他們接觸，在名為《深入》（In Depth）的節目與記者本辛格（Graham Bensinger）對談，坦然說明了他們當年為什麼會拒絕如此優渥誘人的提議：「我在各大賽事的十二歲以下級和十四歲以下級取得優異成績，因此，十四歲那年，該協會的專員見了我一面，提議我們入籍英國。我爸媽對此很是心動，因為若加入英國籍，他們可以得到一份工作和一棟房子。這在當時算是很大協議。但我並不想這麼做，因為我不想去英國，我在那兒人生地不熟的。我想待在這裡，我在這裡有我的朋友、我的人生、我的語言和我的國家。最終作出決定、放膽一搏的人是我爸媽。」迪亞娜也上過同一檔電視節目，更進一步給出一個更為熱情、更愛國的理由：「人不可以出賣自己的靈魂，不可以出賣自己的身分。我沒辦法去那兒生活，就算我的孩子會進到更好的學校讀書，就算他們會有更適合打網球的環境……但是，這樣我會過得幸福嗎？就算換了國籍，諾瓦克代表英國上場比賽時，也絕對不會和替塞爾維亞征戰時一樣，全心全意打球。」

納達爾只比喬科維奇大一歲，二〇〇二年初次登上職業網壇的舞台。這年他僅十五歲，成為史上最年輕的ATP賽事冠軍。馬約卡網球公開賽的第一輪比賽，他以六比四和六比四擊敗巴拉圭的德爾加多（Ramón Delgado）。要知道，德爾加多的年紀可是比他整整大十歲，當時位居世界排名八十一。納達爾在這場勝利拿下重要積分，得以進入未來賽和挑戰賽，層級在ATP巡迴賽之下的兩項賽事。這時他的排名已來到世界第五百九十八位，之後更在國際網球總會ITF所組織的未來賽中六次奪冠，年終排名上升至第一百九十九位。

納達爾剛滿十七歲，被視為世界網壇的明日之星。各大企業可沒有漏看這件事。早在二〇〇三年進入職業網壇前，他就已與Nike和Babolat等品牌簽署贊助合約，加上他在各賽事贏得的獎金，在支持他初露鋒芒的網球職業生涯這點上，完全沒有遇到問題。當時，拉法的父親塞巴斯蒂安便意識到需要投資組建一支多領域專業團隊，以滿足兒子日後的各項需求。塞巴斯蒂安富有遠見，樂於支持納達爾，具有一流生意手腕，一直以來都是家族的明燈，打從納達爾職業生涯初期開始的每一步決策都少不了他。

家庭對納達爾至關重要，而他將技術團隊視為家庭的延伸，因此，唯有他全然信任的人才得以進入這個緊密的圈子。費德勒和喬科維奇的團隊成員都曾多次異動，而納達爾與他倆不同，他的團隊成員從他漫長的職涯之初就一直是原班人馬，唯一的重大變動是托尼被莫亞取代，但這是他生涯後期的事了，甚至在那之前還曾有一段漫長的過渡期，新舊兩位教練共執教鞭。一直以來，納達爾的團隊其餘成員有羅伊格（Francis Roig，教練）[5]、弗卡德斯（Joan Forcades，防護員）、「丁丁」馬伊莫（Rafa Tintín Maymò，物理治療師）、科托羅（Ángel Ruiz Cotorro，醫師）、帕列茲－巴巴迪羅（Benito Pérez-Barbadillo，媒體公關組長）和科士塔（Carlos Costa，經紀人）。

若說塞巴斯蒂安是納達爾團隊的幕後大腦，那麼一直以來瑟強也是喬科維奇團隊的智囊，但他從不位居幕後。兩人的「行為模式」可謂大相徑庭。塞巴斯蒂安不喜出風頭，選擇待在納達爾身後默默為他提供不間斷的支持，而瑟強則曾多次更動團隊成員，且他被嫉妒沖昏了頭，多次捲入爭議事件。這些事件對他兒子職涯初期的形象可是一點好處也沒有。毋庸置疑，瑟強為喬科維奇的職業生涯付出了一切，多虧了他的努力，也是造就喬科維奇成功的大功臣之一。然而，瑟強經歷過孤立無援的困難時期，時常給人感覺他在責怪全世界。從運動角度看，喬科維奇生涯早年瑟強頻繁更換教練，這些決定對他在球場上的表現並不有害，反倒是恰恰相反。不同的教練有截然不同的風格和訓練方法，這些教導方式肯定在喬科維奇身上造成決定性的影響，造就了今日網壇最為多變的選手。

二〇〇三年，納達爾除了參加挑戰賽，還在賽程中加入他的頭幾場大師賽和大滿貫。同時，喬科維奇在皮里奇網球學院的培訓正逐漸走向尾聲。這年他首次登上ITF的未來賽，在慕尼黑參加了一場，在塞爾維亞參加了五場。他的處女秀發生在德國上施萊斯海姆，當時他年僅十五歲，沒有擠進ATP排名，敗給了拉杜勒斯庫（Alex Radulescu，七比五和七比六）。他參加的其餘賽事都在塞爾維亞舉辦；他以六比四和七比五擊敗西班牙選手費雷－維多利亞（César Ferrer-Victoria），在貝爾格勒贏得首座冠軍。這天是六月二十九日，僅僅七天後，費德勒在溫網決賽擊敗澳洲選手菲利普西斯（Mark Philippoussis），首次在大滿貫賽事封王。這是未來的三巨頭的第一座**大滿貫**冠軍。此刻，三人仍處在運動生涯上截然不同的階段。

和納達爾一樣，喬科維奇無緣參加溫網的青少年組賽事，從來無法和費德勒一樣，體會贏得「業餘」大滿貫冠軍的滋味。他參加澳網和法網，最佳成績為止步澳網四強。之後，他在美網交出最差成績，第一輪比賽就落敗。說來也妙，曾在上述這些大賽事中擊潰喬科維奇的勁敵，日後的職業生涯都並不出色，在半路上停滯不前的選手不計其數。喬科維奇這年的年終排名為世界第六百七十九位，隔年將是他的ATP巡迴賽處女秀，同時也將繼續出戰未來賽和挑戰賽。他的職業生涯正要起飛，金援需求更為龐大。這時，瑟強與以色列經紀公司阿密特・諾爾（Amit Naor）簽訂協議。這份合約終結了他們的經濟困境。為了資助兒子的養成計畫，瑟強不得不貸款，與鉅額債務為伍了許多年，這下金錢總算不是問題了。為兒子挨家挨戶尋找贊助商和支援的日子終於過去了，是時候好好替他似錦的前程做規畫了。瑟強的內心深處知道，那些曾經讓他嘗閉門羹的人，很快將後悔沒有把賭注押在他身上。

二〇〇四年，三位主人公首次在ATP巡迴賽相遇；出於許多原因，這年對三人都是十分特別的一年。對費德勒來說之所以特別，因為他前一年賽季贏得首座溫網冠軍，這年他又拿下三座大滿貫，首次登上世界排名第一，確定了他世界最強的地位。對納達爾之所以特別，因為他擊敗了費德

5 編按：二〇二二年底已結束合作，離開團隊。

勒，這場邁阿密大師賽的對決是兩人宿敵關係的起源，再者，他和西班牙代表隊一同征服台維斯盃，拿下他第一座重要的冠軍頭銜。最後，這年對喬科維奇也十分重要，他首次參戰ＡＴＰ賽事，第一次感覺自己躋身頂尖網球選手之列。二〇〇四年之於網壇是魔幻的一年，本書重溫三人偉大宿敵關係的編年史，各位讀者後續可以查閱細節。

1-2

完美的網球選手

要完成我們心目中的超級網球選手，我們無疑也得賦予他喬科維奇的靈活、費德勒的優雅，以及納達爾的自豪。

費德勒踏入頂尖網壇之際，恰逢網壇的過渡期。山普拉斯登上世界第一，獨霸網壇六年後，網壇進入過渡期。一九九九年是費德勒的第一個完整賽季，之後他花了五年，於二〇〇四年二月首次攀上世界第一。這五年間，只有十位選手輪流登上榜首：山普拉斯、莫亞、卡費尼可夫（Yevgueny Kafelnikov）、阿格西、拉夫特（Patick Rafter）、薩芬（Marat Safin）、庫爾頓（Gustavo Kuerten）、休伊特、費雷羅（Juan Carlos Ferrero），以及羅迪克。具體來說，二〇〇四年初，費德勒拿下他生涯首座澳網冠軍，更自綽號「重砲手」的羅迪克手上奪走世界第一寶座。這項數據很好說明了費德勒初入ATP巡迴賽的當年網壇有多麼混亂，山普拉斯和阿格西等一代傳奇的生涯日暮西山，卻沒有一個明確的繼位者。

費德勒王朝的誕生開始推動時代的改變，隨著納達爾現象的閃耀出現，王朝徹底建立起來。毋庸置疑，費德勒所處的時機適合在網壇建立長時間統治王朝。在英國導演道格拉斯（Andrew Douglas）執導、改編自沃海姆的同名原著的紀錄片《天才之擊》中，山普拉斯定義了費德勒當年的地位：「無意對羅迪克或菲利普西斯不敬，但那些年間，沒有人是羅傑的對手。」納達爾強勢來襲，逐漸成為成熟的網球選手，闖入費德勒王國，王朝的安寧也隨之逐漸煙消雲散。二〇〇四年，納達爾於塞維亞舉辦的台維斯盃決賽走進大眾的視野。他擊敗了當時世界排名第二的羅迪克，自後場展現出強大的體能和過人的球技。他的風格可謂史無前例，不只是他那精力充沛的網球——甚至可以用狂亂來形容——他的服裝也是（無袖球衣搭配海盜褲），加上慶祝勝利時欣喜若狂的模樣像極了足球選手，將情緒傳遞給卡圖哈體育場現場的兩萬七千名球迷。

幾個月前，年僅十七歲的納達爾在邁阿密比斯坎灣擊敗費德勒，網球史上最強的宿敵關係就此正式寫下第一章。此後，每場費納對決都是南轅北轍的球風和個性在球場上對峙，也正因為如此，這段本就傳奇的宿敵關係更顯耀眼。若說費德勒是精準、優雅和瀟灑的代名詞，那麼納達爾代表的就是熱情、激烈和強韌的心智。Nike為兩人設計球衣，意圖透過服裝加強兩人之間的對比，上述的各種情感詞彙不只是兩人球風差異的產物，更是不同服裝風格所產生的效果。然而，切勿流於俗套，因為費德勒擁有得天獨厚適合打網球的體格，而納達爾是史上最具天賦、球技最佳的選手之一。

二〇〇八年，喬科維奇贏得生涯首座大滿貫冠軍，二〇一一年賽季表現極其出色，在網壇掀起一陣風暴，也讓費納之間的宿敵關係漸漸稀釋。他逐漸取得主角的戲分，而費德勒的統治地位逐漸下降，開始了他在四大滿貫賽事的漫長旱季，直到二〇一七年才迎來轉機。若說之前網壇被費納兩強所壟斷，後來則形成三強鼎立，之前被費德勒和納達爾瓜分的冠軍頭銜，變成在三人之間重新分配。這些年人們開始談論起「三巨頭」（Big Three）這個字眼，甚至一度還出現「四巨頭」（Big Four），但最後莫瑞受傷勢大幅拖累，無法跟上他們三人的節奏。

若說山普拉斯的時代被和他一樣的重砲手，如伊凡尼塞維奇和拉夫特等人所統治，那麼費德勒登基前的這幾年過渡期，趨勢開始轉變。而且這股趨勢在三巨頭時代獲得證實，擅長發球的選手並不像昔日一支獨秀。費德勒可以算是例外，但他是兼具重砲手和藝術家於一身的獨特案例，與過往的網球連結，承襲了他崇拜的艾柏格的風格，並加以改善。除了他以外，過去二十年間的其他網壇好手都十分多變且完整，主要都是後場型選手，有納達爾、喬科維奇、莫瑞、瓦林卡、戴波特羅、費雷爾……

費德勒無疑是史上最具天賦的選手之一，不斷追求完美。他的協調性異於常人，總是能夠以如外科醫師般精準的完美姿勢擊球，打得對手猝不及防，大幅限制了他們的反應時間。他在球場上來去自如，許多選手說他是飄浮在球場上，看起來不費吹灰之力便能追上無比棘手的球。他總是能夠省下許多力氣，拜這點所賜，四十歲時甚至還能立足於頂點。他的職業生涯相當長壽，來到最後一里路之前都沒受過什麼嚴重的傷。納達爾的情況可以說是南轅北轍，他的球風也與費德勒截然相反。

說起風格，沒有人能與費德勒匹敵。商業大廠牌很快便注意到這點。費德勒的球風華麗，比起兩位大宿敵都更具進攻性，主要建立在他極致的發球和高超的截擊上，這套組合技已被他提升至藝術層級。他的來回對球通常短得許多，不會超過三球或四球，因為拖得越久，風險就越高。作為結果，他是致勝球和非受迫性失誤的比率最高的選手。費德勒就像是來自巴塞爾的魔法師，他的資源用之不竭，擊球多變、豐富且具創意，在歷史上堪稱空前，能夠打出不可能的角度，用難以預測的動作出奇制勝。在他的所有強項之中，他的單手反拍特別厲害，動作優美，效率也高，已是網球史上的標誌性畫面。就這點而言，費德勒也許是史上最全方位的選手，雖然球迷的品味各不相同，但他肯定是可塑性最高、最優美的選手。

費德勒最喜愛的場地類型是草地和室內硬地。他之所以鍾情草地，是因為草地顯然對攻擊型選手有利。攻擊型選手的發球強勁，需要具備健壯的雙腿和強韌的膝蓋，因為球的彈跳高度非常低，選手需要一直蹲低身子。而他之所以喜愛室內硬地球場，因為比賽的速度很快，且場地的條件不會改變，氣溫、噪音和風等外在因素並不會影響比賽。費德勒在這兩種球場的勝率高到令人矚目。

納達爾的網球十分不同。他的每個動作都張力十足，向對手施加一種難以承受的節奏。甚至在比賽開打前，他就釋放出這股滿溢的能量，令許多對手感到恐懼不已。他常在選手共用的更衣室內戴著耳機瘋狂熱身，一面高高跳起，一面吼著他那句出名的「Vamos」（衝啊，加油），並當著對手的面進行短距離**衝刺**。這番舉動讓對手看傻了眼，讓他們馬上為接下來的比賽感到恐懼。之後，在一開始的擲硬幣選邊儀式，對手往往靜靜地待在主審身旁，而納達爾則繼續蹦蹦跳跳的，根本停不下來，意圖帶著張力和恰好的出汗狀態上場比賽。然而，這股強度，再加上他左腳的天生傷勢，導致他職業生涯無時無刻都有傷在身，對他的身體造成巨大耗損。所幸，納達爾的另一個強項是他得天獨厚的強韌心理，換作是其他選手，碰上某些情況大概會陷入恐慌，而他卻能保持泰然自若，場上或場外亦然。

納達爾的招牌武器是反擊和他那破壞力十足的**抽球**，直線球和對角線球都一樣強勁。他對球施展驚人**上旋**力道，旋轉速度之快，令對手望塵莫及。他對自己的上旋抽球非常有信心，時常可見他做出大幅度左右位移，打出他那極具破壞力的側身正拍擊球。此外，由於左手持拍，他的擊球手法也更為豐富，可以朝著對手的反拍區發起猛攻。與費德勒的經典對決中，他就常這麼打，不斷用高彈跳球轟炸對手的反拍區。納達爾的另一個強項是他總是接到難以追上的球，不只是把球打回去，甚至能夠自難以置信的位置回擊得分，打出他那如神話般的「香蕉球」（banana shot）或者雙手反拍對角球。在打出不可能的得分球上，納達爾無疑是王者。他能夠打出意外的效果，讓球自側邊過網得分。儘管他的一發不是特別厲害，他的二發仍十分優秀，是二發得分最多的選手。此外，雖然他不如費德勒或喬科維奇這般頻繁上網，但決定上網時，他的進球率最高。納達爾不愧是三巨頭中最厲害的戰略家，是不折不扣的戰場元帥，判讀比賽情勢的能力無人能出其右，懂得在比賽途中提出多變的戰術。

納達爾最鍾愛的場地類型是紅土球場。歷史上從來沒有人像他一樣，能夠統治單一類型場地如此長的時間。他制霸紅土，勝率高達九十一．三%，強得簡直不像人類，這數據無論放到什麼類型的場地來比較，勝率第二高的選手都被他狠狠甩在後頭。紅土球場的特型與他的球風完美契合，因為紅土會讓球減速，讓他有額外〇．〇〇幾秒的時間思考並追上球，對他的打法相當有利。他在紅土球場將自身的強項發揮至極致，此外，他一生都在紅土球場上練球，在紅土球場上移動有如溜冰般來去自如。另一方面，沙子會沾黏在球上，這點配上他的**上旋**抽球，使得球的力道變重，令對手無法招架。與一般人所想的相反，納達爾並不是追求長時間來回抽球的選手，他厲害就在於有能力以極少球拿下比分。他的教練羅伊格某次接受ATPTour.com專訪，完美解釋過這一點：「拉法沒發揮出應有的實力時，才會演變長時間來回對抽的局面。打得順手的時候，光憑三、四球他便能夠擊垮對手。雖然他有興趣打長時間的拉力賽，但仍會試著避免把比賽拖得太長，因為就心理層面來說，他是那種每次擊球都消耗很多的選手。」

喬科維奇的風格較為兼容並蓄，較難以定義。體能上，他的靈活和速度最為突出，讓他能夠做出精湛的防守，透過滴水不漏的防禦瓦解對手的意志。此外，他也是最能夠適應所有類型場地的選手，最看不出來不同類型場地對他的發揮有何影響。費德勒在硬地和**室內**球場找到屬於自己的棲息地，納達爾在慢速**室外**球場最如魚得水，而喬科維奇並沒有如此明顯的偏好，因為從孩提時代就習慣在任何類型的球場打球。世人常說喬科維奇是三巨頭中最全面的選手。「多變」是更為正確的形容方式，因為人們想讚揚的是他適應各類型球場和環境的能力，而不是他擊球的招數。

球風上，喬科維奇也許與納達爾較為相近。他也是無懈可擊的防守大師，能夠像口香糖般伸縮自如，從強人所難的位置打出致勝球。他張開雙腿，彎著腳踝，憤怒擊球。拯救無解的球的畫面最為經典。他和阿格西一樣，都是史上最強的接發選手，回擊的球深及後場，助他逃離無數棘手萬分的處境。他的「逃脫大師」名號與他的接發球息息相關，能夠在快速場地上縮減對手的發球威力。除了接發球和發球效率高得嚇人，喬科維奇的擊球效率也相當出色，而且失誤率極低，大幅拉長他與對手來回抽球的時間。他那致命的雙手反拍尤其厲害，主要都是直線回擊，無疑是當今網壇最強的反拍回球。儘管他在接發這塊確實可能不如費德勒或納達爾，但他精湛的準確性、防守和決心也確實在很大程度上彌補了這點。此外，喬科維奇有著一項特殊能力，他能夠攻擊對手的強點。前球王阿格西的父親麥可・阿格西（Mike Agassi）將這一點定義為「在對手心中塞入一個水泡」。更有甚者，絕對不能認為喬科維奇沒戲唱了，他總能自最棘手的處境脫身。有這些武器在手，喬科維奇侵蝕對手的心靈，將他們推向絕望，耗盡他們的體力。羅迪克曾用淺顯易懂的方式形容喬科維奇是如何瓦解對手的抵抗：「首先他會抓住你的雙腿……然後抓住你的靈魂。」

一直以來，喬科維奇成績最好的場地類型都是硬地球場，但他具有適應各種舞台的超強能力。打從在貝爾格勒的童年時代他就具備這項特質，從前夏天他常在露天場地練球，使用紅土球場或硬地球場，而冬天，由於巴爾幹半島的氣候嚴峻，他會轉往室內場館練習。

儘管我們會陷入深思，但所有愛好網球這項運動的廣大球迷或多或少都曾思考過何謂完美的網球選手。若我們以這三位史上最強選手所構成的三巨頭為出發點，那麼該分別從他們身上選擇什麼特質，來組成我們心目中的完美選手呢？在發球這點上無需爭論，費德勒遠遠強過其他兩位。他的發球之強，發球得分率幾近九十％。喬科維奇的接發球比兩位宿敵厲害，納達爾只比他略遜一籌。他回擊對手發球的能力極強，大幅減少發球者的優勢。就精神層面而言，納達爾有著獨一無二的強韌心理。這個強項羨煞所有對手，讓他在最棘手的時刻也拿得出最佳實力。納達爾的正拍擊球也相當完美，打出一般人根本打不出的效果，以及他那爆炸性的**上旋抽球**，儼然就是一種大規模破壞武器。喬科維奇則是雙手反拍擊球打得特別出色，每每揮拍的技術性完美無瑕，精確度極高。若我們尋找的是厲害的過網急墜球，那費德勒可謂是這方面的藝術家，但在截擊上可就不一定了。儘管費德勒是頂尖的截擊高手——承襲老派的經典打法——但納達爾的確也將截擊掌握得爐火純青，雖然他較少使出截擊，但進球率甚至還高過費德勒。不好說他們之中誰比較高竿。最後，要完成我們心目中的超級網球選手，我們無疑也得賦予他喬科維奇的靈活、費德勒的優雅，以及納達爾的自豪。

雖然他們顯然尚未達到完美的境界，但仍是最趨近於完美的選手，或者都曾走在達到完美的路上。多虧三人不滅的競爭熱忱，以及追求更高境界的渴望，他們的球技都隨著年歲不斷進化。動機各不相同：鑽研擊球臻至完美、適應比賽艱困的條件、反擊對手的武器，或者避免負傷，盡可能延長職業生涯壽命。雖然三人職業生涯路上對於團隊的安排差異甚大，但各自的教練皆大幅影響了此進化。納達爾的職業生涯全程都維持相同的技術團隊，唯獨托尼決定自高強度的賽場退下，轉而管理馬納科的網球學院，才由莫亞接替教練一職，甚至還有過一段過渡期，二〇一七年整年賽季由兩人共同擔任教練。這點與費德勒和喬科維奇大相逕庭，他倆多次變動團隊成員，無論是首席教練或者助理教練都更換過，主要是職業生涯早年尚未找到適合自己的完美教練。出於這個原因，兩人找到理想人選時——費德勒找到路奇，而喬科維奇找到瓦伊達（Marian Vajda），往後的職業生涯都將他們留在團隊中，除了喬科維奇曾短暫與瓦伊達中斷合作關係。同樣，他倆都常選擇透過聘雇助理教練的方式補足團隊結構，主要會選擇前職業網球選手，藉此精進自己的球技，透過不同教練所專精的特長豐富自己不足的面向。費德勒的案例相當特殊，因為他的職業生涯如此成功，某個時期甚至根本沒有教練……而成績同樣叫人刮目相看。

納達爾的天賦和心理強度共同造就了他的網球。托尼以慢火細熬，鍛造出他的強韌心理。從小時候起，納達爾便接受艱難的課程，心智也操練得頑強。一路走來，他曾不得不面對許多嚴重的不幸事件，若不是這些刻苦的訓練，他很難克服這些巨大難關。時光流逝，頻繁傷勢對納達爾造成影響，迫使他進化他的打法。好友莫亞加入團隊，在這條進化路上扮演關鍵角色，為團隊帶來鮮活的靈感。從一開始倆追求的就是較不精緻、而更侵略性的球風，針對這個方向努力訓練，讓納達爾的發球獲得顯著提升。近幾年納達爾的發球比從前厲害許多，威力更強，更為精準。此外，他還練就了放眼全網壇最強的二發。這點讓他縮短對球時間，減少在場上的時間，降低可能受傷的風險。然而，對納達爾而言，發球一直都是有待精進的課題。他不是天生的左撇子，姿勢當然也不是，導致他發球時很難協調肢體。若說左手持拍替他在比賽的某些面向加分，比方打開某些角度，或者猛攻對手的反拍區，那麼發球則對他不利，但他已曉得如何緩解這個劣勢。

進入ATP巡迴賽以來，費德勒與教練的關係大不相同。他曾與許多教練合作過，成為職業選手時，他便做出第一個人事異動，把他的導師卡特替換成前職業選手隆格倫，好向待過頂尖網壇的前輩學習。這個全新的雙人組合自二〇〇〇年合作至二〇〇三年。二〇〇三年賽季末，費德勒首次於溫網封王那年，決定結束與隆格倫的合作關係，在沒有教練的情況下繼續征戰。結果還不賴：二〇〇四年他一共贏下三座大滿貫冠軍，還首次登上年終排名第一。隔年賽季他選擇中間路線，聘請澳洲的羅契（Tony Roche）擔任他遠距教練。羅契是一九六六年的法網冠軍球王，也是藍道（Ivan Lendl）的前教練，在網壇極富聲望。然而，羅契年事已高，幾乎無法陪同費德勒出戰各大錦標賽。二〇〇七年賽季年中，費德勒結束與羅契的合作關係，之後與路奇共事。路奇是費德勒職業生涯最重要的教練，至今仍站在團隊第一線。路奇從前也是職業選手，和費德勒並肩打下許多江山，二〇一四年擔任瑞士隊隊長，帶領國家拿下台維斯盃總冠軍。

路奇加入團隊，所有費德勒配合過的教練都執行也補充特定的功能，打磨他的網球的特定面向。首要目標是贏下法網冠軍，湊齊四大滿貫。二〇〇八年，費德勒接受伊格拉斯（José Higueras）的指導。伊格拉斯是公認的紅土好手，事實上，他曾帶領庫瑞爾征服火槍手盃，但與費德勒合作的這趟冒險是一場天大的失敗。這年費德勒不只在法網失利，決賽時還被納達爾打得落花流水，是他在大滿貫決賽吞過最慘烈的敗仗。有鑒於此，這年費德勒結束了與伊格拉斯的合作，直到二〇一〇年之前都沒有再做出團隊人事異動。二〇一〇年，安納科恩（Paul Annacone）加入費德勒的團隊，最大的成就是輔佐他拿下二〇一二年的溫網冠軍。

後來，費德勒的兒時大偶像艾柏格加入團隊，但也迎來他職業生涯最低谷的時期。二〇一四年和二〇一五年賽季，艾柏格擔任費德勒的教練，他卻連一個大滿貫冠軍都沒拿下。然而，兩人的合作關係非常重要，費德勒的球風開始進化，趨近於更為古典的風格、非常類似艾柏格的風格，且不久後便收穫成果。他甚至把常用的球拍替換成更大的球拍，經過了一段短暫的適應期後，證明這個決定是對的。費德勒有意透過打得更具侵略性、減少對球的時間，以盡可能延展他的職業生涯壽命。莫亞也試圖對納達爾做一樣的事。費德勒的這個打法一直維持到二〇一六年留比契奇（Ivan Ljubicic）加入團隊。他和留比契奇很快便擦出火花，找回他的最佳水準，在二〇一七年交出亮麗的成績單。最新版本的費德勒發球強力，上網次數大幅增加，效法他所崇拜的山普拉斯、艾柏格和貝克，在網前大展他過人的截擊藝術。

喬科維奇與教練共事的經歷與費德勒非常相似。童年時期他在啟蒙導師甘西琪門下練球，十二歲那年開始時而待在慕尼黑的尼古拉・皮里奇網球學院，時而待在貝爾格勒。在貝爾格勒時期，他接受許多教練指導，除了甘西琪，還有奧布拉多維奇，日後他參加台維斯盃時的隊長。滿十四歲後，喬科維奇搬至德國長居，在那兒接受皮里奇的訓練，準備進軍職業網壇。加入ATP巡迴賽後，他的第一位教練是前職業選手佩特科維奇（Dejan Petkovic），合作關係差不多持續了一年，最終於二〇〇五年七月分道揚鑣。在佩特科維奇的指導下，喬科維奇的排名從前三百強躍升至前一百強，得以參加ATP巡迴賽的重要賽事。之後，他開始接受聲名遠播的皮亞蒂（Riccardo Piatti）的訓練，也因此得以和當時網壇前五強的留比契奇一起練球。這段關係持續了一年，喬科維奇的進步飛快，以致需要擁有一位全職教練。然而，那幾個月他跟在當時最強的選手之一身邊練球，獲益良多。迄今他與留比契奇的關係仍很友好。

這時，瓦伊達出現在喬科維奇的生命中，對他的影響深遠。這位斯洛伐克教練於二〇〇七年夏天開始指導喬科維奇，在他的訓練下，喬科維奇在網壇掀起旋風，隨即闖入美網決賽，兩人合作不過六個月後，他便在二〇〇八年澳網征服他生涯首座大滿貫冠軍。從此之後，成功宛如家常便飯，而瓦伊達也以主教練的身分一直待在團隊，除了二〇一七年間有個月喬科維奇決定不接受他的訓練。之後，喬科維奇糾正這項錯誤的決策，重新聘雇瓦伊達，展開新一輪節節勝利的循環。儘管團隊已經有主教練，瑟強或喬科維奇總是試圖透過前職業選手來補足他的訓練。他認為前職業選手能夠帶給他特定的好處，接受他們的指導可以豐富他的球風。伍德福德（Mark Woodforde）和馬丁

（Todd Martin）就是被他看中的人選。他倆與喬科維奇合作，訓練他最弱的面向，如發球、上網和截擊。費德勒有時候也選擇這麼做，但納達爾則不，他抵死不在他的親密圈加入新的元素。

二〇一三年十二月，喬科維奇宣布聘請貝克，由貝克來支援瓦伊達的工作，因為瓦伊達想多花時間在家人身上。僅僅六個月後，喬科維奇便斬獲第一個大成就，征服二〇一四年的溫網。隔年賽季他展開生涯表現最好的時期，從二〇一五年溫網奪冠，一直到二〇一六年法網封王，接連拿下四大滿貫的冠軍。奪下火槍手盃意味著他終於湊齊了他苦苦追求的大滿貫，但他的精神頓時陷入空虛，成績遭遇危機，肉體和精神都亟需暫別賽場。從那一刻起，喬科維奇和貝克的關係開始惡化，因為在貝克的眼中，這位愛徒的自我要求大不如前，甚至還在公開場合指責過喬科維奇這一點。此外，媒體刊文表示貝克並不認可伊馬茲（Pepe Imaz）在團隊中日漸增長的主導地位。伊馬茲是神祕的西班牙前職業選手，以「愛與和平」口號打造了一個學派，試著透過這個座右銘在精神上幫助他的子弟兵。伊馬茲主打和諧的原則和**嬉皮**哲學，貝克實在看不上眼。最終，年末喬科維奇決定辭退貝克，替這段成績輝煌的合作關係畫上休止符。

這時瓦伊達重返戰場前線，但喬科維奇依舊沒能取得好成績，主要是受他手肘的傷勢拖累，最終迫使他休戰半年。為尋求解方，喬科維奇於二〇一七年四月宣布不再和現有的整個團隊合作，此消息一出震驚網壇。事情發生在蒙地卡羅大師賽之後，喬科維奇不只辭退了合作長達十年之久的瓦伊達，也開除防護員格里茨（Gebhard Phil Gritsch），以及物理治療師阿曼諾維奇（Miljan Amanovic）。他轉而在知名前職業選手尋找解答，如阿格西和斯泰潘內克（Radek Stepanek），但依舊沒能取得好成績，陷入漫長的危機，二〇一八年四月更是跌落谷底，ATP排名暴跌至第十三位。這時，他決定徹底改變路線，回歸自己的起源。他重新聘雇先前的團隊，讓啟蒙導師瓦伊達擔任團隊首腦。他很快便取得好成績，這年賽季下半年在溫網和美網雙雙封王。從此之後，喬科維奇找回了他的最佳水準；他只對他的勝利方程式做了細微的調整，在二〇一九年讓伊凡尼塞維奇加入團隊。

網壇三雄的職業生涯大不相同，主要是因為生活的環境和各自的個性不同。一直以來，納達爾都希望被自己全然信任的人所圍繞；此外，他的團隊中的大部分成員不只是西班牙人，更是馬約卡島同鄉。此外，他非常幸運，家族中有托尼伯父，在他的職業生涯扮演至關重要的角色。至於費德勒，他總是認為教練很重要，但對他而言，教練說到底只是訓練師和顧問。他和納達爾不一樣，不會教練說什麼他都照單全收，乖乖服從。兩人在個性上的差異可說是天差地遠。一直以來，納達爾都過於謙遜，有時面對實力大不如他的對手，也會過於尊敬對方。費德勒的作風則完全相反。他不只一次搞砸比賽，因為輕敵而慘遭淘汰，尤其是他職業生涯初期的那些年。而喬科維奇，由於塞爾維亞戰後的情況不佳，以及有在國外為未來拚搏的需求，他在童年換過非常多教練。之後，進軍職業網壇後，喬科維奇的成長飛快，以致只要他的父親瑟強認為某位教練對兒子已無貢獻，便會斷絕合作關係。在頂尖網壇打下一席之地後，喬科維奇開始掌控自己的職業生涯，團隊也更加穩定。

同樣來說，三巨頭所接觸的環境和網球文化皆不一樣，造就了他們各自獨特的球風。瑞士的氣候條件嚴峻，使得費德勒花上許多時間在室內快速球場練球，為他的風格打下基礎。反觀納達爾，他從前沒機會在室內球場練球，甚至贏下生涯首座大滿貫之後也沒有。他在室外的紅土或硬地球場練球，風格上傳承了西班牙的網球文化。幸虧他在所有類型的球場都取得過巨大成就，得以打破西班牙選手只會打紅土的刻板印象。至於喬科維奇，如同先前所述，很小就習慣在各種類型的球場輪替打球。當然，納達爾總會被人視為紅土之王，一如費德勒是草地之王，但他倆無論來到什麼類型的場地，都稱得上是史上最強的選手之二，喬科維奇也不遑多讓，只不過他沒被人貼上如此鮮明的標籤。事實上，納達爾曾連續五次打進溫網決賽（其中撇除二〇〇九年，因為他並未參賽），還抱走兩座冠軍，有誰敢說他不是草地高手？同樣來說，費德勒曾在法網公開賽封王一次，四次在決賽鎩羽而歸，但只因為對手是納達爾，怎麼能夠說他在紅土球場沒有兩把刷子呢？雖然三人對特定的場地類型各有所好，高超的水準讓他們的球風不斷進化，適應起初對他們而言非常陌生的舞台，甚至成為該類型場地最強的選手。

1-3
行為典範

與各自的球風一樣，本書的三位主人公的個性與人生都截然不同。他們的根源、在人格發展和職業發展的各個階段所遇見的人，都造就了他們的模樣。話雖如此，費德勒、納達爾和喬科維奇在個性的本質上有所一致。三人都將穩定生活視為最需優先達成的目標，無論在公私領域都不製造巨大的爭議或醜聞。這點對他們在賽場上的表現造成非常正面的結果。此外，三人尤其具備運動家精神，無論場內外，都是良好的典範。

三巨頭的偉大人格不只造就了他們在二十一世紀頭二十年的宿敵關係，也影響了整個ATP巡迴賽的氛圍。他們對競技和對手懷有極高的敬意，令網壇迎來一段太平盛世，徹底揮別八〇和九〇年代的爭議。主角已轉變為競技本身。新聞工作者費斯特（Sebastián Fest）在其著作《無網》（*Sin red*）一書中解釋了這點。《無網》不只闡述了三巨頭的宿敵關係，也側寫現代網球，講述八〇和九〇年代網壇巨擘所掀起的腥風血雨。康諾斯（Jimmy Connors）、馬克安諾及藍道戰無休止，互不尊重彼此，營造出一種今日難以想像的緊繃氣氛。九〇年代，那個惡棍當道的年代開始逐漸稀釋，演變成現今的網壇，今日，網壇的大人物可是孩子們的行為榜樣。

就這個層面而言，費德勒的職業生涯可以稱為模範。他曾十三度獲得艾柏格運動精神獎的殊

費德勒、納達爾和喬科維奇因為擁有如此出色的勁敵，才能夠拿出最好的表現，少了這股鞭策，他們不可能達到現在的高度。

榮。這個獎項每年由所有網球選手票選，再由ATP協會頒獎。這點再次證明費德勒在網壇是多麼受人敬重，而他也是實至名歸。然而，職業生涯早年他不時會做出不良行為，甚至因行為不檢而遭裁判警告。鮮少有球迷知道他的這一面。青少年時期的費德勒是個**壞孩子**，成為職業選手後的頭幾年表現也沒好到哪裡去，他好幾次把球拍摔壞，對主審不敬，甚至收過警告，遭到罰款。如今，我們很難相信他從前是這樣的人。二〇〇一年漢堡大師賽，他敗給阿根廷的斯奎拉里（Franco Squillari），而那場比賽也成了轉捩點，改變了他往後的行為舉止。這是費德勒最後一次鬧脾氣，因為他為自己所展現出的壞榜樣感到羞愧，意識到不能再繼續當著數百萬人的面做出不良示範。

在紀錄片《天才之擊》中，費德勒承認那天在自己的腦海中敲了一下滑鼠，決定改善自己的行為：「進軍職業後，有這麼一刻我心想，發自內心認為這麼做，我自己感覺並不舒服。有電視直播比賽時我不喜歡這麼做，不喜歡成千上百，甚至上百萬人在家裡客廳看著我一邊亂吼，一邊亂扔球拍……我不喜歡，然後我對自己說，我會改掉這一點。」今日，完全看不出費德勒是會鬧出這種事的人，他可能是最受全世界球迷愛戴的選手。拜他的精湛球技所賜，也多虧了他許多年來在場上和場外所展現的典範。

若說費德勒是球迷最喜愛的選手，那麼納達爾就是這份名單第二名，更是賽事主辦單位和工作人員最愛的選手。他極具親和力，為人和藹可親，沒有架子，為他博得比賽單位（工作人員、主辦委員和球僮等）的特別喜愛。納達爾三度獲得艾柏格運動精神獎，無論是場上或場外，都沒有人記得他有任何不當行為的前科，他的謙遜一直受人讚美，有時候可以說是謙卑過了頭，而且他替粉絲簽名時也無比有耐心。此外，賽後記者會上，他從來不為自己的敗仗找藉口，這是他與托尼學習的那些年所養成的習慣。他以良好態度和堅毅精神，贏得所有球迷的心，就連最鐵石心腸的人也會喜歡他。法網就是一個例子，征戰法網許多年、數次封王後，巴黎的觀眾才終於臣服於他的精采表現，才終於在他每次站上場時表現對他的愛。

喬科維奇的情況則不一樣。他比費德勒和納達爾花的時間更長，更晚才贏得同儕的認可和尊敬，但隨著時間，他已成功證明自己是偉大的運動選手，而且不只是因為成績而偉大。初入職業網壇早年，喬科維奇曾被指責佯裝受傷，藉此冷卻對手在場上的勢頭，甚至眼見贏不了比賽時，明明沒受傷卻也會退賽。對他有意見的選手很多，除了羅迪克和瓦林卡，也包括費德勒。喬科維奇從前經常模仿其他選手的打法，比方納達爾就是被他模仿的對象，他甚至也模仿女性選手，如莎拉波娃（Maria Sharapova），但這個作法並沒有為他博得人氣和尊重。他這麼做的出發點雖好，而且天生瀟灑翩翩，許多球迷也熱愛看他比賽，然而指責他模仿的人也不在少數。隨著時間經過，人們慢慢認識真正的喬科維奇，不是那個尋求認可或譁眾取寵的他，而是背後的那個他。他為世界上發生的事感到憂心，總是願意為改善這個世界盡一份力。

喬科維奇打進排行榜前段班時，費德勒和納達爾早已在網壇各自雄霸一方，這點也導致他進入職業早年更難贏得球迷的心。球迷的心早就歸向他的兩大宿敵。甚至在行銷和廣告上，粉絲也早已在Nike所安排的對立中選邊站了，因此，喬科維奇不得不在其他商業品牌中尋找屬於他的市場和棲身之地。費德費和納達爾已改變了網球的全貌，全世界球迷的目光全聚焦在他倆身上。喬科維奇和他的家人對此現象感到不公平。就某方面而言，他們說的也沒錯，因為幾乎在全世界的任何一座球場上，只要喬科維奇對上這兩位宿敵，球迷幾乎都一面倒地支持他們。不光是這個原因，而是許多時候，觀眾甚至直接了當地反對他，就算站在球網對面的對手不是費德勒或納達爾也一樣。

最令喬科維奇痛心的肯定是澳網的現場觀眾。儘管他是澳網史上封王次數最多的選手，二〇二〇年和二〇二一年的最近兩次決賽，對上蒂姆和梅德維夫時，羅德．拉沃球場看臺上的觀眾皆力挺他的對手。早年納達爾在法網也總受到類似的對待，不過他的運氣很好，職業生涯後期幾次在法網告捷，這個現象也發生劇烈的改變。反之，喬科維奇的父親時常發表宣言，指控其他選手的球迷，但這點並無助他贏得支持。拿近期發生的事來說，二〇二〇年喬科維奇第八度征服墨爾本公園後，他父親嚴厲批評了澳洲的觀眾一番，讓觀眾記仇到二〇二一年。在俄羅斯新聞網站《電報》的一場訪問中，瑟強砲火全開，大肆批評了一番：「決賽發生的事簡直叫人難以置信。澳網七冠王在場上比賽，觀眾居然替他的奧地利對手（蒂姆）加油打氣，簡直有失尊重。墨爾本發生的事，同樣也發生在世界各地。諾瓦克什麼都沒有做，不值得遭人如此憎恨。我可以說我兒子無疑是史上最強的選手，懂這點的人自然明白我說的有道理。」瑟強身為喬科維奇的父親，顯然感到痛心，可以體諒他的不悅，但顯然他這話說的有失公允。喬科維奇並不被球迷憎恨，應該說恰恰相反，他是頗受人愛戴的網球選手……只不過恰好跟兩位最受廣大球迷喜愛的選手共處同個時代。

三巨頭總是不去參與這些是非爭議。他們協助當代網壇營造良好的氛圍，透過這個方式回答他們對於這項運動的熱愛。從一開始，三人就想留下可供後世傳承的資產，希望未來新世代選手可以處在比現在更好的網壇。為此，他們參與了ATP球員理事會的事務，費德勒攬下主席的重責大任，而納達爾擔任副主席。儘管他倆的關係曾經緊繃，納達爾因為彼此間的歧見退出理事會時，兩人也懂得退一步海闊天空的道理。如今，兩人的關係比從前都還穩固。喬科維奇也擔任過理事會主席，與費德勒和納達爾一樣，他想捍衛的不只是最頂尖選手的權益，也想保障排名最低的選手或是雙打選手的利益。二〇二〇年發生的一件事也可證明他的盡心盡力。這年Covid-19疫情肆虐，賽季被迫取消，於是他帶頭創立了一項選手紓困基金。然而，喬科維奇並不全然認同費德勒、納達爾和球員理事會所捍衛的立場。因此，二〇二〇年他與加拿大選手波斯比希爾（Vasek Pospisil）一起創立了他自己的工會「職業網球員協會」（Professional Tennis Players Association，簡稱PTPA）。根據喬科維奇本人的說法，PTPA是「屬於選手、為了選手」的組織。協會的結構於二〇二一年定型，但ATP認為此協會「分化選手，拆分此運動」，而表示反對。

出了網壇，三巨頭一心一意想為世人留下些什麼，想藉由為弱勢族群創造更好的生活條件，具體實現這份精神。他們透過各自的基金會提供協助。當年創立這些基金會時，三人仍很年輕，尚處於漫長職業生涯的初期。費德勒基金會在二〇〇六年正式上路，管理位於南非和瑞士的教育計畫。根據基金會網站的資料，自創立之初至二〇二〇年末，受益的孩童已達將近兩百萬名。除了費德勒本人，他的爸媽羅伯與麗奈特及妻子米爾卡，以及經紀人戈席克（Tony Godsick）也都投入基金會事務中。基金會計畫開始上路的同年，聯合國兒童基金會將費德勒任命為「親善大使」。聯合國兒童基金會執行主任維尼曼（Ann M. Veneman）指出會選他，是因為「羅傑不只對想成為運動員的人是典範，對我們這些認為自己有力量和責任為孩童爭取一個更美好世界的人也是」。

費德勒創立基金會的兩年後，納達爾和母親帕雷拉一起建立納達爾基金會。基金會將教育和體育視為青少年發展的基礎支柱，主要於西班牙和印度活動，照護許多有智能缺陷的年輕人，幫助最為弱勢的未成年人士融入社會，並激發他們的運動天賦。納達爾的妻子西絲卡（María Francisca Perelló）在基金會擔任主任，而母親擔任主席，父親則是副主席。他們設立體育中心和學校，協助資源最匱乏人士推倒他們在人生路上會遇到的各種屏障，讓他們完全融入社會。

喬科維奇基金會誕生於塞爾維亞，其任務與前兩者的基金會十分相似。他與妻子伊蓮娜（Jelena Ristic）自掏腰包創立基金會，並從那時起就由伊蓮娜負責管理。基金會在塞爾維亞全國各地建立學校和自主持續發展的計畫，幫助面臨被社會排除危機的孩童。他們透過這些學校基礎建設，為成千上萬的孩子提供教育，促進他們的個人發展，讓他們和社會其他族群擁有相同的機會。他們夫婦倆深知在塞爾維最貧困的地區，許多年輕人面臨何等困難的處境，一開始就很清楚基金會的活動範圍為何。聯合國兒童基金會對喬科維奇的公益慈善工作表示認可，並於二〇一五年任命他為親善大使，和費德勒當年一樣。消息公布那天，聯合國基金會的副執行長布蘭特（Yoka Brandt）評論喬科維奇為「全世界兒童的真正捍衛者。他證明透過有力的聲音，加上有力的行動，可以讓孩童帶來截然不同的人生」。

費德勒和納達爾曾多次合作籌辦賽事和活動，為他們的慈善活動計畫募款。比方「為非洲比賽」（Match for Africa），這項由費德勒基金會主辦的費納對決慈善賽，二〇二〇年二月舉辦的第六屆賽事上，成功募得逾三百五十萬美金。這年的比賽在南非開普敦舉辦，是第一次在非洲大陸舉辦，更具體一點來說，是第一次在費德勒母親的祖國舉辦，對他可謂夢想成真。當然，麗奈特也親臨現場，億萬富豪慈善家比爾·蓋茲更親自下場和兩位球王打了雙打比賽。這場慈善賽辦在開普敦球場，現場觀眾高達五萬一千九百五十四人，打破網球比賽觀眾人數的紀錄。喬科維奇也不想在這些公益活動缺席；二〇一二年納達爾基金會在聖地亞哥·伯納烏球場舉辦慈善賽，喬科維奇接受納達爾的戰帖，但這場比賽最終因為納達爾有傷在身而取消，無緣成真，也無緣締造難以打破的觀眾數紀錄。

三位球王的公共形象與眾不同，場上場外皆然，若少了他們最親近的親友圈所提供的堅固地基，根本不可能辦得到。三人的職業生涯精采又長壽，其中的大祕密無疑是他們私生活的穩定性，家人和妻子總是給予他們無條件的支持。三人都是在職業生涯早年認識另一半，歷經愛情長跑才步入禮堂。他們的妻子以極度低調聞名；事實上，除了她們在各自基金會所參與的活動，一般大眾對她們的了解少之又少。尤其是西絲卡和伊蓮娜，因為米爾卡過去曾是網球選手，而且在費德勒的團隊也扮演重要角色，較為人熟悉。兩人交往早年，米爾卡擔任費德勒的新聞公關組長，但持續在媒體曝光，導致她的形象耗損，不得不自這份工作抽身。之後，她依舊在費德勒的職業生涯管理層擔任要角，許多人甚至認為費德勒之所以在運動和商業路上如此成功，米爾卡是幕後功臣。

還有另個原因，米爾卡被全世界狗仔隊瘋狂追逐。她與許多名人交情匪淺，如《時尚》（*Vogue*）雜誌主編安娜．溫圖（Anna Wintour），或者搖滾樂團No Doubt主唱關．史蒂芬妮（Gwen Stefani）。很常看見這兩人出現在費德勒的包廂，為溫網決賽增添不少**魅力**。米爾卡也是費德勒風格劇烈轉變的主要始作俑者。在雪梨奧運結識未來的愛妻不久後，費德勒便剪去一頭亂髮和馬尾，留起更能襯托他優雅身影的髮型。之後，認識安娜．溫圖後，她為費德勒在穿衣風格上提供意見，讓費德勒搖身一變成為時尚偶像。

為費德勒治裝的品牌並沒有錯失良機，好好利用了他的這個新特點，某些年間讓他在溫網穿上令人難忘的球衣。他們試著放大費德勒的優雅形象，但有時做得太誇張了。比如二〇〇七年的溫網決賽，費德勒穿著成套的西裝和外套，白色口袋上還印有燙金的RF標誌。看著他擲硬幣選邊時穿成這樣，一手握著球拍，頗耐人尋味。更有意思的是球網另一側的納達爾，雖然穿的也是「球衣」，但一身海盜褲配無袖球衣，使兩人的對比顯得更加趣味。後續頒獎典禮上發生的事是最常被人談及的趣聞之一。費德勒過於倉促和緊張，登場接受冠軍獎盃時褲子竟穿反了。這可沒能逃過某些記者的法眼，當然要在自家媒體上大肆報導一番。

米爾卡在丈夫的職業生涯扮演主角，而西絲卡和伊蓮娜的行事風格都與她截然不同。納達爾的妻子西絲卡十分低調，媒體就連怎麼稱呼她都沒有達成共識。許多人稱呼她為西絲卡，而她本人則否定了這個暱稱，說身邊根本沒人這樣叫她，另一些人則稱呼她小瑪（Mery），和拉法與家人叫她的方式一樣。她是無條件支持納達爾的粉絲，只要工作之餘撥得出時間，必定親赴每一場比賽，時常和小姑及婆婆一同坐在看台上。

伊蓮娜的形象如出一轍，也很低調，不常接受採訪，全心專注在基金會的工作。喬科維奇的比賽她也從不缺席，雖然有了兒女後，她更得挑比賽出席觀賽。她和喬科維奇從青少年就認識了，愛情長跑多年才步入禮堂。兩人交往初期必須克服遠距離戀愛的難題，因為伊蓮娜在米蘭留學，而喬科維奇則開始周遊全球，征討國際賽事。之後，伊蓮娜能夠多陪伴喬科維奇出賽，現在兩人婚姻美滿，育有兩子，必須重新安排生活，適應為人父母的新現實。

就這點而言，費德勒和米爾卡是完美的例子。他倆選擇了一種不尋常的國際生活風格，參加錦標賽都會帶上四個孩子，帶著他們走遍全世界。費德勒縮減了他的賽季，但即便如此，旅行次數仍十分頻繁，每次在每個國家停留的時間都很長。雙胞胎女兒米拉．蘿斯和夏琳．黎瓦，以及雙胞胎兒子利奧和利尼，完全改變了夫妻倆的人生和輕重緩急，幸虧他們適應得很完美。現在夫妻倆根本就是物流後勤的大師了，因為南征北討時，他們會帶上孩子們的褓姆和老師，再加上技術團隊，說是組成一支代表團也不誇張。

至於三巨頭之間的羈絆，費德勒和納達爾不只打從心底敬佩彼此，友誼也十分深厚，毋庸置疑。可以說他倆是摯友，因為隨著時間以及數次合作，兩人的關係更上層樓。納達爾的大計畫納達爾學院開幕式這天，他選擇由費德勒陪伴他出席，可謂意義非凡。這天對納達爾無比特別，而他希望費德勒可以陪在他身邊，因為費德勒不只是他長年的大宿敵，也是他最崇拜的網球選手。納達爾與喬科維奇的關係同樣友好，非常尊敬彼此。隨著費納宿敵關係的主角光環逐漸退去，納喬宿敵對峙處於高潮，兩人的互動也大幅增加，占據最近十年的媒體版面，也因此更加瞭解彼此。然而，納喬的友情並不如費納堅定，在許多牽涉到職業網球的事務上，兩人的標準明顯有所分歧。無論如何，納喬的關係還比費喬之間來得友好。雖然現在兩人的關係比從前來得更加健康也互相尊重，但喬科維奇初入網壇的頭幾年情況並非如此。費德勒曾多次指責喬科維奇在場上的種種行為，令兩人之間的氛圍變得很差。這些年來，情況已變得緩和，兩人的關係用相敬如賓不足以形容，但喬科維奇的父親瑟強並沒有忘記從前的芥蒂，近幾年又多次批評費德勒。

最後，和歷史上所有偉大宿敵關係一樣，隨著時間一年年過去，「對決」會越來越平緩，最終將昇華為友誼。歲月賦予人不同的觀點，大宿敵們會意識到彼此間的羈絆，會更加重視彼此共享的獨特經歷。這點發生在魔術強森和大鳥博德身上，也發生在洗拿和保魯斯身上，同樣也發生在馬克安諾和柏格身上，諸如此類的例子不勝枚舉。歸根結柢，和上述所有人一樣，費德勒、納達爾和喬科維奇因為擁有如此出色的勁敵，才能夠拿出最好的表現，少了這股鞭策，他們不可能達到現在的高度。他們應該為此心存感激。

PART 2

競爭舞台

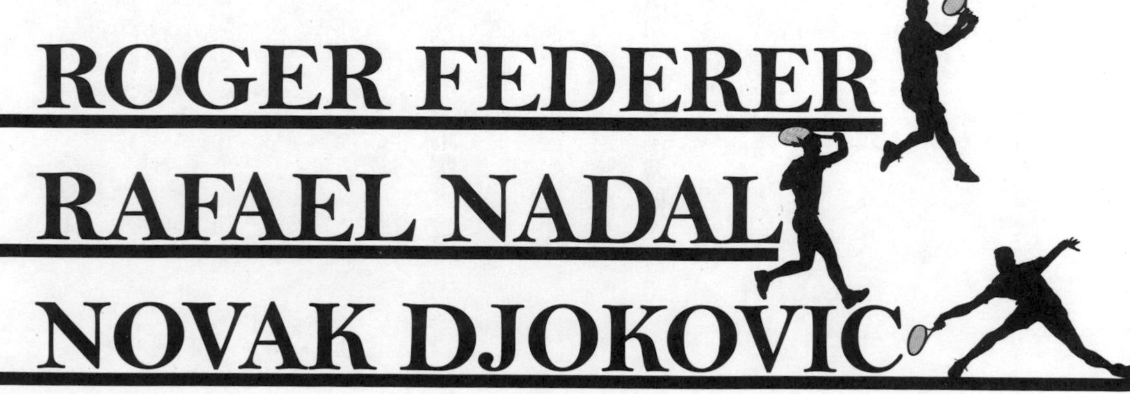

2-1

大滿貫之路

為數不多成功在大滿貫封王的選手會進一步夢想達到更高境界，挑戰所有傳奇球王曾完成的壯舉，「湊齊四大滿貫賽的冠軍」。

在網壇，大部分的球迷默契一致，公認大滿貫的奪冠次數客觀地決定了誰是史上最強。費德勒、納達爾和喬科維奇深知此道理，一直以來都將大滿貫擺在絕對優先，每次被問到也都直言不諱。他們甚至已把爭奪世界第一擱置第二順位，擺在這個優先目標之後。

二〇〇三年，費德勒在溫網首次封王，開啟了這條漫長的道路。時隔十八年後，二〇二一年賽季結束時，三巨頭的大滿貫奪冠數達到歷史性的平手。喬科維奇在澳網、法網和溫網接連勝利，三人皆累積大滿貫二十冠，打成三重平手。在這之前，前一年納達爾已追上費德勒的紀錄。喬科維奇和納達爾分別在首次高舉**大滿貫**金盃的十三年和十五年後追平封王次數，著實不可思議。三人戰績差距最大之時為二〇一〇年。這年費德勒在澳網奪冠，整整領先納達爾十個大滿貫冠軍（十六比六），領先喬科維奇十五冠（十六比一）。

宿敵關係的最大轉折點為二〇〇八年，「三巨頭」誕生的那年。多虧了喬科維奇這年首次在澳網封王，三人首次包辦了全年四大滿貫的冠軍。幾個月後，納達爾在溫網決賽擊敗費德勒，首次奪冠，終於拿下他在紅土球場以外的首個大滿貫，還自費德勒手中搶走世界排名第一。從這一刻起，局勢風雲變色，費德勒不再獨霸網壇。事實上，二〇一〇年至二〇二一年間，喬科維奇和納達爾在

每年年終所累積的大滿貫奪冠數

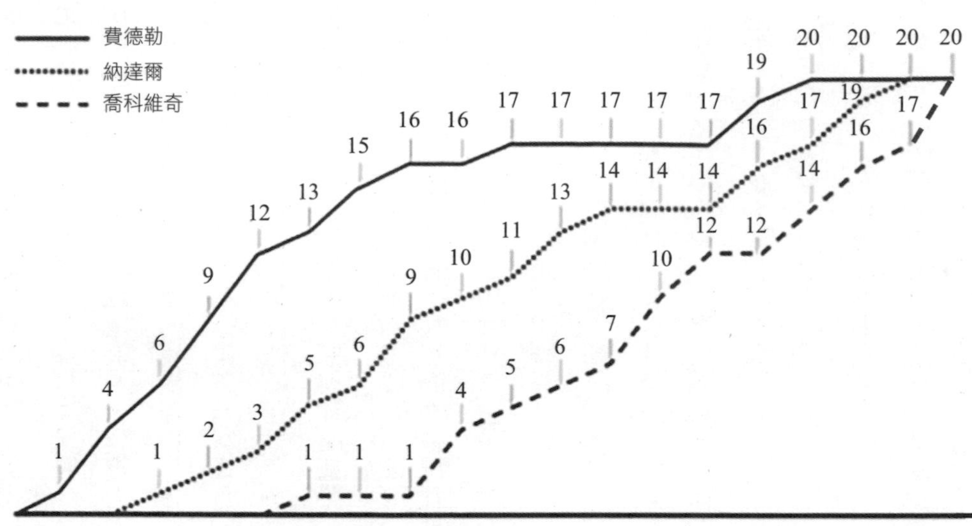

大滿貫奪冠數上占優勢，分別拿下十九冠和十四冠。反觀費德勒，這段時期他只征服了五冠。在這段歷程中，年齡上的差距顯然有所影響。費德勒比納達爾大五歲，比喬科維奇年長六歲。然而，宿敵關係之初，費德勒運用年長優勢累積了許多座大滿貫，而兩位宿敵仍還走在成熟的路上。

若想理解費德勒在職業生涯初期是如何獨霸網壇的，只要看看他每年贏得的冠軍頭銜圖表，即可明白。二〇〇五年，納達爾在法網封王、來勢洶洶闖入網壇時，費德勒手上已有四座大滿貫冠軍。從這一刻起，直到二〇〇八年喬科維奇在澳網奪冠之前，除了已成為納達爾專屬的法網沒拿下外，費德勒包辦了其餘八項大滿貫的冠軍，接連封王。事實上，費德勒贏得的大滿貫冠軍中，有一半以上（二十座中的十二座）都是於二〇〇四至二〇〇七年間拿下的。雖然納達爾和喬科維奇的攻勢日漸成長。這段時期的費德勒奉若神明，聲勢如日中天，二〇〇八年和二〇〇九年賽季仍交出亮麗的成績單，參加的八項大滿貫中七度挺進決賽，三次抱走冠軍。

有人認為費德勒早年沒有碰上真正有實力的對手，完全統治網壇也沒什麼了不起的。這個論述非常有趣，但對費德勒那些年的精湛球技和才能有失公允。數據資料在手，每位球迷必須選邊站，選擇支持或反對這個論點。納達爾和喬科維奇的情況就不一樣了，職業生涯全程顯然都必須與另外兩位史上最強的選手較勁。而費德勒在早年並沒有經歷這種激烈競爭，得以累積多座大滿貫冠軍，直到小將納達爾在各類型球場都能與他平起平坐。要不是因為納達爾從一開始站上紅土球場就展現異於常人的實力，現在費德勒早就是不爭的史上最強選手了，要不是因為納達爾，他可能早就多次在法網封王了，而此時的納達爾才正要達到他的全盛期。至於喬科維奇，雖然他的年紀只比納達爾小一歲，晚了幾年才加入這場大滿貫之爭。然而，另一方面，他的球技達到成熟時，費德勒的全盛時期也已經過去，可以算是從中獲益。一切皆取決於我們是從什麼角度來看待他。

不能說那些年的費德勒德不配位，他在那個時候碰上了那些對手，不是他挑選對手，而且還是得和一些實力高超的選手較勁。事實上，其中有些選手在特定類型的球場上特別有兩把刷子，如羅迪克、薩芬、休伊特、莫亞、費雷羅或阿格西等人，儘管阿格西當時處於他美妙職業生涯的暮年。另一方面，年齡上的差異近年來大大影響了費德勒的表現，即便如此，他仍成功征服數個大滿貫，如二〇一七年兩度封王，並在二〇一八年以三十六歲又一百七十三天的高齡，奪得二〇一八年澳網冠軍。戰績非凡，但沒獲得足夠的重視。

與費德勒和喬科維奇相比，在累積大滿貫冠軍這點上，納達爾是更為穩定的選手，封王的頻率極其規律，幾乎每年都會拿下**大滿貫**。或者，更精確來說，他比任何對手都更規律且穩定。他在

大滿貫冠軍名單（2003-2022）

	澳網	法網	溫布頓	美網
2022	**納達爾**	**納達爾**	**喬科維奇**	阿卡瑞茲
2021	**喬科維奇**	**喬科維奇**	**喬科維奇**	梅德維夫
2020	**喬科維奇**	**納達爾**	未舉辦	蒂姆
2019	**喬科維奇**	**納達爾**	**喬科維奇**	**納達爾**
2018	**費德勒**	**納達爾**	**喬科維奇**	**喬科維奇**
2017	**費德勒**	**納達爾**	**費德勒**	**納達爾**
2016	**喬科維奇**	**喬科維奇**	莫瑞	瓦林卡
2015	**喬科維奇**	瓦林卡	**喬科維奇**	**喬科維奇**
2014	瓦林卡	**納達爾**	**喬科維奇**	契利奇
2013	**喬科維奇**	**納達爾**	莫瑞	**納達爾**
2012	**喬科維奇**	**納達爾**	**費德勒**	莫瑞
2011	**喬科維奇**	**納達爾**	**喬科維奇**	**喬科維奇**
2010	**費德勒**	**納達爾**	**納達爾**	**納達爾**
2009	**納達爾**	**費德勒**	**費德勒**	戴波特羅
2008	**喬科維奇**	**納達爾**	**納達爾**	**費德勒**
2007	**費德勒**	**納達爾**	**費德勒**	**費德勒**
2006	**費德勒**	**納達爾**	**費德勒**	**費德勒**
2005	薩芬	**納達爾**	**費德勒**	**費德勒**
2004	**費德勒**	高迪歐	**費德勒**	**費德勒**
2003	阿格西	費雷羅	**費德勒**	羅迪克

十四個賽季中累積拿下二十座大滿貫冠軍，而費德勒和喬科維奇則花了十個賽季達成這項成就。此外，自從二〇〇五年首次在法網封王以來，除了其中三年（二〇一五、二〇一六和二〇二一），納達爾每年都至少在一項大滿貫奪冠。喬科維奇自二〇〇八年澳網封王以來也是（除了二〇〇九、二〇一〇和二〇一七）。費德勒的職業生涯走得較長，自二〇〇三年溫網以來，有九年完全沒有抱走任何一座大滿貫冠軍（二〇一一、二〇一三、二〇一四、二〇一五、二〇一六、二〇一九、二〇二〇、二〇二一和二〇二二）。納達爾連續十年賽季（二〇〇五－二〇一四）都至少征服一座大滿貫金盃，可謂創下獨一無二的壯舉。而費德勒的紀錄則是連續八年（二〇〇三－二〇一〇），喬科維奇則是連續六年（二〇一一－二〇一六），再次佐證納達爾是史上最可靠穩定的網球選手。他與費德勒和喬科維奇數次在大滿貫決賽碰頭，分別和他倆各對決了九次和十次，堪稱大滿貫決賽史上最冤家路窄的敵手，次數遠超過費喬在大滿貫決賽的五次對決。

納達爾有一點和費德勒一樣，他在大滿貫封王的歷史也橫跨十五年，比任何人都長，堪稱是一項偉大的戰績。打從二〇〇三年費德勒高舉生涯首座溫網金盃，直到最近一次在二〇一八年澳網封王，已過去十五個年頭。納達爾也一樣，二〇〇五年和二〇二〇年皆在法網封王，這中間已過去十五年。喬科維奇的大滿貫之路與兩位大宿敵不同，可以說是走在中間路線，曾有過壓倒性的統治時期，幾乎獨攬所有大滿貫頭銜，比方二〇一一、二〇一五、二〇一六和二〇二一年，但他的統治期並不如費德勒來得長久。反之，自從二〇一一年在澳網拿下生涯第二座大滿貫以來，喬科維奇便是大滿貫的奪冠常客，唯獨二〇一七年缺席。二〇一一年開始，他在短短十一年贏下十九座大滿貫冠軍，以這麼長的時間來說平均奪冠數算是相當高，但他並不像納達爾維持高超水準這麼多年。

二〇〇六年，費德勒立下網球的大里程碑之一。這年他成為公開賽年代首位於同一年賽季打進四大滿貫決賽的選手。只可惜他沒能效法拉沃。一九六九年，拉沃不只挺進四大滿貫決賽，還抱得所有冠軍獎盃而歸。儘管三巨頭距離複製拉沃的成功已經非常接近，但迄今，綽號「火箭」的拉沃仍是唯一達到此成就的人。二〇〇七年，費德勒再次挑戰，四年內第三度拿下同一年賽季的三項大滿貫冠軍。這項成就勝過千言萬語。唯一阻攔他的是法網對上的納達爾，害他無緣達成這個難以複製的壯舉，第三度止步三座大滿貫冠軍。費德勒再次於二〇〇九年成功打進同一年四大滿貫決賽，喬科維奇則是於二〇一五和二〇二一年辦到。雖然納達爾在二〇一〇年贏得三座大滿貫冠軍，這年澳網他因傷被迫退賽，但要年度大滿貫對他仍是相當困難。然而，他有本事在三座不同類型場地的大滿貫連拿三座冠軍，這件壯舉唯獨二〇二一年的喬科維奇能夠匹敵，喬科維奇的三連冠順序跟他不一樣，是從澳網起頭，且不是以美網作結。

在這場壯舉之戰中，喬科維奇是唯一能夠自詡曾連續拿下四座大滿貫冠軍的人。二〇一六年，他終於補齊他夢寐以求的法網冠軍。二〇一五年他在溫網和美網奪冠，二〇一六年則在澳網和法網封王，將四大滿貫賽事的勝利串連起來。跨年度大滿貫並不視為真正意義上的年度大滿貫，歷史上只有拉沃辦到。這位澳洲傳奇球王和喬科維奇是唯二在四大滿貫連續封王的人。這項非凡的成就，讓他有資格與兩位宿敵相提並論，三巨頭的名號不脛而走。

對於如何決定誰是史上最強，網壇一直沒有共識，其中一個重要問題：最強指的是大滿貫封王次數最多的選手？還是就出賽次數來看，奪冠比率最高的選手？這個資料很重要，但人們在聊網球時很少把它拿出來討論，想必是因為沒多少人知道吧。若我們把上述的第二準則視為優先考量，柏格（大滿貫奪冠率四十％）將會是史上最強的選手，納達爾（三十三％）則位居第二，而喬科維奇（三十％）則名列第三。然而，瑞典傳奇球王的大滿貫冠軍全都是在法網或溫網拿下的，並沒能在所有類型場地都封王。此外，柏格奪冠率雖如此高，但跟納達爾相比，他的大滿貫奪冠次數少了九次，參加過的大滿貫賽事少了他三十五次。顯然，這是一份客觀的數據，納達爾的粉絲可以拿這點大作文章，將他稱之為最強，但這數據不足以讓他成為永遠的世界第一，因為喬科維奇的大滿貫封王勝率跟他非常接近。

然而，無可辯駁的是，納達爾在大滿貫賽事的勝率如此之高，若不是因為受傷勢拖累，否則他早拿下更多冠軍。三巨頭的另兩位成員受的傷都沒納達爾這麼多，在四大滿貫的勝率也不及他。費德勒的職業生涯一路走來幾乎沒受過什麼傷，直到二〇一四年，他三十三歲那年，他才開始為傷所苦。儘管後來的幾個賽季他也都斬獲佳績，但他的膝蓋開始令他感受到貨真價實的痛苦。還有另一件事也證明費德勒的身體素質得天獨厚。他共計打了一千五百二十六場單打和二百二十三場雙打比賽，從來沒有一次因傷退賽過。喬科維奇也十分幸運，只受過一次嚴重的傷。二〇一六年他的手肘受傷，害他無法參加該年的美網，是他至今唯一的大滿貫棄賽。喬科維奇早年也有呼吸道相關的毛病，但這些病症並沒有讓他退離賽場。反觀納達爾，他倒是經常因傷退賽。綜觀納達爾的運動生涯，傷勢一直都是他的巨大絆腳石，多次阻礙他參加許多重大賽事，多次害他在比賽一開打就被迫退賽。事實上，納達爾缺席大滿貫比賽十一次（其中十次是因傷無法參賽），缺席ATP年終賽七次。喬科維奇的數據截然不同，在大滿貫和ATP年終賽都只各缺賽一次。至於費德勒，他只有四次因為身體因素被迫無法出戰大滿貫，其中三次發生在二〇二〇和二〇二一年間，年近四十之際。此外，他曾三次放棄參加法網，目的是為了專心準備草地賽季。儘管人們最常用大滿貫封王次數來評判誰是最強，但有鑒於三巨頭的奪冠次數極高，大幅領先其他選手，彼此間的差距甚微，也必須參考其他指數，來衡量他們在這條路上各自的表現。對於史上最偉大的選手，或用英語界的話來說，GOAT（Greatest of All Time），每位球迷心中各有所好，根據我們看待三巨頭的角度不同，許多數據和論據皆可大力替任一方的意見背書。

回到先前的論述，以封王次數、參加的決賽次數和勝利的決賽次數來看，納達爾在四大滿貫賽事的綜合勝率最高。他共計參加過六十六次大滿貫，並奪冠二十二次。雖然喬科維奇起步比納達爾慢，但比他多參加了兩次大滿貫（六十八次）。費德勒的勝率最低，他參戰大滿貫的次數比納達爾多了十五次（八十一場），但封王次數比納達爾少兩次。納達爾的大滿貫奪冠率為三十三％，意味著他參加過的每三場大滿貫之中就有一場封王，而喬科維奇的奪冠率則為三十％，費德勒則為二十五％（每參加四場只有一場奪冠）。若納達爾保持這個封王節奏——這點難以預言，且非常難以達到——若他參加大滿貫的次數和費德勒一樣多，那麼早就奪冠二十六次了。[6]

另一方面，納達爾參加過的大滿貫中，有四十五％的場次他都挺進決賽。這說來也實在驚人，唯獨喬科維奇能並駕齊驅。在這份數據統計中費德勒排在後頭，但他殺進決賽的比率也高達三十八％，數字同樣精采。三人打進決賽並獲勝的比率也很出色，納達爾再次獨占鰲頭，決賽勝率高達七十一％，喬科維奇六十七％，而費德勒則為六十四％。顯然，隨著年齡增長，接下來的幾年納達爾和喬科維奇的決賽勝率數字將會下降，但這還說不準。然而，年紀並不是費德勒的成績驟降的唯一原因，因為他在二十九歲和三十五歲之間只贏過一項大滿貫，但之後，三十五歲和三十七歲之間卻又三度封王。事實上，年過三十後，三巨頭的表現皆令人佩服，在大滿貫賽事可謂大豐收。紀錄保持人是喬科維奇，共奪冠九次，超越納達爾的八次和費德勒的四次。三人的共同大成就為有

6 編按：結算至二〇二二年。

費德勒	共計	澳網	法網	溫布頓	美網
參賽次數	**81**	21	19	22	19
奪冠次數	**20（25%）**	6（28%）	1（5%）	8（36%）	5（26%）
打進決賽次數	**31（38%）**	7（33%）	5（26%）	12（55%）	7（37%）
決賽勝率	**64%**	86%	20%	67%	71%
缺賽次數	**8（9%）**	1（5%）	4（17%）	0	3（14%）

納達爾	共計	澳網	法網	溫布頓	美網
參賽次數	**62**	16	17	14	15
奪冠次數	**20（32%）**	1（6%）	13（76%）	2（14%）	4（27%）
打進決賽次數	**28（45%）**	5（31%）	13（76%）	5（36%）	5（33%）
決賽勝率	**71%**	20%	100%	40%	80%
缺賽次數	**11（18%）**	2（11%）	1（6%）	4（22%）	4（21%）

喬科維奇	共計	澳網	法網	溫布頓	美網
參賽次數	**66**	17	17	16	16
奪冠次數	**20（30%）**	9（53%）	2（12%）	6（38%）	3（19%）
打進決賽次數	**30（45%）**	9（53%）	6（35%）	7（44%）	9（56%）
決賽勝率	**67%**	100%	33%	86%	33%
缺賽次數	**1（1%）**	0	0	0	1（6%）

（＊編按：以上圖表結算至2021年）

能力在如此長的時間中保持極高的奪冠比率。他們克服了傷勢和年齡的桎梏，克服了必須超越先前成就的萬年壓力，在各類型場地都拿下勝利。

三巨頭的每位成員都是其中一項大滿貫的奪冠數霸主，儘管費德勒還多統治了一項賽事。他是溫網史上奪冠次數最多的選手（八冠），也是美網封王次數最多的選手（五冠），在美網的成就與康諾斯和山普拉斯齊名。更有甚者，費德勒還是澳網史上奪冠次數第二多的選手（六冠）。至於納達爾，他是法網之神（十四冠），奪冠次數比位居第二的比柏格（六冠）整整多出一倍有餘。此外，他十四次打進法網決賽，十四次全勝，綜觀四大滿貫悠久的歷史，都是最令人佩服的紀錄。另一方面，他是美網封王次數第二多的選手（四冠），距離三巨頭的美網之王費德勒只差一冠。最後，喬科維奇是澳網的霸主，十度高舉金盃，挺進決賽並奪冠的比率同樣也是百分之百，而他在溫網七次封王，與山普拉斯一樣，只比費德勒少一冠。

這些傳奇般的數據擺在眼前，我們很難定調三人之中誰最強，但這並非這三位網壇傳奇所引起的唯一激烈爭論。另一個常提及的話題是三人之中，誰在職業生涯的某個時候達到至高的球技水準。顯然，三巨頭打過的賽季都令人印象深刻，其中有些賽季與拉沃、康諾斯、柏格或馬克安諾等一眾網壇神話的賽季並列史上最精采。有幾年三巨頭包辦三項大滿貫冠軍和數項大師賽冠軍，而且奪冠勝率非常高。確實，三巨頭達成前述成就的那些年，他們的兩大宿敵中的至少一位——不然就是兩位——並沒有徹底發揮實力，否則他們便不可能像這樣統治網壇了。

就這層意義來說，三人中屬費德勒席捲賽季的年份最多，二〇〇四、二〇〇六、二〇〇七和二〇〇九年的網壇都是他的天下。反觀納達爾，他是最穩定規律的選手，但獨霸網壇的年份較少，統治力在二〇〇八、二〇一〇和二〇一九年較為明顯。若要討論最精采的賽季，勢必得讚揚喬科維奇於二〇一五年賽季的表現，他基本上獨攬一切勝利，成績甚至比他大放異彩的二〇一一和二〇一一年還要漂亮。毋庸置疑，若不是因為共處同一時代，不然三巨頭的展示櫃早就陳列更多冠軍獎盃。最明顯的證據是三人在大滿貫決賽相遇的次數高達二十三次，且許多次，若球網另一側的對手不是三巨頭的另一人，原本的輸家肯定早就拿下勝利。在這二十三場為榮耀而戰的對決中，納達爾拔得頭籌，勝率為六十一％（十一勝六負），勝過喬科維奇的五十七％（八勝六負），遠超費德勒的二十八％（四勝十負）。在這幾場史詩級戰役中，費德勒可謂最大輸家。

在大滿貫奪冠對選手是最大抱負。這是他們初持網球拍時的夢想。根據個人出身、網球文化或喜好不同，他們會偏好在墨爾本、巴黎、倫敦或紐約角逐殊榮。為數不多成功在大滿貫封王的選手會進一步夢想達到更高境界，挑戰所有傳奇球王曾完成的壯舉，「湊齊四大滿貫賽的冠軍」。一開始，這句話的初衷指的是在同一年賽季奪得四大滿貫冠軍的英雄事蹟。如今，只有巴吉（Don Budge，一九三八）、康諾利（Maureen Connolly，一九五三）、拉沃（一九六二和一九六九）、考特（Margaret Court，一九七〇）和葛拉芙（Steffi Graf，一九八八）曾達成此壯舉。在男子網球中，只有拉沃曾在公開賽時代達到此成就。

之後，有鑒於要達到此成就的條件無比困難，只要選手湊齊四大滿貫的冠軍即可算數，無論花了多少年才完成都無所謂。為了和真正意義上的大滿貫區分，上述的這個戰績定義為「生涯大滿貫」。如此一來，名單中又多了哈特（Doris Hart）、弗萊（Shirley Fry）、愛默生（Roy Emerson）、比莉・珍・金（Billie Jean King）、艾芙特（Chris Evert）、娜拉提洛娃、費德勒、納達爾和喬科維奇。在公開化年代，納達爾是達到此里程碑的選手中最年輕的一位，二〇一〇年美網封王湊齊四大滿貫時，他才二十四歲。費德勒二〇〇九年才終於征服法網紅土，已是二十七歲，而喬科維奇二〇一六年高舉法網金盃時也已經二十九歲。

這場最強之戰好似永無止盡，總是會有新的挑戰出現。三位主人公無疑會接受。嶄新的挑戰擺在眼前，他們的求勝鬥志讓他們無法放棄；達成生涯大滿貫後，網球公開賽年代達成「雙圈大滿貫」第一人的可能性在三人面前展開。要完成這項新目標，他們必須至少征服四大滿貫賽事兩次，歷史上唯獨拉沃（一九六二和一九六九）達成此壯舉，儘管他是橫跨業餘時代和職業網壇達成的。第一位接近達成此英雄事蹟的人是費德勒，二〇一一年他在法網決賽碰上納達爾，飲恨西北。之後，納達爾也三度挑戰雙圈大滿貫，但都只差一場比賽便能高舉他的第二座澳網金盃（二〇一四、二〇一七和二〇一九）[7]。最後一位接近此成就的是二〇二〇年的喬科維奇，但他和費德勒一樣，在法網決賽被納達爾攔胡。最終，二〇二一年，喬科維奇在法網紅土達到此里程碑，成為唯一有資格挑戰「三圈大滿貫」的選手。幾年前這對他還宛如科幻情節，做夢也想不到。

更進一步來說，納達爾和阿格西是唯二達成「生涯金滿貫」的選手。也就是湊齊四大滿貫冠軍外，還得加上摘下一面奧運單打金牌。女子網球中，小威廉絲（Serena Williams）和葛拉芙也曾達到此成就；葛拉芙是唯一一位在同一年賽季立下此壯舉的人，貨真價實的金滿貫。對喬科維奇而言，要拿下唯一缺少的冠軍頭銜可謂相當棘手，他的最後一次機會將會是二〇二四年的巴黎奧運，屆時他已三十七歲。至於費德勒，他早已與這個夢想道別，因為巴黎奧運舉辦時，他已年近四十三，很難繼續在賽場上保持活躍。而納達爾若順利在巴黎奧運摘金，則將成為唯一達成「雙圈金滿貫」的選手。對他有利的是，巴黎奧運網球項目的比賽場地就是他最鍾愛的法網羅蘭·加洛球

7 二〇二二年澳網封王後，納達爾終於達成雙圈大滿貫。

場，但對他不利的是年紀，屆時他已三十八歲。然而，若要說誰有能力化不可能為可能，非他們三人莫屬。

綜合以上數據，輪到各位讀者發表高見，自行決定誰是史上最強的網球選手。統計數據和論述千百種，我們將在接下來的章節繼續娓娓道來，概述三巨頭在網壇最一流的錦標賽上展現過人本領，分析這段悠久的宿敵關係每一年所發生的事。若我們接受大多數人的主流觀點，認定大滿貫是評判誰最強的最重要因素，那麼我們應該再多等待個幾年，才可以替史上最強的球王加冕。

2-2

澳洲網球公開賽

喬科維奇在澳網的某幾場勝利深深烙印在球迷腦海。最戲劇性的勝利非2012年的決賽莫屬，他和納達爾強強對決，鏖戰長達5小時又53分，是大滿貫賽史上耗時最長的比賽。

澳網為每年賽季揭開序幕，比賽時間正值南半球的酷夏，氣溫居高不下，直逼攝氏四十度，使得澳網成為賽季最嚴峻的賽事之一，選手因為中暑而退賽更是屢見不鮮。這點也使得比賽主要使用的球場獲得現代化的改善，如今球場擁有伸縮屋頂，此外，二〇〇八年原先的場地表面更換為「plexicushion」塗層系統，可以更有效地吸收熱氣。一九〇五年的第一屆賽事以來，這不是澳網第一次改變球場表面。最重大的改變發生於一九八八年，澳網改至墨爾本公園舉辦，球場也連帶改為硬地材質，因為草地球場需要大量維護保養，所費不貲。一九七二年，位於澳洲南方的墨爾本被指定為澳網唯一主辦地，舞台多次歷經改變，也跟上三位澳洲球王的高度。

澳洲是傳奇選手羅斯威爾（Ken Rosewall）、愛默生和拉沃的家鄉，一直都是非常熱愛網球運動的國家。出戰過澳網的神話選手何其多，其中戰績最輝煌的就屬喬科維奇，十度在羅德．拉沃競技場挺進決賽，並十度奪冠，紀錄著實轟動，將澳網的昔日統治者費德勒狠甩其後。費德勒在澳網封王次數少了喬科維奇三次，而納達爾則連他的車尾燈都看不到，雖然六度闖進決賽，僅奪冠兩次。

澳洲是每年四大滿貫的第一項賽事，二〇一一年起幾乎成為喬科維奇的專屬獵場。二〇〇八年他在澳網拿下生涯首座大滿貫冠軍，而這年正好是飽受爭議的「Rebound Ace」塗料替換成如今Plexicushion的那年。Plexicushion塗層系統減緩球速，但網球史上許多最精采的比賽也應運而生。這是硬地材質的表面，但速度並不會過快，選手得已進行長時間的來回抽球。喬科維奇的球風偏向防禦和反擊，這種球場條件對他來說十分理想。二〇一一年喬科維奇二度封王以來，唯有瑞士雙人組費德勒和瓦林卡曾成功取代他，將自己的名字鐫刻在諾曼．布魯克斯挑戰盃的底座上——或者以費德勒喜歡的方式來簡稱，「諾曼盃」。喬科維奇是澳網霸主，孩提時代的朋友兼勁敵莫瑞則是他在澳網最主要的手下敗將。莫瑞總共五次在澳網決賽鎩羽而歸，其中四次的對手正是喬科維奇。納達爾曾兩度敗給喬科維奇，松加（Jo-Wilfried Tsonga）、蒂姆和梅德維夫也曾敗給他一次。

喬科維奇在澳網拿下的某幾場勝利深深烙印在球迷的腦海，是心目中最精采的比賽。最戲劇性的勝利非二〇一二年的決賽莫屬，他和納達爾強強對決，鏖戰長達五小時又五十三分，為大滿貫賽事史上耗時最長的比賽，最終以五比七、六比四、六比二、六比七和七比五取勝。兩人在球場上將最後一絲能量揮灑殆盡，打出最後一記好球，戰得筋疲力竭。

若談論起喬科維奇的兩大宿敵，一直以來澳洲留給費德勒的回憶都比給納達爾的好，儘管墨爾本中央球場曾見證費德勒職業生涯最艱困的時刻。納達爾曾於二〇〇九年摘下桂冠，這場勝利是兩人漫長宿敵關係中最棒的比賽之一，不只是因為球技精湛，而是因為賽前、賽中以及賽後所流露出的感動。費德勒在頒獎典禮上眼淚直流，情緒瓦解，說出他那句如今已是家喻戶曉的「天啊，我受不了了」（God, it's killing me.）。納達爾見狀嘗試安慰費德勒，在演說中差點就要向他道歉，為打贏他而賠罪。

儘管兩人的宿敵關係有這麼一個戲劇性的篇章，澳洲一直以來都是費德勒的樂園。反之，對他的大宿敵卻無比棘手。比起喜悅，納達爾在澳洲收割的更多是失望。費德勒在澳網經歷了他職業生涯最歡喜的某些時刻，一切從二〇〇四年開始，這年他擊敗薩芬，高舉他生涯第一座諾曼盃，首次爬上他心心念念的世界第一。這天是二〇〇四年二月二日：費德勒以二十二歲的年紀成為ATP的主宰，開始了他的霸權，直到二〇〇八年才被納達爾終結。說來也妙，納達爾是二〇〇四年才初次登上澳網：年僅十八的他敗給澳洲球星休伊特，止步第三輪。

繼二〇〇四年，費德勒又另外五度封王（二〇〇六、二〇〇七、二〇一〇、二〇一七和二〇一八）。其中屬二〇一七年的賽事最為特別，他在這年拿下的勝利最具象徵意義。歷經傷勢問題後，歷經沒贏得任何一項大滿貫的五年後，他在決賽對上他最敬佩的宿敵納達爾，奪下冠軍。要知道，這年納達爾也恢復了他的最佳水準。一年後，費德勒在澳網決賽擊敗契利奇，贏得他的第二十座大滿貫，也是他最後一座大滿貫。

納達爾在南半球大地的旅程除了二〇〇九年賽事以外，所收穫的快樂結局不如他的兩位大宿敵來得多。他甚至無法享受他在澳網所拿下的唯一一次。在卡林的著作《拉法，我的故事》中，納達爾講述回程的飛機上，他的父親告知他即將和母親離婚。這個消息重重打擊了他的士氣，影響他在球場上的表現，再加上有傷在身，這年賽季一場糊塗，甚至職業生涯第一次在法網敗北。多虧了他強大的資質，儘管澳網的場地條件不利於他，但他仍四度挺進決賽，但這四次皆敗北。二〇一二、二〇一四、二〇一七和二〇一九年他差點就能嘗到勝利的甜美，卻分別敗給喬科維奇兩次，敗給費德勒一次，輸給瓦林卡一次。就各種意義而言，最令納達爾感到痛心的敗仗肯定是二〇一四年輸給瓦林卡的這場，因為在決賽開始前的熱身過程中，他的後背受傷，硬背著傷勢應戰。總之，費德勒和喬科維奇在墨爾本的決賽體驗比納達爾來得好上許多。

二〇二〇年，Covid-19疫情肆虐全球，澳洲是賽季暫時取消前所舉辦的最後一項大滿貫。喬科維奇不負奪冠大熱門之名，在決賽擊敗蒂姆。一年後，世界逐漸恢復正常，他在決賽對上梅德維夫也取得一樣的好成績，高舉他的第九座澳網金盃，並展開了夢幻般的賽季。

2-3

法國網球公開賽

納達爾在法網14度封王，歷史上從未有人在單一球場和單一賽事展現如此霸權統治，確實是不爭的法網之王。

羅蘭．加洛球場鄰近布洛涅森林，四周圍繞著流經巴黎的壯麗塞納河其中一條河道，是每年法網的比賽地點。第一屆賽事舉辦於一八九一年，一九二七年移至現今場地，並以第一次世界大戰中殞命的傳奇飛行員羅蘭．加洛（Roland Garros）之名命名。

法網是四大滿貫唯一的紅土賽事，在悠久歷史中流傳一則傳說，對許多史上最強的網球選手是受詛咒的錦標賽。康諾斯、馬克安諾、貝克、艾柏格和山普拉斯等一眾傳奇皆沒能高舉火槍手盃，說明了要在這項賽事奪冠是何等困難，尤其大部分比賽都採用硬地球場。紅土使得網球的彈跳幅度更高，球速減慢，給選手額外零點幾秒的時間反應對手的擊球。因此，對防守型球風的選手最為有利，與其他場地恰恰相反。

俗話說得好，一個畫面勝過千言萬語，要描述納達爾在法網的戰績有多偉大，最好直接看看他在法網的雕像。他在法網的表現可謂前無古人，後無來者，賽事主辦單位在沙特里耶（Philippe Chatrier）的雕像旁也替他立一尊雕像，向他致敬。納達爾雕像氣勢宏偉，設立在中央球場旁，所有來訪者都會看見。

納達爾在法網十四度封王，歷史上從未有人在單一球場和單一賽事展現出如此霸權和統治，確實是不爭的法網之王。他打進決賽並奪冠的勝率為百分之百，更何況還參賽了十六次。沒有哪位選手曾在單一賽事封王如此多回，就連次級比賽也不曾有人辦到。他在法網的封王次數，無論看多少回，依舊強大得令人驚嘆。納達爾在巴黎紅土打了一一五場比賽，其中一一二場皆獲勝，勝率非比尋常，高達九十七%。若用這數字仍不夠清楚理解他的壓倒性霸權，他只有三場比賽不得不戰到第五盤，而且沒有一次是發生在決賽。由此可見一斑。他在法網只慘遭滑鐵盧三次，二〇〇九年不敵索德林（Robin Söderling），而二〇一五和二〇二一年則是喬科維奇的手下敗將。至於二〇一六年，他在第三輪遭遇西班牙同胞格拉諾勒斯，但比賽開始前便因傷退賽。

納達爾的首次法網失利被費德勒好好把握住。費德勒在決賽擊潰索德林，贏得勝利，拿下他生涯唯一一座法網冠軍，更湊齊了他夢寐以求的四大滿貫。二〇一六年喬科維奇效法費德勒，把握住納達爾因傷退賽的優勢機會，一舉拿下冠軍。至於二〇二一年，他在四強賽光明正大擊敗納達爾，之後拿下決賽，成為公開化年代唯一達成雙圈大滿貫的選手。有鑒於此，在法網紅土戰勝納達爾顯然有其獎勵；難怪在法網擊敗他是體壇最困難的挑戰之一。費德勒和喬科維奇都花了很大努力和多年時間，才成功將法網冠軍收入囊中，也說得過去。他倆在巴黎締造了許多無比偉大的時刻，若不是與納達爾共處同一時代，早就封王更多次了。

許多人認為早在二〇〇四年——納達爾首次在法網奪冠的前一年——當時仍未成年的他就有資格問鼎冠軍了，有望擊敗莫亞和科斯塔（Albert Costa）兩位法網冠軍。然而，跟二〇〇三年一樣，二〇〇四年他因傷勢無緣參賽，我們永遠無法得知他本該譜下何等傳奇。我們倒是對二〇〇五年發生的事倒背如流，納達爾席捲紅土賽季，包攬了蒙地卡羅大師賽、馬德里大師賽及羅馬大師賽的冠軍，許多專家都視這位年僅十八的少年為這年的法網奪冠大熱門。換作是其他選手，大概承受不住肩上所背負的巨大壓力，但納達爾展現體能和頭腦，扛住壓力，迎接即將面對的一切。

四強賽這天，納達爾剛好過十九歲生日。這場比賽一開始他就重創無人能敵的球王費德勒。他散發出的能量和威力強勁的擊球，前所未見的上旋抽球，打得費德勒無力招架。這天，對費德勒而言最好的事，就是不曉得接下來幾年會發生什麼事。決賽，阿根廷紅土高手普塔（Mariano Puerta）也對納達爾束手無策，無力阻攔他為他未來的雕像打下基座。納達爾在法網的傳說就此展開，開啟了一趟值得紀念的旅程，帶領他在二〇〇五至二〇〇八年間拿下四連冠，二〇一〇至二〇一四年間也達成五連冠，之後在二〇一七至二〇二〇年間又再度蟬聯四年冠軍。在納達爾之前，唯有柏格曾在法網拿下過四連冠，並創下六冠王的紀錄。如今，納達爾的奪冠次數超過柏格兩倍以上，無法預測他會將這道無法逾越的門檻設立得多高。

面對紅土之王納達爾的攻勢，許多知名選手紛紛殞落戰場。其中最主要的人非費德勒莫屬，二〇〇六、二〇〇七、二〇〇八和二〇一一年的決賽，他都是納達爾的手下敗將，二〇〇五和二〇一九年的四強賽也是。這對天才瑞士球王是貨真價實的噩夢，他從來沒能在巴黎擊敗納達爾。若對費德勒而言與無敵的納達爾對抗是何等痛苦的事，那麼大部分時候喬科維奇的命運也如出一轍。喬科維奇與納達爾在法網對決了十次，其中八次皆飲恨西北，包括二〇一二、二〇一四、二〇二〇和二〇二二年的決賽。至少他還能自詡是唯一能在納達爾鍾愛的地盤打敗他兩次的人。除了費德勒和喬科維奇，其他在法網決賽敗給納達爾的還有普塔和索德林，以及瓦林卡、費雷爾和蒂姆，而且蒂姆還連輸給納達爾兩次，二〇一八和二〇一九年的決賽皆鎩羽而歸。曾有十六位選手能在法網自納達爾手中搶下一盤，都是這個高級俱樂部的一員。

納達爾在最鍾情的法網有過兩場最精采的演出，對手正是費德勒和喬科維奇，分別發生在二〇〇八和二〇二〇年的決賽。二〇〇八年決賽，納達爾掀起完美風暴，甚至可用沙塵暴來形容他的表現，只花了一小時又四十八分便將世界第一的費德勒夷為平地（六比一、六比三和六比〇）。二〇二〇年戰勝喬科維奇的決賽則是兩人宿敵關係歷史中的關鍵時刻，因為奪得他第二十座大滿貫冠軍，在費德勒的影子下拚鬥十五年後，終於與他在大滿貫奪冠數上打成平手。喬科維奇在這場對決遭到納達爾慘虐，後者輕輕鬆鬆拿下勝利（六比〇、六比二和七比五），儼然像在羞辱對方。

而費德勒在巴黎的經歷，他的不懈和恆心也值得敬佩。他並沒有打消奪取火槍手盃的渴望，二〇〇九年終於如願奪冠。費德勒在紅土球場也有兩把刷子，二〇〇六至二〇〇九年間連續四年打進決賽，便足以證明這一點。公開化年代只有柏格、藍道、納達爾及費德勒辦到。費德勒必須克服一次次沮喪，才終於高舉最令他費盡千辛萬苦的法網金盃。從前，他總在頭幾輪就慘遭淘汰，連水準差他好幾截的對手都打不贏，花了七年才首次打進決賽，終於可以將這些痛苦回憶拋諸腦後。他才剛證明自己在紅土球場也有兩把刷子，便碰上納達爾旋風強勢來襲，除了躲避風暴、減少暴風路徑上造成的傷害以外，別無他法……二〇〇九年機會終於到來，他也沒有讓機會白白溜走。

這場勝利有撫慰心情的功效。之後，費德勒只在二〇一一年再度打進法網決賽。這場比賽，納達爾重新讓他明白誰才是法網的老大（七比五、七比六、五比七和六比一）。二〇一六年，費德勒因膝蓋有傷而缺席法網，二〇一七和二〇一八年則放棄參賽，改採慎選巡迴賽的策略，以盡可能延長職業生涯壽命。他選擇將焦點放在自己較有機會奪冠的賽事上，而年度第二項大滿貫並不是其中之一。話雖如此，二〇一九年他重返法網，表現突出，一路殺進四強，遭遇納達爾（不然會是誰呢）才止步。二〇二〇年費德勒再次缺席法網，傷勢害他錯過一部分賽季，這次是被迫缺席；二〇二一年他重返巴黎，想在法網找回比賽節奏，以面對接下來的溫網，儘管他為了避免累積過長的比賽時間，最終還是選擇退賽。

喬科維奇在巴黎的經歷稍微順遂一些。然而，他的法網旅程與費德勒十分相似。雖然大部分選手就算拚了命也不一定達到二次冠軍四次亞軍的成績，法網依舊是喬科維奇表現最差的大滿貫。二〇一六年，喬科維奇第四次晉級法網決賽，而且對手還不是納達爾，終於才得以擊敗亦敵亦友的莫瑞，再次從他手中奪走一座大滿貫冠軍。他終於湊齊四大滿貫的皇冠：這是他追逐已久的目標，嘗盡職業生涯最慘烈的沮喪，如今一切都有回報。這次封王前，二〇一二和二〇一四年他都在決賽對上納達爾，兩次皆以敗北告終。二〇一五年與瓦林卡的對決則是最令他痛心的敗仗。這年，喬科維奇大展身手，成功在法網八強賽淘汰了紅土之王納達爾，並以世界第一、二十八戰連勝之姿登上決賽舞台。要攻上這座無法攀登的頂峰，他的眼前還有一道關卡，當時世界排名第九的瓦林卡。一反各方預測，綽號「斯坦野獸」的瓦林卡徹底擊潰喬科維奇，而喬科維奇必須再等一年，才終於連續拿下四大滿貫的冠軍。喬科維奇在法國也有過無比喜悅的時刻，他最精采的勝利可能就發生在二〇二一年的菲利普·沙特里耶球場，於四強賽擊敗納達爾。這場比賽可以改變兩人宿敵關係的走向。之後他拿下決賽的勝利，距離兩位大勁敵的二十座大滿貫冠軍只差一冠，並在短短數星期後的溫網迎頭趕上。

三巨頭沉浸在角逐擁有最多大滿貫冠軍的路上，納達爾在法網占盡風頭，完全統治，其霸權甚至比喬科維奇於澳網還鞏固。若他的傷勢放過他一馬，很難想像他不會再次封王，或者再封王多次。納達爾在巴黎的主要威脅來自蒂姆和西西帕斯。這兩人的危險程度肯定不亞於喬科維奇。蒂姆於二〇一八和二〇一九年連續打進法網決賽，堪稱網壇的紅土二當家，而來自希臘的西西帕斯則於二〇二一年問鼎冠軍。

2-4

溫布頓網球公開賽

孩提時代，費德勒、納達爾和喬科維奇就夢想贏下全世界最具聲望且最受他們崇拜的錦標賽。有些關於三人的影像資料顯示，三人從小就常說他們最想贏的就是溫網。他們可以自傲地炫耀不只一次在溫網封王。然而，唯有費德勒是史上最強的草地選手。只有他才是名副其實的溫網之王。

全英草地網球和槌球俱樂部創立於一八六八年，是歷史最悠久網球賽的比賽場地，都是為了其聯合會、為了大不列顛的網球發展。溫網在英國也稱為「錦標賽」（The Championships），首屆賽事舉辦於一八七七年。從此，溫網好似對時間的腳步免疫，極度依循傳統，場上的主角總是身著白色球衣、禮儀儀式、比賽時的死寂、吃著草莓喝著香檳觀賽，以及曾在這裡上演的史詩級比賽，在在都令中央球場獲得「大教堂」的名號。歷史上最一流的選手曾在中央球場奪得勝利，可以說不曾在溫網奪冠過的人，在網球諸神棲息的奧林帕斯山沒有容身之地。

選手若在倫敦草地奪冠，有權成為溫布頓專屬俱樂部的榮譽會員。此俱樂部一般稱為The Club，會員限定為五百人。比賽結束這天會員們齊聚一堂，與歷代球王球后共度一場雅緻晚宴，向該屆賽事的冠軍們致敬。就這場晚宴的男子組項目而言，沒有人以主角身分出席的次數比費德勒還多。他八次封王，成為摘得溫網桂冠最多次的選手。山普拉斯七次加冕為王的紀錄本就夠精采了，

2003至2009年間是費德勒的全盛期，他連續七年挺進溫網決賽，六次封王，其中前五次還是五連冠。

且他在決賽的勝率極高，但在費德勒面前也黯然失色。費德勒曾十二度打進溫網決賽，幾乎和納達爾在法網決賽的次數一樣多。雖然他比納達爾多打進大滿貫決賽五次，奪冠勝率卻遠不及他。二〇〇三至二〇〇九年間是費德勒的全盛期，他連續七年挺進溫網決賽，六次封王，其中前五次還是五連冠。費德勒共在決賽失利過四次，其中三次的對手是喬科維奇，另一次則是納達爾。

早在一九九八年於全英俱樂部高舉青少年組金盃時，費德勒就展現企圖心。儘管當年完全看不出他會達到今日的境界，那時也顯然是天賦異稟的選手。二〇〇一年，費德勒年僅十九歲，人們的懷疑獲得證實，他的確是特別的選手，成了溫網史上最大黑馬之一。在這場值得載入史冊的對決中，費德勒以五盤擊敗當時的溫網七冠王山普拉斯（七比六、五比七、六比四、六比七和七比五），戰勝他青少年時期的偶像。當時「手槍皮特」是溫網封王次數最多的選手，是這項賽事的霸主，在這座英國網球聖殿的前三十一場比賽都勝利。費德勒仍把這場對決視為他整個職業生涯最喜愛的一場比賽。

儘管立下這個里程碑，時隔兩年費德勒才終於征服他的首座溫網冠軍。二〇〇三年決賽他戰勝澳洲重砲手菲利普西斯（七比六、六比二和七比六），實現童年的夢想，開始了他為期五年的祥和王朝。羅迪克和納達爾分別兩度在決賽擔任費德勒的對手；納達爾證明自己每次出戰溫網，在草地球場都取得顯著進步。在中央球場終結費德勒統治的正是納達爾。二〇〇八年溫網決賽，他將費德勒逐下王位。兩人打了一場經典對決，世人視為網球史上最精采的比賽，沒有之一。

納達爾在倫敦的夜空下高舉他的首座溫網金盃。他與費德勒鏖戰近五小時。這場比賽兩人被迫適應各種情況，比賽多次因雨暫停，第五盤時的昏暗球場和巨大疲勞（六比四、六比四、六比七、六比七和九比七）。這場比賽意義深遠，徹底改變了兩人宿敵關係的走向，也連帶改變了近代網球史。在此之前，納達爾只不過是角逐溫網冠軍的選手，是紅土高手，是法網無人能敵的存在。這晚他拿下世界排名第一，證明自己有實力與費德勒在各種場地正面對決。費德勒的完全制霸變成兩人爭奪世界第一和每一項大滿貫冠軍的神仙之戰……到了二〇一一年，喬科維奇也加入這場戰局。

繼這場史詩級勝利後，納達爾只在溫網再奪冠一次。二〇一〇年，他輕取捷克選手柏蒂奇（Tomas Berdych），再度封王。前一年——他職業生涯最困難的其中一年——納達爾無法捍衛冠軍頭銜，只能在電視上眼睜睜看著費德勒在決賽第三次擊敗羅迪克，收復他的溫網王位。之後，二〇一二和二〇一七年費德勒皆在溫網封王，分別擊敗英國全民偶像莫瑞和克羅埃西亞的契利奇。

然而，最近這幾年，費德勒在他的後花園碰上勁敵。二〇一四、二〇一五和二〇一九年的三場決賽值得紀念，喬科維奇都自費德勒手中奪走冠軍頭銜，害他在溫網的封王數無緣接近納達爾在法網的奪冠數。兒時，喬科維奇就是因為觀看溫網的比賽轉播，才愛上網球這項運動，他從前的偶像也是山普拉斯，小時候還曾用紙糊了一個冠軍獎盃；夢想溫網金盃多年後，二〇一一年他戰勝納達爾，順帶從他手中搶下世界第一的球王頭銜（六比四、六比一、一比六和六比三），終於將紙獎盃換成金屬鑄造的金盃。

二〇一九年，喬科維奇和費德勒於溫網決賽對決，打了一場他倆最長決賽，耗時四小時又五十五分。第五盤首次以搶七定勝負，費德勒錯失兩個冠軍點，最終由喬科維奇奇蹟般地獲勝（七比六、一比六、七比六、四比六、十三比十二（七比三））。喬科維奇摘下他的第五座溫網桂冠，並阻擋費德勒達成娜拉提洛娃所創下的九冠紀錄——溫網史上奪冠最多次的選手。二〇二二年，喬科維奇收穫他在溫網的第七冠，職業生涯未來還有好幾年的壽命，可以拓展戰績，也使他成為唯一有望追平費德勒溫網奪冠紀錄的選手。

二〇二〇年，Covid-19引發世界衛生危機，溫網是唯一受疫情影響而停辦的大滿貫。一九四五年以來頭一遭，網壇一流好手不再穿著純白無暇的球衣列隊走進這座網球聖殿。全英草地網球和槌球俱樂部的管理層基於對選手、觀眾和主辦單位人員的健康考量，取消了這年賽事。草莓和香檳還得等待一年才能亮相。

由於喬科維奇近年在溫網頻頻告捷，自二〇〇三年起的十九屆溫網中，三巨頭就包辦了十七座冠軍。澳網的情況也一樣。唯獨莫瑞曾兩度打破這個霸權。就短期來看，三巨頭的統治很難發生變數，因為新世代選手在大教堂未能取得好成績，只有貝雷蒂尼（Matteo Berrettini）曾闖進決賽。放眼望去，看不見草地球場的霸權現況會有所改變，但在網球和溫網上，什麼事也說不準。不然去問問貝克吧，一九八五年，年僅十七的貝克在大教堂首次封王，驚豔全世界。貝克的這場勝利也啟發了年幼的費德勒……所以說，誰曉得呢，費德勒多次封王，搞不好已經激勵了未來的王位繼承人了。

2-5 美國網球公開賽

每一項大滿貫賽事都忠實反映了舉辦國的特色。若說溫網代表對數百年傳統的崇敬，體現也突顯英國文化，那麼美網就是受美國人所喜愛的純粹表演。**娛樂事業**與自由精神賦予美網一種與其他大滿貫不同的魅力，美網甚至還是唯一各種場地都曾採用過的比賽。所以康諾斯可以自豪在草地、紅土和壓克力（一九七八年起採用的材質）球場都曾奪冠過。現在球場材質混合了沙，成了名聞遐邇的decoturf丙烯酸塗料，使得球速比澳網還快，而這正是美國觀眾喜歡的網球類型。美國近代三位網球本土偶像山普拉斯、阿格西和羅迪克都曾從中獲益，在紐約奪冠。

為了讓這場**表演**成為道地的美國風格，全世界最大也最吵的中央球場座落於法拉盛草地公園的建築群中。亞瑟．艾許球場可容納逾兩萬三千名觀眾，觀眾用色彩和分貝填滿夜間比賽——這項大滿貫的另一個發明。紐約觀眾熱情參與，常常在表演進行途中飲食和吆喝；選手換邊時，音樂全力放送，鼓舞情緒本就高張的球迷。更有甚者，往返鄰近的拉瓜迪亞機場的飛機時常自球場上空掠過。對選手而言，要在這座球場保持專注，簡直難上加難。

在三巨頭的宿敵關係中，美網意味著尚不知鹿死誰手的大對決。紐約球迷和主辦單位也希望這場大對決可以盡早成真，免得為時已晚。費德勒和納達爾的正面對決。此外，美網是唯一三巨頭在

三巨頭在美網的奪冠次數相當接近，彼此只各差一冠；美網不僅是三巨頭征服次數最少的大滿貫，也是過去15年來冠軍落入三巨頭以外的選手最多次的賽事。

奪冠次數上能夠相提並論的大滿貫，費德勒以五冠領先，與康諾斯和山普拉斯的紀錄平手，而納達爾封王四次，喬科維奇則為三次。接下來的幾年，他倆皆有機會迎頭趕上費德勒，因為納達爾最近三次參加美網兩次奪冠（二〇二〇和二〇二一年並未參賽），而喬科維奇曾九度闖進決賽，問鼎冠軍。

若說二〇〇八年是三人宿敵關係的轉折點，那麼美網又再度證明了這點，因為費德勒在美網拿下五連冠，但不曉得這可能是他最後一次在此封王。二〇〇七年，他連續第四年包辦溫網和美網冠軍，其中三年還一併在澳網封王。現在我們很難再看到他能有此番好成績。二〇〇九和二〇一五年，費德勒兩度打進美網決賽，但已無法和從前一樣在亞瑟・艾許球場百戰百勝。然而，他創下的連續封王紀錄著實不可思議，讓他在美國一舉成名，至今仍是最受美國球迷喜愛的選手，沒有之一。

納達爾首次在法拉盛草地公園高舉金盃是在二〇一〇年。這年他首次打進美網決賽，擊敗喬科維奇奪冠。而這年並不是喬科維奇第一次在美網挺進決賽，二〇〇七年他就曾對決費德勒，鎩羽而歸。此後，納達爾接續了費德勒在紐約的表現，又三度技壓群雄（二〇一三、二〇一七和二〇一九）。費納之間的美網封王次數從最初一面倒的五比〇來到現今勢均力敵的五比四。喬科維奇也加入這場戰局，二〇一一年他首次在大蘋果封王，二〇一五和二〇一八年也再次奪冠，如今已在美網累積三冠。他曾有機會追平費德勒的封王次數，但九次打進決賽，其中六次都未能把握良機，是三巨頭在美網決賽落敗次數最多的人。他失利的第一場決賽是二〇〇七年，當時正值巔峰的費德勒完全不給年輕且經驗不足的喬科維奇機會；之後，喬科維奇兩度在決賽碰上納達爾，兩度敗北，也曾敗給戴波特羅、瓦林卡和梅德維夫等人各一次。

費德勒與美網的佳話始於二〇〇四年。這年，人們開始意識到他將以獨裁的方式統治ATP巡迴賽。他在決賽對陣休伊特，取得壓倒性勝利（六比〇、七比六和六比〇）。休伊特至今應該仍在納悶那天他對上的是外星人。阿格西、羅迪克、喬科維奇和莫瑞皆在職業生涯的某個時候登上世界第一，面對網球最強天才當家，也全然無招架之力。費德勒連續第六年於二〇〇九年打進美網決賽時，他在北美大地的統治才終於被戴波特羅終結。曾在美網決賽擊敗費德勒的選手中，只有戴波特羅不曾登上ATP排行榜頂點。這年戴波特羅也在四強賽讓納達爾吃閉門羹，完成他職業生涯最棒的一場比賽。總之，在費德勒之前，沒有人連續五年賽季年終結算時至少拿下兩座大滿貫冠軍，創下難以企及的紀錄。

亞瑟．艾許球場也是納達爾最喜愛的球場之一。他在美網的旅程令人刮目相看，某些最棒的時刻就是在這兒體驗的。二〇一〇年美網決賽，他當著看台上兩萬三千名激昂觀眾的面擊敗喬科維奇（六比二、五比七、六比四和六比二），一戰封神，成為第七位達成生涯大滿貫的選手。此外，納達爾還是達成此成就的最年輕選手，年僅二十四歲。這年他橫掃法網、溫網和美網，連續封王，以這場勝利替這魔幻的一年劃上句點。

納達爾和托尼總說對他們而言，美網是最難攻克的大滿貫。硬地球場的球速極快，此外，比賽還採用各種不同的球，種種因素下，他倆對征服美網並沒有懷抱太大希望。然而，納達爾的球風慢慢進化，征戰美網數年後，他的風格變得更具侵略性，而隨著時間經過，美網成了他第二如魚得水的大滿貫賽事。而且，納達爾熱愛在大蘋果比賽，紐約觀眾也崇拜他。他非常喜歡紐約這座城市，也喜歡法拉盛草地公園球場與其他錦標賽截然不同的氛圍。雖然許多選手習慣比賽時全場死寂一片，尤其是在重大比賽上，無法忍受喧鬧和噪音，但納達爾倒是很享受，還藉此考驗他那過人的專注力。這點讓他比許多對手多了額外的競爭力，因為對手無法自周遭歡鬧的環境中抽離。納達爾那電光石火般的球技，以及每次得分所展現的熱情，在在都讓看台上的觀眾瘋狂。納達爾最近幾次奪冠，已與觀眾產生一種特殊連結。現場觀眾大多是拉丁裔，會隨著球王熱情洋溢的慶祝一起激動。

如果喬科維奇在美網決賽的勝率更高，那他就是這項賽事奪冠次數的榜首。他在美網三次奪冠，對手分別是費德勒、納達爾和戴波特羅，但其餘六場失利的決賽對他是巨大絆腳石。要知道，三項大滿貫中，美網的驚喜最多，而且喬科維奇不只一次親身體驗。

接下來幾屆的美網可能會成為最刺激的賽事。有許多理由支持這個想法。首先，三巨頭在美網的奪冠次數相當接近，彼此之間只各相差一冠；再者，美網不僅是三巨頭征服次數最少的大滿貫，也是過去十五年來冠軍落入三巨頭以外的選手最多次的賽事。三巨頭錯過了六座美網冠軍，在溫網和澳網各錯過了兩座，在法網則只有一座。若這麼說還不夠，美網身為年度最後一項大滿貫，通常是決定誰是年終排名第一的關鍵之戰。

二〇二〇和二〇二一年，美網又再次證明了在紐約什麼事都有可能發生。喬科維奇深受其害：費德勒和納達爾頻繁缺賽，但他並未能把握住良機。二〇二〇年，受新冠病毒疫情影響，觀眾席看台空空如也，造就比賽奇景。喬科維奇擊球打中線審，遭判取消比賽資格。這個超現實的舉動成為年度體育大頭條之一。時隔一年後，他碰上大好機會，一度有望成為史上最強選手，有望贏得他的生涯第二十一座大滿貫，更有望達成年度大滿貫壯舉。他只需要再奪冠一次，但他背負無比壓力，加上梅德維夫在這場決賽表現精湛，令他不堪負荷，束手無策，最終飲恨敗北。

2-6

ATP排名第一

一九七三年，ATP排名機制正式啟用，這年羅馬尼亞選手納斯塔塞成為史上首位世界第一球王。從此之後，攀上排名頂點以及贏得大滿貫冠軍，成為所有選手最大的抱負。登上排名第一者有權宣稱自己是當今最強，更精確地說，近十二個月以來最強。ATP（職業網球協會）所創立的系統會計算過去五十二週的十八項最佳成績。各賽事依照級別不同，計分也不同，選手每晉級一輪，都會獲得更多積分。如此一來，選手必須捍衛前一年在同一項錦標賽贏得的分數。若比賽成績較前一年來得差，將扣除分數差異，而成績進步則會增加積分。這個機制說起來還算挺公平的，採計的時間區間夠寬，不會因為選手在短時間內連勝而決定排名。

由於網壇採用這個計分機制，人們在評價史上最強選手時，這也是常被拿出來討論的話題之一，雖然一直以來其重要性和份量遠不及大滿貫。因為，雖然ATP排名是評斷當前最強選手的機制，但要替史上最強選手加冕，所征服的大滿貫數量才是被公認接受的標準，也是有意角逐史上最強名號的眾選手的主要目標。

當然，費德勒、納達爾和喬科維奇之間的爭鬥也發生在排名第一的這個擂台上。隨著時間推進，排名第一的位置逐漸變化。二〇〇四年二月二日，費德勒戰勝薩芬，拿下生涯首座澳網冠軍，

ATP計分制已啟用50年，這些年來只有27位選手登上世界網壇之巔。其中，唯獨18位選手曾達成年終排名第一。

首次登上世界第一。從此，費德勒開始稱霸網壇，連續兩百三十七週蟬聯排名頂點，就當時網壇現況來說，完全不可能再創紀錄。納達爾位居排名第二，虎視眈眈三年，在北京奧運決賽摘金後的隔天，二〇〇八年八月十八日，終於成功篡位。換作是其他大部分選手，更早之前就會舉白旗投降了，因為就算二〇〇五年在十一項錦標賽封王，也不足以廢黜費德勒。而納達爾這時的積分之多，換作是任何一年，都可以輕鬆寫意地統治排行榜。

打從那一刻起，費德勒開始與納達爾輪替排名第一和第二位。而二〇一一年，納達爾和喬科維奇則最常在名次一二階上輪流交換位置。喬科維奇長年追趕費德勒，終於超越他的三百一十週紀錄，如今已是占據ATP排名第一週數最多的選手（截至二〇二二年共計三百六十三週）。Covid-19疫情全球肆虐，二〇二〇年賽季大部分賽事都被迫取消，促使ATP協會凍結積分機制，二〇二〇年三月十八日至八月二十三日之間暫停計分排名。之後，ATP協會建立幾條臨時標準，更加拖延了喬科維奇「超車」費德勒的時間，費德勒也得以保持在排名前十位，直到二〇二一年末。霸榜週數紀錄排在喬科維奇和費德勒之後的選手依序為山普拉斯（二百八十六週）、藍道（二百七十週）、康諾斯（二百六十八週）和納達爾（二百零九週）。就排名位置來看，納達爾有機會在這份名單中繼續往上爬。

ATP計分機制啟用已有五十年，這些年來只有二十七位選手登上世界網壇之巔。其中，唯獨十八位選手曾達成年終排名第一。只有史上最偉大的選手享有此殊榮，而喬科維奇也是最常獲得此榮耀的人，一共在七年賽季中達成年終排名第一，比山普拉斯多了一個賽季，但山普拉斯曾蟬聯排名第一長達六年，紀錄驚人，不容忽視。費德勒和納達爾在這份名單中緊追在後，五度站在網壇頂點揮別一年賽季。

費德勒還有一項偉大成就。他連續四年年終排名第一，二〇〇五、二〇〇六及二〇〇七年的每一週都高踞排行榜榜首。這份數據最足以說明他在那些年無可爭辯的主宰統治。至於納達爾，他五度成為年終排名之首，但從來沒有連續蟬聯過。這點也再度證明了他善戰的鬥志、強韌的心智以及超強的實力，因傷長時間缺賽，還能重返頂點。頻繁因傷缺賽，導致他多次無法在年終賽奪冠或者維持ATP的領導地位。一如既往，喬科維奇走的是中間路線，他的七次王朝大體上可以分為三個階段，每個階段統治兩年；二〇一一至二〇一二、二〇一四至二〇一五，以及二〇二〇至二〇二一年，他的年終排名都是第一。

若說費德勒在某段時期是網壇的宙斯，那麼納達爾一直以來則擁有薛西弗斯的不懈和重負，一次又一次自不幸中爬起，花費巨大力氣重返頂點……然後再次跌落。二〇〇八年他首次成為ATP年終排名第一，最近一次則相隔了整整十一年，二〇一九年才又重返第一；唯一與他的數據比擬的人是喬科維奇（首次是二〇一一年，最近是二〇二一年）。在這期間，納達爾多次受傷，被迫中斷進展，無法持續待在排行榜頂點。要全面地分析這份數據，將其與費德勒比較便足矣，因為費德勒第一次登上和最後一次登上年終排名第一，中間只相隔了五年（二〇〇四年十二月和二〇〇九年十二月）。這完全不意味著費德勒沒有能力戰勝困境，也不代表他的統治只局限在他獨霸網壇的這光輝五年。費德勒並非浪得虛名，他是以最年長的年紀登上世界第一的選手。二〇一八年六月十七日，費德勒於斯圖加特網球公開賽四強賽擊敗「壞小子」基瑞爾斯（Nick Kyrgios），並自納達爾手中奪去世界第一球王寶座。此時的他高齡三十六歲十一個月又六天。儘管他無法一路保持世界排名第一至這年賽季結束，幾年後來看，這仍是不可思議的壯舉。

費德勒與納達爾於二〇〇五年便開始他倆的世界第一之爭，而喬科維奇則於二〇一一年才終於加入這場爭戰。現今，喬科維奇是這個項目中不爭的統治者。雖然他在更早即橫空出世，並於二〇〇八年首次大滿貫封王，但直至二〇一一年他贏得四大滿貫的三項後，才終於終結ATP長年的兩強壟斷現象，而且十年後（二〇二一年）他還能重現這項里程碑。毋庸置疑，喬科維奇最為執迷不悟，一心想成為占據排名第一最多週數和最多大滿貫的選手。他也是唯一公開坦承這是他最大目標的人。儘管三巨頭都承認他們的優先目標是大滿貫冠軍，但爭奪世界第一也是大滿貫之爭的直接結果，只要三人有機會達成這項目標，都會全力以赴。有鑒於三人間的戰績勢均力敵，在每個面向勝過其餘兩人，都有助於讓勝利的天秤傾向自己這側。三位球王對此再清楚不過了。

2-7 ATP1000大師賽

費德勒、納達爾和喬科維奇發動了爭奪史上最強網球選手頭銜的大戰，在為數眾多的各級賽事，ATP1000大師賽無疑是一大戰場。大師賽是大滿貫和ATP年終賽以外最重要的九項錦標賽，自二〇〇四年起，許多史詩級對決都發生在大師賽的賽場上。這些比賽至關重要，足以決定每年排名第一獎落誰家。這系列賽事誕生於一九九〇年，這三十年曾多次易名。大師賽是ATP的頂尖賽事（大滿貫賽則是國際網球總會ITF的比賽），也是繼大滿貫賽之後給予選手最多積分的比賽。印地安泉、邁阿密、蒙地卡羅、馬德里、羅馬、加拿大（蒙特婁和多倫多）、辛辛那提、上海和巴黎，共計九站。隨著一年年賽季，大師賽的聲望逐漸升高，有些賽事甚至成為網球選手最喜愛的比賽。

三巨頭之間的首次對決正是發生在其中一項大師賽上。佛羅里達舉辦的邁阿密大師賽有幸成為這一切的起源，在二〇〇四年三月見證了這場網壇無盡經典對決的初章。這天，默默無名、年僅十七歲的小夥子納達爾，居然連下兩盤（六比三和六比三）戰勝當時世界第一球王，令比斯坎灣的全場觀眾看傻了眼。納達爾展現過人的球技和體能，徹底擊潰費德勒。這場比賽費德勒被打得目瞪口呆，無法相信發生了什麼事。隔年，二〇〇五年的邁阿密大師賽，費德勒和納達爾首次在決賽較

三巨頭殊死戰一年比一年更加白熱化，其中，喬科維奇和納達爾在大師賽的封王次數名列前茅，各自拿下38和36座金盃，遠超過費德勒的28冠。

勁。三巨頭為爭奪冠軍頭銜交手的比賽可以列成一份無止盡的清單，一切就是從這場決賽開始。這場比賽為五盤三勝制，開頭和前一年的對決一樣，由納達爾率先搶下兩盤。然而，輸掉頭兩盤後，費德勒拿出自信，扭轉比分，接連拿下後三盤（二比六、六比七、七比六、六比三和六比一）。

三巨頭殊死戰一年比一年更加白熱化，其中，喬科維奇和納達爾在大師賽的封王次數名列前茅，各自拿下三十八和三十六座金盃，遠超過費德勒的二十八冠。此外，喬科維奇還是唯一一位曾在同一年賽季（二〇一五年）贏下六項大師賽的選手，比二〇一三年的納達爾還多封王一次，而且這年他在九項大師賽中闖進八場決賽。他倆之所以統治大師賽，是因為兩人均具備了適應各類型場地的能力和強大的可變性。兩人能夠於各自的「敵對領土」——對納達爾而言是快速球場，而對喬科維奇則是紅土球場——十度封王，恰恰證明了這一點。

二〇一八年八月十九日，俄亥俄州辛辛那提，喬科維奇成為大師賽長達二十八年的歷史以來第一位湊齊所有賽事金盃的選手。在決賽擊敗費德勒後，他成為唯一達成「生涯金大師」偉業的選手。就這樣，他完成了網球運動最困難的挑戰之一，因為要達成「金大師」，選手必須在許多不同條件的賽事中奪冠，不光場地類型不同，各個球場的氣候條件也大不相同。在羅馬的紅土場地和印地安泉的硬地球場打球，可謂完全不一樣。此外，上述兩項賽事都是室外場地，條件跟上海或巴黎的室內場館球場相比也是天差地遠。室內場地的球速更為快速，且不受任何外在因素影響。鮮少有選手有能力適應各種環境，並在九項大師賽都具有一戰之力。喬科維奇厲害由此可見一斑。二〇二〇年，他締造更卓越的戰績，於辛辛那提大師賽再次封王後，在每一項大師賽都至少奪冠兩次。此外，這次在辛辛那提大師賽奪冠，喬科維奇還追平了納達爾的大師賽三十五冠紀錄，並於兩週後的羅馬大師賽再締佳績，一舉超越納達爾。恰好整整一年後，納達爾又在羅馬大師賽決賽戰勝喬科維奇，重新追平冠軍數。

雖然生涯金大師幾乎稱得上是一項不可能的任務，但費德勒、莫瑞和納達爾都快要加入喬科維奇的行列。莫瑞只差邁阿密大師賽和蒙地卡羅大師賽尚未攻克，但由於髖部傷勢棘手，這對他而言十分困難。費德勒距離湊齊九項大師賽冠軍也只差兩步之遙，就他的情況而言，蒙地卡羅和羅馬大師賽是他的心頭刺。他在這兩項賽事共計八場決賽與冠軍失之交臂，在雷尼爾三世球場敗北四次，在義大利廣場的中央球場也失利四次。正如想像，其中五場敗仗的對手正是他的西班牙劊子手，是這兩座球場——世界最美的球場之二——的主人和主宰。費德勒有傷在身，再加上比賽場地為紅土球場，讓他失去了追平喬科維奇紀錄的機會。再者，近幾年費德勒已放棄參加這幾項賽事了。

納達爾好似距離喬科維奇最近，儘管他還需在三項賽事封王，才可以湊齊大師賽的所有金盃。若他的傷勢放過他，他有機會拿下邁阿密、上海和巴黎大師賽的冠軍。納達爾曾五度有機會將邁阿密大師賽的冠軍收入囊中，二〇〇五年他在決賽敗給費德勒，是這五次失利的第一次。巴黎和上海大師賽出於某些原因，害他遲遲無法拿下。每年賽季末尾，沒有人比來到光之城巴黎的納達爾的運氣更差了，他因為傷勢缺賽或退賽的次數高達十次。巴黎是他最癡迷的城市，春季讓他嘗到甜頭，秋季則讓他大吃閉門羹，他錯失機會，無法達成他生涯為數不多待完成的目標之一。反之，在中國，他出於相同原因四度棄賽。納達爾總共在大師賽打過八場決賽（邁阿密五場，上海兩場，巴黎一場），他在冠軍戰的勝率非常高，但搬到這幾個舞台就不靈驗了。

然而，若說納達爾遲遲無法拿下前述這些賽事的冠軍，那麼蒙地卡羅大師賽和羅馬大師賽的金盃可以說是他的獨有財產。只要納達爾出戰這兩項賽事，有幸成功高舉金盃的選手少之又少。他在蒙地卡羅鄉村俱樂部十一度封王，無疑創下同一項大師賽的絕對紀錄。他在羅馬的義大利廣場也十度奪冠，使得羅馬大師賽也同樣成了他的私有財產。費德勒是辛辛那提大師賽的七冠王，喬科維奇是邁阿密大師賽的六冠王，儘管兩項紀錄都非常驚人，仍遠遠不及納達爾。納達爾在紅土賽季的統治之甚，六次連續拿下蒙地卡羅大師賽、羅馬大師賽和巴塞隆納公開賽的冠軍，並最終以法網冠軍畫下完美句點。從來沒有選手能在單一賽事和場地如此輾壓對手。雖然羅馬大師賽可以說是納達爾的地盤之一，唯有喬科維奇能與他抗衡，他在羅馬六度封王，六度止步決賽。

費德勒在大師賽上落後許多，但成績依舊優異，收穫了許多冠軍頭銜。賽季來到美國時，他總會摩拳擦掌。他在美國出戰過五十三次大師賽，其中十六次奪冠。硬地球場對他的球風是完美場地，他七度將自己的大名銘刻在辛辛那提大師賽的金盃上，五度在印地安泉大師賽奪冠，四度在邁阿密大師賽封王。

近幾年，三位球王仔細挑選特定的大師賽出賽，特別是已年過四十的費德勒。在生涯最後階段，三巨頭將大滿貫視為絕對優先，因此挑選剩餘賽事出賽時，他們總更注重考慮這些賽事對他們的備賽有什麼好處。所幸，他們仍選擇參加大部分大師賽，在全世界還有許多課要教導後生晚輩。此外，還有一項榮譽頭銜尚不知鹿死誰手：誰是大師賽封王次數最多的選手。

2-8

ATP年終總決賽

每年賽季末，ATP年終總決賽召集八位世界排名最佳選手，來到這個華麗舞台進行精采比賽。對大部分職業網球選手而言，獲得資格出戰年終賽是個夢想，但唯有網壇超級頂尖選手享有此殊榮。年終賽的冠軍會加冕為「大師」，因為這項賽事誕生於一九七〇年，原始名稱是大獎賽大師賽。第一屆賽事在東京舉辦，此後，世界各大城市多次成為這項賽事的主辦地，如紐約、法蘭克福、上海或倫敦。若對費德勒和喬科維奇而言，奧運金牌可讓他們非凡的職業生涯和封王戰績錦上添花，那麼對納達爾來說，則是在ATP年終賽勝出奪冠。ATP年終賽設立以來，納達爾和瑞典球王韋蘭德（Mats Wilander），是唯二從未在此賽事封王的網壇神話人物。他的年終賽旅程相較於兩大宿敵，簡直有如天壤之別。他的缺賽紀錄甚至值得撰寫成一篇論文，而費德勒和喬科維奇都六次封王，是年終賽奪冠次數最的球王，比山普拉斯、藍道都多了一次。

瑞士球王在年終賽的統計數據十分出色。他十七次參加年終賽，其中十次打進決賽，六次成功奪冠。一直以來，這項大賽事的比賽條件都對他的球風有利，場地速度極快，且是室內球場，讓他達成七十八%的勝率，唯獨二〇〇八年不幸在小組賽中出局，無緣晉級四強。費德勒在年終賽最甜美的勝利來自二〇一〇年對陣納達爾的那場比賽（六比三、三比六和六比一）。二〇一〇年對費德

ATP年終賽設立以來，納達爾和瑞典球王韋蘭德，是唯二從未在此賽事封王的網壇神話人物。

勒來說是無比艱辛的一年，於澳網封王後，便開始了他漫長的旱季，苦無收穫大滿貫。此外，這年在年終賽封王，他更追平山普拉斯和藍道的年終賽五冠王紀錄，並在隔年二〇一一年一舉超越他倆。

費德勒二〇一一年封王後，就換喬科維奇的時代來臨了。二〇一二年年終賽決賽，喬科維奇擊敗費德勒，接棒封王，開始長達四年的王朝統治，成為年終賽的一項歷史紀錄。加上在二〇〇八年首次征服的年終賽冠軍，喬科維奇成為唯一一位有條件在未來幾年超越費德勒奪冠紀錄的選手。此外，這四場決賽的其中三場，敗者正是費德勒，而二〇一三年的輸家則是納達爾；與二〇一〇年對決費德勒一樣，二〇一三年納達爾第二次錯過湊齊所有大賽冠軍頭銜的機會。喬科維奇連續五年闖進決賽，但這回在二〇一六年踢到鐵板，敗給莫瑞。

納達爾在年終賽的體驗更差，運氣可謂倒霉到家。他創下連續十八年入圍年終賽的紀錄，但其中七次因傷錯失參賽機會，二〇一七年在傷勢所逼下，也被迫退賽。他只出戰了十次ＡＴＰ年終賽，其中兩次晉級決賽，四次止步四強。職業生涯一路走來，納達爾著實為傷勢吃足苦頭，每年賽季末特別苦不堪言。早在他入圍第一屆年終賽——二〇〇五年法網奪冠後——由於腳部受傷，不得不宣布棄賽，最終，這次受傷差點害他在年僅十九歲就退出網壇。接下來幾年賽季，沉重的賽程令他的膝蓋、手腕和腹部遭受各種傷勢，本排定的比賽也只好被迫放棄。年終賽為每年賽季的最後一項賽事，但這點並沒有為他帶來好處，因為在硬地球場長期巡迴比賽後，來到賽季最後一哩路時他的膝蓋損耗無比嚴重。

納達爾多次缺席ＡＴＰ年終賽，世人多次重啟爭論，討論巡迴賽是否過於緊湊，以及硬地球場對選手的負擔是否過重。硬地球場的賽事占比非常高，有害選手的健康。純粹就運動層面來說，硬地球場顯然對進攻型選手有利，最明顯的證據正是年終賽，一直以來比賽場地都是室內快速球場，而許多人發聲要求年終賽應該每年輪替場地類型，以免總是造福同一批選手。

人們爭論公道之際，二〇一六至二〇二〇年間的五屆年終賽發生令人意外的事。在倫敦O2體育館，冠軍獎盃自三巨頭的手中溜走，落入莫瑞、迪米特洛夫（Grigor Dimitrov）、茲維列夫、西西帕斯和梅德維夫等五人手中。直到梅德維夫二〇二一年在美網奪冠以前，這五年間的年終賽冠軍是「新生代」選手所贏得的最重要頭銜。當時，他們仍無法推倒大滿貫的大門。

2-9

台維斯盃

要說網壇有哪項賽事最正宗，那非台維斯盃莫屬。一九〇〇年，台維斯盃於波士頓首次舉辦，是歷史最悠久的賽事之一，而且跟其他比賽不同，對選手和球迷都十分特別。選手在台維斯盃代表自己的國家，組隊參賽，淘汰賽制混合了單打和雙打對決。台維斯盃的名稱源自創辦人德懷特·台維斯（Dwight Filley Davis），美國前職業網球選手，在第一屆賽事組織了一場對決，讓美國和英國代表隊一較高下。台維斯本人也下場比賽，自掏腰包製作了冠軍獎盃，稱為「國際草地網球挑戰賽獎盃」。隨著賽事一年年舉辦，除了原本將獲勝者的名字刻在金屬銘牌上的習俗，獎盃也漸漸加上底座，而底座尺寸越來越大，演變成俗稱的「銀沙拉碗」。創辦人台維斯於一九四五年辭世後，比賽開始改稱為台維斯盃。

台維斯盃的歷史悠久，這些年來在世界各地都舉辦過比賽，留下這項運動最激情的時刻。史上最一流選手都曾捍衛其國家代表隊。台維斯盃最引人注目的特色之一，就是淘汰賽制所營造的無比獨特的比賽氛圍。二〇一九年起，台維斯盃的比賽歷經改制，一部分本質也變了。然而，比賽合理地適應了新的時代，變成更公正的比賽，並沒有因此喪失激情和熱情。台維斯盃目前由西班牙前足球選手皮克（Gerard Piqué）名下的Kosmos集團主辦，經過一番巨大改變，成為每年舉辦的世界

納達爾無疑是台維斯盃史上最強的選手之一，也是淘汰賽賽制設立以來最強的選手。他五度隨西班牙代表隊奪下冠軍。

盃賽事，決賽階段由十八支最強的國家代表隊一較高下，首先分成六組，每組三支隊伍，自八強賽開始進入淘汰制，以三場比賽定勝負（兩場單打和一場雙打）。改制後的第一屆台維斯盃於二〇一九年舉辦，以馬德里魔術盒球場作為唯一比賽場館，但受新冠病毒疫情影響，第二屆賽事不得不取消。二〇二一年台維斯盃重新上路，再次以馬德里魔術盒球場作為決賽階段的比賽場館，但這次新增了杜林和因斯布魯克等補充場地。

在先前的賽制下，台維斯盃正逐漸凋零，頂尖選手並不願參賽，不願把本就緊湊的賽程塞得更滿。許多場淘汰賽的比賽時間恰好在大滿貫賽事之後，而頂尖選手往往會晉級大滿貫的最後幾輪比賽，因此幾乎沒時間休息。台維斯盃的比賽在主辦方國家的球場舉行，該國還可以挑選場地類型。如此一來，觀眾往往一面倒地支持地主隊，營造出非常獨特的氣氛，但在此氛圍下，客隊顯然在技術和士氣上都處於劣勢。儘管這種賽制極富魅力，但並不公平，因為許多國家的獲勝機會很大部分取決於是否抽到有利的籤；另一方面，根據抽籤結果，某些選手也會決定出戰與否。

對客隊而言，原始的賽制——所謂的「挑戰者輪」——簡直難如登天，奪冠的國家會直接保送下屆賽事的決賽，並擔任主辦國。此賽制直到一九七二年才廢除，在此之前，只有美國、澳洲、英國和法國曾經贏得總冠軍，因此這些國家今日仍游刃有餘地支配著奪冠數排名。與公開化年代所劃分的區別相同，將先前的賽制與一九七二年設立的系統之間的區別相互比較，著實有趣。自新賽制後，奪冠紀錄均等了許多，雖然美國仍以九屆冠軍支配歷年總冠軍名單，瑞典七屆冠軍緊隨其後，澳洲和西班牙則分別奪下六屆冠軍。

西班牙六次奪得總冠軍，其中五次有納達爾的加持。在台維斯盃的賽場上，總是能見到純粹狀態的納達爾，見他盡情揮灑球技、熱情、天賦，以及他那超乎常人的心理強度。納達爾懷念隸屬於一支隊伍的感覺，因此台維斯盃也是他最鍾愛的賽事之一。每次參加淘汰賽，他都不諱言表達這一點。若在ATP年終賽，費德勒和喬科維奇顯然更勝一籌，納達爾在台維斯盃的成績則徹底輾壓兩大宿敵。即便如此，費德勒和喬科維奇仍成功贏下台維斯盃一次，兩人的單打成績優異，但台維斯盃成績遠不及納達爾。

納達爾無疑是台維斯盃史上最強選手之一，也是淘汰賽制設立以來最強選手。他五度隨西班牙隊奪下冠軍，讓他不只和隊友羅培茲（Feliciano López）比肩而立，更讓他與馬克安諾、理查茲（Vincent Richards）、魯茲（Bob Lutz）、拉沃、布呂尼翁（Jacques Brugnon）和布魯克斯（Norman Brookes）等台維斯盃神話人物並列相同地位。超越他的只有愛默生的八座沙拉碗，以及史密斯（Stan Smith）和蒂爾登（Bill Tilden）的七座沙拉碗紀錄。我們必須特別留意一個重點，因為除了馬克安諾、納達爾和羅培茲，其他偉大選手每次奪冠、或者幾乎每次奪冠，都是在挑戰者輪賽制的情況下達成的。若挑戰者輪制度仍在實行，納達爾會贏下多少座沙拉碗呢？我們根本無從得知，但要是他成功在某屆台維斯盃奪冠，並有權掌控球場類型這項因子，那麼要擊敗西班牙隊簡直難如登天。西班牙隊站上紅土球場，比賽以五盤決勝負，而隊上還有納達爾，在這些條件加持下幾乎可說是無敵。此外，西班牙隊還有一整個非凡世代的球王給予協助，如莫亞、費雷羅和科斯塔等法網冠軍，以及科雷查、費雷爾和鮑蒂斯塔．阿古（Roberto Bautista Agut）等紅土好手。

二〇〇四年，納達爾首次出戰台維斯盃，敗給前世界十強的捷克好手伊里．諾瓦克（Jiri Novak）。這年他才十七歲。自那場敗仗算起，截至二〇一九年於馬德里的決賽為止，他在台維斯盃打過二十九場單打比賽，二十九戰全勝。這是台維斯盃長達一百二十年歷史的最佳連勝紀錄。這紀錄已夠驚人，考慮到他在雙打項目也七戰七勝，那麼這個連勝數字可是更高。由此可見，納達爾是淘汰賽制引入以來單打項目表現成績最佳的選手，勝率來到驚人的九十七％（二十九勝一負），超越貝克的九十三％（二十六勝一負），也遠超費德勒的八十三％（四十勝八負）及喬科維奇（三十四勝七負），雖然喬科維奇的勝率也很亮眼。

台維斯盃也是納達爾與社群互動的大表演，也再次驗證我們面對的是全新的網球天才。歷史上，鮮少有選手像他一樣如此與賽事合而為一，或者像在淘汰賽的他一樣，如此與看台上的觀眾打成一片。納達爾是擅長鼓舞群眾情緒的高手，觀眾想要什麼，他就給他們什麼，讓他們起立叫好。他與台維斯盃的愛情故事初章始於二〇〇四年，在塞維亞舉辦的決賽上。卡爾圖哈足球體育場為了這場比賽做出調整，被兩萬七千名情緒激昂的觀眾擠得水泄不通。這年，納達爾還是年紀不到十八歲的毛頭小子，西班牙隊的三位隊長決定派他出戰淘汰賽的第二場比賽，對陣羅迪克，令團隊成員和全場球迷驚呆不已。納達爾在先前的淘汰賽環節已起到關鍵作用，當下不但沒有被壓力嚇唬住，反倒還教會世人何謂榮譽心。他在這場史詩級的比賽扭轉比分，以六比七、六比二、七比六和六比二拿下勝利。決賽的勝利只差臨門一腳，最終由他的好友莫亞一舉順利拿下。這年贏得總冠軍後，西班牙隊又於二〇〇八、二〇〇九、二〇一一和二〇一九年四度奪冠。二〇一九年的比賽地點是馬德里魔術盒球場，這次奪冠對納達爾也十分特別。

二〇一九年，台維斯採用新賽制的第一屆比賽，納達爾拿出最佳水準，在短短六天內贏下八場勝利，其中幾場比賽與對手鏖戰至凌晨才分出勝負。他與實力堅強的鮑蒂斯塔·阿古各拿下一場單打比賽，帶領西班牙隊在決賽力克加拿大隊；要知道，賽事途中鮑蒂斯塔·阿古還收到父親逝世的消息，戰勝悲痛，擊敗對手。加拿大隊的小將縱使極具天賦，也抵擋不住西班牙隊的猛烈攻勢，更何況西班牙隊還有全心替他們應援的觀眾。在新賽制下，決賽階段地主隊有看台觀眾大部分的聲援，但不像之前一面倒，因為所有參賽國家的球迷都親臨現場觀賽，支持立場較為分散。此外，比賽地點持續輪替，地主隊並不能選擇場地類型；事實上，馬德里的比賽採用的場地為室內快速球場，是納達爾和隊友最不順手的場地類型。

三巨頭的奪冠紀錄戰績非凡，加上納達爾轟動網壇的成績，使得塞爾維亞隊二〇一〇年奪冠和瑞士隊二〇一四年奪冠顯得有些黯然失色。瑞士和塞爾維亞這兩個小國家的網球傳統並不深厚，出了自家國門外，外人肯定不曉得費德勒和喬科維奇能夠帶領各自的國家首次征服銀沙拉碗，是何等偉大的功績，並沒有給予他倆足夠的承認。喬科維奇在家鄉實現了這個夢想，當著祖國同胞的面、和他一樣經歷過戰爭不幸的人，在二〇一〇年十二月五日這天一同慶祝這份驕傲，這份屬於如浴火鳳凰重生的民族的驕傲。對陣法國隊的決賽令全國上下陷入癱瘓；所有人的希望都寄託在他們的大偶像身上。喬科維奇並未辜負同胞的期望：他贏下對戰西蒙（Gilles Simon）和孟菲斯（Gaël Monfils）的兩場比賽，儘管淘汰賽一直到第五場比賽才分出結果，最終特羅伊茨基（Victor Troicki）擊敗洛德拉（Michael Llodra），讓塞爾維亞贏下第一座也是唯一一座台維斯盃總冠軍。鮮少有機會見到喬科維奇像冬日午後一樣，在他親愛城市貝爾格勒這般興高采烈，感動不已。這是屬於黃金世代的勝利，這群選手克服逆境，帶給同胞「近期」歷史上最大的喜悅之一。

往後幾年，喬科維奇差點就要再次締造壯舉，但他指責隊上沒有另一位強手，沒法助他分擔每場淘汰賽的重擔。最明顯的證據發生在二〇一三年布拉格，對陣捷克隊的決賽上。喬科維奇贏下對戰斯泰潘內克和柏蒂奇的兩場比賽，但他的隊友未能再拿下額外一分。二〇一九年在馬德里啟用的新賽制台維斯盃，喬科維奇又再一次負重前行，八強賽對上俄羅斯隊，他連雙打比賽都親自下場應戰，甚至還握有三個淘汰賽賽點。然而，對戰卡查諾夫（Karen Kachanov）和魯布列夫（Andrey

Rublev）時，二〇一〇年的英雄特羅伊茨基過於緊張，葬送了塞爾維亞人民的希望。

費德勒與台維斯盃之間的故事也十分相似。許多年間，由於缺少具有真正實力隊友的緣故，瑞士隊一直無法打進較高名次，費德勒對於這項國與國之間比賽的幻想也一點一滴破滅。他的幻想破滅得最嚴重一次莫過於二〇〇三年，四強賽瑞士隊在墨爾本對上實力堅強的澳洲隊。然而，也別忘記許多次費德勒拿下自己的兩場單打比賽，為隊伍貢獻兩分後，瑞士隊仍輸掉淘汰賽。這件事帶給他強大無力感和挫折感。歷經多年不愉快後，費德勒盼望的大好機會在二〇一四年到來。這年可謂天時地利人和：納達爾和喬科維奇並未參賽，賽程對他有利，而且還有好友瓦林卡這位新科大滿貫得主助他一臂之力。說來也妙，瑞士隊在爭奪首座銀沙拉碗的路上，所遭遇的最大危險居然是費德勒的妻子米爾卡。在里爾舉辦的總決賽前幾天，米爾卡一度差點害瑞士隊分裂，因為她在ATP年終賽的四強賽上稱呼瓦林卡為愛哭包。最終，費德勒與瓦林卡以成熟的態度化解了這場危機。

一如預測，瑞士隊在法國隊的老家贏下他們首座台維斯盃總冠軍。費德勒由於跛腳，個人首戰意外失利。此外，皮耶·莫瓦體育場的氛圍對他們極具敵意。瑞士隊最終克服重重難關。費德勒恢復體能，在淘汰賽的第四場比賽重挫賈斯凱（Richard Gasquet），以一記優美的反手放小球結束這場對決，助瑞士拿下夢寐已久的總冠軍。他雙膝跪倒在紅土球場上，與身兼教練和隊長的路奇一起慶祝勝利。兒時的摯友丘迪內利也在隊上，因此對費德勒而言，這份喜悅可謂圓滿。自瑞士隊這年奪下總冠軍後，費德勒出戰台維斯盃的次數變得屈指可數，有些人指控他贏得缺少的冠軍頭銜後，便不願再為國效力。事實是，費德勒身為隊上的固定班底，曾多次趕赴台維斯盃淘汰賽拯救瑞士隊，然而，二〇一四年在台維斯盃奪冠時他已三十三歲，之後膝蓋也受了許多傷，以致他選擇不再將台維斯盃納入他精心安排的精簡賽程裡。

2-10 奧運

湊齊四大滿貫冠軍及奧運金牌，歷史上只有阿格西和納達爾達成此成就。

近年，奧運已成為每位網球員的最大抱負之一。網球長達六十四年未納入比賽項目，一九八八年九月二十日重返奧運賽程中，並在漢城奧運舉辦了第一場比賽，由瑞典選手艾柏格對戰澳洲選手斯科夫（Horst Skoff：七比六、六比二和六比三）。這屆奧運網球男子單打項目由斯洛伐克選手梅奇爾（Miloslav Mecir）摘金——當時他代表如今已拆解的捷克斯洛伐克。此後，奧運網球項目就充滿驚奇，賽制也歷經多次改變。奧運的魔力在於，許多生涯戰績從未奪冠過的選手，如智利的馬蘇（Nicolás Massú）或者瑞士的羅塞特，也有機會勇奪金牌，或者比如岡薩雷斯（Fernando González）、阿雷斯（Jordi Arrese）、費許（Mardy Fish）和哈斯（Tommy Haas）等人，也有機會打進決賽，贏下實至名歸的銀牌。

然而，隨著奧運網球賽的聲望越來越高，競爭也越來越激烈。就這點而言，三巨頭難辭其咎。三人均渴望征服奧運冠軍頭銜，替各自出色的職業生涯點綴上金牌，可以說金牌越來越令他們趨之若鶩。三人之中只有納達爾曾贏得男子單打金牌，此外，他也曾和摯友馬克．洛佩斯（Marc López）[8]一起在男子雙打摘金。奧運雙金令他本就驚人的奪冠戰績紀錄更顯耀眼。費德勒也曾與瓦林卡搭檔，一同摘下男子雙打項目的金牌，但在男子單打則吃了閉門羹，最佳成績是倫敦奧運的銀牌。喬科維奇的收穫就更差了，只能遷就於單打銅牌，兩度在輸掉四強賽和銅牌戰之後止步殿軍。

對費德勒和喬科維奇而言，奧運是他倆的心頭刺，未能贏得金牌，進一步完成金滿貫的成就——湊齊四大滿貫冠軍及奧運金牌，歷史上只有阿格西和納達爾達成此成就。金滿貫對任何選手都是做夢也無法企及的成績，但對費德勒和喬科維奇更是一門課題。然而，費德勒還可以自詡為奧運雙打金牌，喬科維奇卻連一次決賽都沒打進，在奧運的體驗可謂令他失望透頂。

二〇一二年倫敦奧運，費德勒遇上了贏下男子單打冠軍的絕佳機會，但在他親愛的全英俱樂部中央球場上不敵莫瑞，輸掉決賽。有趣的是，不到一個月前的溫網決賽，費德勒正是在同一座球場擊敗莫瑞。費德勒首次奪牌是在二〇〇八年北京奧運，二〇〇〇年的雪梨奧運和二〇〇四年的雅典奧運，他都嘗到巨大失望。他在雪梨奧運的四強賽敗給哈斯；之後在銅牌戰又不敵法國選手狄帕斯卡勒（Arnaud Di Pasquale），而且狄帕斯卡勒的水準顯然比他低，當時排名六十二。四年後，舞台來到希臘，費德勒在八強賽不敵美國選手布雷克（James Blake），先前兩人八度交手，費德勒可是未嘗一敗。除了在雪梨結識妻子米爾卡，費德勒在奧運收穫最大的喜悅是與瓦林卡聯手贏下雙打金牌。兩人在決賽擊敗阿斯博林（Simon Aspelin）和約翰森（Thomas Johansson）這對瑞典雙人組（六比三、六比四、六比七和六比三），終於如願以償掛上金牌，聆聽瑞士國歌響起。此外，費德勒還曾有雙重榮耀，在雅典和北京奧運皆擔任國家隊旗手；他在倫敦奧運放棄旗手一職，將舉著瑞士國旗驕傲進場的機會讓給瓦林卡。

納達爾的奧運處女秀是二〇〇八年北京奧運的男子單打。他將奧運視為他最愛的賽事之一，非常喜歡在奧運選手村與其他運動員共用設施，談天說地，面對無數合照和簽名的請求總是耐心以對；每次參加奧運，他的簽名都是其他運動員最渴望的紀念品之一。四年前，二〇〇四年，納達爾快閃雅典奧運，因為他來不及參加開幕式，與莫亞搭檔的雙打首輪比賽就慘遭滑鐵盧。因此，二〇〇八年北京奧運他終於能徹底享受奧運比賽，處女秀的成績也好到極點。他不僅和西班牙代表隊其他成員朝夕相處，度過一段難忘的經驗，還打了一場出色的比賽，初次登上奧運舞台即勇奪金牌。他在四強賽擊敗喬科維奇，並在決賽戰勝來自智利、因抽球威力強勁而有「石之手」綽號的岡薩雷斯（六比三、六比七和六比三），實現他最大的夢想之一。這幾天對納達爾永生難忘，隔天他首次站上奧運頒獎台最高位，未來也將登上ATP世界排名的頂點。

由於傷勢纏身，二〇一二年倫敦奧運納達爾並未能捍衛冠軍頭銜。此外，他本要擔任西班牙隊的旗手，和費德勒代表瑞士隊，以及喬科維奇代表塞爾維亞隊一樣。得等到四年後，他才能在里約熱內盧享受這份榮耀，在這屆奧運同時出戰單雙打項目，單打獎牌戰時已是精疲力竭，四強賽最後一盤搶七局不敵戴波特羅，銅牌戰比賽結果也不盡人意，敗給日本選手錦織圭（六比二、六比七和六比三）。然而，他與摯友馬克．洛佩斯搭檔奪下雙打金牌，終於湊齊奧運戰績，收穫巨大喜悅，彌補之前的失望。這場決賽無比緊繃，他倆最終擊敗梅賈（Florin Mergea）和德高（Horia Tecau）這對羅馬尼亞實力派二人組（六比二、三比六和六比四），獲勝時兩人掩面倒地，感動流涕，相擁在一起。

三巨頭之中，奧運成績最差的就屬喬科維奇。他的最大成就是單打銅牌，對像他這種爭強好勝的猛獸來說，銅牌根本不夠看。他與納達爾相同，在二〇〇八年北京奧運首次亮相，奪下銅牌。在

8 編按：後於二〇二二年加入納達爾的教練團。

四強賽擊敗他的人正是納達爾，害他無緣站上頒獎台的最高位（六比四、一比六和六比四）。銅牌戰上，喬科維奇完全不給美國選手布雷克機會。淘汰費德勒後，布雷克未能再下一城，以六比三和七比六敗北。接下來兩屆奧運，二〇一二年倫敦奧運和二〇一六年里約奧運，扼殺喬科維奇夢想的劊子手是阿根廷猛將戴波特羅。在溫布頓的草地上，戴波特羅在四強賽敗給莫瑞後，自喬科維奇手中搶走銅牌。里約奧運上，喬科維奇受到的打擊更為沉重。戴波特羅再次擋在他的路上，但這次兩人在第一輪即遭遇，而且先前喬科維奇還長時間負傷。喬科維奇本是里約奧運的摘金大熱門，因為過去八個月內他只輸過四場比賽；事實上，當時幾乎無法想像奪冠的會是別人。戴波特羅跌破眾人眼鏡，連下兩盤，擊敗時任世界第一的喬科維奇（七比六和七比六），而喬科維奇則是含淚離開奧運球場。這是他體育生涯幻想破滅得最嚴重的其中一次。

二〇二一年，最近一屆奧運於東京舉辦，受Covid-19疫情全球肆虐影響，比預定晚了一年舉行。東京奧運並沒有帶給三巨頭甜美的回憶。費德勒和納達爾因為分別膝蓋和腳有傷，甚至沒辦法參賽。至於喬科維奇，他本有機會成為本屆奧運雙料冠軍、達成金滿貫成就，卻在單打和混雙項目皆意外落敗，震驚網壇。他在單打銅牌戰敗給西班牙選手卡雷尼奧（Pablo Carreño），混雙銅牌戰則是因傷未出賽，最終只能雙手空空地告別日本。真可謂奧運級失望。奧運是喬科維奇唯一遲遲未能拿下的大賽事，我們從未能見他在這個舞台上展現真正的實力。

PART 3

宿敵對峙

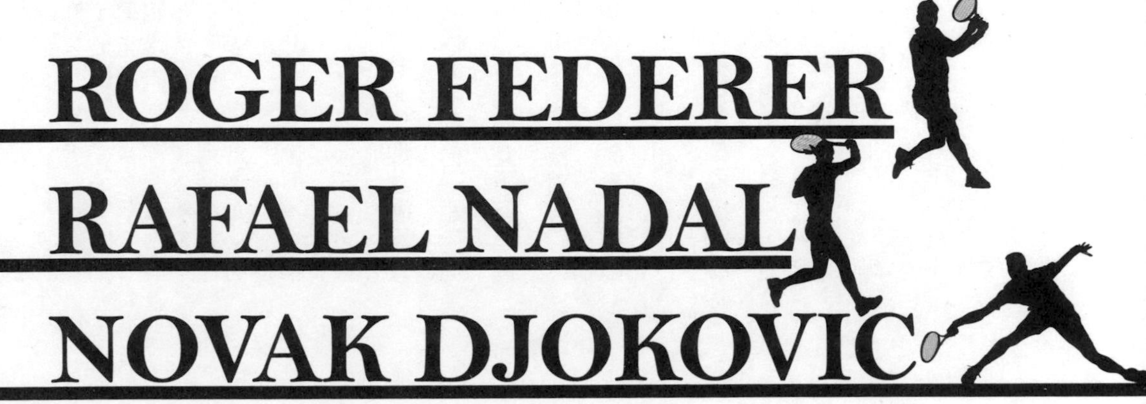

3-1

一九九九年：頂尖網壇

費德勒空手離開他的大滿貫首秀，但積累了許多對未來十分有用的寶貴經驗。此外，對上這些知名選手，費德勒並沒有畏怯，反倒是這些老將必須拿出全力對付他。

一九九八年，費德勒於職業網壇出道。這年是他參加青少年組賽事的最後一年。他在溫網青少年組決賽擊敗喬治亞的拉巴澤（Irakli Labadze），之後即貼上明日球王的標籤，強勢降臨巡迴賽。這年賽季他也參加了瑞士格施塔德公開賽、土魯斯巡迴賽和瑞士室內網賽等ATP賽事。他曾在瑞士巴塞爾室內網賽當過四年球僮，這年在這與網壇神話阿格西對決，第一輪比賽就被對方游刃有餘地擊潰。一九九九年賽季是過渡的一年，這年費德勒開始參與某些大賽事，但仍同時參加挑戰賽——級別比ATP巡迴賽低一階的賽事。

一九九九年賽季十分重要，費德勒這年仍處於巴塞爾室內網賽的庇護下，取得某些傑出的勝利，年終時得以擠進世界排名前百（六十四）。雖然他的勝敗場次總結為負（十三勝十七負），他仍往上爬了兩百三十七個名次，來到不錯位置，隔年準備迎戰他在巡迴賽的第一個完整賽季。他未能成功打進澳網資格賽決賽組，但之後出戰馬賽和鹿特丹公開賽的成績出色，雙雙闖進八強，為這年賽季取得一個好的開始。他在馬賽的表現尤為令人印象深刻，戰勝世界排名第五的莫亞（七比六、三比六和六比三）；也是同年，莫亞登上ATP排行榜的頂點。費德勒在馬賽的旅程遭法國選手克萊門特（Arnaud Clement）止步，而在鹿特丹的比賽，送走他的劊子手則是卡費尼可夫，當時巡迴賽的二當家。

三月和四月，費德勒在邁阿密和蒙地卡羅出戰他唯二兩場大師賽，但連一勝都沒拿下。兩項大師賽之間的空檔，年僅十八歲的他首次在台維斯盃亮相，參加世界組的第一場淘汰賽，在瑞士納沙泰爾對陣義大利隊。瑞士隊游刃有餘地拿下勝利（四比一），費德勒個人則擊敗桑圭內蒂（Davide Sanguinetti；六比四、六比七、六比三和六比四），替隊伍拿下一分。他的第二場比賽對上波齊（Gianluca Pozzi），不幸落敗，但瑞士隊晉級已成定局。捍衛國家，以及與奧運金牌球王羅塞特（他與羅塞特結下深厚友誼）等選手共同組隊，在在都令他受益良多。

參加許多場挑戰賽後，費德勒直接轉而參戰法網和溫網。他在法網的處女秀就對上前世界排名第一拉夫特。第一盤，拉夫特嚇出一身冷汗，但隨即反應過來，接下來連下三盤，重挫眼前這位驕傲的年輕人，將他掃出紅土球場（五比七、六比三、六比〇和六比二）。短短幾週後，戰場來到溫網，費德勒對上伊里．諾瓦克，結果更糟，伊里．諾瓦克以五盤拿下這場勝利（六比三、三比六、四比六、六比三和六比四）。費德勒空手離開他的大滿貫首秀，但積累了許多對未來十分有用的寶貴經驗。此外，對上這些知名選手，費德勒並沒有畏怯，反倒是這些老將必須拿出全力對付他。

七月，費德勒也擔起責任，在台維斯盃的決賽組淘汰賽出戰兩場比賽，在布魯塞爾對抗比利時隊，但這回的結果更糟，兩場比賽皆輸，分別敗給了范．加斯（Christophe van Garsse）和馬利斯（Xavier Malisse）。這次的經驗對費德勒的挫折甚大，因為這兩位選手的排名都比他低，他覺得自己失敗透頂。瑞士隊為費德勒的這兩場敗仗付出代價，以三比二落敗，無緣晉級。

失望一波未平，一波又起，台維斯盃不久後，費德勒也未能順利晉級美網資格賽決賽組。然而幾日後，他首次擠進世界排名前百，稍微平復了這份失落感。參加完烏茲別克塔什干公開賽後，九月二十日，費德勒升至世界排名九十五。之後，他在瑞士室內網賽和維也納公開賽皆交出良好成績單，分別闖進八強和四強，排名一飛沖天，這年季末名次來至第七十七位。費德勒在這兩項賽事擊敗諸多實力強勁的對手，如斯佩迪亞（Vincent Spadea），以及伊里．諾瓦克，一雪之前在溫網被他擊敗的前恥。最終，兩位英國選手韓曼（Tim Henman，排名第六）和魯塞斯基（Greg Rusedski，排名第七）分別終結了他在這兩項賽事的旅程。

一九九九年最後一次公布的排名，費德勒位居世界第七十四。他贏得二十萬零九百八十六美元的獎金，準備好踏入初展開的職業生涯嶄新階段。下個賽季對他的未來至關重要，因為他將開始打進所有大賽事的決賽。費德勒已準備好掌控屬於他的美好前程。

3-2 二〇〇〇年：奧運的愛與失望

二〇〇〇年，費德勒打了他在ATP巡迴賽的首個完整賽季，終於參與每一項大滿貫賽和大師賽。挑戰賽已成往事。這年賽季他完全躍入職業網球。當時的球王是天才阿格西，而巡迴賽依舊被美國網球所統治，但美國網球慢慢開始衰落。多虧了阿格西、山普拉斯、庫瑞爾、康諾斯或馬克安諾等一眾選手，美國網球經歷了光輝的二十年，唯獨羅迪克於新千禧年支撐住北美的希望，但他偏偏碰上狀態最好的費德勒。

費德勒的人生在這年充滿諸多重大改變，塞梅拉諾將其定義為「關鍵際遇的一年」。塞梅拉諾這話說得簡直對極了，費德勒不只以網球員的身分展開新人生，還與許多高水準的好手競技，而且還遇見他生命中的女人。一如既往，費德勒的頭腦十分清楚，他認為是時候組建自己的團隊，脫離瑞士網球協會的保護傘。他做出的第一個決定就令他心痛，捨棄好友卡特所提供的教練服務。自費德勒九歲，卡特便是他的導師，如今費德勒即將闖蕩職業網壇，卡特則被冷落一旁。這個決定對兩人都非常不容易，但費德勒多次表示必須做下困難決定時，他可不會猶豫。他需要具有巡迴賽實戰經驗的**教練**陪伴他，因此聘用前網球選手彼得・隆格倫。隆格倫是瑞典網球黃金世代的一員，費德勒先前在瑞士比爾的瑞士網球學院曾與他練球過。隆格倫的任務是將卡特留下的原鑽完成打磨，而

費德勒的人生在這年充滿諸多重大改變，塞梅拉諾將其定義為「關鍵際遇的一年」。

由於費德勒的人格之強大，他將不費吹灰之力即可完成。然而，這位年輕的明日球王尚未收斂他在球場上的反叛個性，多次害自己失去贏球機會。

費德勒團隊的新任體能訓練師皮耶・帕格尼尼同樣來自他先前在瑞士網球學院練球的階段。今日，費德勒仍保有非凡體能表現，帕格尼尼是關鍵的拼圖之一。二十年間，帕格尼尼對費德勒的身體和心靈做了傑出的訓練，費德勒的職業生涯漫長，直至近幾年，幾乎都沒受過什麼傷。此外，帕格尼尼也是他的門生的大粉絲，在紀錄片《天才之擊》中，他將費德勒和納達爾做了一番有趣的比較：「羅傑是懂得戰鬥的藝術家，而拉法則是懂得成為藝術家的戰士。」

開始與隆格倫合作前，賽季初費德勒便取得好成績，在澳網打進第三輪，在蘇黎世舉辦台維斯盃的第一輪淘汰賽表現也同樣突出。這場淘汰賽的對手是無所不能的澳洲隊，當時的衛冕冠軍隊。費德勒在他的第一場單打比賽戰勝菲利普西斯，與曼塔（Lorenzo Manta）搭檔出戰雙打比賽，也成功拿下一分。然而，關鍵比賽上他不敵如日中天的休伊特。休伊特是費德勒職業生涯頭幾年的剋星之一，在第四盤結束這場比賽（六比二、三比六、七比六和六比一），帶領澳洲隊晉級下一輪。

這年二月，費德勒就已在馬賽打進他的第一場ATP決賽。唯獨他的同胞兼保護者羅塞特能夠阻止他早早在職業網壇加冕為王。前幾場對決中，費德勒擊敗了留比契奇（多年後成為他的教練）等級的諸多對手，他在冠軍戰上頑強抵抗，最終，身為奧運冠軍的羅塞特畢竟還是經驗老道，擊敗費德勒。羅塞特在這場比賽挽救三個賽末點，並在決勝的搶七局贏下這場對決（二比六、六比三和七比六）。

費德勒首次闖進決賽的過程非常快速，但之後他便發現對菜鳥而言，ATP巡迴賽是何等艱困的現實。印地安泉、邁阿密、蒙地卡羅、羅馬和漢堡等大師賽中，他只在邁阿密贏過一場比賽。他的士氣並沒有因此受挫，在法網的表現極佳，儘管紅土並不是他最鍾意的場地類型，仍打進十六強，但不幸落敗，不敵西班牙無敵艦隊的紅土好手科雷查，兩度問鼎法網冠軍的強手。不久後的溫網，另一位老將卡費尼可夫連續第二年在第一輪比賽就將費德勒淘汰出局。

美國巡迴賽，他參加大師賽又繳出糟糕的成績單，這次是在多倫多和辛辛那提，費德勒依舊連一場比賽都沒獲勝。他在美網重新拿出最佳表現，先是擊敗維塞爾斯（Peter Wessels）和內斯特（Daniel Nestor），之後敗給費雷羅。這場對決勢均力敵，他一度有機會拿下勝利（七比五、七比六、一比六和七比六）。

僅僅一週後便是雪梨奧運。雪梨是費德勒最鍾情的城市之一，年輕的他對奧運懷有許多幻想。與他在籤表同一組的休伊特、薩芬和韓曼相繼於第一輪比賽意外落敗，他的晉級之路可謂暢通無阻，他的幻想也隨之膨脹。他把握機會，接連送走普里諾西爾（David Prinosil）、庫切拉（Karol Kucera）、提爾斯卓（Mikael Tillström）和阿拉米（Karim Alami）等人，直達四強。進入獎牌戰後，費德勒的勁頭反倒減弱了，錯失首次奪牌的大好機會。四強賽上，哈斯不給費德勒任何餘地，以六比三和六比二大勝，把他打得落花流水。哈斯一直以來的強項就是找費德勒的碴，但隨著時間流逝，也成為他在網壇的摯友之一。這場敗仗重挫費德勒的士氣，他本是有望奪銅的熱門人選，但銅牌戰上的表現大受影響。他的對手為狄帕斯卡勒，世界排名六十二的選手。狄帕斯卡勒技高一籌，最終以七比六、六比七和六比三獲勝，摘下銅牌，拿下他運動生涯的最大成就。整場比賽費德勒緊張得不能自已，最後一盤時更是心不在焉。有好長一段時間他都為這件事感到遺憾。

人生總會給予我們第二次機會。費德勒在運動競技上的幻想徹底粉碎，但獲得巨大補償，就是本章開頭提及的際遇。費德勒與米爾卡的愛情故事從奧運的最後一天開始。奧運這段日子兩人朝夕相處，認識彼此，共度許多時光。從第一天起兩人的感情就很緊密，並在九年後步入禮堂，互許終生。雙胞胎姊妹米拉．蘿斯和夏琳．黎瓦，以及雙胞胎兄弟利奧和利尼，都是這段愛情的結晶，時常可見他們現身在老爸最重要的比賽上。說來也妙，由於羅塞特和辛吉絲負傷，費德勒和米爾卡才出戰這年奧運。可以說是辛吉絲腿傷將他倆永遠連繫在一起。

米爾卡比費德勒大三歲，出生於斯洛伐克，年僅兩歲便隨父母移民瑞士。在娜拉提洛娃與父母的推薦下，九歲時米爾卡開始學習網球，WTA排名最高來到七十六位。雪梨奧運結束不久後，她便因傷被迫退出職業巡迴賽，而從這一刻起專注在男友的職業生涯上，開始打理費德勒與媒體之間的關係。兩人從相戀以來感情都很穩定，這點令費德勒在他的體育路上感到舒心，而米爾卡的貢獻遠不只如此，她還幫助費德勒改掉他在場上殘餘的壞個性。

費德勒在雪梨奧運未能奪牌，但抱得女友歸。奧運後，他首次打進巴塞爾網賽的決賽，但再次於關鍵時刻落敗。這次他的對手是恩奎斯特（Thomas Enqvist），兩人鏖戰五盤才分出勝負（六比二、四比六、七比六、一比六和六比一）。這是費德勒第一次打耗時超過三盤的決賽，無法戰勝疲勞。這年他的年終排名來到世界第二十九，成績算是不錯。這年他出戰八場大師賽，若能夠取得好成績，哪怕是一場，他的排名都可以更加大幅提升。他在這八場大師賽只贏下兩場比賽，害他無緣擠進世界前二十強。

西班牙隊在台維斯盃決賽戰勝澳洲隊，首次奪下總冠軍，替這年賽季畫上句點。一九六五年和一九六七年的兩場決賽，西班牙隊皆不敵澳洲隊，鎩羽而歸，追趕多年後終於一雪前恥。總冠軍戰在巴塞隆納舉行，聖喬迪宮體育館搖身一變成為壯觀的紅土球場，而地主西班牙隊的旗手是一位年僅十四歲的少年，雖然默默無名，但此時已是西班牙網球的明日之星。這年在西班牙隊首次征服銀沙拉碗的戰役上掌旗，對納達爾而言就像是對未來的排演，因為十六年後，他將在里約奧運的開幕式帶領西班牙代表隊進場。算上這次親臨現場見證，可以說西班牙隊六次奪得總冠軍，納達爾都在場，一次以旗手身分，另五次則是選手，儘管前者並不納入官方統計數據中。

3-3

二〇〇一年：偶像殞落

費德勒永遠都會記得二〇〇一年。這年，他確定在頂尖網壇占下一席之地，不只征服了他的首個ATP冠軍，還挺進法網和溫網的八強，年終排名是十三，來到世界前十強的門前。此外，他在大教堂達成他的首個壯舉，令世界網壇開始討論起一個新現象。

這年賽季初，費德勒的表現簡直好得不能更好。他在澳網突破兩輪，還首次成功打進決賽，一月時更終於在米蘭公開賽首次封王。他在米蘭的奪冠之路鋪張奢華，接連擊敗伊凡尼塞維奇和卡費尼可夫兩位大滿貫冠軍，之後在決賽與黑馬布特（Julien Boutter）一較高下。儘管費德勒的球技明顯比布特高超，但布特仍將比賽推至第三盤，而費德勒也發揮實力拿下勝利（六比四、六比七和六比四）。這天是二〇〇一年二月四日。截至二〇二一年結束，費德勒共高舉一百零三座冠軍獎盃，這天拿下第一座。這次的勝利比預期得還難以征服，因為這是他身為職業選手的第三個賽季，他已充分證明自己的實力足以與世界一流選手平起平坐。這場勝利無疑是個轉捩點，他為首次封王承受了諸多壓力，終於獲得補償。

費德勒沒有時間慶祝奪冠，必須把精神集中在瑞士隊於台維斯盃的第一場淘汰賽上。幸運的是，對他而言這場比賽就像在自家打球，在他親愛的巴塞爾聖雅各布體育場，而瑞士隊也以三比二

這是溫網史上最強的兩位選手首次交鋒，也是唯一一次。兩人在擠得水泄不通的中央球場上演神仙打架戲碼，直到令人激動的最後一盤才分出勝負。

險勝美國隊。費德勒第一次成為瑞士全國的大英雄，替隊上拿下三分。他拿下雙打比賽一分，對上陶德·馬丁和甘比爾（Jan-Michael Gambill）的兩場單打比賽也各拿下一分。這年二月顯然是屬於他的月份，他在馬賽和鹿特丹公開賽也分別打入四強和決賽，接著飄洋過海，來到美國參加大師賽。印地安泉大師賽，費德勒並沒有自第一輪比賽勝出，但他在邁阿密公開賽擊敗菲利普西斯和約翰森，挺進八強。他的下一個對手是拉夫特；拉夫特在他最愛的場地類型上，根本是另一個等級的對手，打得費德勒束手無策（六比三和六比一）。

回到歐洲，費德勒未能在台維斯盃再次拯救瑞士隊，任由法國隊晉級四強（二比三）。在納沙泰爾，地主瑞士隊出師不利，羅塞特和費德勒的兩場單打皆輸，儘管費德勒與曼塔搭檔拿下雙打比賽，並在第三天戰勝克萊門特，追平比分，最終依然不敵法國隊。決勝比賽，巴斯特（George Bastl）在一場戲劇性的對決中敗給了艾斯庫德（Nicolás Escudé），而瑞士隊再次證明他們缺少一位擁有真正實力的二把手。在這場淘汰賽，費德勒身陷巨大爭議，最終導致隊長赫拉塞克遭撤職。費德勒發了一篇聲明，嚴厲批評赫拉塞克，聲稱自己無法和他合作。不久，他的導師卡特頂替赫拉塞克，擔任瑞士隊主帥。

紅土賽季，費德勒在蒙地卡羅和羅馬大師賽的成績都很出色，但在漢堡大師賽的第一場比賽就落敗。這個成績本沒什麼值得評論的，但這場比賽是引發費德勒在個性上做出改變的契機。敗給阿根廷選手斯奎拉里後，費德勒又再次展現應受譴責的態度，怒砸球拍。根據他本人所言，當下他意識到必須改變自己在場上的行為：「在漢堡對上斯奎拉里的那場比賽一切都很糟。我非常生氣。把球拍砸爛了。之後，我心想自己不能再繼續保持這種態度。」漢堡事件後，費德勒收斂自己的行為，但這段成為模範球員的過渡期十分緩慢。這次大發脾氣事件似乎並未影響他在法網的表現，他一路突破四輪比賽，最終連續第二年敗給科雷查，這位技藝精湛的紅土好手。費德勒沒料到的是，這次雖然在法網紅土大放異彩，但他必須等到四年後才能夠重返法網的第二週。

雖然二〇〇一年是費德勒首次奪冠的賽季，但這年被世人銘記，更多是因為他在溫網戰勝山普拉斯，拿下極具象徵意義的精采勝利。山普拉斯於十六強賽的對決登場，在此之前的五十七場比賽中，他拿下五十六勝，是全英俱樂部的七冠王。前八屆溫網賽事中，只有克拉查克（Richard Krajicek）擊敗過這位美國神話。這天是七月二日，費德勒在其職業生涯中首次展現真正的實力，讓全世界看見——也讓他自己看見——他已準備好統治巡迴賽。他本人不只一次在採訪中承認這是對他最特別的一場比賽，讓十九歲的他意識到無論自己想要什麼，都一定可以到手。

這是溫網史上最強的兩位選手首次交鋒，也是唯一一次。兩人在擠得水泄不通的中央球場上演神仙打架戲碼，直到令人激動的最後一盤才分出勝負（七比六、五比七、六比四、六比七和七比五）。費德勒以一記強力正拍回球結束這場對決，打得山普拉斯呆若木雞；之後，他隨即雙膝跪倒在草地上，眼淚奪眶而出。他無法相信自己獲勝了。雖然下一輪對上地主偶像韓曼的比賽不幸落敗，費德勒依舊表明溫網是為他量身打造的錦標賽。這場比賽對費德勒而言之特別，戰勝他的偶像滿十五週年時，他甚至在推特發文表示這仍是「他這輩子最喜愛的一場比賽」。撇開他所展現的超高球技不談，這場勝利也極具象徵意義，代表著全英俱樂部的權力轉移。

ATP巡迴賽對選手極度嚴苛，這年下半年開始讓費德勒付出代價，他的表現大幅下滑，最值得掛齒的成績為打進美網十六強，但被網壇傳奇阿格西好好上了一堂網球課（六比一、六比二和六比四）。幾天後，納達爾首次登上巡迴賽，儘管不是以職業選手身分，而且與大滿貫的新聞媒體焦點八竿子打不著關係。年僅十五歲時，納達爾在塞維亞挑戰賽擊敗同胞馬托斯（Israel Matos，六比四和六比四），開始累積積分。這場勝利讓他入袋獎金七百六十七美元，並讓他的年終排名來到世界第八百一十一位。

賽季結束前，費德勒首次晉級巴塞爾網賽決賽，但又一次成為韓曼的手下敗將。職業生涯初期，這位勁敵可是讓他吃足苦頭。費德勒二〇〇一年參加的最後一項錦標賽是巴黎大師賽，但首戰便敗給伊里·諾瓦克。這年賽季世人終於看見世界網壇明日之星的潛力了，是時候該做個總結。費德勒的年終排名為第十三位，值得讚揚，儘管以他的實力大可擠進世界前十強。他並不感到完全滿意，就他的資質而言，他想取得更好成績，他在大師賽的表現不佳，並未打進最後幾輪，也再次懲罰了他。二〇〇二年，費德勒心中只有一個目標：奪下更多冠軍，鞏固自己在巡迴賽最強選手之間的地位。

3-4

二〇〇二年：這個孩子是誰？

若說2002年費德勒的排名攀升速度緩慢，那麼納達爾的速度可謂電光石火，雖然這時他顯然仍遊走於非常低級別的賽事之間。

二〇〇二年賽季費德勒闖入網壇上層階級，在世界**前十強**之列鞏固地位，但對他而言，這年也是最不穩定也最困難的賽季之一。至於成績，很難用成績評斷這年賽季好壞，因為他達成職業生涯的數項里程碑，但在許多最重要時刻也馬前失蹄。一方面，他在漢堡大師賽贏下他第一座重大錦標賽，此外還拿下兩座冠軍，擠進巡迴賽排行榜前六強，首次入圍ATP年終總決賽；此番好成績，換作是任何一位年僅二十一的選手，都會心滿意足。然而，要維持這個名次，意味著他必須在大滿貫拿出更好表現，到目前為止，他在大滿貫未能突破十六強賽，兩度在第一輪比賽就慘遭淘汰，九次參加次級賽事，其中三次的結果也一樣。就心理層面而言，費德勒賽季初的成績轟動，但自五月起壞成績接踵而至，加上他的摯友及導師卡特不幸離世，都讓他這幾個月過得非常辛苦。卡特的死訊令費德勒的心情大受打擊，後果也隨即反映在他的運動表現上。

這年賽季，納達爾也首次向全世界宣告網壇即將掀起何等腥風血雨……儘管當下沒多少人明白。這年他年僅十五歲，首次在ATP錦標賽奪冠，震驚巡迴賽，年終將成功擠進排行榜第二百位。十三歲那年，他與賈斯凱在法國塔爾布舉辦的知名賽事As青少年網賽對決，從此兩人便被視為世界網壇的明日之星。儘管賈斯凱最終並未兌現世人對他的巨大期望，但納達爾超越了對他未來職業生涯的所有預測，無論這些預測有多麼樂觀。

賽季初，有個對費德勒十分特別的時刻。他和女友米爾卡一起出戰霍普曼盃。霍普曼盃是以國家分隊的男女混合雙打錦標賽，每年於澳洲西岸珀斯舉辦。兩人攜手出戰後沒幾個月，米爾卡因右腳長年有傷，被迫宣布退出巡迴賽。米爾卡一直以來夢想成為網球選手，這對她無疑是無比沉重的心理打擊。度過這個難關後，她轉而加入費德勒的團隊，起初擔任費德勒與媒體之間的中間人，之後漸漸擔任團隊要角，打理她丈夫的職業生涯。

費德勒跨越澳洲全國，在雪梨國際網賽決賽對上阿根廷選手切拉（Juan Ignacio Chela），以短短五十分鐘拿下勝利（六比三和六比三），成功拿下他的第二座ATP冠軍。費德勒在這場錦標賽大放異彩，接連力退羅布雷多（Tommy Robredo）、里歐斯（Marcelo Ríos）和羅迪克等選手。他的好手感延續至澳網，直在十六強賽碰上哈斯，在雪梨奧運了結他的劊子手。兩人打了一場無比精采的比賽，哈斯在戲劇性的第五盤勝出，為費德勒在墨爾本公園的旅程畫上句點（七比六、四比六、三比六、六比四和八比六）。又是哈斯，又在澳洲，又早早淘汰出局。

在年度第一項大滿貫淘汰後，這個階段的費德勒距離許多重要成就都只差臨門一腳。首先，他嘗試再次登上米蘭公開賽的王位，但在決賽敗給桑圭內蒂（七比六、四比六和六比一）。之後，他出戰莫斯科舉辦的台維斯盃，對上由薩芬和卡費尼可夫所帶領的俄羅斯隊，差點就可以自這場激動人心又無比艱難的淘汰賽勝出。費德勒擊敗這兩位實力非凡的強手，但與羅塞特搭檔的雙打比賽吞了敗仗，且其他隊友在單打比賽也未能貢獻任何分數。又來了。這次淘汰賽是卡特首次出任瑞士隊隊長，拜他這位年輕學生的影響力所賜。不幸的是，這也是他最後一次擔任隊長。

回到巡迴賽後，費德勒在邁阿密公開賽打出出精采表現，擊敗韓曼，並首次戰勝世界第一的休伊特。這個成績讓他得以首次登上大師賽的決賽舞台，與阿格西一較高下。面對這位重量級網壇傳奇，費德勒並沒有畏怯，但最終仍不敵阿格西的「搖滾」與經驗（六比三、六比三、三比六和六比四）。

費德勒拿下邁阿密亞軍的數週後，二〇〇二年四月二十九日，納達爾搖身一變，成為世上最年輕打贏ATP賽事單場比賽的選手，年僅十五歲又十個月。他首次參加馬約卡公開賽，而他的手下敗將是巴拉圭的德爾加多。德爾加多的年齡比納達爾大整整十歲，當時位居第八十一名。少年納達爾當時的排名是七百六十二，連下兩盤六比四，僅以一小時又二十三分便結束這場對決。他自後場打出他的強力擊球，擊敗德爾加多。現場觀眾雖然曉得這位同胞極具潛力，但並沒料到他能夠擊敗排名前百強的選手，看得是目瞪口呆。翌日，納達爾首次登上國家媒體版面。在《馬卡報》（*Marca*）上，網球專家索索納（Joan Solsona）為他撰寫了一篇專文，題為〈納達爾，西班牙無敵艦隊的全新生力軍〉。年輕的納達爾總宣稱他最喜愛的賽事是溫網，而自己在室內球場的發揮比較好。說來也妙，這段宣言與他職業生涯所證明的恰好完全相反：這則新聞引起的迴響傳到他的下一個對手耳中。來自比利時的羅庫斯，他不讓意外有機會發生，連下兩盤六比二，大勝納達爾。

若這一刻對於納達爾十分特別，那麼漢堡大師賽之於費德勒也不遑多讓。漢堡大師賽曾帶給他難以磨滅的回憶，也是他最喜愛的紅土賽事。在蒙地卡羅和羅馬大師賽接連表現不佳後，費德勒來到德國的這週成績出色，在八強賽力退時任法網冠軍、綽號「古加」的庫爾頓，決賽上更重潰世界排名第五位的薩芬（六比一、六比三和六比四）。這是他第一次在大師賽封王，憑藉自身實力擠進世界前十強，排名來到第八位。在費德勒的記憶中，漢堡大師賽是他職業生涯中最特別的勝利之一。

一週後，在首度大賽事封王的士氣激勵下，年輕的費德勒進軍法網，準備向世人證明他在漢堡的成績並非歪打正著。然而，他迎面撞上巴黎紅土，第一輪比賽對上阿拉齊（Hicham Arazi）便慘遭淘汰（六比三、六比二和六比四）。阿拉齊挫了挫費德勒的銳氣，讓他知道未來還得加倍努力。費德勒沮喪至極，但這不是他在這短短一個月的時間內唯一一次感到失望。有鑒於他前一年的出色表現，這年參加溫網，他已被視為奪冠大熱門，而他也喜歡如此被人眾星拱月。他在第一輪比賽的對手是少年安契奇（Mario Ancic），年僅十八歲，來自會外賽。這場比賽能夠出什麼差錯呢？對上低一截的對手時，費德勒總是過度自信，又被擺了一道。年輕的安契奇來自克羅埃西亞，排名第一百五十四位，首次參加大滿貫，在場上毫不膽怯，展現出自己身為網球運動員的料，僅以一小時又四十分便戰勝費德勒（六比三、七比六和六比三）。出於兩個原因，這場比賽將永遠被世人銘記。一方面，直到二〇〇八年敗給納達爾以前，這是費德勒在溫網輸掉的最後一場比賽。二〇〇八年他已是溫網五冠王。而安契奇這方面，他是繼柏格一九七三年的處女秀勝利後，在中央球場贏球的最年輕選手。

費德勒的問題顯然是沒有謙卑之心。數年後，他也承認這一點：初入職業網壇的那幾年，他總是輕視排名比他差的對手，不把心思放在即將面對的比賽上，出戰大滿貫時，心裡只估量著自己有多少勝算奪冠，而偏偏頭幾輪比賽特別變化莫測，尤其是場地類型變換時，那就更危險了。就這層意義來說，初入職業網壇的費德勒可說是與納達爾有著天壤之別。納達爾時常做出與費德勒相反的行徑，過於尊敬對手，他也在傳記中坦承這一點。然而，這麼做對比賽結果的影響較小，因為一旦上場，隨著比賽推進，他起初的疑慮會逐漸消散，比賽本身會讓一切歸位。

費德勒這段時期過得並不順遂，壞消息接踵而至；短短一個月後，他收到最難消化的噩訊。他在多倫多大師賽再度於第一輪比賽遭淘汰，這次敗給卡尼亞斯（Guillermo Cañas）。賽後，他被告知卡特過世了。卡特在費德勒童年和青少年時期擔任他的教練，用愛細心打磨他稚嫩的球技。他出了一場悲慘的意外，人在約翰尼斯堡克魯格國家公園度蜜月，參加獵遊之旅，搭乘的車輛出了一場事故，未能生還。所幸他的妻子當時搭乘的是另一輛車。命運作弄，費德勒最親愛的南非奪走了影響他人生最深的人之一，這打擊對他無比沉重。二〇一九年，在與CNN的一場訪談中，費德勒回憶起卡特，不禁潸然淚下：「彼得在我的生命是非常重要的人，我可以說我大部分的球技都是拜他所賜。我希望他為我所達成的一切成就感到驕傲。」無論卡特身在何方，他聽見這位他從小一手帶大的小夥子的這番肺腑之言，肯定會露出一絲微笑。

費德勒被這個意外打擊搞得茫然失措，在辛辛那提大師賽的第一場比賽對上留比契奇，又再度於首輪落敗。美網十六強賽他交手米爾內（Max Mirnyi）——一位連前三十強都排不進的選手——也飲恨西北。直到十月的維也納公開賽，費德勒才恢復最佳水準，在四強賽戰勝莫亞，最終對決擊敗伊里．諾瓦克（六比四、六比一、三比六和六比四），征服本賽季的第三座冠軍。跌出排名前十強的幾個月後，這個成就讓費德勒的排名上升至第七位，在接下來的幾項賽事中，他也成功維持住這個優秀名次，首次進軍ATP年終總決賽。

費德勒首次登上這項匯聚巡迴賽最強選手的錦標賽，讓世人明白這是他這年最喜愛的時刻之一。他並沒有被上海舉辦的年終總決賽的盛況排場嚇倒，接連擊敗費雷羅、伊里．諾瓦克和約翰森，贏下黃金組的三場比賽。四強賽環節，費德勒一度有機會首次潛入決賽，但細節決定成敗，休伊特最終拿下這場精采對決（七比五、五比七和七比五）。最終，休伊特加冕為大師，成為這年賽季ATP排行榜的球王。至於費德勒，他的年終排名為第六位。他在職業生涯又往前邁出新的一步，來到他封神那年的前夕。

若說二〇〇二年費德勒的排名攀升速度緩慢，那麼納達爾的速度可謂是電光石火，雖然這時他顯然仍遊走於非常低級別的賽事之間。首次與知名選手比賽且大獲成功後，他拿下六項未來賽（現今的ＩＴＦ）的冠軍，並打進ＡＴＰ挑戰賽巴塞隆納站的四強。這些成績讓他的排名大幅飛躍，擠進ＡＴＰ排行榜前兩百強。納達爾飛速進步，下個賽季他將結束他的培訓期，三步併作兩步攀爬排行榜，出戰數項挑戰賽之餘，也將首次參加大師賽和大滿貫賽事。

3-5

二〇〇三年：羅傑的夢想

這年他斬獲七個冠軍頭銜，其中包括他的第一個大滿貫冠軍和ATP年終賽冠軍，封神晉升世界最強選手之列。

二〇〇三年七月六日，費德勒總算完成他從小的夢想，自肯特公爵手中接過溫網冠軍金盃。自一八八七年起，贏得這座獎盃的人不僅被授予溫網冠軍的名號，也成為全英草地網球和槌球俱樂部的會員，享有一切權利。正如《國家報》（*El País*）體育版頭版所言，「費德勒時代」自這個夏季午後開始了。撰文記者瑟拉斯（Manel Serras）不僅預測無誤，還可以說是遠見卓識：「歷史上只有一位選手曾在大滿貫十四度封王，而費德勒未來可以成為他的繼位者。」瑟拉斯這番話暗指山普拉斯所征服的**大滿貫**數量，這時他是史上摘得最多桂冠的選手。

這年是費德勒的第一個重大賽季，是他完全制霸網壇五年的起點。他不止贏下他的首座溫網冠軍，更在ATP年終賽封王，年終排名世界第二。此外，儘管瑞士隊實力薄弱，他仍帶領隊伍打進台維斯盃四強賽，之後又再於其他五項賽事奪冠。真要說費德勒這年有什麼「但是」的話，就是他在溫網以外的大滿貫表現都差強人意，十六強賽依舊是一道無法逾越的屏障。

此時還無比年輕的納達爾很快就會成為費德勒的大勁敵，與他爭奪世界第一。納達爾的進步速度快得驚人，又邁出巨大一步，前一年賽季還在打未來賽，二〇〇三年上半賽季轉而參加挑戰賽，下半賽季則參加了他的頭幾項大師賽和大滿貫。納達爾是全世界前途最被看好的選手之一，對上同胞科斯塔和莫亞這兩位前法網冠軍，也取得十分亮眼的勝利。這些勝利讓他以年僅十七歲之姿，光靠半個賽季的積分就擠進年終世界排名前五十強。

喬科維奇此刻仍處於距離納達爾下方兩階的位置。二〇〇三年的第一週，他正式於職業網壇出道。多虧了他的導師皮里奇，他的處女秀為慕尼黑未來賽，因為該賽事的比賽場館正是他與皮里奇練球的學院。十五歲的喬科維奇對上世界排名第六百六十四的德國選手拉杜勒斯庫，儘管最終以七比五和七比六落敗，此時已展現出他獨有的鬥志。這年賽季上半，他在塞爾維亞參加了五項同等級的錦標賽，六月成功在其中一項奪冠。

對這年的大主角費德勒而言，上半年賽季的路他走得可是相當崎嶇。直到他改變世界網球走向的那個午後。有時他的發揮極佳，有時又敗給排名和球技都差他一大截的選手。媒體將他視為未來的世界第一球王，記者的注意力紛紛全聚焦在他身上，令他備感壓力，開始對他造成負面影響。他贏下馬賽、杜拜和慕尼黑公開賽，但在卡達公開賽敗給甘比爾（排名四十二），但在雪梨國際網賽敗給斯奎拉里（八十一），在鹿特丹公開賽敗給米爾內（四十六），在漢堡大師賽則敗給菲利普西斯（六十七）。然而，之後他在羅馬大師賽決賽對上曼蒂利亞（Félix Mantilla，四十七），後又在法網第一輪比賽遭遇奧納（Luis Horna，八十八），皆嘗到最痛心的失敗。敗給奧納可以說是最令他失望至極，因為這是大滿貫比賽，而且他也不是第一次參賽了。只有在澳網敗給納班迪安，以及在邁阿密大師賽敗給科斯塔，在這年賽季初才稱得上是正常，因為兩者皆是排名**前十強**的常客。然而，這段崎嶇的路正打擊著費德勒的士氣，更令所有網球專家感到迷茫，因為對任何看好他的人而言，他都是一張貨真價實的彩券。

這年賽季的這個階段，納達爾心無懸念，反倒是展現出與十六歲少年不相符的決心。賽季的前三個月他全心投入挑戰賽，成功取得入圍數項ＡＴＰ１０００資格賽決賽組的所需積分，與世界一流選手同場競技。機會在手，他也沒有辜負眾人期望，首次來到蒙地卡羅大師賽便突破兩輪，先是擊敗前世界排名前十強的庫切拉，後又對上科斯塔。科斯塔是排名第九的強者，時任法網冠軍，但遭納達爾速戰速決解決（七比五和六比三）。科里亞，這位未來問鼎法網冠軍的紅土高手，終結了納達爾在蒙地卡羅的初次冒險（七比六和六比二）。未來，納達爾將在這座球場打破單一賽事的最高連勝紀錄。他與雷尼爾三世球場可謂一見鍾情。

僅僅一個月後，納達爾再次在漢堡掀起轟動，戰勝同胞兼好友莫亞，法網冠軍暨前世界第一球王。這次納達爾同樣連一盤都沒丟失（七比五和六比四），但又再次不敵阿根廷的高迪歐，另一位未來的法網冠軍。納達爾在馬納科訓練時右手肘受傷，偏偏發生在賽前，害他無法參加他的第一場大滿貫賽事，而且恰好還是法網。我們永遠不曉得托尼的愛徒本可以走到多遠。很難想像他首戰便會封王，但毋庸置疑，他絕對會讓布洛涅森林的所有人大吃一驚。這年費德勒倒是來到巴黎參賽了，但他更像是來到法網紅土球場打球的觀光客，第一場比賽就被默默無名的奧納淘汰出局（六比七、二比六和六比七）。費德勒又再次低估他的對手。雖然身為大會第六種子，但他又再次打出極差的表現。除了於二〇〇一年戰勝山普拉斯，費德勒在大滿貫都未能展現他真正的實力，一而再、再而三地辜負自己。

賽程迎來草地賽季，對費德勒宛如一道祝福。他在德國哈雷奪下這年的第四座冠軍，重振士氣。此後，哈雷便成為他最鍾情的賽事之一。費德勒在決賽勝出，以六比一和六比三力退本土選手基弗（Nicolás Kiefer）。他在哈雷將十度奪冠，這年是他第一次高舉金盃。這次勝利後，費德勒以世界第三之姿重返全英俱樂部，更被視為奪冠大熱門。這次他並沒有辜負大家，為期兩週的賽事打得輕鬆寫意，除了對陣羅培茲時，他的後背劇烈疼痛，甚至一度考慮退賽。然而，他強忍下來，以三盤了結這場對決（七比六、六比四和六比四），雖然羅培茲也算是推了他一把，每盤的破發都未能好好把握。在四強賽等待費德勒的是另一位重砲手羅迪克，是曾與他打過最精采對決的選手之一，但費德勒並沒有給對方獲勝的機會（七比六、六比三和六比三）。

菲利普西斯是費德勒達成人生夢想路上的最後一道關卡。幾個月前，綽號「飛毛腿」的菲利普西斯在漢堡擊敗費德勒，他的恐怖發球在為期兩週的賽事中大殺四方。菲利普西斯最知名的手下敗將是排名第一的阿格西。阿格西曾與他打了一場精采對決，兩人纏鬥五盤，最終不敵菲利普西斯。這回，費德勒並沒有給菲利普西斯機會，他已從自己的錯誤中記取教訓，並沒有低估他的對手。這場比賽費德勒占盡上風，花了不到兩小時的時間，不費吹灰之力擊敗菲利普西斯（七比六、六比二和七比六）。先前他曾六次在大滿貫第一輪比賽早早敗北出局，如今終於一掃所有陰霾。他實現了人生中的大目標，打從孩提時代便開始準備的目標。

頒獎典禮上，費德勒眼眶泛淚，笑容忐忑，嗓音沙啞，證實了一件我們都已知道的事：他的美夢成真了。「小時候我常開玩笑，說自己有一天會在溫網奪冠。現在我辦到了……這真是難以置信，我不曉得自己是如何辦到的。」採訪員向費德勒問起他的偶像山普拉斯時，他給出的答覆可謂妙語如珠，完全就是在做自己：「我們的風格不同，說真的，我很享受看著自己打球。」中央球場的全場觀眾哄堂大笑。米爾卡和隆格倫人在包廂，目瞪口呆地望著費德勒。網球殿堂誕生了全新偶像，多了一位備受寵愛的選手。母親麗奈特數年後接受ESPN2電視臺訪問，回憶起那個午後時顯得十分感動，含著眼淚說鮮少有人知道「羅傑為了他的第一座大滿貫，背後付出了多少」。

費德勒為了取得生涯第一座大滿貫，幾乎可以說是挹注了二十二年的青春。納達爾贏下第一座大滿貫時剛滿十九歲，喬科維奇則是二十歲。現在，沒有人能夠阻擋費德勒在英國土地上建立他的王國，他無意讓他長久以來最愛的冠軍獎盃落入他人之手。他在這座網球聖殿展開了歷史性的連勝，連續五年封王，二〇〇八年才被他未來的死敵中斷紀錄。說來也妙，滿十七歲的一個月後，納達爾首度站上大滿貫的舞台，也參加了這屆溫網。起初，草地球場對他來說不是非常有利，但他仍成功突破兩輪。他與前一年終結費德勒的好手安契奇同為明日之星，兩人於第一輪比賽對決，最終由納達爾勝出。之後，納達爾於第二輪戰勝本土選手柴爾茲（Lee Childs），但接下來不敵泰國選手斯里查潘（Paradorn Srichaphan，六比四、六比四和六比二）。納達爾帶著七十五分ATP積分的戰利品告別倫敦，名次一躍來到世界第六十一位。

納達爾首次參加大滿貫，而費德勒則邁著堅毅的步伐，走向他的第一座溫網王座。同一週，十六歲的少年喬科維奇在塞爾維亞贏下他的第一座未來賽。他以六比四和七比五戰勝西班牙選手費雷–維多利亞（排名第九百七十三），並累積了他的頭十二分ATP積分。就這樣，七月七日喬科維奇首次擠進排行榜，位居第七百六十七位。數年後，他將統治ATP排行榜，成為史上占據排名第一週數最長的選手。此外，這次喬科維奇贏得一千三百美元。今日，他大概會覺得這個金額少得荒謬，但當時他可是相信這筆錢資助他的職業生涯。

溫網後，費德勒一路打進瑞士格施塔德公開賽決賽，並啟程前往美國巡迴。反觀納達爾，他並沒有參加大師賽。他在參加美網之前打了數項紅土錦標賽，在克羅埃西亞烏馬格取得本季最佳成績，一路淘汰了沃伊內亞（Adrian Voinea）、普塔和諾曼（Magnus Norman），晉級四強，最終敗給莫亞（六比四和六比四）。這次的出色表現讓他繼續在排行榜攀升，排名上升至五十一。這年賽季仍搖擺不定，隔週納達爾參加了西班牙塞哥維亞挑戰賽，並順利奪冠，接下來來到紐約，首次站上年度最後一項大滿貫的戰場。他一開始與世界最頂尖的選手一起打球，後來對戰真正意義上的無名小卒，然後又重返頂尖網壇，換作他人，專注力和動力都會大受影響。然而，年輕的納達爾並沒有因此分神，每次重新與網壇的工人階級比賽，他總是保有謙卑之心，腳踏實地。他認為這是他的角色，而證據就是賽季一路走來，他共打進六場決賽。

美網處女秀上，納達爾擊敗同胞文森特（Fernando Vicente），但第二輪遭摩洛哥選手艾諾伊（Younes El Aynaoui）淘汰出局（六比四、六比三和六比三）。這幾場比賽對納達爾是寶貴的經驗，有助於改善他在硬地球場和美網的表現。一直以來他和托尼都將美網視為對他的球風最困難的大滿貫。截至這年年終，納達爾只另外參加了三項錦標賽，都在第一輪就落敗。對十七歲的他而言，賽季顯得漫長，但他夫復何求。

費德勒在賽季最後一哩路的目標截然不同。阿格西盤踞的世界第一球王寶座近在咫尺，而他打算篡位。這時，ATP的統治者尚未明朗，幾乎每一位排名前十的選手都有機會在某個時候稱霸榜首。費德勒沒料到的是半路居然會殺出個程咬金。羅迪克，當時排名第七，比費德勒年輕一歲。蒙特婁大師賽，費德勒的指尖都快碰到排名頂點了，卻在四強賽被羅迪克奪走機會。這場精采的四強賽由搶七局定勝負，費德勒兩度握有局點，兩度有機會成為世界第一。然而，儘管先前四度交手他都擊敗羅迪克，這次在決勝局上費德勒不敵壓力，犯了四個非受迫性失誤和一次雙發失誤，將這場對決的勝利拱手獻給羅迪克。職業生涯首次登上網壇巔峰的機會就此煙消雲散。拿下這場勝利後，年輕的美國重砲手士氣大振，橫掃美國巡迴，接連拿下蒙特婁大師賽、辛辛那提大師賽和美網的冠軍。加上巴黎大師賽和ATP年終賽兩項賽事的四強賽，羅迪克最終制霸排行榜。幾個月前，完全沒有人料得到他會攻頂。

若說有誰與羅迪克合力，那非納班迪安莫屬。納班迪安也是費德勒職業生涯路上遇過的剋星之一。儘管費德勒與納班迪安交手的勝負十分接近，由費德勒略占上風（十一比八），但綽號「大衛王」的納班迪安曾在許多極其重要的時刻拿下勝利。就這樣，二〇〇三年，納班迪安在澳網、辛辛那提大師賽，以及美網十六強賽（三比六、七比六、六比四和六比三），皆為終結費德勒的殺手。費德勒以世界第二之姿登陸法拉盛草地公園，這場敗仗害他的名次倒退一位，倒扣了許多珍貴的積分，否則大可坐上網壇球王的寶座。

在紐約大失所望後，費德勒的幻想再次化作泡影。這次是台維斯盃的四強賽。墨爾本的羅德．拉沃競技場，瑞士隊面對由休伊特率領的恐怖澳洲隊，勝出的機會全寄託在費德勒能否拿下三分。費德勒有兩場單打比賽，並與羅塞特搭檔出戰雙打。瑞士隊的主將開始照劇本演出，擊敗菲利普西斯這位他在溫網的手下敗將，藉此彌補克拉托赫維爾（Michel Kratochvil）敗給休伊特的比賽。反觀雙打比賽，費德勒完全不是澳洲隊推出的雙人組合的對手，而瑞士隊全仰賴他能夠戰勝本土偶像，才有機會勝出。這場比賽無比艱難，費德勒取得兩盤領先優勢，瑞士隊好似有機會在澳洲隊的老家戰勝他們，締造佳績。然而，戰士休伊特可還沒有玩完呢：他給費德勒上了一課，告訴他何謂榮譽感，急起直追，替澳洲隊拿下關鍵一分（五比七、二比六、七比六、七比五和六比一）。這場比賽是費德勒最難消化的敗仗之一，因為他被這位勁敵捏得死死的。至於他的隊伍，費德勒開始清楚意識到若其他隊友沒辦法至少貢獻個一分，瑞士隊根本沒機會高舉沙拉碗。

網球之所以好，就好在選手們總是有機會扳回一城。兩週後，費德勒在維也納公開賽奪冠，一雪前恥。他在馬德里大師賽的表現極佳，但在巴黎大師賽又再次大失所望，最終以第三種子的身分來到德州舉辦的ATP年終賽，只排在羅迪克和費雷羅之後。這是費德勒第二次參加年終賽，展現天賦，席捲比賽，下個賽季更將引起轟動。年終賽上，他的表現近乎完美：贏下五場比賽，在四強賽擊敗已是世界第一的羅迪克，並於決賽力退阿格西。他在小組賽就打敗過阿格西一次。瑞士網球大師——已經可以如此稱呼他了——結束了難忘的一年。這年他斬獲七個冠軍頭銜，其中包括他的第一個大滿貫冠軍和年終賽冠軍，封神晉升世界最強選手之列。雖然他的年終排名是世界第二，但所有人都知道他是將羅迪克踢下王位的最佳候選人。

幾天後，費德勒宣布他與教練隆格倫的合作關係將告一段落。隆格倫打磨了費德勒身上所蘊涵的巨大潛力，帶領他征服生涯首座大滿貫。在隆格倫的指導下，費德勒的球技和心理素質都大幅躍進，因此此消息一出震驚網壇，成為人們茶餘飯後的話題。費德勒暫時會在沒有教練的情況下繼續前行，不是所有人都理解他的決定，將其視為妄自尊大之舉，但時間證明，若你的名字叫做羅傑·費德勒，那麼這個決定也沒那麼冒險。

納達爾被ATP協會提名為「年度最佳新人」（Newcomer of the year），多虧他拿下的驚天勝利，戰勝數位大滿貫冠軍得主和前世界第一球王，年終排名上升至四十九。儘管首個ATP賽季只打了一半，但他在十二個月內往上爬了一百五十一個名次。雖然當下還沒有人知道，但唯一有能力在不久的將來阻攔費德勒的選手已開始在巡迴賽踏出步伐。年少的喬科維奇距離他倆還十分遙遠，他正處於排名第六百七十九位，進步飛快，參加了法網和美網等大滿貫的青少年組比賽，但運氣不佳，最佳成績是法網第三輪止步。是時候告別未來賽，轉而開始參加挑戰賽了，開始與強者同台較勁，為什麼不呢？

3-6

二〇〇四年：宿敵對峙的起源

2004年3月28日這晚，網球這項美妙運動史上最棒的時代開始了。

網球新時代的起源有二，一是費德勒開始統治網壇，二是他與納達爾展開對峙。若要替這個起源下一個日期，所有人都會說是二〇〇四年。這年賽季費德勒登上世界第一，大展球技，十一度封王，其中包括三座大滿貫和ATP年終賽冠軍。網壇本沒有一位明朗的統治者，排名第一的王座過於頻繁易主。這時代被費德勒終結了，隨著他的到來結束了。費德勒把封王的標準訂到史無前例的高度，而這一切都是在沒有教練下辦到的，再次證明他擁有非凡的才能，技壓群雄。

費德勒沒有的是陰陽論。陰陽相剋，維持平衡，一旦拆開便毫無意義可言。也許是出於這個原因，他封神攻頂的同一年，一位十七歲年輕小夥子將他拖下凡間，具體而言，紅土的凡間。二〇〇四年是納達爾與職業選手同台較勁的第一個完整賽季，他很快將成為媒體焦點，與排名第一的球王首次交手便擊敗對方，與西班牙隊出戰台維斯盃，拿下第二座沙拉碗，成為西班牙出乎意料的大英雄。

這場鬥爭還差喬科維奇加入，三巨頭才得以誕生。此時的喬科維奇正四處參加挑戰賽，但這年也是他初次參加ATP賽事的賽季，他在頂尖網壇成就輝煌生涯的起點。年初，喬科維奇離開了皮里奇的網球學院。輪到他獨自飛翔了。他的父親瑟強一生都在為兒子尋找資源，找人資助他前途看好的職業生涯。多虧了一份與以色列經紀公司阿密特・諾爾簽訂的協議，他終於不必再為經濟問題操心。這份協議讓喬科維奇得以支付要成為職業網球選手所需的一切開銷，因此，下一步就是尋找能夠替他指點明燈的教練。

一月，賽季開跑。納達爾火力全開，在奧克蘭公開賽打進他的第一個決賽，但不敵排名比他低的斯洛伐克選手多米尼克・赫巴蒂（Dominik Hrbaty，六比四、二比六和七比五），無緣首次奪冠。之後，他首次出戰澳洲，表現良好，贏下兩場比賽，但休伊特（排名十一）對年少的他來說實在太強了（七比六、七比六和六比二）。下一輪比賽本將是傳奇的費納對決的第一場比賽，但這個比賽結果導致對決無緣發生。而休伊特並不是費德勒的對手，這回就連納班迪安也不是。四強賽上演了一個耐人尋味的情況，費德勒遭遇費雷羅。這場大滿貫對決，兩人不只爭奪晉級決賽的門票，更爭奪羅迪克霸占至今的世界第一王座；至於羅迪克，他早在八強賽就慘遭淘汰。儘管人們的期待極高，球場上費德勒不給費雷羅任何機會，以六比四、六比一和六比四壓倒性地獲勝。他已實現童年的第二個夢想，可以安心且自信地迎戰決賽。星期日，等著他的對手是薩芬，網壇最具天賦的選手之一。

薩芬來自俄羅斯，是無法預測的天才，由於前一年賽季因傷暫別球場數個月，這年他自會外賽一路過關斬將，殺進決賽。一路上薩芬淘汰了五位美國選手：瓦哈利（Brian Vahaly）、馬丁、布雷克、羅迪克和阿格西。總統普丁想必很驕傲吧。然而，由西班牙瓦倫西亞網球學院培訓出來的薩芬不得不俯首稱臣，事實擺在眼前，任何事物或任何人都攔不住新任球王。費德勒再次自在地插旗，輕鬆拿下這場對決（七比六、六比四和六比二）。翌日，二〇〇四年二月二日，費德勒的大名出現在排行榜的頂點，直到二〇〇八年八月十七日，他都不會自這個王座退下。這年他二十二歲，開始無情統治網壇長達兩百三十七週，打破所有紀錄，被視為史上最強的選手。在這份由費德勒位居頂點的第一梯隊清單中，納達爾名列四十，喬科維奇則是六百七十六。

這週週一，丘迪內利——費德勒的摯友、他形影不離的夥伴，打從在老男孩網球俱樂部時期便一起練球，分享人生點滴——在貝爾格勒挑戰賽的第一輪擊敗默默無名的喬科維奇。喬科維奇也參加了澳網青少年組賽事，打進四強。前一年在法網和美網交出差勁的成績單，這次是他在大滿貫青少年組比賽有史以來最佳成績。

費德勒已居高臨下，繼續累積勝利，不只在台維斯盃戰勝羅馬尼亞隊，突破一輪淘汰賽，更在杜拜公開賽和印地安泉大師賽奪冠。他唯一遭遇的絆腳石是在鹿特丹對上的韓曼。這場比賽韓曼把費德勒剋得死死的，但費德勒日後將在印地安泉決賽報一箭之仇。費德勒總是會捲土重來。這年的印地安泉，二〇〇四年三月十七日，費德勒和納達爾首次在球場相見。他倆受上天召喚，扮演歷史上最傳奇宿敵對峙的主角，直到喬科維奇——獨一無二的三巨頭的第三位劍客——出現前都無人能敵。儘管所有人都說兩人主演的第一場對決發生在兩週後的邁阿密，但在印地安泉的這場雙打比賽才是兩人的第一次交手。在這場西班牙對陣瑞士的比賽中，納達爾與羅布雷多攜手打敗艾利格羅和費德勒（五比七、六比四和六比三），但完全沒人注意到這場比賽。照片記錄下當年的歷史，費德勒和納達爾身穿同一款耐吉球衣。在此恭喜這間美國大公司的星探。還有一件大部分球迷都不知道的事，賽後，費德勒和納達爾曾有過一段交談，世界第一的費德勒邀請這位小夥子到他的私人**包廂**觀看他的八強賽。許多年後，看見當時的照片著實耐人尋味，納達爾坐在費德勒包廂中，與米爾卡相隔一張椅子。費德勒的這個舉動也很得體，畢竟對方是個小夥子，儘管排名不低，但也算剛在職業網壇起步。

僅僅十一天後，邁阿密大師賽的第三輪，兩人再度對決，這次是單打比賽，真正標記著兩人對峙起點的比賽。這晚納達爾被世界認識，馬上吸引了網壇的媒體焦點。在此刻以前，排名第一的費德勒完全無人能敵，因此這位稚嫩的毛頭小子，儘管排名已來到世界第三十六，能夠擊敗許久以來的最強球王，才叫人跌破眼鏡。此外，納達爾快速了斷這場對決，僅用七十分鐘便打出六比三和六比三，不給費德勒機會反攻。費德勒想做出反應時，人已經在回更衣室的路上，為這位年輕敵手如旋風般的球風和他揮灑的能量感到驚愕。納達爾則是慶祝自己拿下的最佳積分，興奮不已，熱血到了極點。費德勒不曉得的是，像這樣的夜晚未來還有許多。他的剋星已到來，駐足網壇君主的王國，對其太平盛世發起質疑。二〇〇四年三月二十八日這晚，網球這項美妙運動史上最棒的時代開始了。沒有人會記得，下一場比賽，納達爾對陣岡薩雷斯未能再下一城。納達爾的傳說誕生了。他與費德勒的競爭對峙在週日午後帶給球迷許多難忘的對決。他倆在球場上交手的午後，網球甚至比足球還重要。

納達爾沒高興得太久，兩週後，愛斯多尼公開賽，他的左腳舟狀骨骨折，被迫退賽。他在十六強賽擊敗賈斯凱，但無法參加下一場對陣拉巴澤的比賽；拉巴澤曾在溫網青少年組決賽敗給費德勒。不久後，納達爾確定必須暫別球場至少三週。紅土賽季泡湯了，他和團隊可是對紅土賽季滿懷期待。納達爾在《拉法，我的故事》回想這個沉重打擊。「二〇〇四年，我的身體對我說『夠了』。我的左腳腳骨害我四月到七月都無法上場打球，沒辦法參加法網，也無法打溫網。當時我爬到排名第三十五位，那次是我職業生涯第一次因傷停擺，太殘酷了。我的情況就是，身體的脆弱使得我的心靈變得更加強大。托尼替我設計了一套抵抗逆境的方法，幫了我很多。這段日子我學了很多，意識到我們這些頂尖運動員有多麼得天獨厚，我也注意到時間流逝得有多快，必須享受每個當下。」

此外，納達爾還說他的經紀人，前世界排名前十強的卡洛斯·科士塔安排了一趟去法網的旅行，讓他感受比賽氛圍，因為他也無法參加青少年組比賽，而科士塔確信他有朝一日一定會奪冠。納達爾在傳記提到他比賽看著看著，覺得自己病了，因為他好想下場打球，不停對科士塔說他明年會在這裡奪冠。之後，他承認說一直以來他的大夢想都是溫網，但「在這之前必須攀上法網的高山」。

春季對他未來的大勁敵費德勒也是一種折磨，除了在他親愛的漢堡大師賽再度奪冠以外。台維斯盃上，瑞士隊遭遇法國隊，費德勒雖然拿下自己的兩場單打比賽，但瑞士隊仍再次輸掉淘汰賽。由於他的賽程安排得非常滿，他開始意識到義不容辭支援國家，但得不到任何成績，實在得不償失。再加上他在最討厭的球場之一羅馬的義大利廣場，被亞伯·科斯塔早早淘汰。再者，他在法網再度失利，就是拿不下這項錦標賽。他在第三輪遭遇的對手是法網三冠王庫爾頓。庫爾頓無法突破他當前的最佳名次（排名三十），但費德勒依舊無力抵抗，拿出排行榜霸主該有的表現（六比四、六比四和六比四）。在巴黎接連失敗六年，開始影響他面對紅土賽事的士氣。

所幸，每次狀態最糟時，一般來說是法網後，草地總會出現，助他重振士氣。一直以來，哈雷和溫網在他的職業生涯有如慰藉，二〇〇四年他再次雙雙奪冠。在網球的聖地，費德勒證實了他在這個場地就是技高一籌，完成這項非常嚴肅的錦標賽，只有在決賽遭遇世界第二的羅迪克，他才碰上困難。羅迪克在第一盤取得領先，第三盤也取得優勢，但最終費德勒贏下搶七局，之後又拿下決勝盤（四比六、七比五、七比六和六比四）。第二座溫網冠軍，年度第二座大滿貫冠軍入袋。他將繼續蟬聯世界排名第一好一段時間。

費德勒拿下他第三座大滿貫的兩週後，三巨頭的第三位成員首次踏入職業網壇。喬科維奇在克羅埃西亞烏馬格打了他的首個ATP錦標賽，敗給義大利選手沃蘭德里（Filippo Volandri，七比六和六比一）。整個賽季他同時參加未來賽和挑戰賽，拿下數座冠軍，獲得足夠的積分開始與一流選手同台較勁。數月後他將在布加勒斯特和曼谷捲土重來。他在羅馬尼亞首都布加勒斯特面對排名六十七的克萊門特，取得重大勝利，雖然對陣紅土好手費雷爾未能再締佳績，也至少從他手中成功搶下一盤（四比六、六比四和六比四）。喬科維奇在泰國的經歷更差，第一輪比賽便不敵荷蘭選手范．謝平根（Dennis van Scheppingen，四比六、七比五和六比四）。取得的積分讓他的排名上升至二百四十九，多虧在挑戰賽頻頻告捷，一路到年底他還會繼續往上衝許多名次。

費德勒也持續衝，在瑞士格施塔德公開賽和加拿大大師賽大顯身手，接連拿下本年度的第三勝和第四勝，並在多倫多的決賽再次擊敗羅迪克（七比五和六比三）。當時，納達爾即將重返球場，及時參加美國巡迴，出戰數場紅土賽事，但運氣欠佳就是了。納達爾並沒有錯失扳回名譽的機會：他因傷暫別球場，選擇波蘭索波特球賽作為他強勢回歸的第一個賽事，在決賽擊敗阿根廷選手阿卡蘇索（José Acasuso，六比三和六比四），贏下他的首個ATP冠軍。年僅十八歲的他首次打開他在馬納科的獎盃展示櫃，很快，這個櫃子就將滿到放不下。

納達爾沒有時間慶祝，搭機來到雅典，參加他的第一次奧運，一直以來他最夢想的賽事之一。與台維斯盃相同，奧運激發他的團隊歸屬感，讓他打起球來更熱情。不幸的是，他的初體驗稍縱即逝，因為他來不及參加開幕式，雙打項目於第一輪就慘遭淘汰（他並沒有被分配參加單打比賽）。他與莫亞搭檔，但巴西雙人組安德烈．薩（André Sa）和薩雷塔（Flavio Saretta）絲毫不留情面，以七比六和六比一重潰他倆。

費德勒在希臘的經歷並沒有比較好。這次奧運並沒能彌補上次的打擊。當時十八歲、仍是無名小卒的柏蒂奇，排名七十九，以出乎意料的方式扭轉比分（四比六、七比五和七比五），在第二輪比賽送他回家。費德勒又過度自信了嗎？唯有他本人曉得他怎麼會犯下五十九個非受迫性失誤。他與艾利格羅搭檔雙打，也不是印度雙人組合布帕蒂（Mahesh Bhupathi）和帕斯（Leander Paes）的對手，這兩位雙打高手證明了他們的配合默契更勝一籌（六比二和七比六）。這場比賽失利對費德勒無疑是雙重打擊。他第二次空手離開奧運，又必須再等待四年，才能迎接第三次奪牌的機會。

儘管大失所望，沒有什麼比大滿貫金盃更療癒了。美網的籤表分組十分棘手，但費德勒恢復他的最佳水準，送走科斯塔、阿格西和韓曼，在決賽與休伊特一決死戰。他與阿格西的八強對決被世人銘記，阿格西找回昔日最佳實力，將費德勒逼至極限，他一直到第五盤才讓勝利的天秤傾向他方。在此之前，納達爾在第二輪已遭羅迪克掃出球場，羅迪克用他的發球把納達爾打得潰不成軍（六比〇、六比三和六比四）。決賽的對戰組合令人激動，費德勒對決總是戰鬥力十足的休伊特，但最終成為大滿貫史上最風平浪靜的決賽之一。費德勒不留情面地羞辱休伊特，連下三盤拿下勝利，還讓他兩盤掛蛋（六比〇、七比六和六比〇）。過去受盡屈辱，費德勒終於雪恥，在神話般的亞瑟·艾許球場高舉他的第一座美網金盃，舉向紐約的天空。這是他的年度第三座大滿貫，大幅拉開了他與其他對手的距離，追平一九八八年以來便無人達成的壯舉；一九八八年，網壇神話韋蘭德讓瑞典國旗在澳洲、法國和美國飄揚。數年後，納達爾和喬科維奇也將加入這個菁英俱樂部。

為了讓他完全爆發的賽季錦上添花，費德勒在休士頓舉辦的ATP年終賽再度掀起旋風。他在德州再次贏下每場比賽，依舊不讓休伊特好過，在小組賽擊敗他，在決賽也狠狠教訓了他一番（六比三和六比二）。對費德勒如夢似幻般的一年就這樣畫上句點，這年他一共奪得十一座冠軍。看來，在這場世界第一之爭中，無人能夠與他匹敵。至少網壇絕大多數的球迷和專家都是如此認為的。

命中注定與費德勒爭奪王位的神童即將橫空出世，若他在邁阿密戰勝費德勒的那場勝利未能引起關注的話，那他即將讓好戲上演。歷史發生在絕佳的舞台上，特別為這次所創造的舞台。西班牙隊一路打進台維斯盃決賽，以地主隊的身分迎接美國隊。美國隊隊長是馬克安諾，由羅迪克領軍。決賽場地在卡爾圖哈體育場，一座具有田徑跑道的足球場，特別搭建看台，讓體育場成為能夠容納兩萬七千名觀眾的網球場，時至今日仍為一項紀錄。

西班牙隊對陣法國隊的四強淘汰賽上，納達爾大勝克萊門特，贏下關鍵的分數。但他一如所有專家預測，為隊伍的替補選手。然而，決賽賽前記者會上，西班牙隊的隊長三人組宣布對陣美國排名第一選手的單打比賽將派出納達爾上場。納達爾此時的排名是三十四，年僅十八歲，先前完全沒有參與重大賽事的經驗，對廣大觀眾來說是名副其實的無名小卒。此外，他之前在美網還被羅迪克淘汰出局，在西西里國際錦標賽、里昂大獎賽、馬德里大師賽和巴塞爾網賽等賽事的表現都十分差勁。這個決定不只**震驚**球迷，對西班牙隊也是。西班牙隊上可是有前世界第一暨法網一冠王費雷羅，他對這個決定很不是滋味。另一位世界排名前十強的羅布雷多也是。

種種因素使得無比巨大的壓力全落在這位年輕小夥子身上。他初來乍到頂尖網壇，看著全國和全網壇緊盯他在這項年度季末賽事上的表現。莫亞率先擊敗費許，拿下一勝。然後就輪到納達爾上場了。球場的另一側，ATP排名第二的羅迪克，把握住納達爾的壓力，運用他老道的經驗，拿下第一盤的**搶七局**，讓更多的重擔落在少年納達爾的肩上。但羅迪克仍不曉得他所面對的對手是誰。從第二盤開始，納達爾首次向全世界展現他的強韌心理、天賦和體能，成就他成為獨一無二網球員的一切。他擊球、展示、慶祝，看得看台上的觀眾是熱血沸騰，逆轉了這場比賽（六比七、六比二、七比六和六比二），替西班牙隊拿下淘汰賽的第二分。就這樣，他隨西班牙隊拿下總冠軍，獲得好友兼未來教練莫亞的認可。這次是納達爾第一次贏得台維斯盃，起跑槍聲響起，他的傳說就此開始，未來將在這項賽事創下許多獨一無二的數字。他的年終排名來到世界前五十強的門前（五十一），感覺自己沒有極限，至少站上紅土球場時沒有。

喬科維奇比納達爾年輕一歲，儘管就網球培訓時間來說差了他兩年。這年他以排名一百八十六結束賽季，自季初開始一路爬了幾乎五百個名次。九月，他開始與塞爾維亞前職業選手佩特科維奇合作。下個賽季佩特科維奇將指導喬科維奇，而喬科維奇的下個賽季也與納達爾的二〇〇三年相似，一面參加挑戰賽，一面參加大比賽。擺在他面前的是一項巨大挑戰，要適應頂尖網壇的高強度和耗損、持續更換大陸，還要面對世界一流選手的剽悍球技。然而，要說一直以來有什麼東西帶給喬科維奇動力，那非挑戰莫屬。

3-7

二〇〇五年：法網傳奇

納達爾的紅土賽季成績令人刮目相看，在聖保羅、阿卡普科、蒙地卡羅、巴塞隆納和羅馬奪下五座冠軍。眾人的目光全聚焦在他身上。

二〇〇五年賽季是真正的費納之爭的起點。兩人建立了兩強壟斷霸權，一直持續到二〇一一年，喬科維奇異軍突起，開始與他倆一同統治網壇，形成三強鼎立，而費德勒自二〇二〇年開始退位。這些年間，每逢週日午後，網球迷守在電視機前觀看他們其中一人比賽，許多時候是欣賞他們其中二人對決，在大師賽、大滿貫或其他比賽的決賽一決高下。二〇〇四年對納達爾就像是一封令人印象深刻的介紹信，他在頂尖網壇打完第一個完整賽季，表現強得不得了。二〇〇五年他更是威震四方，贏得他的第一座法網金盃收藏品，在短短六個月內ATP排名自五十一飛升至第二。他和費德勒共包辦了二十二座冠軍，一人各奪下十一座，在四大滿貫的其中三項封王，在九項大師賽的其中八項高舉金盃，只缺巴黎大師賽，因為他們根本沒參賽。柏蒂奇大概會感激他們一輩子。

有鑒於前一年賽季在沒有教練下取得的巨大成功，費德勒決定繼續不聘教練，或者至少不聘一位全職教練。然而，他倒是尋求澳洲教練東尼．羅契的幫助和建議。羅契是藍道和拉夫特的前教練。儘管他通常不與費德勒一起四處征戰比賽，仍隨時自他澳洲的僻靜住所替費德勒出謀畫策。在費德勒的想法中，這位前職業老將的第一手豐富經驗值得參考，在賽季的關鍵時刻也可以向他求援。

澳網上，費德勒、納達爾和喬科維奇無一不是薩芬和休伊的手下敗將，紛紛慘遭淘汰。薩芬和休伊特問鼎冠軍，最終由薩芬勝出封王。喬科維奇首次參加大滿貫，在第一輪比賽對薩芬就像是可以輕易擒獲的獵物，受到他生涯最大的重挫之一（六比〇、六比二和六比一）。反觀費德勒，他在四強賽逼得薩芬拿出真本事，頑強抵抗，兩人戰得你死我活，勢均力敵，打了一場經典對決（五比七、六比四、五比七、七比六和九比七）。薩芬現在有隆格倫提供的珍貴建議，為他向他的前東家復仇，打敗這位從二〇〇四年八月起就未輸過球的王者。決賽上，薩芬戰勝休伊特。休伊特是在十六強賽終結納達爾的劊子手，兩人打了一場猶如角鬥士對決的比賽，納達爾只在第五盤才趨於劣勢（七比五、三比六、一比六、七比六和六比二）。當時沒人發覺未來的三巨頭紛紛遭淘汰，之後隔了十九屆大滿貫後，才有一位不屬於三巨頭的選手拿下大滿貫冠軍。這份榮譽屬於戴波特羅，二〇〇九年的美網，他成功擋下費德勒，讓他無緣達成六連冠。費德勒的封王歷史就此多了一個缺口。之後，三巨頭延續優良傳統，又連續包辦十一項大滿貫冠軍，繼續擴大數據。自從納達爾首次出戰法網以來，三人共參加三十一項大滿貫，奪下其中二十九座冠軍。

澳網後，三巨頭紛紛踏上不同道路。費德勒走遍半個世界，全心專注於三個不同大陸的三項賽事上，也順利封王：鹿特丹、杜拜公開賽和印地安泉大師賽。納達爾選擇南美巡迴，在布宜諾斯艾利斯對陣高迪歐，吞下他生涯最大敗仗之一（〇比六、六比和六比一）。之後，他恢復球王狀態，拿下巴西和墨西哥公開賽。至於喬科維奇，他首次參加台維斯盃的區域組比賽，塞爾維亞與蒙特內哥羅隊在諾維薩德擊潰辛巴威隊（五比〇），因為辛巴威隊大部分選手甚至沒排進ATP排行榜。喬科維奇的教練佩特科維奇也是這年的隊長，讓年僅十七歲的喬科維奇以替補身分上場。下一輪對上比利時的淘汰賽就沒那麼順利，喬科維奇出戰的兩場比賽皆輸，使得塞爾維亞與蒙特內哥羅隊無緣晉級世界組的復活賽（三比二）。

費德勒和納達爾以巡航速度來到邁阿密大師賽，兩人首次在比斯坎灣的球場交手的一年後又再次對決，但這次是在決賽相遇。這是他倆的第一場決賽，是三巨頭時代的第一場決賽，是這個已持續逾十五年的獨特宿敵關係無盡對決清單的第一場決賽。當時排名三十九的納達爾再次率先搶下兩盤，將排名第一的王者費德勒逼入絕境，但這次是納達爾首次站上決賽舞台，比賽拖進第五盤，而費德勒扭轉比分，阻止他的這位年輕勁敵拿下第一座大師賽冠軍（二比六、六比七、七比六、六比三和六比一）。

但納達爾沒花多久便在大師賽封王了。兩週後，他在蒙地卡羅的雷尼爾三世球場擊敗阿根廷選手科里亞，這場決賽也是當時紅土球場最強的兩位選手的對決（六比三、六比一、〇比六和七比五）。這是納達爾在蒙地卡羅大師賽取得歷史性八連冠的開端，也是他在紅土球場大放異彩的起點。納達爾在巴塞隆納也順利奪冠，在羅馬大師賽再次與好鬥的科里亞在決賽相遇，拿下他的第二座大師賽金盃。這場戲劇性的決賽一直鏖戰至第五盤的驟死賽才分出勝負（六比四、三比六、六比三、四比六和七比六）。要不是由搶七局定勝負，他倆到今日大概仍在義大利競技場追著球跑吧。

納達爾打出的連續奪冠紀錄，使得他被大部分人視為法網奪冠大熱門，儘管他才十八歲，而且又是第一次參賽。這對從來沒有經驗的少年來說是無比沉重的負擔。決賽組匯聚了一眾強者，有不容置疑的排名第一球王，也有數位曾在法網奪冠過的選手，如三冠王庫爾頓、網壇傳奇阿格西、捍衛冠軍的高迪歐，以及莫亞和費雷羅等西班牙球王。但這也無妨。納達爾的紅土賽季成績令人刮目相看，在聖保羅、阿卡普科、蒙地卡羅、巴塞隆納和羅馬奪下五座冠軍。眾人的目光全聚焦在他身上。

和半年前在台維斯盃決賽一樣，納達爾展現超乎常人的成熟。賽前，他被問起對於自己身為奪冠熱門人選的看法，納達爾以平常心應對：「我才十八歲，怎麼會是奪冠熱門？五年後人們會怎麼說我？」的確，二〇一〇年大家都說他簡直就是外星人。喬科維奇這年也首次參加法網。甫成年的他排名一百五十三，沒把這個大舞台放在心上，以六比〇、六比〇和六比三痛宰排名七十一的美國選手吉內普里（Robby Ginepri），展現他的巨大決心。下一場比賽他對上科里亞，全然有機會勝出，但被迫退賽（四比六、六比二和三比二）。即便如此，喬科維奇對未來的感覺依舊好得簡直不能再好。這是他首次因為呼吸道問題而不得不退賽，這個毛病大幅影響他接下來幾年的表現。他最終解決了這個問題，一部分是透過手術——人生中第二次——對付鼻中隔彎曲的問題。

納達爾勢不可擋，沒有被壓力壓垮，幾乎不費吹灰之力突破數輪比賽，一路直闖進四強，再次遭遇費德勒。這是他在大滿貫的第一場戰役。菲利普・沙特里耶球場萬頭攢動，納達爾十九歲生日這天，他讓自己往後的大宿敵嘗到許多痛心敗仗的第一場（六比三、四比六、六比四和六比三）。兩人前三次對決，費德勒就敗北了兩次，他的信心開始產生小小裂痕。決賽上，納達爾雖然沒有發揮出最佳實力，但仍無比沉穩地應戰，擊敗阿根廷的普塔（六比七、六比三、六比一和七比五），自他崇拜的法國足球傳奇席丹（Zinédine Zidane）手中接過他十四座火槍手盃的第一座。納達爾旋風已席捲巴黎。比賽結束後，年輕的納達爾宣稱他感覺自己「腎上腺素飆升，可以一連跑個三天」。一九八九年，張德培擊敗藍道，驚豔全世界，加入羅斯威爾、柏格和韋蘭德名列其中的俱樂部。從此，除了納達爾，再也沒有其他選手在法網處女秀即成功封王。

此時納達爾的排名已來到世界第三。他參加了溫網，但不適應場地從紅土改為草地，在第二輪比賽敗給默默無名的穆勒（Gilles Müller）。數年後，穆勒又將重現此壯舉。喬科維奇首次站上全英俱樂部的球場比納達爾多撐了一輪。他以排名一百二十八的身分來到這裡，多虧了對戰加西亞－洛佩斯（Guillero García-López）和摩納哥（Juan Mónaco）拿下的勝利，離開溫網時他已躋身排名前百強，往上爬了三十四個名次（九十四）。與納達爾相反，對費德勒而言，回到位於教堂路上的這座球場是一種賜福；在哈雷也奪冠後，他在溫網連續第三年封王。一如既往，休伊特和羅迪克皆為他的手下敗將，分別再次於四強賽和決賽敗給了他。這兩場比賽簡直就像是費德勒的個人秀，他基本上就像是來溫網閒逛了一圈。人們時常將溫網形容成「費德勒的後花園」，而這個詞正是源自這屆比賽，不足為奇。就連最後一輪的大雨也未能讓費德勒分心，他替重砲手羅迪克上了一堂免費大師課（六比二、七比六和六比四）。就此，費德勒開創了一項可怕紀錄，在大滿貫連續打進決賽十次。參加了十九項錦標賽，其中十八項也都晉級決賽。唯獨納達爾攔得住他，沒讓他獨攬所有冠軍。除了他以外，沒人能與ATP不爭的王者匹敵。

這段時間，喬科維奇捨棄佩特科維奇的服務，開始與里卡多．皮亞蒂合作；皮亞蒂也是留比契奇的教練。這時的留比契奇是網壇最強的選手之一，開始成為排名前十強的常客。喬科維奇加入他們的訓練，這麼做對兩人都起到重大幫助，因為喬科維奇可以與更高水準的對手一起練球，而對留比契奇而言，有這樣一位陪練員也是難能可貴。兩人一起練球的這年也締結深厚友誼，現在留比契奇擔任費德勒的教練，喬科維奇仍與他保有良好關係。

溫網後，費德勒休息了兩個月才重返網壇。而已成他唯一勁敵的納達爾則利用這段時間，在瑞典、斯圖加特公開賽和加拿大大師賽拿下三座冠軍。在蒙特婁，納達爾再次證明他不只在紅土球場有兩把刷子，於決賽擊敗阿格西（六比三、四比六和六比二）。除了納達爾以外，阿格西是唯一能夠自詡曾在職業生涯達成金滿貫成就的選手（贏得四大滿貫冠軍和奧運金牌）。隔週，世界第一球王回歸賽場，在辛辛那提大師賽決賽再次戰勝羅迪克，打得對方絕望至極（六比三和七比五）。

納達爾和喬科維奇在美網的命運相同，在第三輪比賽分別敗給布雷克和沃達斯科（Fernando Verdasco）。反觀費德勒，他讓世人看見他何以站上頂點，征服了他的第六座大滿貫，追平他年少時的兩位偶像貝克和艾柏格的紀錄。對上阿格西的決賽又再次成為費德勒的精湛擊球大全，打得這位本土巨星毫無招架之力（六比三、二比六、七比六和六比一）。費德勒不只在奪冠這點上很有效率，他還展現可塑性，令全世界網球迷為之興奮。他是不爭的世界第一王者，打起球來猶如天使下凡。此外，他已克服他在專注力上的問題，有能力面對不友善的比賽環境，如人滿為患且一面倒支持阿格西的亞瑟．艾許球場。費德勒、納達爾和喬科維奇皆對阿格西虧欠許多，因為他身為搖滾巨星和廣告明星的形象，也提升了他們三位的形象價值。阿格西是逆流而上的運動員，他的傳記《公開》（*Open*）值得所有網球愛好者拜讀。

在另一本關於費德勒的有趣傳記中，雷恩．史道佛說這屆美網，費德勒認識了東尼．戈席克，讓他一躍成為媒體巨星的關鍵人物。兩人一開始即一拍即合，戈席克首先在IMS公司擔任費德勒的經紀人，之後獨立作業，最終兩人成為合夥人，組建Team8經紀公司，替其他世界體育名人代言，也是拉沃盃的主辦單位。戈席克出身紐約，妻子是前網球選手瑪麗．費南德茲（Mary Joe Fernández），時常可以見她與丈夫和米爾卡一起出現在費德勒的**包廂**。

賽季最後兩個月，費德勒有時間趕赴台維斯盃，拯救瑞士隊對上英國隊的比賽，還在泰國公開賽決賽擊敗莫瑞（六比三和七比四），抱走冠軍。這是他在決賽的第二十四連勝，若我們注意他在這項統計數據上與其他知名追逐者的距離，如拉沃（十九連勝）、比柏格（十五連勝）和納達爾（十四連勝），這項紀錄可謂是銀河系等級。儘管人們會如此以為，但終結費德勒這項不可能的決賽連勝紀錄的人，並不是納達爾。接下來，世界第一的費德勒沒有離開亞洲，下一站啟程上海，追尋他的年終賽三連冠。他在年終賽擊敗留比契奇，並戰勝阿根廷艦隊四人中的三位，納班迪安、科里亞和高迪歐。決賽他再次與「大衛王」納班迪安正面交鋒。在上海旗忠網球中心的精采決賽上，一切都已就緒，費德勒準備重現他在小組賽輕取排名十二的納班迪安的勝利。納達爾、休伊特和薩芬為傷勢所苦，無法參賽，而納班迪安則是傷後復出，在最後一刻擠進年終賽。他中斷假期，飛行逾二十四小時，終於趕上年終賽。然而，沒有任何跡象顯示他有本事擊敗網壇不爭的主宰。費德勒八十一勝三負的戰績，使這年成為他生涯歷史上最佳的賽季之一。

這場對決兩人不分軒輊。費德勒拿下前兩盤的搶七局，一切好似勝券在握。然而，納班迪安作出反應，他並沒有被擊垮，接下來的兩盤把費德勒打得潰不成軍。最後一盤又再度以搶七定勝負，但這次讓勝利的天平往自己傾倒的人是納班迪安（六比七、六比七、六比二、六比一和七比六）。就這樣，納班迪安拿下他職業生涯最精采的勝利，是網球史上最讓人跌破眼鏡的一次，終結瑞士球王的決賽二十四連勝的美妙紀錄。然而，無論如何，費德勒這年賽季的成績無比出彩，才不會因為一場敗仗就顯得黯然失色。

納達爾本要首次與眾網球大師同台較勁，在這之前他的經歷更糟糕。他在馬德里大師賽決賽戰勝留比契奇，賽後他開始感覺左腳劇烈疼痛，而且還痛得越來越厲害，迫使他首次放棄參加年終賽。他人可是都已經到上海練球備賽了，才做出這個決定，當著中國觀眾的面宣布棄賽的痛心決定。回到西班牙後，他收到他能夠想像到的最壞消息。針對他身體的問題，他諮詢的專家給不出一個解釋，有好一段時間害他恐懼自己將早早退役。世界重重地壓在他身上；他過得真的糟透了，想到自己的夢想真的可能會以最糟糕的方式化為泡影，害他流下許多淚水。他在人生中做出的犧牲何其多，就為了在網球上取得勝利，到頭來偏偏在取得榮耀的這一刻發生這種事。

最終，醫師查出納達爾的問題是左腳跗骨變形。他患有穆勒－魏斯氏症，一種源自幼年時期的先天退化性疾病，但直到成人時期才會有病徵。這個奇怪的病狀會造成足弓劇痛，有礙執行高強度的運動……更糟的是，並沒有外科手術能夠一勞永逸地解決這個問題，唯有休息能夠減輕痛苦。就算真的找到解決方法，納達爾整個職業生涯都必須習慣忍受疼痛打球。當時，根本無法想像他的職業生涯會延續到三十歲之後。

未見好消息到來，納達爾的焦慮逐漸增長。但他的父親塞巴斯蒂安並沒有放棄，持續努力為兒子的困境尋找出路。一個月後，馬德里一間診所才終於給出可能的解決方法。但無論如何，這個方法也是治標不治本，嚴格來說並不是醫學手段，因為他的舟狀骨問題將持續下去。解決方案是為納達爾量身打造鞋墊，如此一來，他們也必須調整他的球鞋結構。Nike接下這個任務。一直以來這家公司都支持著納達爾，納達爾也是他們旗下的大名人之一。

雖然納達爾排名第二，只排在費德勒之後，在他的記憶中，這幾個月是他運動生涯最糟的日子，症狀缺乏解決方法，完全沒辦法練球，令他絕望至極。一如他在自傳中坦言，他距離網球場是如此遙遠，甚至腦中還閃過改打職業高爾夫球的想法，趁自己還年輕，也對這項運動有天分。為了對抗這個問題，托尼最終說服他坐上椅子練球，至少這樣還可以保持手臂肌肉活動。最終，納達爾在隧道盡頭看見光明，二〇〇六年二月復出賽場大獲成功，雖然這道傷勢制約了他剩餘的體育生涯，不只強迫他強忍腳痛打球，也影響到他身體的其他部位，主要影響了膝蓋；他的膝蓋在他職業生涯的許多階段都令他受盡折磨，無數次迫使他退賽，許多賽季的關鍵時刻也強迫他花時間康復。

此時的喬科維奇仍是半個無名小卒，但他倒是快樂地結束這年賽季。他在他的第一年職業賽季末尾打進巴黎大師賽的第三輪，還擊敗世界前十強的普塔（六比三和七比六）。他以此結束對他而言偉大的一年。這年他成功首次在四大滿貫亮相，在其中三項都至少贏下幾場比賽，還成功戰勝法網現任亞軍選手，ATP名次上升來到七十八。喬科維奇繼續踏著堅毅的步伐闖蕩網壇。他的下一項挑戰是在他的第一個完整賽季打進世界前五十強。

3-8

二〇〇六年：費德勒霸權

令人印象深刻的二〇〇五年過後，二〇〇六年費德勒逗得全世界樂開懷，打出他生涯最佳的賽季……大展球技。他拿下九十二場勝利，將奪冠數的標準往上訂到十二座，身上無時無刻環繞著一股無敵霸氣，光是站在球場上就足以讓對手嚇破膽。雖然今日費德勒參加的比賽比從前少很多，但二〇〇六年仍是他歷史上贏得最多場比賽的賽季之一。此外，他成功打進四大滿貫決賽，公開化年代只有拉沃曾在一九六九年達成此壯舉，只不過那年這位澳洲傳奇球王包辦了所有冠軍。世界第一的王座就不必討論了，要不是因為納達爾，費德勒的極限大概會高出天際。納達爾已證明自己是全世界最強的紅土選手，捍衛了他的法網王冠。二〇〇五年末他為自己的職業生涯感到擔憂，如今強勢回歸賽場，成為主角。此外，他在溫網的表現出色，跌破眾人眼鏡，首次闖進決賽。喬科維奇的球技也大幅飛躍，這年他在四大滿貫的表現大幅改善，除了首次拿下兩項錦標賽冠軍，更在台維斯盃也證明自己是實力派選手。他與費德勒和納達爾的頭幾場對決也在這年發生，儘管他仍過於稚嫩，還不足以打敗他倆。

第二次參加澳網，喬科維奇再次於第一輪即慘遭淘汰，完全看不出澳網未來會成為他最喜愛的大滿貫賽事。反觀費德勒，他又打出出色的表現，連續拿下第三個大滿貫冠軍。決賽上他必須和

這是他在倫敦聖殿連續拿下的第四座冠軍，也是他的第48場單場比賽連勝，未嘗一敗，在歷史悠久的全英俱樂部中央球場上，沒有人的紀錄比他高。

本屆賽事的轟動人物對決，來自賽普勒斯的巴格達蒂斯（Marcos Baghdatis）。第一盤巴格達蒂斯打得費德勒措手不及，費德勒之後才做出反應，將比賽扳回正軌（五比七、七比五、六比〇和六比二）。這是費德勒的第七座大滿貫冠軍，此外，他的決賽勝率高達驚人的百分之百。每參加一項賽事，他身上那道無敵光環就顯得更加耀眼。

澳網結束後，喬科維奇在扎格雷布網球公開賽打出好成績，首次晉級他在巡迴賽的四強，但不敵一起練球的夥伴留比契奇，遭到淘汰。此時的留比契奇排名已是世界第五。不久後，費德勒將再次與納達爾正面對決，這次的舞台是杜拜。納達爾因傷缺席澳網，前一週於馬賽復出，打出令人刮目相看的良好水準，挺進四強。這次費納對決的舞台是硬地球場，費德勒才正要開始拿捏住納達爾，就被他擊敗（二比六、六比四和六比四）。納達爾回來了，這場勝利讓他相信自己可以找回最佳水準。對費德勒而言幸運的是，納德爾在印地安泉和邁阿密大師賽分別被布雷克和莫亞淘汰。費德勒沒有讓這個機會溜走，以高超球技稱霸這兩項賽事，再拿下兩座冠軍，繼續拉開他與納達爾在世界排行榜的距離。

在蒙地卡羅和羅馬，事情變得截然不同，納達爾稱霸紅土球場。在蒙地卡羅大師賽的第一輪，費德勒和喬科維奇首次相遇，這場對決中，喬科維奇成功自球王手中搶下一盤（六比三、二比六和六比三）。儘管當時費德勒還不曉得，但他的第二位勁敵出現了。喬科維奇這時只排名六十七，但讓世人看見他已做好準備，有能力面對一流強者。事實上，一直到決賽以前，喬科維奇是唯一有本事自費德勒手中搶下一盤的選手。決賽上，費德勒不願面對的少數選手之一正等待著他。根據托尼常在講座提及的小故事來看，他的愛徒才更應該恐懼這位大勁敵。據托尼所言，決賽前他和納達爾在更衣室聊天，納達爾請他做賽前分析，而他給出的答覆毫不拖泥帶水：「坦白說，我覺得很棘手。費德勒的抽球比你強，反拍比你強，截擊比你強得許多，發球根本無人能比。」納達爾驚愕不已，要托尼住嘴別再說了，指責他未免也太不會鼓舞士氣了。對此，托尼回應：「拉法，他什麼都比你強，但我清楚，若你做好你分內的事，若你把每一分當作最後一分去追逐，把每一分當作你的性命去追逐，你就能夠贏。」托尼此話不假。在這場雷尼爾三世球場的大比賽中，納達爾再次擊敗費德勒（六比二、六比七、六比三和七比六），重現前一年的勝利，更拉大了他和費德勒之間的對決勝負差距。

五月十四日，在羅馬宏偉的義大利廣場的費納決賽對決也被世人銘記。兩人被這個舞台的神祕氣息所感染，獻上一場史詩對決，戰得至死方休，施展網球神技鏖戰逾五小時，各自都拿出真本領，費德勒兩度握有冠軍點，但最終由納達爾拿下第五盤的搶七局。在世人的記憶中，這場比賽也是納達爾把費德勒打得發狂的第一場比賽。他使出他的知名戰術，用上旋球攻擊費德勒的反拍位。一直以來，這個打法都帶給他巨大利益。對費德勒而言，對上納達爾儼然已成噩夢，他找不到制衡左手擊球的公式，兩人對決的許多時候都以完全挫敗收場。

喬科維奇對自己的成績也不盡滿意。他的最佳表現是在邁阿密和漢堡大師賽雙雙止步第二輪。在羅馬慘遭淘汰後，他和父親決定終止與皮亞蒂合作，尋找可以全心全力加強他球技的教練。接受皮亞蒂訓練一年後，就這段時間的成績來看，顯然這段合作關係對喬科維奇有益，因為他可以與世界最強選手之一一起勤奮訓練，並獲得許多重要忠告。不久，瑟強選定了替補皮亞蒂的教練，可以說他選對人了。來自斯洛伐克的瓦伊達，先前合作過最出色的選手是庫切拉。瓦伊達立刻與喬科維奇取得聯絡，迄今仍是他輝煌出色的職業生涯的關鍵人物之一[9]。

喬科維奇在二〇〇六年初的台維斯盃區域組淘汰賽展現最佳水準。他在對陣以色列隊和英國隊的比賽拿下他的四場單打比賽。與英國隊的淘汰賽是他代表塞爾維亞與蒙特內哥羅隊的最後一場淘汰賽，因為一個月後蒙特內哥羅宣布獨立。他仍無法首次參加世界組比賽，仍須等待，但這一刻來臨時，他將只捍衛塞爾維亞的旗幟。與亡國的南斯拉夫無數人一樣，喬科維奇一生擁有過許多國籍。

年度第二項大滿貫於五月底開打。費德勒持續在法網展現他在蒙地卡羅和羅馬紅土球場發揮的高超球技，而且一路上也沒有遭運任何紅土好手，他也好好把握住機會。就這樣，第八次站上法網球場，費德勒首次成功打進週日的決賽。他真正的剋星正在那兒等著他。至於納達爾，他捍衛他的王冠，一路上沒碰到什麼大問題，直達決賽。第一輪比賽時，他還打破維拉斯（Guillermo Vilas）在二十九年間所保持的紅土球場連勝紀錄。維拉斯本人也坐在看台上，比賽結束時，他在法國網球協會的陪同下，頒獎盃給納達爾，紀念他打下的五十四場勝利。八強賽上，納達爾擊敗本屆法網風雲人物，首次躋身大滿貫第二週的喬科維奇。兩人是史上最常對決的對戰組合，這次是他倆第一次交手。面對奪冠大熱門納達爾固若金湯的球技，喬科維奇並沒有亂了陣腳，但丟失前兩盤後（六比四和六比四），他因為呼吸道問題被迫棄賽。儘管吞了敗仗，喬科維奇仍舊獲得兩百五十分積分，得以擠進世界前五十強。這場比賽是網球史上最常對決組合的序章。

六月十一日星期日的決賽被世人銘記，三巨頭中的兩位成員首次爭奪大滿貫的冠軍頭銜。眾所期盼的對決，網壇第一和第二的兩大天王的撞擊，滿滿都是爆點。費德勒的目標是首次湊齊四大滿貫冠軍，而納達爾則準備好捍衛他唯一的王冠。開局費德勒輾壓納達爾，以壓倒性的六比一拿下第

9 編按：兩人已於二〇二三年三月二日拆夥，結束合作關係。

一盤，展現出要讓納達爾吞敗的決心。然而，這只不過是海市蜃樓，納達爾施展他的上旋抽球，並往費德勒反拍打高吊球，重新壓制住費德勒。費德勒接下來連輸三盤，比數來到一比六、六比一、六比四和七比六，勝負揭曉。納達爾掩面跪倒在紅土球場上，慶祝拿下他的第二座法網冠軍。在往後的法網，此景將成為標誌性的畫面。

此時的費德勒是大滿貫七冠王，這是他第一次在決賽失利。這場敗仗對他是全新感受，但對其他凡人再平常不過。納達爾噩夢已在他腦中根深蒂固。納達爾取得他紅土第六十連勝。最近五次對決他都擊敗費德勒。費德勒只在溫網有機會勝過他，唯有溫網可以帶給這位落敗的球王一絲希望。頒獎典禮上，納達爾試圖安慰費德勒：「費德勒是史上最強的選手，我從沒看過有人像他如此全方位。」儘管年輕的法網冠軍的這番話十分真摯熱切，費德勒的「納達爾炎」已成事實。他只敗給納達爾……但總是敗給納達爾。對費德勒而言，最好的消息就是網壇總是給人平反的機會，而且這個機會將於兩週後到來。費德勒一絲不苟地重複他的傳統備賽——基本上就是參加哈雷賽，並拿下冠軍——準備以最佳狀態登陸溫網。

在全英俱樂部，喬科維奇重現他在巴黎的好表現，贏下三場比賽，其中包括與世界排名第八的羅布雷多的對決。他的旅程最終被草地好手安契奇終止。安契奇綽號「斯普利特重砲手」，非得耗費九牛二虎之力，才以五盤讓喬科維奇乖乖就範（六比四、四比六、四比六、七比五和六比三）。第四盤喬科維奇一度有機會獲勝，但由於經驗不足，未能終結這場比賽，無緣晉級八強，否則將遭遇費德勒。還需等待良久，才有機會見到他倆在溫網正面對決。

與預期相反，納達爾的晉級之路相當平穩，除了在第二輪比賽對上排名二百五十七的肯德里克（Robert Kendrick）時碰上一些意外的麻煩，此外他幾乎沒有對手可言，輕輕鬆鬆便打進他的首場溫網決賽。事情發展到這個地步，在紅土球場外比納達爾強的人，就只有費德勒了。納達爾的球技之高，溫網晉級之路本應是條布滿荊棘之路，卻變成像是在倫敦草地愜意地閒逛一圈。他臉不紅氣不喘，一盤未失，一路上排除了理論上有機會攔住他的層層阻礙，如韓曼、馬俞（Nicolas Mahut）、柏蒂奇、安契奇和比約克曼（Jonas Björkman）等一眾高手。距離上次交手還不到一個月，排名最強的兩位選手將第二次爭奪大滿貫王座。現在意圖捍衛冠軍頭銜的人是費德勒，而納達爾想成為法網－溫網雙冠王，譜寫傳奇。自從柏格後，就沒有人達成此壯舉。然而，現在費德勒主宰比賽，兩人在他的地盤對決，必須照他的規矩來。為了證明這一點，首先，費德勒先賞了他的死敵一顆**鴨蛋**。面對宿敵，毫不留情。然而，若說巡迴賽有哪位種子選手有過人之處，那這人正是納達爾，他並沒有被嚇唬住，第二盤初**破了**費德勒一局發球局，但費德勒成功穩住第二盤，在驟死戰拿下這盤的勝利。納達爾接下來搶下第三盤，縮短比分差距。整場巡迴賽沒有人從費德勒手中搶下一盤過，但決勝的第五盤，費德勒展現出他在溫網和草地的無上統治力，拿下勝利。這是他在倫敦聖殿連續拿下的第四座冠軍，也是他的第四十八場單場比賽連勝，未嘗一敗，在歷史悠久的全英俱樂部中央球場上，沒有人的紀錄比他高。

這場勝利令費德勒的士氣大振，找回季初被納達爾接連擊敗前的驚人水準。而且賽季剩餘的賽事他也接連拿下。他的高超球技令對手茫然失措，包辦了他參加的每一項錦標賽的冠軍，除了辛辛那提大師賽，莫瑞找到了止住這台不受控制奪冠機器的方法（七比五和六比四）。四處征戰的這五個月，費德勒將東京黃金國際賽、瑞士巴塞爾室內網賽、多倫多和馬德里大師賽、美網及上海年終賽的冠軍收入囊中。他可以說是單純在慣性作用下贏球了。同時，喬科維奇首次在荷蘭阿默斯福特挑戰賽嘗到勝利滋味。他與瓦伊達的連結開始有成果，在決賽以七比六和六比四戰勝智利的馬蘇，贏下他的首座ATP冠軍。他沒有時間慶祝，懷著滿滿的自信搭機來到克羅埃西亞。隔日，烏馬格公開賽即將開打。喬科維奇依舊發揮良好表現，在四強賽擊敗前世界第一的莫亞（六比一和七比五），再次擠進決賽。只是他常年的呼吸道問題阻止他連續高舉第二座金盃，對上瓦林卡的決賽他被迫退賽，計分板停留在第一盤，比數不分軒輊。與瓦林卡的這場決賽只是他走霉運的序章。

美網第三輪，完全不給喬科維奇一丁點機會的不是他的鼻中隔，而是休伊特（六比三、六比一和六比二）。儘管輸球，離開大蘋果時他的名次已逼近前二十強。至於納達爾，自溫網決賽後，他的壞感覺就揮之不去，沒有一項賽事成功突破八強。來到美網，他本將在紐約旅程再踏出另一步，但他敗給排名五十的尤茲尼（Mikhail Youzhny），就像是被澆了一桶冷水。對賽事主辦單位也是，他們期待見到納達爾和在巴黎和倫敦一樣，再次登上決賽。費德勒並沒有出差錯，成功第三度拿下溫網－美網雙料冠軍，而且生涯第二度在四大滿貫的其中三項封王。決賽上他再次攔下羅迪克，沒讓他如願拿下第二座大滿貫冠軍（六比二、四比六、七比五和六比一）；費德勒的實力拔群，他的對手們只能無奈，或者開心地接受比賽結果。加上這次，羅迪克已被網壇不爭的主宰奪去榮耀三次。賽後，他宣稱費德勒是「全世界最棒的運動員」。

甫奪冠的費德勒幾乎沒有時間稍作歇息，便披上瑞士隊的球衣，出戰台維斯盃世界組的復活賽，在日內瓦對上喬科維奇所屬的塞爾維亞隊。喬科維奇於第一日擊敗瓦林卡，但這也是他們隊伍唯一拿下的分數。第三日的關鍵對決他未能重現好成績，因為他仍年輕，還沒準備好在費德勒的老家面對正如日中天的他（六比三、六比二和六比三）。這場淘汰賽的記憶點是瓦林卡和喬科維奇比賽後所產生的重大爭議。喬科維奇多次要求醫療支援，終以五盤拿下他與瓦林卡的這場比賽。在戰勝喬科維奇的賽後記者會上，費德勒的話說得十分武斷：「我才不相信他受傷了。他開始說他受傷的時候，簡直像是在開玩笑。規則是拿來使用的，不是拿來濫用的。他這麼做了很多次，看見他因傷叫停，之後又看見他跑得跟兔子一樣，我不喜歡。我很高興自己打贏了他。」這番言論聽在喬科維奇家族的耳中很不是滋味；喬科維奇的父母，瑟強和迪亞娜，不只一次為此公開譴責費德勒。喬科維奇初入網壇的頭幾年，在許多選手的眼中他的形象並不討人喜歡，因為他們對他常年的身體問題抱有懷疑。其中一人便是費德勒，因此他倆起初的關係相當緊繃。隨著時間過去，關係逐漸變得正常，今日兩人對彼此懷有很深的敬意，但稱不上是朋友。

背負著近期的爭議，喬科維奇在法國摩澤爾網賽拿下他在網壇的第二座冠軍，替他這年賽季打上優秀的標籤。馬蘇、格羅尚（Sebastian Grosjean）和決賽的梅爾策（Jürgen Melzer）等強手紛紛敗給排名來到第十六位的喬科維奇。他一直到賽季末都穩坐這個名次。他自年度的第一梯隊往上爬了六十二個名次，首次奪下許多冠軍，與一流選手並駕齊驅。就他的第一個完整賽季而言，夫復何求呢。下個賽季他將封神，與世界一流選手平起平坐。與世界主要大人物並列令他感到愜意，他嘗過高舉金盃的滋味了，而且他很喜歡。他還想要更多、更多。他開始有喬科維奇的樣子了。

喬科維奇的這場勝利十分特別，一如在巴塞爾網賽首次奪冠，對費德勒而言也有著特殊意義。嘗試多年後，費德勒在決賽擊敗岡薩雷斯（六比三、六比二和七比六），終於在家鄉封神。他邀請球僮一起吃披薩，頒獎牌給他們，與一九九三年那年賽事史提希對他和他的同伴所做的一樣，如此慶祝勝利。如今，費德勒在巴塞爾網賽已封王十次，這個最終派對儼然成為一項傳統，孩子們盡情享受著。說不定他們會成為瑞士網球的明日之星。

這年，費德勒和納達爾的年度最後一項比賽是上海ATP年終總決賽。二〇〇五年因傷缺賽，這是納達爾首次登上年終賽的舞台。費德勒來勢洶洶，有意替他魔幻的一年錦上添花；為此，他必須收復前一年年終賽納班迪安從他手中奪走的王座。他一雪前恥，讓納班迪安成為他小組賽的諸多手下敗將之一，另外還有羅迪克和留比契奇。至於納達爾，一開始他輸給布雷克，但後來擊敗羅布雷多和達維登科（Nicolay Davydenko），成功晉級。眾所期待的費納對決提前發生，而費德勒保持一貫的瀟灑，擊敗挑戰者納達爾（六比四和七比五）。什麼都攔不住他收復大師王冠，更別提布雷克了。與布雷克交手的決賽，費德勒一共只丟失七局（六比〇、六比三和六比四）。瑞士球王連續第三年站在排行榜巔峰結束賽季，但納達爾厚積薄發，全神貫注等待屬於他的機會到來。

3-9

二〇〇七年・喬科維奇來襲

若費德勒在二〇〇六年的表現趨近完美，那麼接下來的賽季這位魔術師重現了戲法，在四大滿貫皆打出好成績。他已拿下澳網、溫網和美網冠軍，在巴黎再次來到榮耀的門前，又再次被納達爾攔住，無法跨越這道鴻溝。這時的納達爾開始大幅驚擾一向冷酷的費德勒。他不只證明自己在紅土無人能敵，更開始跟費德勒爭奪他在硬地和草地的地盤，逼他逼得越來越緊，最終甚至在溫網決賽將他逼入絕境。費德勒心中的納達爾症候群逐漸滋長，他第三年贏下三項大滿貫，唯一令他感到擔憂的人就是納達爾。然而，這年賽季費德勒開始有第二件煩心的事，正邁著巨大步伐逐漸成長。這件煩心的事正是喬科維奇。二〇〇七年，喬科維奇成為費納雙頭寡占股份有限公司的一大威脅。他闖入世界一流選手之間，強勢來襲已成定局。他拿下五座冠軍，其中包括兩座大師賽、首次在美網闖進大滿貫決賽，並在法網和溫網晉級四強。這年他才二十歲，球技驚人飛升，自排行榜第十六位一躍來到網壇第三把交椅的位置。對其他選手而言，與費德勒和納達爾處在同一時代已經夠悲催了，這會還多了個喬科維奇，他們準備痛苦到懷疑人生。

儘管三巨頭的時代正要開始，二〇〇七年初人們仍只討論費德勒與納達爾，討論兩人之間引起全球迴響的宿敵關係。他倆甚至在各類活動都會受邀出席，還在賽季中主演了史上最弔詭的比賽之

這年他才20歲，球技驚人飛升，自排行榜第16位一躍來到網壇第三把交椅的位置。

一。兩位網壇主宰面對的這場比賽命名為「場地之戰」，在馬約卡島的帕爾馬競技場舉辦，球場的一半為紅土，另一半是草地，非常奇特，包括持續更換球拍和球鞋。納達爾最終贏下這場超現實比賽（七比五、四比六和七比六），當地觀眾看得不亦樂乎，一輩子也忘不了這場表演。

這年賽季初，費德勒和前一年賽季結束時一樣，席捲網壇，高舉他的第三座澳網金盃，整場賽事一盤未失。十六強賽他順利送走喬科維奇（六比二、七比五和六比三）。喬科維奇剛拿下澳洲硬地錦標賽，他初嶄露頭角的奪冠戰績中的第三座冠軍。數週後，費德勒再次於杜拜網賽的八強擊敗喬科維奇，最終也不費吹灰之力拿下冠軍。前一年因傷缺席，二〇〇七年納達爾回到墨爾本，第三次參加澳網，並取得他的最佳成績，晉級八強，但遭岡薩雷斯碾壓（六比二、六比四和六比三）。這場對決，面對岡薩雷斯的狂暴正拍擊球，納達爾毫無招架之力，都怪他先前和莫瑞的對決鏖戰五盤才分出勝負，實在太疲憊了。綽號「石之手」的岡薩雷斯也是費德勒在決賽的對手，但事到如今，費德勒對上誰都無關緊要（七比六、六比四和六比四），只要這對手不是西班牙人，不來自馬約卡島就好。這是瑞士球王的第十座大滿貫冠軍。這年他二十五歲，已視為史上最強的網球運動員之一。

從這刻起，風向轉變了。美國巡迴中，費德勒跌破眾人眼鏡，在印地安泉和邁阿密皆敗給卡尼亞斯。此外，這兩項大師賽也是納達爾與喬科維奇的美妙競爭關係的起點，雖然兩人之前已經交手過了，但現在是為了冠軍頭銜而爭鬥。印地安泉大師賽的決賽是喬科維奇在九項頂尖錦標賽的第一場決賽，但納達爾並沒有被仍是「黑馬」的喬科維奇嚇唬住（六比二和七比五）。這是納達爾首次在印地安泉封王，他最喜愛的賽事之一，億萬富豪艾利森（Larry Ellison）名下的財產。艾利森每年比賽也都會在自家接待納達爾。邁阿密發生的事則相反，喬科維奇首次以世界前十強的身分上場比賽，首次成功戰勝納達爾（六比三和六比四）。這是他截至目前為止最精采的勝利，令他士氣大振，之後在四強賽完全輾壓好友莫瑞（六比一和六比〇），決賽更重潰送走費德勒的劊子手卡尼亞斯（六比三、六比二和六比四）。喬科維奇與大師賽的戀曲就此展開，至今仍未完結。

法網之前的紅土賽季特別有意思。喬科維奇在葡萄牙愛斯多尼網賽贏下他的年度第二座金盃，但之後參加的幾項大師賽，他被西班牙無敵艦隊攔了下來，在蒙地卡羅敗給費雷爾，在羅馬敗給納達爾，在漢堡也不敵莫亞。每當進入紅土賽季，納達爾再次顯得無人能敵，包辦蒙地卡羅、巴塞隆納和羅馬冠軍，三項賽事總共只丟失一盤。在摩納哥公國，費德勒再次於決賽鎩羽而歸。這時他的「納達爾炎」看似最為嚴重，加上納達爾超過兩年多在紅土球場百戰百勝（他最後一次被擊敗是二〇〇五年四月在瓦倫西亞對陣安德烈夫〔Igor Andreev〕），然而，費德勒再次證明可不能以為他已經回天乏術了。納達爾在紅土的八十一連勝紀錄無人能及，不管什麼場地類型，這個數字都是史上最佳連勝場次紀錄，唯有像費德勒這種神級選手有機會斬斷。費德勒在最鍾愛的漢堡大師賽，淘汰了兩位法網冠軍和一位曾問鼎法網金盃的強手，三人均來自西班牙，分別是費雷羅、費雷爾和莫亞，接著才和納達爾算帳。決賽局勢極其艱辛，他不只扭轉劣勢，最後兩盤甚至還痛宰納達爾，連續拿下十局，一鼓作氣結束比賽（二比六、六比二和六比〇）。從來沒有人對上納達爾還能逆轉勝。雖然並非有意為之，費德勒的絕佳表現反倒幫了他的大宿敵一把，替他消除了法網之前積累的許多壓力。記者成天問納達爾他的連勝時代何時會走到終點，令他不堪其擾。

漢堡賽後納達爾如釋重負。來到布洛涅森林後，他重振旗鼓，接連收拾掉休伊特、莫亞和喬科維奇，連續第三年挺進決賽。喬科維奇證明自己的實力大有進步，把握住仁慈的籤表分組，順利闖進四強，但納達爾讓他認清誰才是巴黎的老大（七比五、六比四和六比二）。費德勒再次證明他在紅土球場也很有一套；賽季中途與東尼・羅契結束合作關係後，他聘雇台維斯盃瑞士隊長塞韋林・路奇擔任他的教練，之後球技似乎更上層樓。這是這段大獲成功的合作關係的起點，路奇很快成為費德勒團隊的關鍵成員。但他無法避免他的子弟兵連續第三年碰上一道無法逾越的高牆，阻擋他在法網封王，阻擋他完成湊齊四大滿貫的挑戰。漢堡一戰後，費德勒自信滿滿。歷經兩盤勢均力敵的對戰，納達爾在紅土球場的穩固扎實球技勝出，拿下他在巴黎的第三頂王冠（六比三、四比六、六比三和六比四）。下一個目標是追上柏格的法網四連冠紀錄。

數週後，費德勒在溫網迎接更大挑戰，意圖追平瑞典大神柏格於一九七六至一九八〇年間拿下的五連冠紀錄。這次，他必須卯足全力。若費德勒在紅土變得越來越強，那麼他的死對頭在草地同樣也是。第四次參加溫網，納達爾展現他適應環境的能力，歷經輝煌的紅土賽季，他在倫敦戰場艱辛地突破數輪比賽。與尤兹尼及索德林對決的兩場比賽甚至拖到第五盤。四強賽他再次對上喬科維奇。此時的喬科維奇也已經累積了數小時的比賽時數，後果浮現了，他的後背疼痛，左腳起了數顆水泡，不得不退賽（三比六、六比一和四比一）。儘管不是滋味，隔週週一喬科維奇已登上世界第三。這是他由地球人變成外星人之前的最佳成績。

一天前，兩位剛在巴黎菲利普・沙特里耶球場擔任主角的世界最強選手再次於倫敦中央球場的決賽爭奪冠軍。前一年的歷史重演。和當時一樣，勝利拱手換人，兩人依舊在各自最愛的場地稱王。但有件事改變了。在這場精采絕倫的比賽，納達爾將溫布頓先生逼到極限，兩人鏖戰至決勝盤，費德勒才拿下勝利（七比六、四比六、七比六、二比六和六比二）。賽後，費德勒終於能如釋重負地呼吸，他甚至哭了出來，釋放積累已久的壓力。想當然耳，因為他追平柏格創下的紀錄，也躲過再次成為納達爾手下敗將的結局。這回受到打擊的是納達爾，他雖然向自己和網壇證明他有能力擊敗最強之人，在溫網封王，仍對錯失機會感到無比惋惜。他在傳記解釋了這一點：「我被他徹底擊潰了。我曉得自己可以打得更好……我在更衣室哭了半小時，邊淋浴邊哭，止不住眼淚，責備自我的淚水……我白白浪費一個機會，我在精神上動搖了，無故偏離我為這場比賽制定的計畫。」

一如二〇〇六年，溫網之於費德勒有如魔藥，他幾乎戰無不勝，一路贏球到賽季末。羅傑爵士唯獨在蒙地卡羅和馬德里大師賽被他職業生涯最難纏的兩位敵手擊敗，喬科維奇與納班迪安。納班迪安在年度最後一項錦標賽，巴黎大師賽的第二輪再次狠狠教訓了費德勒一番。溫網後的美國巡迴，費德勒就在蒙特婁碰上銳不可擋的喬科維奇。喬科維奇打出自貝克一九九四年後便無人達成的壯舉。他完成了一項轟動的錦標賽，在八強賽擊敗世界第三的羅迪克後，在四強和決賽也成功戰勝排名第一和第二的王者。無需特別介紹這兩人是誰。喬科維奇與費德勒交手五次，這是他第一次獲勝（七比六、二比六和七比六）。因此，當時名次下降一位、來到第四的他賽後宣稱這天是他職業生涯最棒的一天，也不足為奇。落敗的費德勒摒棄前嫌，預言喬科維奇的未來可期：「若他繼續保持下去，可以在大滿貫大有所為，因為他已經兩次打進四強。這項錦標賽可能會是他職業生涯的轉捩點。」確實如此。從這天起，幾乎整整兩年，喬科維奇都沒讓出第三名的位置。

下一項的辛辛那提大師賽，喬科維奇樂極生悲，和納達爾相同，處女秀便落敗。費德勒就不一樣了，他一雪前恥，盡可能將先前的不悅拋諸腦後，贏下每場比賽，以最佳狀態登陸年度最後一項大滿貫。鏡頭轉到紐約，納達爾意外敗給同胞費雷爾，讓人沒機會看到他在四強對決喬科維奇。但費雷爾並無法阻擋第二場費喬決賽上演。費德勒與喬科維奇多次交手，這還是頭一回在大滿貫相遇，也是年僅二十的喬科維奇的大滿貫決賽處女秀。反之，對費德勒而言，這是他的連續第十場大滿貫決賽，這是另個境界的紀錄，要知道，史上第二好的紀錄是喬科維奇的連續六場大滿貫決賽，第三名則是納達爾的連續五場。冠軍爭奪戰上，費德勒證明他「就是最優秀」，一如傳奇女歌手蒂娜．透娜在歌曲中唱道。這場對決雙方勢均力敵，無論是在球技或比數上都是，關鍵時刻球王費德勒的冷靜決定了勝負。這點他的年輕對手仍有待努力。比賽結束後（七比六、七比六和六比四），喬科維奇給出的解釋比任何人都好：「費德勒在精神上比我強大。長時間來回對球後，你若看他一眼，會發現他好似根本不會累。他根本就是一座冰山。」「冰人」成為第一位連續四年在溫網和美網皆封王的選手，若這還不夠厲害，他在澳網也是三冠王。事到如今，費德勒已收穫十二座大滿貫冠軍，很難不將他視為史上最強，雖然他還差兩座大滿貫才可以追平山普拉斯的紀錄就是了。

兩週後，兩位在溫網決賽交手的選手趕赴台維斯盃，目標帶領各自國家隊進軍世界組，爭奪二〇〇八年的總冠軍。幾家歡樂幾家愁，這次苦不堪言的人是費德勒。他在對抗捷克共和國的淘汰賽中拿下他的兩場單打比賽，但他的隊伍又未能再多拿下一分，無緣晉級世界組。反之，喬科維奇在自家主場對上澳洲隊的比賽體驗到魔幻氛圍。在貝爾格萊德競技場，他立了大功，帶領塞爾維亞隊首次晉級世界組，他贏下他的兩場單打比賽，雙打比賽與前隊長齊莫尼奇（Nenad Zimonjic）搭檔，也取得勝利。

賽季隨著年終賽結束前，有位傑出選手在年度最後兩項大師賽成為主角，證明自己在職業生涯取得的成就遠低於他高超的球技。納班迪安不只高舉馬德里和巴黎大師賽金盃，在馬德里還超越喬科維奇在蒙特婁創下的壯舉，過關斬將，接連擊敗三巨頭的三位成員。納班迪安整週都展現王者風範，最強三人組皆無法阻擋他在球場一支獨秀。一週後，巴黎，納班迪安再次擊敗納達爾，這次是在決賽，害納達爾無緣拿下他耀眼戰績中缺少的三項大師賽的其中一項。

現在，少了納班迪安這個威脅，喬科維奇首次登上上海ATP年終賽。他由於經驗不足，加倍付出代價，對上費雷爾、賈斯凱和納達爾的三場比賽皆輸，就連一盤也沒拿下，計分板上掛蛋，但這年對他已經夠棒了，他的目光已經盯上網壇最強的兩位選手，夫復何求呢。費德勒倒是對他的賽季繼續索求，再度交出漂亮成績單，在中國拿下他的第四個大師頭銜，距離藍道和山普拉斯的年終賽五冠紀錄只差一冠。他連續第四年傲視群雄，而且連續第三年，距離他最近的人是納達爾……越來越近。二〇〇七年ATP排行榜的最終照片留存在歷史中，因為日後稱為三巨頭的三位選手首度於年終在名次台上各占一席。直到二〇一一年，這個畫面又重複上演四次，儘管三位主角多次更換位置。綜觀三人漫長的宿敵關係，他們八次以排名前三名之姿結束賽季，完全制霸網壇，其他選手鮮少有機會享受榮耀。而且沒有人為此憎恨他們。

3-10 二〇〇八年：納達爾改變歷史

ＡＴＰ的太陽王專制統治四年後，二〇〇八年費德勒遭納達爾逐下王座。這年是三巨頭歷史的第一個轉折點，而下個轉折點是二〇一一年，喬科維奇徹底爆發那年。首先，因為三人的對峙很大程度上取決於大滿貫的場地類型，風水輪流轉，而納達爾的統治力已跨足紅土之外，征服當時他難以攻克的溫網草地。這讓他在汲汲營營四年後，終於攀上世界排名第一。費德勒已經永遠不再孤身統治網壇了。再者，二〇〇七年嶄露頭角後，喬科維奇證明他已準備好與兩位最強王者平等戰鬥。二〇〇八年賽季初，他首次在澳網封王，賽季末更加冕為ＡＴＰ大師。他仍得等到二〇一一年，才可以達到他的兩位對手水準，但已證明他有能力辦到。最後，二〇〇八年對三巨頭的宿敵關係具有象徵意義：三人首次包辦四大滿貫冠軍，隨著時間經過，我們對此早已司空見慣。

納達爾的二〇〇八年是他生涯最完整的賽季之一，因為他不僅在法網和溫網封王，還拿下三座大師賽冠軍、北京奧運男單金牌以及台維斯盃總冠軍。世界排名第一的寶座怎麼會從他手中溜走呢。至於費德勒，他一貫的冠軍豐收大幅縮水：他在二〇〇四和二〇〇五年皆收穫十一座冠軍，二〇〇六年更豪取十二座冠軍，二〇〇八年卻縮減為三分之一（四座冠軍），與喬科維奇的奪冠數一樣。世代交替已經找上門來了，而且新生代選手已準備好破門而入。

納達爾想為他在溫網敗給費德勒的兩場決賽報一箭之仇。此外，只要再奪冠一次，他便確定能夠首次登上世界第一王位。

來到澳網，喬科維奇驗證了他在美網留下的巨大迴響，征服了他的首座大滿貫金盃。未來，他將拿下二十二座大滿貫冠軍。年僅二十歲的他整場賽事的表現幾近完美無瑕，只輸掉一盤，而且還是在決賽上丟的，輸給本屆賽事的另一位風雲人物松加（四比六、六比四、六比三和七比六）。松加在四強賽淘汰納達爾（六比二、六比三和六比二），而納達爾在這之前則手刃對方的三位法國同胞。喬科維奇在四強賽對決費德勒時，他甚至不算碰上什麼真正的危險，報了之前在墨爾本和紐約被他淘汰的仇（七比五、六比三和七比六）。這個炙熱的一月二十七日，高舉諾曼・布魯克斯盃時，無比年輕的喬科維奇尚不曉得澳網將成為他職業生涯的地盤。

松加將比賽最後一顆球打出界外時，喬科維奇後仰倒地，同時迪亞娜緊緊擁抱瑟強，瑟強正嘗試喘過氣來，做出憤怒的手勢。為了見到兒子的美夢成真，他們受盡多少痛苦，只有他們自己知道。馬可和喬傑發了瘋似地上跳下跳，慶祝他們崇拜的大哥創下的壯舉。一切在這一刻都有意義了；喬科維奇坐著、一臉狐疑地望著他們，無法相信自己剛剛達成何等成就。頒獎典禮上，主辦單位介紹喬科維奇為首位在大滿貫封王的塞爾維亞人，以及繼庫瑞爾之後、在墨爾本公園奪冠的最年輕選手（二十歲）。甫封王的喬科維奇做的第一件事是感謝家人一生都在背後支持他。他的爸媽弟弟依照年齡大小依次排排坐，每個人都身穿白球衣，上頭分別印有黑色的大大字母「N－O－L－E」，流露出無比感動的表情，不想自這場美夢中醒來。若羅德・拉沃競技場的頒獎典禮已經夠特別了，那麼在貝爾格勒舉辦的接待會只能用瘋狂來形容，成千上萬人等待著他，準備慶祝這項塞爾維亞體育史上的巨大成就；塞爾維亞體壇渴求這股喜悅已久。很難想像如果伊凡諾維琪在女單決賽擊敗莎拉波娃，會發生什麼事。短短幾個月後，伊凡諾維琪在法網辦到了，讓塞爾維亞網球之年更加圓滿。塞爾維亞的黃金世代選手開始勾勒出輝煌未來的輪廓。

這次勝利後，喬科維奇打斷費德勒和納達爾創下的大滿貫十一連冠紀錄，搖身成為問鼎網壇巔峰的候選人，儘管他又花了三年才達到他倆的境界。此外，喬科維奇在排行榜只落後納達爾八百一十五分，而納達爾，無論如何，已在澳網拿出他的最佳表現。首次參戰台維斯盃世界組敗給俄羅斯隊後（他又退賽了），喬科維奇在印地安泉四強賽擊敗納達爾（六比三和六比二），更進一步縮減了兩人間本就不多的差距。從這一刻起，進入飛航模式的人成了納達爾，但是是超音速戰機，以對手不可能企及的速度衝刺。唯一在年終最後一哩路阻礙他的是他的傷勢，不幸的是，受傷在他的職業生涯已是家常便飯。隔週，納達爾勇闖邁阿密大師賽決賽，但不敵達維登科（六比四和六比二）。在邁阿密，接近美國航空暨太空總署（NASA）在卡納維爾角的火箭發射基地，火箭納達爾二〇〇八號升空，幾乎連續贏下蒙地卡羅、巴塞隆納、漢堡、法網、女王草地網賽、溫網和多倫多，唯獨在羅馬暫時停止尾流噴射。

紅土賽季，費德勒在紅土敗給納達爾一貫戲碼又再次上演。納達爾在蒙地卡羅和漢堡的決賽又雙雙戰勝費德勒。漢堡對費德勒極其珍貴，他也在四強賽戰勝喬科維奇。這場比賽，喬科維奇再次因為呼吸衰竭而退賽，而且對手偏偏是最不相信他的身體健康有問題的人（六比三和三比二）。將這起事件拋諸腦後，且身體機能恢復百分之百後，喬科維奇把握納達爾在羅馬的唯一一次失利，並於決賽擊敗頑強抵抗的瓦林卡（四比六、六比三和六比三），贏下他的第一座紅土大師賽冠軍。職業生涯一開始，喬科維奇便展現強大的靈活多樣性，在各種場地都曾封王過。

費德勒一再敗給納達爾，令他心中的挫敗感逐漸滋長，他無能為力，找不到對付納達爾球風的解方。前一年結束與東尼．羅契的合作關係後，費德勒雇用專攻紅土的知名教練，仰賴他的服務。這人是來自西班牙的荷西．伊格拉斯，從前曾在法網戰勝庫瑞爾和張德培等好手，唯一目標是與他的新老闆一起再現輝煌。儘管這個全新雙人組合有個好的開始，順利拿下愛斯多尼網賽，但費德勒在蒙地卡羅、漢堡，特別是法網，都成為納達爾的手下敗將，導致他與來自格拉納達的伊格拉斯短暫合作關係走向盡頭。

火槍手盃是費德勒二〇〇八年的最主要目標。他渴望加入有本事湊齊四大滿貫的菁英俱樂部，年復一年，這機會都被納達爾在巴黎奪去。然而，費德勒的自信心不足，球場最不適合他的球風，偏偏又是他的死敵最擅長的場地類型，在在都形成了一股自卑情節，又拖累了他。雖然他在法網的表現令人懷疑，面對排名非常低的選手丟失了好幾盤，但仍成功連續第三年闖進菲利普．沙特里耶球場的決賽。納達爾連續第二年在四強淘汰喬科維奇（六比四、六比二和七比六），這年法網他的表現最好，一盤未失，一場比賽只輸了三局。面對費德勒，他占盡上風……而且他也證明了這點。納達爾以海嘯般的強烈攻勢摧殘費德勒，僅以一小時又四十八分鐘便把他打得一敗塗地，比數六比一、六比三和六比〇，載入史冊。就這樣，納達爾打出他史上最佳表現，追平比柏格的紀錄，成為唯一在法網連續四年封王的選手。此外，自二〇〇五年首次來到布洛涅森林以來，他未曾一敗。事到如今，費德勒開始懷疑自己是否到底有能力達成他的雙重目標，因為要納達爾在法網失手，看似非常困難。

戰場改至他鍾愛的場地類型後，費德勒期待找回失去的自信。他有將近六年從未在大教堂輸過球，前一週在哈雷奪冠，讓他再次感受到正能量。問題在於納達爾一週前也難得在女王草地網賽封王。歷經二〇〇六和二〇〇七年的決賽後，他在草地的表現變得更加穩固，並在女王草地網賽證明了這點，擊敗卡洛維奇（Ivo Karlovic）、羅迪克和喬科維奇等強手。

年度第三項大滿貫開跑，三巨頭各自懷著不同的動機齊聚一堂，夢想奪下這座過去幾年只屬於一個主人的冠軍獎盃。費德勒渴望超越柏格的五連冠紀錄，一盤未失重返決賽，展現精巧球技，加上他在草地的六十五場連勝紀錄，在在皆令他成為不爭的奪冠大熱門。喬科維奇則被迫快快離開這場無比特別的比賽，遭薩芬擊敗，止步第二輪。納達爾也不打算放棄他孩提時代的夢想。許多人依舊熱切地只在他身上貼上紅土強者的標籤，但他連續第三年證明能夠在草地自認比他強的人，就只有費德勒。

七月六日星期日的決賽具備天時地利人和，注定要成為一場精采絕倫的比賽。然而，在全英俱樂部聖殿發生的事超越眾人的預期，成為一場載入史冊的戰役，值得紀念，是溫網長達一百三十一年的歷史中耗時最長的一場對決[10]。費德勒和納達爾展現的球技之高超，這場決賽隨即被各路專家拱上天，稱其為史上最精采的比賽。他倆皆背負沉重壓力趕赴這場對決。費德勒需要獲勝，才可以追上前述的紀錄，才不會自他蟬聯四年的第一寶座退位。至於納達爾，他想為他在溫網敗給費德勒的兩場決賽報一箭之仇，尤其是前一年的溫網決賽，因為緊張的情緒擺了他一道。此外，只要再奪冠一次，他便確定能夠首次登上世界第一的王位。

天空飄著毛毛細雨，看似就要害這場萬眾矚目的決賽泡湯。最終，對決推遲了逾三十分鐘才開打。兩人從第一分就拿出真本事，正面對決，納達爾主宰來回抽球，而費德勒多虧了他絕妙的發球，也屹立在場上。納達爾無比果敢，拿下前兩盤（六比四和六比四），距離達成他兒時夢想十分接近。第三盤，費德勒找回他的最佳水準，以五比四暫時領先。此時，大家擔憂的烏雲傾瀉雨水，對決被迫中斷半小時。比賽重新開始後，費德勒拿下搶七局，結束第三盤，第四盤也一樣，他的對手兩度握有冠軍點，最終放過他一馬。比賽越來越令人激動，若老天允許的話，將在第五盤分出勝負……而且無須進入驟死賽。兩人很難控制住緊張的心情，夜色逐漸籠罩中央球場，加大了看台觀眾席和球場上的緊繃感。無比戲劇性的決勝盤一觸即發。

納達爾忘卻自己送給對手的兩份大禮，展現他那超乎常人的強大意志，面對這位史上最強的草地選手並沒有崩潰，每每揮拍都依舊展現出自信。而費德勒這邊，他依舊將他大部分命運寄託在那高進球率的發球上，但就是破不了納達爾的發球局。比數來到二比二，雨勢再次打斷這場無價的表演，兩位選手返回更衣室。比賽一共暫停了八十分鐘，期間在更衣室發生的事也稱得上是網球的活歷史。納達爾也在傳記中娓娓道來。英國聖殿的傳說更衣室空間比一般更衣室來得小，而兩位選手有時間與各自的團隊交換對比賽的看法。托尼與物理治療師馬伊莫一起趕了過來，意圖給姪子下達最後幾道戰術指示，而且納達爾之前白白浪費了幾個機會，兩人本以為他會喪失鬥志，也打算為他加油打氣。令他倆意外的是，納達爾對贏球信心滿滿，跟伯父說這場比賽他絕不會輸。費德勒必須跨過他這道難關。

比賽重新開始後，納達爾展現出強大的決心，將比分拉到五比二領先。然而，他的老毛病又犯了，距離榮耀最近的時候，總是害怕贏球。他又再次白白浪費了結束比賽的機會，讓費德勒重振旗鼓，接連拿下好幾分。現場氣氛異常緊繃，天色已暗，這場對決似乎可能會被推延。球場上幾乎昏暗無光，第十五局，納達爾再次破了費德勒的發球局。這足以讓他拿下冠軍嗎？不管這局發生了什麼事，這局都是這天的最後一局，因為已經幾乎看不見球了。法國主審馬利亞（Pascal Maria）宣布這日的比賽告一個段落。不是納達爾拿下勝利，就是隔日再戰。納達爾又握有冠軍點，而費德勒的擊球打在網子上。納達爾倒臥在倫敦的草地上，哭得像個孩子似的，那個曾經夢想贏下溫網的孩

10 編按：此紀錄後來於二〇一〇年，遭伊斯內擊敗馬俞的耗時十一小時又五分、跨三日的比賽所打破。

子。時間是晚間九點十六分，全英俱樂部的現場觀眾為兩位選手獻上如雷掌聲。他倆主演了史上最史詩級的網球戰役，展現無比高超的球技，鏖戰四小時又四十九分才分出勝負，比數最終停在六比四、六比四、六比七、六比七和九比七。國王已死，新王萬歲。

納達爾慶祝勝利的方式已是這段網球集體記憶的一部分。他爬上中央球場的看台，擁抱他的家人，之後走向西班牙王室所在的露台，與他們致意。這讓人回想起一九八七年澳洲選手凱許（Pat Cash）擊敗藍道後的慶祝方式。想當然耳，因為納達爾終於征服他最渴望的冠軍頭銜，而且還是從最強的選手手中贏下。費德勒的「納達爾炎」惡化到無法控制的地步。「又是這傢伙。」費德勒此刻心中八成是這麼想的。於此同時，成千上百盞閃光燈照亮大教堂，但現場漆黑一片，再怎麼拍都不盡人意。

眾多傳奇選手，如馬克安諾，皆不假遲疑地表示這場決賽是史上最棒比賽，甚至許多體育記者納悶若放到其他運動項目，這場決賽會不會也是史上最棒比賽。對大部分人而言，單就網球來說，這場對決甚至比一九八〇年的馬克安諾－柏格之戰還精采，更勝日後二〇一九年的費德勒－喬科維奇對決，舞台同樣也是溫網決賽。在紀錄片《天才之擊》中，馬克安諾毫不懷疑地表示這場比賽最精采，並以非常意味深長的方式定義這場戲劇性比賽的兩位主角：「羅傑是歷史上最優雅的選手，而拉法是我在網球領域見過最厲害的鬥士……我跟康諾斯對決不下三十次，我曉得與每一分都好似把性命賭上的孩子比賽是什麼感覺。非常鼓舞人心，但也令人心生畏懼，他有一種能夠讓你心緒紊亂的能量。」在這部紀錄片中，費德勒指出他的問題是「一個月前在法網決賽以最糟糕的方式敗給拉法」。毋庸置疑，納達爾複製他在巴黎紅土的模式，開始在溫網打下勝利的地基。在九屆溫網女單冠軍娜拉提洛娃看來，「羅傑感覺納達爾在草地打得越來越好，每年都距離他越來越近。他曉得基於這個理由，他必須提升自己的球技，而這也讓他備感壓力」。

納達爾在自傳的許多段落分享他拿下最心心念念的冠軍頭銜後的感受：「二〇〇八年對決費德勒的那場決賽是我人生的一場大比賽……我從前夢想在溫網打球，托尼告訴我溫網是最重大的錦標賽，在我心中灌輸了這個想法……二〇〇六年的那場敗仗沒有那麼難熬，但二〇〇七年的五盤大戰失利，瓦解了我的意志……二〇〇八年的那場比賽是我人生最緊繃的幾個小時，終於獲勝時我簡直開心得不得了。期盼了三年，終於要登上世界第一的位置。我止不住淚水。那是我職業生涯最偉大的一刻嗎？歷史、期待、壓力、比賽因雨中斷、伸手不見五指的賽場、世界排名第一與世界排名第二拿出真本事較勁、費德勒的逆轉，以及我對他的頑強抵抗，算上種種這一切……是。」

這個比賽結果對費德勒極具毀滅性。奧運後，他仍保持排名第一，但無能為力，也無法阻止這一刻到來，無法阻止王冠落入他的大宿敵手中。儘管費德勒吞敗，但也是時候對他令人驚嘆的運動生涯，以及最近五年達成的成就給予承認。這五年是一段獨一無二的階段。顯然，這對費德勒起不了安慰作用，他在美國巡迴抬不起頭，印地安泉的第一輪便慘遭淘汰，在辛辛那提則是第二輪打包回家。至於溫網新任冠軍球王的處境則是完全相反，他並沒有減緩衝勁，在印地安泉打到四強，在邁阿密拿下亞軍，在辛辛那提打到四強。

有鑒於三人這年的旅程與精神狀態，北京奧運發生的事便不足為奇，雖然奧運對三人永生難忘，各自也取得最佳成績。此時的納達爾已登基成為世界第一球王（雖然官方正式上還不是），盡情享受美妙的奧運體驗，二〇〇四年雅典他未能完全參與，他衷心渴望能夠站上奧運舞台。他在書中提及在奧運選手村那段時間「無比快樂」，與一群最謙遜的運動選手朝夕相處後，他意識到身為頂尖網球員的他們有多麼幸運。

奧運男子單打項目延續網壇的生態，有如脫韁野馬般的納達爾、專注在任何勝利可能性上的喬科維奇，以及意志低迷的費德勒。他被布雷克擊敗（六比四和七比六），止步八強，第三度無緣站上頒獎台。所幸，費德勒在北京有瓦林卡的協助，兩人強強聯手，他將心中的恐懼和挫折拋諸腦後，贏下男雙金牌。兩人一起打了一場出色的比賽，在四強賽淘汰史上最強的雙人組合，美國的布萊恩兄弟檔（Bob Bryant & Mike Bryant），決賽對上約翰森和阿斯博林的瑞典雙人組更一氣呵成，拿下勝利（六比三、六比四、六比七和六比三）。納達爾和喬科維奇在四強賽再次相遇，勝利的天平再次傾向納達爾這邊，這場對決的關鍵時刻他的表現比較好，而對手喬科維奇在決勝盤面對他的抽球毫無招架之力（六比四、一比六和六比四）。喬科維奇淚流滿面，之後他與終結費德勒的布雷克對決勝出（六比三和七比六），拿下銅牌，才感到一絲安慰。如今，喬科維奇顯然是凡人中的佼佼者。

登上排名第一前夕，納達爾擊敗固若磐石的二〇〇四年雅典奧運男單銅牌與男雙金牌得主岡薩雷斯，正式成為時下最強的選手。他苦戰三盤，最終比賽結果令他狂喜不已（六比三、七比六和六比三）。這年如夢似幻，夫復何求。他登上體壇諸神棲息的奧林帕斯山。翌日，一早醒來時，他意識到自己是奧運冠軍……更是世界排名第一。他的雙手已摸得著天際。

摘金一週後，納達爾首次以網壇主宰之姿登陸年度最後一項大滿貫。然而在紐約，費德勒並不打算撒手放掉他最後的資產，畢竟在墨爾本和倫敦他已遭喬科維奇和納達爾洗劫一空。他的目標是美網五連冠，公開賽年代尚未有人達到此成就。他已逐至次要地位，但他並不習慣，準備再次開戰。三人在法拉盛草地公園直闖四強；納達爾與莫瑞打了一場四盤大戰，不敵落敗，而喬科維奇對戰費德勒的結局也一樣。決賽幾乎沒什麼爆點，費德勒狠狠教訓了莫瑞一番，替他上了一堂課。莫

▲ 費德勒與納達爾，2007年溫網決賽的賽前擲硬幣選邊儀式上，展現出截然迥異的穿衣風格。

▲ 費德勒與納達爾，2008年溫網史詩決賽大戰後，捧著獎盃站在黑暗中合影。

▲ 喬科維奇的家人慶祝他在2008年澳網贏得第一座大滿貫冠軍。

▲ 喬科維奇、費德勒與納達爾，2010年澳網某次練球。

▲ 納達爾與喬科維奇，2012年澳網頒獎典禮，賽後的兩人精疲力竭。

▲ 喬科維奇，2015年溫網決賽獲勝後，抓球場的草來吃，慶祝勝利。

▲ 2017年澳網決賽，睽違六年的費納對決，歷經五盤大戰由費德勒勝出。費德勒在頒獎典禮上感性致辭願與納達爾共享桂冠。

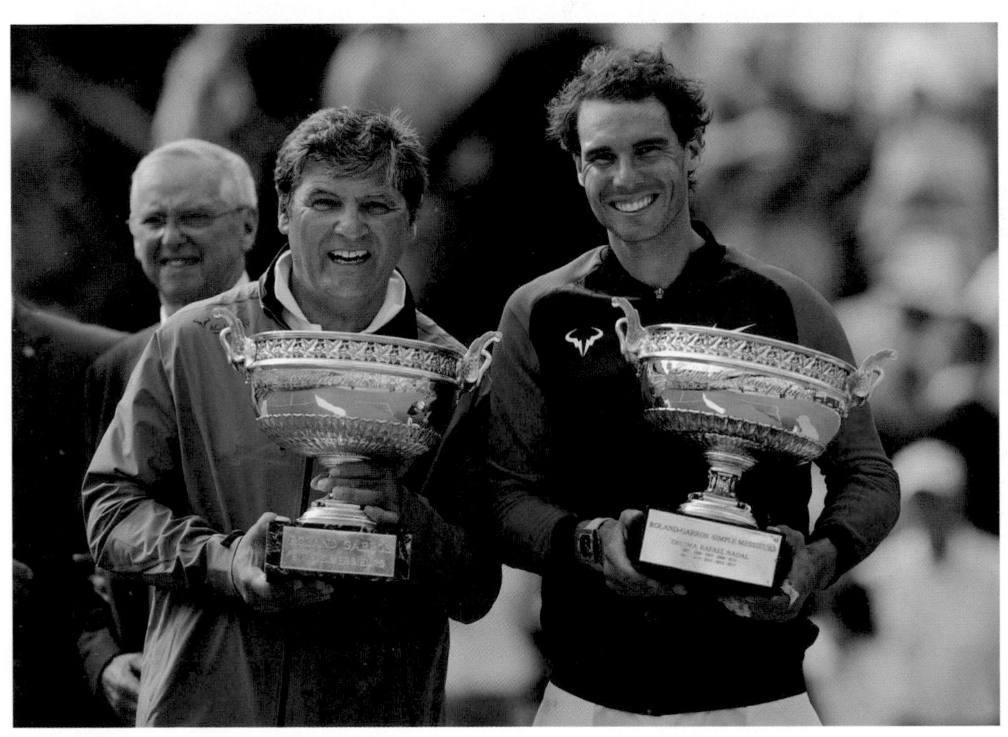

▲ 托尼與納達爾，2017年法網捧著冠軍盃合影。

▲ 費德勒與納達爾，2017年拉沃盃歐洲隊獲勝後，兩人相擁。

▲ 費德勒贏得2018年澳網冠軍，是他第20座也是最後一座大滿貫冠軍。

▲ 費德勒與喬科維奇，2018年拉沃盃搭檔雙打比賽。

▲ 費德勒與喬科維奇，2019年溫網決賽五盤大戰，費德勒錯失兩個冠軍點而將勝利拱手讓人。

▲ 2021年美網決賽落敗後，喬科維奇落淚。

▲ 納達爾接連於2022年澳網和法網收穫他的第21和22座大滿貫冠軍，與喬科維奇暫時並列最多。

▲ 喬科維奇2023年澳網如願獲得他的第十座澳網冠軍，也是第22座大滿貫冠軍，追平納達爾。

▲ 2022年9月在倫敦舉辦的拉沃盃，不僅湊齊四巨頭代表歐洲隊出賽，費德勒也再次與納達爾搭檔雙打，並於賽後舉行退休儀式。

瑞在這些美網決賽的戰場可謂菜鳥，只能乖乖做寶貴的筆記（六比二、七比五和六比二）。費德勒一氣呵成，追平康諾斯和山普拉斯五冠王紀錄，更在四大滿貫的其中兩項奪冠次數稱王。此外，他一共拿下十三座大滿貫冠軍，距離追平山普拉斯的絕對紀錄只差一冠。費德勒可還不只有這點能耐呢。

美網的重大爭議發生在羅迪克與喬科維奇八強對決上。賽前記者會上，羅迪克被問到關於對手傷勢的看法，他侃侃而談，說對手的那些所謂「身體毛病」可能又要犯了：「後背或髖部受傷。不然就是抽筋。不然就得了禽流感、炭疽病、SARS……」此番言論在喬科維奇耳中聽來很不是滋味。後來他大敗羅迪克，站在球場上、站在麥克風前回應他：「我很高興在這座城市、在安迪最愛的錦標賽戰勝他。」儘管這時還無人知曉，二〇一三年羅迪克在福斯體育的一場電視座談會上暗示兩人間的緊張逐漸放大，恰好之後又冤家路窄：「有一次我和一位選手在更衣室幹了一架。我不會說出他的名字，我只會說這人的名字和『施諾瓦克·施莫科維奇』（Schmovak Schmokovic）押韻。他直接衝著我來，我把他壓在置物櫃上，但之後我意識到他的防護員比唐納文（美式足球聯盟的四分衛，也受邀上這節目）還大隻。我評估了一下情勢，因為我的防護員身高才一百七十多公分，體重大概六十來公斤，所以就算了。」最終，緊張的關係就到此為止，事發五年後世人才知曉這起打架事件。

奧運使得網球賽程超載。納達爾幾乎沒有休息，又出戰台維斯盃對上美國隊的四強賽。這場淘汰賽在馬德里的拉斯班塔斯鬥牛場舉行，納達爾拿下他的兩場單打比賽，為隊伍貢獻兩分，帶領西班牙隊晉級決賽。決賽舞台在阿根廷馬德普拉塔，他們的對手是納班迪安和戴波特羅領軍的阿根廷隊，實力堅強。眾所期盼的最終戰的兩週前，壞消息傳來了。在一場萬頭鑽動的記者會上，納達爾被迫宣布賽季剩餘的賽事他都將缺席，由於再次受傷，他與二〇〇五年一樣，也無緣參加ATP年終賽。所幸，他的隊友驍勇善戰，在阿根廷人安排的困獸之鬥中拿下勝利，他也能在缺席的情況下多添上一座台維斯盃冠軍。

二〇〇八年是納達爾進入職業網壇以來成績最好的一年，但他又再次錯過年終賽。少了他來攪局，費德勒成了奪冠大熱門，有望第五度封王。然而，他在年終賽的旅程有如一道忠實的倒影，照映出他充滿坎坷起伏的賽季。他戰勝斯泰潘內克，但敗給西蒙和莫瑞。分組陣容對費德勒非常容易攻克，但他首次在小組賽就慘遭淘汰出局。反觀喬科維奇，他的奪冠之路通暢無阻，他也沒有放過這個大好機會，順利贏下年終賽頭銜，為他戰績輝煌的賽季錦上添花。從此，他的名字前都將加上「大師」二字。

標記出網球史的「之前」與「之後」的一年就這樣結束了。這年有數場傳說般的比賽，以及許多極具戲劇性的時刻，被球迷永遠銘記。這年是三巨頭三重對峙的起點，三人無論是球技、統治力或者職業生涯壽命都無與倫比。三強鼎立，從此三位霸主將成為這項美妙運動悠久歷史中最精采篇章的主角。

3-11

二〇〇九年：史上最強

無論是在場上或場外，這年都充滿大喜大悲，而這些富含意義的經驗讓三人變得強上加強。

西班牙新聞工作者雷拉紐（Alfredo Relaño）常在他的文章中提及一個「連通器」理論，並將其應用在體育界上。根據這個理論，在競爭激烈的宿敵關係中，其中一位對手的成就與失敗，對於其對手的表現，有著同比例的相反效果。他在《阿斯報》（*el Diario AS*）的一篇專欄中援引這個理論，解釋水火不容的宿敵之間的悲喜循環，如皇家馬德里和巴塞隆納足球俱樂部：「皇馬和巴薩就像是連通器，一隊崛起，另一隊殞落，反之亦然。兩隊很難同時順風順水，也很難同時坎坷崎嶇。為什麼呢？是出於什麼樣的機緣巧合，以致兩隊的週期恰恰相反呢？並不盡然是巧合。其中一隊更勝一籌、宣布進入快樂的週期時，另一隊則緊張起來，碰上的小問題會變得巨大，害他的表現更糟；而一帆風順的那隊，看見萬年宿敵苦不堪言、幾近崩潰的地步，反倒開始大贏特贏。」

納達爾和費德勒就是ATP版的皇馬與巴薩，尤其是在喬科維奇尚未達到頂峰的那個時代。發表於二〇〇八年十一月二十二日的這篇報導就算是晚幾個月刊登、意指二〇〇九年的網壇賽季，也說得過去，因為這年賽季詭異之餘，也極具戲劇性，令人興奮，許多篇章已不單單是關於網球，影響了網壇最強三人，特別是影響了當時兩大霸主。如今，兩人的職業生涯已有著千絲萬縷的關係，其中一人的任何成功或失敗都將即刻影響另一人的成績。

儘管失去世界第一的王座，費德勒在二〇〇八年美網拿下勝利後，心中懷著兩個非常清楚的目標，迎戰二〇〇九年。一是超越山普拉斯的十四座大滿貫冠軍紀錄，二是贏下法網、湊齊四大滿貫冠軍。這並不簡單，尤其是第二個目標，若納達爾沒出什麼意外的話。對納達爾而言，他的目標是坐穩世界第一，並在他尚未奪冠的大滿貫澳網和美網中的其中一項奪冠，擴展他的戰績。至於捲入這場爭鬥的第三人、新科大師喬科維奇並沒有為自己的進程設限。三人皆懷著極高的期待，展開充滿成功與挫折的賽季。無論是在場上或場外，這年都充滿大喜大悲，而這些富含意義的經驗讓三人變得強上加強。

南半球的夏天捎來年度第一項大滿貫。喬科維奇在澳網捍衛他唯一的一頂王冠。澳網的舉辦地維多利亞州高溫難耐，喬科維奇深受其害，成了最知名的受害者。由於中暑的關係，他在八強賽的比賽途中退賽，而且好死不死這場對手還是羅迪克（六比七、六比四、六比二和二比一）。繼二〇〇五和二〇〇六年法網和二〇〇七年溫網後，這是喬科維奇第四次於大滿貫被迫退賽。更何況這幾次退賽不僅加深了他的網壇同儕對他的懷疑，就連許多球迷和記者也起了疑心。雖然喬科維奇身邊的人總有一套說辭，先說他有鼻中隔彎曲問題，後又說他有麩質不耐症，但事實上，許多人根本不對這套解釋買單。這些毛病顯然影響著他的表現，但有些意見則指出年輕的喬科維奇沒有能力吃苦，認為他只要眼見沒有機會贏球，便會退賽。人們懷疑起他的正派，若拿他的這點與費德勒或納達爾相比，打從職業生涯初起，這點就害他失去許多人的支持。所幸，這些情況已不再發生，喬科維奇的人氣不斷提升，雖然從來沒有像他的兩位大宿敵如此受球迷歡迎。

上屆冠軍已自比賽出局，費德勒的澳網奪冠之路排除了些阻礙，他的籤表分組無比困難，有薩芬、柏蒂奇、戴波特羅和羅迪克，但他氣勢如虹，力克群雄，順利晉級決賽。羅迪克可能是費德勒現象的最大受害者。唯獨柏蒂奇讓費德勒遭遇困難，現在他只差臨門一腳，便能收復諾曼・布魯克斯盃，並追平史上最強的山普拉斯的大滿貫冠軍數。決賽他將面對納達爾或沃達斯科的其中一位。四強賽納達爾和沃達斯科的同胞相殘之戰，這場戰役值得紀念，兩人無論在肉體或靈魂都卯足全力，鏖戰至第五盤，費時五小時又十四分鐘才終於分出勝負（六比七、六比四、七比六、六比七和六比四）。納達爾首次在墨爾本闖進決賽，感到無比喜悅，但他的喜悅用不了多久便轉變為擔憂。他與好友沃達斯科打了澳網史上耗時最長的一場比賽[11]，為了瓦解對方意志，他自己也使出渾身解數，不曉得能否及時恢復體能。納達爾在其傳記中坦言，這場戲劇性的對決之緊繃，最後幾分他是含著淚打完的，若不是沃達斯科雙發失誤，這場比賽還不知會拖到何時。

來到決賽。七個月前，費德勒才剛在溫網吞敗，無緣征服他的六連冠，也無法繼續坐在世界第一的王座上。當時，四大滿貫仍是費德勒的專屬地盤，唯獨納達爾斗膽將法網據為己有。納達爾在全英俱樂部拿下勝利後，網球的歷史就此改寫。而二〇〇九年二月一日，墨爾本公園，再度驗證ATP網壇已走入新的時代。再次歷經五小時的史詩級大戰後，納達爾在精采絕倫的五盤大戰中勝出（七比五、三比六、七比六、三比六和六比二），征服澳網。已經沒有人能說納達爾只有紅土厲害了，他可是已在英國草地和澳洲硬地上擊敗瑞士球王。公開賽年代，只有阿格西成功在三種不同場地的大滿貫都封王。

頒獎典禮展現費德勒內心的折磨。他在演說中崩潰了，一萬五千名觀眾擠滿羅德・拉沃球場，聽見他們的歡呼聲和掌聲，費德勒終於忍不住落淚。「天啊，我快受不了了。」他以沙啞的嗓音擠

11 編按：後來澳網史上最長比賽由納達爾和喬科維奇於二〇一二年費時五小時又五十三分鐘的決賽所締造。

出這句話。沒有人能夠安慰他，就連他的大勁敵也束手無策。阻攔費德勒追平山普拉斯後，納達爾讚揚費德勒是「史上最強的網球選手」。納達爾是費德勒心中最大的噩夢，兩人七度在大滿貫決賽交手，他就被納達爾擊敗了五次。而且，現在他在各種場地都敗給納達爾。此外，費德勒一共打過十八場大滿貫決賽，這五場敗仗也是他少數失利的幾次。若不是因為納達爾，費德勒在體壇歷史上的形象可能空前絕後，無與倫比。

這場決賽宛如對網球的頌歌，沒人能夠解釋納達爾在打完對決沃達斯科的四強賽苦戰後，是如何恢復體力的。他的團隊由馬伊莫和弗卡德斯帶領，碰上最困難的考驗，試著讓這位早已精疲力竭的選手恢復體力。阿格西在他的回憶錄說過，他的許多大比賽都是扛著疼痛的身軀起床後在「淋浴間」開始贏下的，這麼說的話，這年的澳網，納達爾就是在馬伊莫和弗卡德斯悉心照料下贏球的。比賽開始沒幾分鐘，仍看不出納達爾有力氣承受與他最大勁敵的這場比賽。托尼的一番話，加上納達爾獨一無二的強韌心智，完成了他的兩位治療師的工作，讓他帶著一貫的精力和決心跳上球場。托尼教練多次提到說他當時對納達爾說了些什麼鼓勵的話。這番話有著托尼獨特的風格：「你可能以後都不會碰上這種大好機會，可能以後都沒機會贏下澳網了。別自欺欺人了，你可不只有這點能耐。在戰場上，人們總可以化不可能為可能。若現在有個狙擊手正把槍口對著你，你就會拔腿狂奔、死也不會停下腳步。」

這場比賽後，「連通器」理論再次應驗，風水輪流轉，兩位選手的命運有了一百八十度的轉變，開啟了新的一年，對納達爾猶如噩夢，而對費德勒則是十分魔幻。納達爾在自傳提到，在回程的班機上，他的父親告訴他他準備離婚。對納達爾這種把家庭放在他的宇宙中心的人，這個消息令他崩潰，在他如日中天的時候給了他一記重擊。無獨有偶，幾個月後他的膝蓋又受傷了；這兩件事接連襲來，令他陷入挫折與無力的漩渦中，害他首次在法網吞敗。而在這之後，同樣的傷勢也迫使他放棄捍衛他在溫網的冠軍頭銜。費德勒的情況恰恰相反，正處於職業生涯最艱困時刻的他與米爾卡結為連理，找到了他在個人生活的動力，兩人正等待他們的第一對女兒降臨人世。四月十一日，他們在巴塞爾舉辦婚禮，但一如兩人在私生活領域的一貫風格，婚慶宴會極其低調。這件喜事賦予費德勒他所需的動力，此外，他的死敵正處於艱難時刻，也讓他驅散了陳年陰影，一鼓作氣達成他無與倫比的職業生涯所欠缺的兩大目標。

納達爾在從澳洲返國途中聽見的那則消息傷透了他的心，但並沒有立即影響他在球場上的表現，反倒恰恰相反，他取得好的開始。台維斯盃的第一場淘汰賽上，納達爾送走了喬科維奇的塞爾維亞隊（他在兩人的那場對決以六比四、六比四和六比一大勝），之後陸續征服了印地安泉、蒙地卡羅、巴塞隆納和羅馬等大師賽。成為職業選手以來，這是他最好的賽季開始，看似一帆風順。他的下個目標應該是贏得他的法網五連冠，打破柏格的紀錄。反觀費德勒，這年來到布洛涅森林前只拿下一冠。然而，這點真是恰到好處，法網開打前一週，他在馬德里大師賽的紅土球場擊敗納達爾（六比四和六比四），拿下冠軍。此外，蒙地卡羅大師賽前他與米爾卡新婚，從那之後，他的成績便逐漸提升，最終於西班牙首都一戰取得勝利。

至於喬科維奇，這年賽季有些令他失望。儘管他展現高超球技，在邁阿密、蒙地卡羅和羅馬都止步於奪冠門外，只能屈就於杜拜和塞爾維亞等次級賽事的冠軍，儘管後者在家鄉比賽，且被同胞簇擁，有著特殊意義。這是ATP巡迴賽的第一屆塞爾維亞網球公開賽，不過辦得不算成功，二〇一二年後便停辦，直到二〇二一年才重啟。上述這些成績使得喬科維奇排名下降至第四位，他必須捍衛二〇〇八年打下的四強賽，因此參加法網時也是扛著沉重的壓力。這年法網第一件令人跌破眼鏡的事，就是喬科維奇在第三輪敗給科爾施賴伯（Philipp Kohlschreiber，六比四、六比四和六比四），慘遭淘汰。

然而，下一輪比賽發生了這年、甚至法網史上最勁爆的事件。目標為奪下連續第五座火槍手盃、在法網三十一場比賽戰無不勝的納達爾，竟然被索德林擊敗。這場比賽十分弔詭，納達爾的身體有問題，而法國觀眾一面倒地替索德林加油打氣。這場對決越來越讓人意外，看台上觀眾慢慢興奮了起來，最終全倒向索德林，高聲呼喊「羅賓、羅賓」。納達爾對此百思不得其解，他都已在此封王四次了，觀眾居然沒辦法至少保持中立：「觀眾每次都在高呼我對手的名字，每次離開時我聽到都會背了。這裡的觀眾從來對我都不是很客氣，實在遺憾。」法國觀眾會有這種態度，並不是因為他們崇拜索德林，而是因為過去十六屆賽事中，西班牙選手搶走了九座冠軍。他們無疑想看見新面孔。他們不曉得的是，納達爾將復仇，在往後十二屆賽事中的十屆稱霸全場，而他們將會被他的球技和人格魅力所深深吸引。今日的情況完全與他早年不一樣；現在的納達爾在法國首都受人愛戴和尊重。

無可否認，索德林打了一場他人生的代表比賽，以出色的發球為他高超球技打底，正拍擊球威力驚人，上網截擊精準。然而，作為從未突破過大滿貫第三輪的選手，他很難在紅土戰勝體能狀態正處於巔峰的納達爾，更何況一個月前在羅馬對上納達爾，納達爾可是以壓倒性的六比一和六比〇拿下勝利。儘管膝蓋的傷勢無法說明他為何輸了這場比賽，但這些問題拖累了他，不得不放棄捍衛他在溫網的王冠。

這則出乎意料的消息，加上喬科維奇已淘汰出局，令費德勒士氣大振。澳網決賽後，他的狀態跌落谷底。他在這場比賽上崩潰了，士氣被納達爾消磨殆盡。現在，法網的主人兼主宰已遭淘汰，令費德勒感到一絲希望，眼前就是高舉首座火槍手盃、終於湊齊四大滿貫的大好機會。起初，費德勒震驚到無法消化這個消息，他感受的壓力之大，隔天對上哈斯的比賽甚至丟失前兩盤，害自己身陷艱難處境，幾乎要錯失大好機會並慘遭淘汰，才終於拿出真本事，逆轉這場比賽（六比七、五比七、六比四，六比〇和六比二）。這場比賽是個轉捩點，讓他相信自己能夠贏下法網，儘管四強賽才是最困難的考驗。戴波特羅再次讓身懷六甲的米爾卡陷入危險，因為這場對決不適合心臟不夠大顆的人觀看，費德勒再次被逼入絕境，苦戰到第五盤才結束這場比賽（三比六、七比六、二比六、六比一和六比四）。

晉級決賽後，費德勒距離追平當前史上最強的山普拉斯只差臨門一腳。他的對手為索德林；索德林多次表示費德勒從沒打電話跟他致謝過，從沒謝謝他替他淘汰了納達爾。這個星期日是費德勒在為期兩週的法網賽事中最嚴肅的一場比賽，而他也沒有謝謝索德林。他氣定神閒，速戰速決了斷他的對手（六比一、七比六和六比四）。獲勝後他跪倒在紅土球場上，放聲哭泣，緊張得用雙手捂面，哭得花容失色，同時轉向對手致意。他從來沒有像這樣感到如釋重負過。頒獎典禮上，費德勒的眼淚又再次奪眶而出，瑞士國歌響起的同時，他哭得滿臉都是淚水。他止不住淚水，八成也不打算止住淚水，這從來都不是他的風格。阿格西站在他身旁，在他耳邊竊竊私語。唯有像阿格西這樣的人才明白在這種時候的感受為何。這天午後，費德勒終於拿下讓他執迷不悟的冠軍頭銜，讓屬於他的傳奇更加偉大。他成功把握納達爾留下的唯一一次空檔，在職業生涯湊齊四大滿貫，在網球聖殿加入佩里（Fred Perry）、巴吉、拉沃、愛默生和阿格西等神話級選手的行列。

費德勒無比喜悅，而他的勁敵納達爾則因髕骨肌腱炎，被迫放棄捍衛他在溫網的冠軍頭銜；先前在法網，髕骨肌腱炎已害他無法發揮最佳實力。費德勒的比賽之路再次暢通無阻，這次他選擇好好休息，消化激動的心情和在巴黎經歷的緊繃比賽，因此選擇不參加哈雷網賽。喬科維奇倒是出戰了，但在決賽敗給哈斯（六比三、六比七和六比一）。在全英俱樂部，費德勒在十六強賽對決索德林，但他並沒有被嚇著，觀眾也沒有替他的對手加油打氣。數日後，哈斯再次於八強賽擊敗喬科維奇，並將冠軍頭銜拱手獻給費德勒。與在法國發生的事一樣，費德勒並不感到感激，在四強賽無情淘汰哈斯，在週日決賽迎戰來自北美的老相識。

就在沒有任何比賽能與前一年史詩決賽的感動相比擬時，費德勒和羅迪克為大教堂獻上另一場精采無比的冠軍戰，兩人在第五盤鏖戰至第三十局才終於分出勝負（五比七、七比六、七比六、三比六和十六比十四）。很難想像有更好的舞台加冕費德勒成為不爭的史上最強選手（至少是當下的史上最強）。他拿下十五座大滿貫冠軍，超越山普拉斯征服的大滿貫金盃數量。山普拉斯也在看台上替他的繼位者鼓掌祝賀。羅迪克在演說中簡短地對山普拉斯說了一句：「皮特，對不起。」至於費德勒，他嘗試安慰他的對手：「別擔心，安迪，納達爾也對我做過同樣的事。」瑞士球王的這番話不無道理，雖然他忘了一個小細節：羅迪克跟他不一樣，這件事發生時，羅迪克手上並沒有五座溫網冠軍。在倫敦草地第六次封王後，費德勒不僅收復了他在倫敦的王冠，歷經了對他無比艱困的一年後，也奪回了他在ATP巡迴賽的王座。這是他職業生涯最喜悅的時刻，人生如此，夫復何求？可以，費德勒就是索求無度。兩週後，在美國巡迴前他完全暫停活動，期間米爾卡在蘇黎世產下一對雙胞胎女兒，米拉．蘿斯和夏琳．黎瓦，讓費德勒成為人父。這天是二〇〇九年七月二十四日。費德勒快樂得不得了。一切是如此完美，人生掌握在他手中。

八月，狂熱的網球活動回來了，因髕骨肌腱炎而坐了兩個半月冷板凳的納達爾也回來了。在蒙特婁大師賽，納達爾被長時間缺賽拖累，在第三輪比賽成了戴波特羅的輕鬆獵物。下一輪比賽，費德勒和喬科維奇雙雙落敗，分別敗給松加和羅迪克。在辛辛那提大師賽，事情恢復正常，四強賽喬科維奇輕鬆淘汰打不出節奏的納達爾（六比一和六比四），但決賽不敵費德勒（六比一和七比五），費德勒重新替機器上油，準備迎戰美網。

三巨頭在大蘋果合體，再次闖進四強賽，還多了戴波特羅這位特別嘉賓，特別到他最終在亞瑟・艾許球場抱走勝利。這是史上第一次，也是最後一次費德勒、納達爾和喬科維奇三人皆晉級四強卻沒人抱走冠軍。四強賽對決中，費德勒再次擊敗喬科維奇（七比六、七比五和七比五），而戴波特羅則連續拿下三盤六比二，輾壓納達爾。費德勒第三度在同一年賽季成功闖進四大滿貫決賽；到這時候，只有拉沃達成此成就……這麼說是對費德勒極高的讚譽。冠軍戰，費德勒和戴波特羅打了電光石火般的五盤大戰，感動了本就激昂且喧鬧的紐約觀眾，戴波特羅靠著威力驚人的正拍重擊拿下勝利（三比六、七比六、四比六、七比六和六比二）。他拿下他的生涯首座大滿貫冠軍，一舉成為網壇**優等生**，此外，他還阻止費德勒在紐約贏下六連冠。若費德勒奪冠的話，就打破與康諾斯和山普拉斯的平手紀錄。此外，戴波特羅還阻止三巨頭拿下連續第十九座大滿貫冠軍（費德勒十一座、納達爾六座、喬科維奇一座），但這只不過是海市蜃樓罷了。二〇一〇年，事情將回歸原本樣貌，我們已經說過二〇〇九年是奇怪的一年。

賽季的最後衝刺，納達爾依舊無法發揮他的最佳水準，最好的成績是打進上海大師賽決賽。喬科維奇則火力全開，準備奪回世界第三的位置。多虧了他在中國、瑞士和巴黎大師賽等勝利，他也成功辦到了。這年的ATP年終賽比賽地點由上海移師至倫敦。年終賽上，納達爾打了他表現最差的比賽，對上索德林（又是他）、達維登科和喬科維奇的三場比賽皆以輸球收場。這年是屬於索德林的一年，他在小組賽也擊敗喬科維奇，替這年更添光彩，與達維登科一同晉級四強。四強賽上，達維登科實現政變，也淘汰了費德勒，對決戴波特羅也拿下勝利，一舉封王。費德勒雖然落敗，但再次站上世界第一的頂點結束這年賽季，這是過去六年中的第五次年終封王，不過也是最後一次。之後他從未重返巔峰，而是由納達爾和喬科維奇年復一年輪流坐上寶座。儘管面對莫瑞和戴波特羅兩人所施加的壓力，喬科維奇依舊坐穩年終賽季軍。見過他在二〇〇八年展現的高超實力後，這年世人本期待他能取得更好成績。

對納達爾而言，二〇〇九年是他成為職業選手以來最艱辛的一年，但他盡可能以最好的方式結束這年，第三度拿下台維斯盃總冠軍，這年的台維斯盃他倒是在決賽擔任主角了。西班牙隊在巴塞隆納大勝捷克共和國隊（五比〇），對納達爾有如安慰，在親友圍繞下，他找回比賽的感覺。九年前，西班牙隊在聖喬迪宮體育館首次拿下台維斯盃冠軍的那年，納達爾擔隊上的旗手；九年後，他在同一個舞台重潰柏蒂奇和哈耶克（Jan Hajek）。當著同胞的面拿下台維斯盃總冠軍令他的士氣大受鼓舞，充滿力量，迎戰二〇一〇年即將到來的賽事。最佳狀態的納達爾就要回來了……拭目以待。

3-12

二〇一〇年：馬納科旋風

納達爾打出他人生最棒的賽季，在三種不同類型的場地贏下三座大滿貫。除了他以外，公開賽年代從未有人達成此壯舉。

我們先前引用來概述二〇〇九年發生的事的「連通器」理論，隔年賽季又再次應驗了。這年是費德勒和納達爾連續霸占ATP排行榜第一和第二位七年的最後一年。費德勒爬得越高，就跌得越重，而他跌落神壇的力道推了納達爾一把，促使他在歷經一段對他無比艱困的時期後達到他的最高水準。人們總說跌入河裡不會害人淹死，而是浸沒在水中才會害人溺死……而納達爾總是度過難關，總是會回來，無論跌倒多少次；他打出他人生最棒的賽季，在三種不同類型的場地贏下三座大滿貫。除了他以外，公開賽年代從未有人達成此壯舉。此外，他只比費德勒晚了一年達成生涯大滿貫，收復世界網壇的王座，令費德勒陷入他完美無瑕的職業路上所遭遇的最大危機，取得最差的成績。這年也是喬科維奇的職業生涯至關重要的賽季，但理由另有他者。喬科維奇依舊發揮不出他百分之百的潛力，整年沒有拿下任何大比賽的單打冠軍。然而，賽季的最後衝刺階段他與納達爾十二個月前一樣，與塞爾維亞隊一起在貝爾格勒拿下台維斯盃冠軍，替這最糟糕的一年畫上句點。這場勝利，加上他在備賽方式上的劇烈改變，讓他在下一年破繭而出，展現巨大的潛力，與網壇諸王一同角逐王座。

與二〇〇九年的納達爾一樣，這年賽季一開始費德勒便在澳網封王。這是他輝煌戰績中的第四座澳網冠軍。於此同時，他的兩位大宿敵被各自長年的身體問題扯了後腿，被迫退賽，害他們心有餘而力不足，發揮不出實力。費德勒在決賽擊敗莫瑞（六比三、六比四和七比六），來到他生涯巔峰。二〇〇三年首次打進溫網決賽並奪冠以來，截至二〇一〇年的澳網，費德勒一共參加二十七次大滿貫，其中二十二次打進決賽，十六次封王。大滿貫冠軍戰他只缺席了五次。當下，他無疑是史上最強的網球選手。從來沒人像他一樣如此制霸網壇，沒有人質疑他的統治力，反倒是好奇他能夠拿下多少座大滿貫金盃，鮮少有人猜得到正確答案。然而接下來的二十七場大滿貫賽，瑞士球王只晉級決賽五次，成功奪冠則僅有一次。職業運動競技具有正反兩面，費德勒開始領會硬幣的背面。

大宿敵在享受他的最後霸權時日之際，納達爾因為右膝蓋的毛病又再次於大滿貫退賽，這次是在澳網八強對陣莫瑞時退出。陳年陰影再次湧上心頭，因為傷勢，讓人感覺他永遠都沒機會展現他的真正網球實力。喬科維奇此刻也正處於類似處境，雖然他自納達爾手中搶下排行第二的位置，來到他的個人最佳排名，他在八強賽仍敗給松加，經歷了一場創傷般的經驗。他依舊拿他在某幾場比賽碰到的呼吸道問題和疲勞沒辦法，不是放棄比賽，就是需要醫療協助。對戰松加時，喬科維奇的狀態跌落谷底，前兩盤雖然搶下一盤勝利，但他感覺渾身無力，不得不跑去更衣室嘔吐。回到球場後，根據他在其著作《勝者的祕密》（*El secreto de un ganador*）中所言，他感到精疲力竭，完全變了人似的。

在這本書中，喬科維奇說這場敗仗害他「在專業上跌落谷底」，也讓他加快腳步尋找能讓他的體能恢復最佳狀態的解方。「毫無結果。我有球技、天賦和幹勁。我有許多資源，可以嘗試各種心理和體能訓練……但跟這毫無關聯。真正害我無法發揮完全實力的是我從未想像過的事。我的訓練和備賽都沒有問題。」問題出在麩質，也就是麥類蛋白質。喬科維奇不曉得自己對麩質過敏。賽季中發現這一點後，他的人生發生劇烈轉變：「我唯一做的就是停止食用麩質好幾天，我的身體隨即開始感覺比較好。我變得較輕盈、更迅速，頭腦和精神都變得更清醒。兩個星期後，我意識到我的人生就此改變了。」他確實辦到了。飲食改變後，喬科維奇變了一個人，終於讓他體內那個席捲賽場的選手浮上檯面。二〇一一年，他將達到他的最佳水準。

為期兩週的澳網過後，大部分球迷和專家已得出結論。就當時而言，結論看似再明顯不過。我們正面對由費德勒統治的新賽季，而納達爾若擺脫身體問題，有望贏下法網，而喬科維奇依舊無法達到這兩位網壇外星人的水準。這並不奇怪，因為此時是費德勒與兩位勁敵在大滿貫奪冠數上差距最大的時刻。費德勒已搶下十六座大滿貫冠軍，納達爾六座，而喬科維奇只有一座。這是三人對峙的明顯轉折點，尤其是若我們考慮到十一年後，這個計分板上三人將各以二十座大滿貫冠軍平手。因此，這些結論草率歸草率，也沒有脫離現實多遠。費德勒將不再制霸網壇，納達爾在他表現最好的一年一枝獨秀，而喬科維奇在這年賽季末終於徹底爆發，並於二〇一一年達到另兩位大勁敵的水平，就此展開三巨頭的紀元。

費德勒自下一項錦標賽便開始墮入地獄，在印地安泉的加州沙漠中，他於第二輪慘遭巴格達蒂斯淘汰出局。隔週，邁阿密，換成柏蒂奇送他離開比賽，再來不久後，羅馬，他敗給初次參賽的古比斯（Ernest Gulbis）。事情不太對勁。然而，乍看之下費德勒的表現下滑了，實則更為嚴重許多。他的全盛期已經過了。當然，他依舊與納達爾和喬科維奇爭奪大滿貫，依舊展現出其他選手無法企及的水準，但不費吹灰之力便可贏球的霸主費德勒已一去不復返。往後的七年中，直到二〇一七年在澳網重返勝利前，費德勒只在二〇一二年溫網封王，替他的收藏多添加一座大滿貫金盃。儘管他每次都躋身四強，但也常被兩大宿敵擊敗。

屬於納喬的十年就此展開。納達爾先前與費德勒一同統治網壇，現在他的大死敵換人當。這點說明了納達爾強大的穩定性，就這方面他無非是史上最厲害。唯獨他有本事連續十年都至少拿下一座大滿貫冠軍，儘管身體發生無數毛病。現在他的死敵變成喬科維奇；隨著時間經過，喬科維奇與兩大勁敵對戰紀錄將由負轉正。

和費德勒一樣，喬科維奇在美國巡迴的成績也有些令人失望，儘管他幾週前在杜拜封王。賽程安排得如此緊湊，對他的疲勞問題可說是一點幫助都沒有，再加上塞爾維亞隊在台維斯盃接連突破淘汰賽。納達爾在印地安泉和邁阿密逐漸恢復身手，均打進四強。接下來，他將面對紅土賽季。他的頭腦終於清醒過來，身體上緊發條，展開一段將被世人銘記為史上最精采賽季之一的旅程。他的第一道考驗發生在蒙地卡羅大師賽，他最鍾情的賽事之一。在風景絕美的蒙地卡羅鄉村俱樂部，納達爾大展身手，打出他最精采的比賽之一，輾壓所有對手，就算是面對一眾紅土高手，如同胞費雷羅、費雷爾和沃達斯科等人，他也只輸掉十四局。冠軍戰，他把沃達斯科打得潰不成軍，打出大師賽決賽有史以來最一面倒的比分（六比〇和六比一）。喬科維奇大可以感謝沃達斯科在四強賽擊敗他，不然遭殃的大概就是他了。納達爾在雷尼爾三世球場拿下六連冠，追平費德勒的十六座大師賽冠軍紀錄，距離榜首阿格西只差一冠。此外，納達爾還打破他持續將近一年的奪冠旱季。解除束縛後，納達爾旋風來勢洶洶，即將把所經之處夷為平地。他接下來的兩站是羅馬和馬德里，成績一模一樣，皆以壓倒性的優勢稱霸。在義大利廣場，費德勒和喬科維奇早早就慘遭淘汰，但在馬德里大師賽，費德勒擔任納達爾的決賽對手，他頑強抵抗，但自信心沒有到位（六比四和七比六）。拿下這場勝利後，納達爾成為擁有最多大師賽冠軍的選手（十八冠）。往後幾年，他將與喬科維奇爭奪這個頭銜[12]。

喬科維奇依舊找不到自己的定位，依舊無法解決他的身體問題，害他在ATP250系列賽貝爾格勒站的第二輪輸球，敗給同胞克拉伊諾維奇（Filip Krajinović），排名三百一十九的選手。喬科維奇開始發出非常令人擔憂的信號，在法網也不見改善。他舉步維艱地突破數輪比賽，面對水準非常低的選手卻吃了太多苦頭。最終絆倒他的是對陣奧地利選手梅爾策的八強賽。這場比賽本在喬科維奇的掌控之下，但他被梅爾策扳回兩盤，再次展現戰局冗長時他的巨大缺陷（三比六、二比六、六比二、七比六和六比四）。命運何其諷刺，這次在巴黎的八強賽上，費德勒成了索德林的手下敗將，而納達爾則在決賽與索德林對決。紅土之王整場比賽一盤未失，一路殺進決賽。決賽上他享受甜蜜的復仇，對索德林絲毫不手下留情。六比四、六比二和六比三的比分反映出納達爾技高一籌，他收復法網，拿下他在菲利普．沙特里耶球場的第五座冠軍，距離柏格的紀錄只差一冠。此外，納達爾收復世界排名第一，一整年都沒有讓出王座。就這樣，納達爾害費德勒無緣追平山普拉斯創下的蟬聯排名第一最多週數的歷史紀錄。費德勒的紀錄斷在二百八十五週，只少了山普拉斯一週，而且他必須再等待兩年，直到二〇一二年溫網奪冠才終於收穫甜美果實。

歷經艱苦的一年，儘管收穫巨大的喜悅，納達爾還有一處領地待收復。這次的目標是倫敦，前一年，他並沒有機會捍衛他的王冠。在全英俱樂部，本屆賽事的風雲人物是柏蒂奇，他先後於八強和四強淘汰了費德勒和喬科維奇。費德勒的球技面臨危機已是老生常談了，而柏蒂奇恰恰更深入探討這個話題。代表費德勒球風的創意和精準消失了，自澳網奪冠之後便是如此。至於喬科維奇，他在大教堂倒是打出更好的表現，但面對柏蒂奇他依舊顯得無能為力，甚至亂扔球拍，宣洩心中的挫

12 編按：截至二〇二三年，喬科維奇以三十八座大師賽冠軍領先納達爾的三十六座。

敗。就算表現有所改善，但他的絕望有目共睹。

納達爾在前幾輪也遭遇重重難關，對上哈塞（Robin Hasse）和普茲斯內（Philipp Petzschner）必須拖到第五盤才拿下比賽。適應草地球場並非易事，納達爾與索德林（又是這傢伙）在八強賽碰頭，而此時索德林的排名已爬至世界第六位。這場比賽對納達爾並沒有好的開始，他無法招架索德林的強力發球，輸掉第一盤，但他克服難關，找到對手的弱點（三比六、六比三、七比六和六比一）。四強賽送走莫瑞後，他在決賽對決柏蒂奇。柏蒂奇是終結費德勒和喬科維奇的殺手，是為數不多能多次戰勝三巨頭的選手之一。然而，這項數據終究派不上用場，決賽上，納達爾再次證明自己在草地球場也是實力非凡的選手。他使出相當聰明的戰術，逼著柏蒂奇左右來回兩邊跑，並多次改變擊球方式，讓柏蒂奇抓不到節奏，完全稱霸這場對決，快速分出勝負（六比三、七比五和六比四）。他又再次這麼做了。這是他的第八座大滿貫金盃，他也再次成為法網－溫網的雙料冠軍，達成網壇最困難的挑戰之一。他的地位已經和康諾斯、藍道和阿格西等傳奇選手平起平坐了。這年他才二十四歲，職業前景一片看好。他很快就會追過這些大前輩。

溫網結束一週後，征服法網和溫網的納達爾正在馬約卡島享受他應得的休息時光，此時，喬科維奇來到克羅埃西亞，出戰台維斯盃的八強賽。納達爾為了歇息，放棄參加對戰法國隊的淘汰賽，而費德勒的瑞士隊則恰好被西班牙隊擊敗。到此一切都還正常，但這則故事的重點是在克羅埃西亞斯普利特發生的事，具體來說是球場外發生的事。克里斯．鮑爾斯在無授權的《喬科維奇傳記》（*Novak Djokovic. The Biography*）中詳細說明了事發經過。

在克羅埃西亞絕美的達爾馬提亞市，喬科維奇與飽受爭議的塞爾維亞醫師切托耶維奇（Igor Cetojevic）有約。切托耶維奇是對傳統中醫頗有研究的學者，在電視上看過喬科維奇在澳網對戰松加的比賽轉播，確信他的呼吸和疲勞毛病源自於他的消化系統。在斯普利特時切托耶維奇就對喬科維奇做過多項檢測，確認了他的懷疑。在他看來，喬科維奇有麩質不耐症，因此他針對喬科維奇的狀況為他量身設計了一套飲食，也給了他一些改善呼吸的建議。在鮑爾斯的書中，切托耶維奇醫師透過非常有畫面的比喻法，概述了影響喬科維奇的問題：「就像是替一輛法拉利添加骯髒的汽油。你可以這麼做，車子還是跑得動，但跑得不會很順。」切托耶維奇開立的飲食內容以無麩質穀類、野果、乾果和茶為基礎，最立竿見影且顯著的結果是喬科維奇的體重下降。然而，不久後，喬科維奇的身體狀況逐步改善。這點讓他在賽季末大放異彩，隔年賽季徹底爆發。

在球場上，喬科維奇這個週末在塞爾維亞老家替隊伍獻上壓倒性勝利（一比四），拿下兩場勝利，擊敗契利奇和昔日練球夥伴留比契奇。他曾多次表示自己馬上就感覺比較好了，開始遺忘他的呼吸道毛病。他的成績無疑開始慢慢改善，儘管把一切功勞都歸於飲食改變，話說得可能有些誇張了，沒考慮到其他因素，諸如他接連奪冠而信心大增，或者他在球技上已達到成熟。托尼正是其中之一，認為人們過度吹捧喬科維奇停止攝取麩質這件事。二〇一九年，他在馬貝拉舉行的馬約卡體育週末的一場訪問上把話說得很清楚，表示對他而言，唯一萬無一失的食譜就是訓練：「拉法開始打網球的時候，我們只有球拍、球場和球。今天你需要影像分析、生物力學研究、數據研究，這些東西告訴你該把球往哪兒打，還有那些營養師，老說若你不好好吃東西，是沒辦法成為偉大運動員的……此外，若你失誤了三顆球，你還會打電話給運動心理師。加倍努力訓練才叫做正常，但如今我們傾向在意次要的事，不看重主要的事。」接下來，托尼用他一貫的譏諷口吻告訴與會者，之前有位塞爾維亞記者堅稱若拉法已收復世界第一王座，且身材變得比較瘦，想必是因為他和喬科維奇一樣，已經停止攝取麩質了。托尼解釋他是如何回應對方的：「我跟他說我的一個兒子有麩質不耐症，和喬科維奇一樣，他也不吃含有麩質的食品。此外，他也打網球，但他和喬科維奇不一樣，他每一顆球都打到界外。促使喬科維奇贏球的應該不是不吃麩質吧，因為在我兒子身上就完全沒有效。運動選手身邊的人想證明自己的價值時，就會發生這種事。」

季末之前，喬科維奇再次找回水準，取得數項好成績，登上世界第二，但他依舊無法推倒費納二人在他面前豎立的高牆，他倆每次擋在他的路上時，他也無法取得榮耀。除了飲食上的改變，他還需要個什麼。費德勒在多倫多大師賽、上海大師賽和ATP年終賽的四強賽上，以及瑞士巴塞爾網賽的決賽上，皆大勝喬科維奇。但美網的四強賽他就沒有辦到了，儘管這次最終奪冠的人是納達爾，將他打回現實。溫網後，費德勒也引入一些改變，聘用安納科恩擔任教練。與這位美國教練合作，他很快取得佳績，打進多倫多的決賽，在辛辛那提戰勝費許（六比七、七比六和六比四），再次品嘗勝利滋味。

到了美網，三巨頭合體在為期兩週的比賽中展現他們的最佳實力，紛紛晉級四強，唯獨喬科維奇與同胞特羅伊茨基對戰時丟失了兩盤。四強賽，亞瑟·艾許球場初次見證了新生的喬科維奇。他與費德勒打了一場精采比賽，在這場五盤大戰上，他終於能維持住最佳水準，直到比賽最後都展現絕佳體能，完全看不出從前為各種毛病所苦（五比七、六比一、五比七、六比二和七比五）。他狂喜到不能自己，一如既往地熱情親吻球場，坦言說就連他自己也感到很意外：「我不曉得自己是怎麼辦到的，很難用言語描述我的心情。」

更困難的對手，世界第一球王在決賽等著他。若納達爾拿下這場勝利，他將成為史上最年輕達成生涯大滿貫選手。全世界最大也最吵雜的中央球場被兩萬三千名觀眾擠得水泄不通，納達爾和喬科維奇為眾人獻上一場華麗演出，展現無比高超的球技，就連比賽因雨勢暫停也不減其精采程度。

與四強賽一樣，喬科維奇讓人清楚看到他有本事達到這兩位統治網壇至今的外星人境界。他的彈藥庫滿是無極限的擊球，對納達爾狂轟濫炸，而納達爾只有靠著他的專注力，才自這場轟炸中安然脫身。他控制住情緒，一腳緊踩油門不放，穩定輸出他那強而有力的網球，令喬科維奇招架不住，激戰近四小時後終於服輸（六比四、五比七、六比四和六比二）。這是納達爾職業生涯最特別的勝利之一，他終於如願加入生涯大滿貫菁英選手俱樂部。這年他才二十四歲，是攀上網球界四大八千米高山的最年輕選手，雖然未來的路還很長，但他尚未完成的挑戰已所剩不多。想當然耳，他的慶祝方式無比激動，熱淚盈眶也是合情合理，因為恰恰在走出低潮後，他完成他最精采的一年。

喬科維奇沒有時間為輸球感到懊悔，搭乘飛機返回貝爾格勒，但並不是回家休息，而是出戰台維斯盃，與捷克隊爭奪四強賽的勝利。塞爾維亞隊碰上天時人和，有望首次晉級決賽，更何況隊上還有世界第二強的選手。然而，與費德勒和納達爾的兩場對決後，喬科維奇累得不成人形，無法及時恢復體力，淘汰賽的第一日坐冷板凳休息，隊友也成功挽回劣勢，將比分拉至平手。塞爾維亞全民偶像在貝爾格勒競技場的第一場比賽為雙打比賽，與老將齊莫尼奇一同搭檔，但柏蒂奇和斯泰潘內克這對捷克雙人組經驗老道，打得他倆招架不住，讓客隊占盡優勢。地主隊被逼入絕境，這時，現場觀眾的應援起了關鍵作用，推了喬科維奇和蒂普薩雷維奇一把，讓他們擊敗柏蒂奇和斯泰潘內克，逆轉這場淘汰賽。塞爾維亞距離他們的最大成就只差臨門一腳，而且隊上還有實力達到巔峰的喬科維奇。機不可失。

對喬科維奇而言，台維斯盃已成為他年末的唯一首要目標，賽季的最後階段聚焦在盡可能將狀態調整到最好上。這點導致他在倫敦舉辦的ATP年終賽的表現不穩定。年終賽幾天前才結束，喬科維奇擊敗柏蒂奇和羅迪克，但不敵納達爾，之後於四強賽又被費德勒輕鬆擊敗，慘遭淘汰。網球大師頭銜的決賽對納達爾是大好機會，也是他第一次打進決賽；歷經他職業生涯最好的一年，他的氣勢銳不可擋。此外，在紐約封王、達成生涯大滿貫後，年終賽冠軍是他唯一缺少的重要頭銜，眼前有機會讓他非凡的戰績圓滿。然而，經過令人熱血沸騰的兩盤大戰後，費德勒拿出他身為球王的驕傲，第三盤斬草除根，不留給他的死敵任何一絲希望（六比三、三比六和六比一）。賽場霸王一雪前恥，拿下他的第五個大師頭銜，追平山普拉斯和藍道的紀錄，並列成為年終賽封王次數最多的選手。納達爾沒能把握良機，但這年賽季十分傑出，無論是球技或成績都來到頂點，他又夫復何求呢。這年賽季近乎完美，他展現出破壞力驚人的球技，再次登上世界第一，現在渾身散發出壓倒性的王者氣勢。此外，納達爾成功辦到一項在幾個月前還看似不可能的任務：他第二度戰勝彼時已公認為史上最強的選手。

一如每一年，台維斯盃的決賽替賽季畫上句點。喬科維奇所屬的塞爾維亞隊力求在家鄉拿下他們的首座銀沙拉碗。他們的對手是法國隊，在這項歷史最悠久的賽事之一中九度奪冠的隊伍。一萬八千名觀眾塞滿貝爾格勒的貝爾格萊德球場，期盼他們的大偶像能夠大展身手。最終，喬科維奇也沒有辜負同胞的期望，毫無懸念地贏下他對陣西蒙和孟菲斯的兩場單打對決。然而，蒂普薩雷維奇以及特羅伊茨基和齊莫尼奇組成的雙打組合輸掉了他們的比賽，因此特羅伊茨基和洛德拉的第五場比賽將決定冠軍獎落誰家。對塞爾維亞隊來說，最壞的消息是他們已用盡喬科維奇的子彈，奪冠機會全寄託在特羅伊茨基身上。儘管從八強賽以來，特羅伊茨基的三場比賽全輸，奧布拉多維奇仍選擇由他出戰最後一場比賽。法國隊隊長佛傑（Guy Forget）也換牌，選擇由洛德拉出戰最後一場戰役。洛德拉是雙打高手，在台維斯盃的單打比賽成績同樣也相當優異，在先前的淘汰賽也扮演關鍵角色。

兩隊的隊長都想出奇制勝，而奧布拉多維奇的這步棋下得比較好。這場比賽比預料中來得沒那麼可歌可泣，特羅伊茨基成為塞爾維亞隊意料之外的英雄（六比二、六比二和六比三）。塞爾維亞隊拿下致勝一分，全隊紛紛跪倒在地，喬科維奇與全體隊員也是，隨後紛紛撲向特羅伊茨基，透過音響播放頌歌激勵現場觀眾，接著一起剃了個大光頭，接下如神話般的沙拉碗。就連塞爾維亞網球協會的主席也在球場上充當起理髮師。球場上亂成一團，台維斯盃主辦單位費了好一番工夫，才終於走完大會儀式。對塞爾維亞的網球運動而言，這群選手代表獨一無二的世代，他們一直以來都處在足球和籃球等大眾運動的陰影下，而在此刻他們達到頂點。該為此慶祝慶祝，打從贏球的第一分鐘起，他們便大肆慶祝。

二〇一〇年賽季就這樣結束了。以理解世界網球的過去十年所發生的事來說，這年是關鍵的一年。過去十年間，三巨頭三強鼎立的權力平衡發生異動。這年賽季費德勒一步步褪去主角光環，開始了一段長達六年的漫長沙漠之旅。這段期間，喬科維奇占據費德勒的霸主地位，而納達爾則堅定地扮演好他的角色，若傷勢放過他，他不是征服世界第一，就是在爭奪世界第一的路上。二〇一〇年，他在三項大滿貫的體能都處於巔峰狀態，皆抱得金盃而歸。大部分球迷心中的疑問顯而易見：若納達爾沒受傷，在澳網也會封王嗎？有機會一舉達成跨年度大滿貫嗎？

3-13
二〇一一年：三巨頭誕生

有好長一段時間，費德勒和納達爾輪流坐上球王寶座，根本輪不到喬科維奇的份。苦苦挑戰多年後，他終於成功推倒高牆。二〇一一年，喬科維奇發揮他所有潛力，在這有如神仙打架的一年擔任主角，打出許多網球史上最精采的賽事，整個賽季只輸了六場比賽。他不只與大前輩們平起平坐，還一躍成為主角。他的實力異常爆發，戰無不勝，直到法網四強賽才被費德勒擋下。而這時已是六月。奪下首座溫網冠軍後，喬科維奇也打下納達爾，首次坐上世界第一王座。最終他收穫豐厚戰利品，其中包含三座大滿貫和五座大師賽冠軍。

費德勒和納達爾束手無策，無法阻止喬科維奇登陸他們的領土。此外，兩人與喬科維奇對決十一次，其中十次只能眼睜睜看著自己被他打得體無完膚。納達爾維持前一年的高超水平，參加的每一項賽事幾乎都打進決賽，但唯獨決賽對手不是喬科維奇，他才得以抱走冠軍。他甚至再現壯舉，連續打進三種不同類型場地的三項大滿貫決賽，儘管他「只」保住他在巴黎的王冠，並在台維斯盃奪冠。費德勒的情況較差，九年來第一次連一座大滿貫都沒拿下，只在ATP年終賽第六度加冕為大師，稍微得到一絲安慰。大部分選手對此夢寐以求，這就是三巨頭對峙的高度。

從此，人們時常議論喬科維奇的全新飲食法，藉此解釋他在二〇一一年的出色爆發。他的著作

奪下首座溫網冠軍後，喬科維奇也打下納達爾，首次坐上世界第一王座。最終他收穫豐厚戰利品，其中包含三座大滿貫和五座大師賽冠軍。

《勝者的祕密》是項行銷工具，就這方面也是功不可沒。他在飲食上的改變無疑起了決定性影響，大幅改善了他的身體狀態，得以贏下從前因為沒有體力而輸掉的比賽。但飲食並不足以解釋他取得的優異成績。就這點來說，喬科維奇和國家隊一起拿下台維斯盃後信心大增——正如前一年的納達爾——也有所影響，而且影響可大了。自信心是造就他此番成績的首要因素。他的球技達到成熟也是，畢竟他可是曾在澳網和年終賽封王的選手。

喬科維奇恰好就是在南半球的夏天開始大放異彩的。納達爾是澳網的主要奪冠大熱門，意圖拿下跨年度四大滿貫。儘管他開啟球王模式展開比賽，八強賽仍被好友費雷爾打得措手不及，遭他以不費吹灰之力擊敗（六比四、六比二和六比三）。這場比賽納達爾一開始就打得非常差，沒多久即因大腿後肌肉問題而不得不接受醫療協助，無力為勝利而戰。他又再次大受打擊，無法以最佳狀態上場戰鬥，無緣擁有四大滿貫冠軍頭銜。

至於費德勒，他在第二輪對陣西蒙，挽回了一場無比劣勢的比賽，一路闖進四強，但漸漸露出破綻。在球網另一側等著他的是喬科維奇。喬科維奇把握了他在前一年賽季尾聲的贏球慣性，以最佳狀態登陸墨爾本，在四強賽絲毫不給費德勒半點機會，決賽同樣也打得莫瑞毫無還手之力（六比四、六比二和六比三）。喬科維奇曾在同一座球場摔落谷底，時隔一年，他拿下他的第二座大滿貫冠軍，墨爾本公園也從此成為他最喜愛的球場。我們無疑正面對全新版本的喬科維奇，球技和身體狀態皆大幅提升，決心無比堅定。他儼然成為更全面，也更令人聞風喪膽的選手。

澳網到法網這段期間，納達爾與喬科維奇進行了一場權力爭奪大戰。兩人參戰的每項錦標賽都奪冠，也在同時參加的決賽相遇；勝利的天平總是傾向喬科維奇這側。也不能責怪納達爾的不是，他保持了二〇一〇年的非凡水準，拿下蒙地卡羅和巴塞隆納的冠軍，但在印地安泉、邁阿密、馬德里和羅馬等大師賽的決賽上，他無力抵抗有如壓路機一般的喬科維奇。納達爾的士氣被打擊得多厲害，喬科維奇的士氣就提振得多高。納達爾甚至首次在西班牙首都的紅土吞敗（七比五和六比四）。喬科維奇開始以其人之道，還治其人之身，並開始用納達爾前幾年對付費德勒的相同手段來對付他。這幾場敗仗對納達爾的心理狀態造成損傷，之後在兩人爭奪的大滿貫決賽也起了關鍵作用。費德勒好似與喬科維奇互換角色，現在他有條不紊地在四強賽被這兩位爭奪網壇霸主的選手所淘汰。

納達爾無意放棄他最眷戀的錦標賽，自二〇〇五年起，他便以鐵腕政策統治法網，前一年也成功收復冠軍。就這點而言，費德勒的合作無法估量，功不可沒。他比誰都明白納達爾心中的挫敗。四強賽上，費德勒讓喬科維奇嘗到他這年的第一場敗仗。賽前，納達爾形容這場比賽是「史上最強與當前最強」之間的對決。他此話不假。費德勒的網球恢復昔日的極盛狀態，戰勝來自巴爾幹半島的完美機器（七比六、六比三、三比六和七比六），讓這天下午永遠被世人銘記。喬科維奇距離追平史上最好賽季開頭只差一步之遙。球王馬克安諾在一九八二年打下四十二場單場勝利，紀錄保持至今。

費納第四度在法網決賽對決，這一幕**似曾相識**。納達爾先前擊敗索德林，看似勝卷在握。換作是兩年前，對他倆而言能夠戰勝索德林，就意味在巴黎和倫敦十拿九穩能夠封王。然而，法網是納達爾的地盤，他可不需要什麼護身符。納達爾是紅土之王，之於**超人**費德勒更是氪星石。這場對決是兩人在巴黎紅土打過最勢均力敵的比賽，納達爾拿下勝利，再次讓費德勒幻想破滅。這場比賽是費德勒表現最好的法網，甚至更勝他封王的二〇〇九年。除了第四盤以外，其他幾盤兩人打得難分軒輊，但在最困難的時刻，納達爾把持住那曾帶給他許多成就的百折不撓信念（七比五、七比六、五比七和六比一）。他高舉他的第十座大滿貫金盃暨第六座火槍手盃，追平傳奇球王柏格的紀錄。

數週後的溫網，喬科維奇和納達爾維持相同比賽水準，而費德勒又再次早早踢到鐵板，在八強賽對戰松加時白白浪費領先的兩盤（三比六、六比七、六比四、六比四和六比四）。賽後，費德勒宣稱「除了計分板以外，許多事情都很順利」。一如塞梅拉諾在《費德勒密碼》所言，費德勒過去打了一百七十八場大滿貫比賽，從來沒有被人扳回兩盤過，顯然，他身上的某個東西變了。比賽結束後，松加被記者問到他是否自認有能耐在本屆溫網封王，而他信心滿滿地回答：「為什麼不呢？」答案很簡單：因為他將遭遇全新的喬科維奇。下一輪的比賽上，喬科維奇斬斷松加的雙翼，證明自己和兩人去年在澳網對決時不一樣，已不是那位在冗長比賽中會顯得心有餘而力不足的選手。現在他已是世界第一球王，因為這場比賽的勝利確保他首次登上排行榜巔峰之位。他說到做到。終其一生做出諸多犧牲，就為登上頂點，而他也辦到了。他會喜歡上君臨天下的感覺，在最高位傲視所有對手，實在愜意。往後幾年，沒有人比喬科維奇更習慣頂點的風景。

喬科維奇就像是打了一劑強心針，士氣大振，趕赴他在受人敬重的中央球場的第一場決賽。這是納達爾連續第五次打進溫網決賽（二〇〇九年並未參賽）。對「紅土選手」來說，這成績可真不賴，若考慮到只有費德勒（七次）和柏格（六次）曾辦到，那就更了不起了。這是納喬這年第五度在決賽碰頭，喬科維奇採收他在前四次對決所播下的種子，再次戰勝動搖不定的納達爾。他重挫納達爾的士氣，占盡上風，而納達爾像是變了個人似的，打出他表現最差的決賽之一（六比四、六比一、一比六和六比三）。喬科維奇是天才，是風雲人物，狂喜到不能自已，全身沾滿球場的青草，還拔幾撮草塞入口中，真正「品嘗」他的勝利。「我不曉得該如何表示我的激動和喜悅……我覺得自己就像一頭動物。」溫網新科球王雀躍地坦言道。

從前他在家中用紙糊的冠軍獎盃，已變成貴重的銀製獎盃。整個頒獎典禮，喬科維奇都緊緊抱著獎盃不放。之後的記者會上，他承認獲勝後他想到的第一件事是他的童年，「在塞爾維亞的艱苦努力、昔日的夢想，以及已實現的夢想」。他也對他的對手表示欽佩之情，坦言說對上納達爾時，他也會感到挫敗，經歷一段漫長的「學習過程」才終於戰勝他。現在風水輪流轉，輪到費德勒和納達爾尋找對抗喬科維奇的處方了。

夏季稍作歇息後，已化身完美機器的喬科維奇繼續痛宰對手。他輕鬆拿下蒙特婁大師賽，在辛辛那提大師賽本差點能夠再現佳績，卻因右手臂的問題，對決莫瑞的決賽中途不得不退賽（六比四和三比〇）。這是他整個賽季輸掉的第一場決賽，但他及時重振旗鼓，以百分之百的狀態迎戰年度在紐約的最後一項大滿貫。在大蘋果、百老匯的發源地，喬科維奇再次展現精湛的技藝，扮演起二〇一一年大獲全勝的那位球王。經歷一場殊死鬥後，主角喬科維奇戰勝配角納達爾，也戰勝跑龍套的費德勒。這會兒，劇本上演一幕，他被逼入絕境，卻意外起死回生。事情發生在四強賽上，費德勒原本占盡上風，卻再次被逆轉。說來實在難以置信，費德勒並沒有記取溫網的教訓，甚至和前一年的四強賽一樣，白白浪費兩個賽末點。這在以前的費德勒身上實在不可想像，唯一可以讓人信服的解釋是喬科維奇已是百戰百勝，勢不可擋（六比七、四比六、六比三、六比二和七比五）。

自一九九五年以來，亞瑟・艾許球場首次迎來世界第一和第二的決賽。美網時常發生令人跌破眼鏡的事，但這回並沒有，喬科維奇是優秀的演出者，照著劇本走，連續第六次擊敗納達爾，朝著紐約的天空高舉他的首座美網金盃（六比二、六比四、六比七和六比一）。納達爾又再次甚至沒有讓喬科維奇陷入棘手的處境，對上其他對手時，他可是毫不遲疑地直接輾壓過去。這是喬科維奇這年賽季的第三座大滿貫冠軍；這年賽季值得紀念，他在場上的表現近乎完美。年終排名第一的寶座已是十拿九穩。

然而，喜事接二連三發生，好不真實，人生提醒小心樂極生悲，悲劇往往在人最意料不到的時候出現。喬科維奇在法拉盛草地公園封王後的週末，塞爾維亞隊在台維斯盃的四強賽對陣阿根廷隊，捍衛他們的總冠軍。若順利晉級決賽，他們將在貝爾格萊德球場的魔幻氛圍中再次與法國隊一戰。然而，這次體育之神對塞爾維亞隊展現祂最不快的一面，隊上的明星選手只提早了二十四小時抵達戰場，且整個賽季都拚盡全力比賽，還在紐約經歷無比嚴峻的兩週，他的身體可說是快要累垮了。喬科維奇同意隊長的安排，決定休息到第三比賽日。比賽來到第三天，阿根廷隊以二比一暫時領先。第四場比賽，塞爾維亞隊王牌想扛起責任，請纓出戰戴波特羅。很快他們就發現這是錯誤的決定，第二盤才開打，喬科維奇便不得不退賽，比分停在七比六和三比〇，由戴波特羅領先。由於背部疼痛，他沒辦法繼續比賽，氣餒得在球場上哭了出來，隊友和觀眾都安慰不了他。喬科維奇退賽意味著阿根廷隊拿下勝利，並將在決賽與西班牙隊一戰。

台維斯盃決賽前，與前一年一樣，費德勒重新找回自我，最後一段路走得十分精采。在瓦林卡的協助下他拯救了瑞士隊，擊敗仍仰賴難纏的休伊特的澳洲隊，讓瑞士隊得以繼續晉級世界組。費德勒確定還有戲唱，在美網的手感也不錯，加上喬科維奇退賽這個小確幸，他想向下個賽季的對手們釋放一條訊息：他還是一尾活龍呢。費德勒先是來到家鄉，贏下第五座瑞士室內網賽冠軍，藉此打破長達十個月沒有封王的旱季。之後，他在巴黎大師賽決賽擊敗松加（六比一和七比六），拿下年度最後一項大師賽的冠軍。為了完成**衝刺**，為了不要在沒有拿下任何重大冠軍頭銜下結束這年，費德勒再次於ATP年終賽展現他的霸氣，史無前例地制霸整項賽事。納達爾和喬科維奇紛紛於小組賽便落敗出局，而費德勒的晉級之路則是完美無瑕，在分組賽擊敗松加、納達爾及費許。四強賽上，費雷爾同樣也不是費德勒的對手。接下來，在他的第一百場頂尖網壇決賽上，費德勒在兩週內第三度擊潰松加（六比三、六比七和六比三），讓他無緣拿下他職業生涯的最大成就。這場勝利讓費德勒第六度在這項匯集網壇最強八人的錦標賽加冕為王，封王次數之多，前無古人後無來者。置疑球王時，球王會讓你看見誰才是當家的。

納達爾也是這麼想的。四年來第三次，西班牙隊替這年緊繃的賽季畫上句點。這次在塞維亞的卡爾圖哈體育場，阿根廷隊意圖引起轟動，想再現二〇〇八年的「馬德普拉塔」戰役。不幸的是，這次納達爾參戰了，而且他可能還是台維斯盃史上最強的選手。納達爾的人氣之高，西班牙觀眾——以決賽來說有些冷淡——在他出場的兩場比賽完全變了模樣，全場的加油聲分貝明顯提高許多。在觀眾無條件的應援下，第一場淘汰賽上納達爾重潰他的好友摩納哥（六比一、六比一和六比二）；他並不打算在家鄉主場讓沙拉碗落入他人手中。費雷爾則戰勝戴波特羅，讓地主西班牙隊占盡上風，但阿根廷隊由納班迪安和施萬克（Eduardo Schwank）組成的雙打戰勝西班牙隊當年在馬德普拉塔的兩位英雄，羅培茲和沃達斯科，縮短了比分的差距。

最終比賽日，納達爾準備好替他表現出色的這年賽季錦上添花，但成績不如預期；在這種模式下比賽，換作是其他比賽他都能取得好成績。他的信心開始動搖，第一盤輸給戴波特羅。戴波特羅狂轟濫炸，只讓納達爾拿下一局。雖然第二盤的開場與第一盤一樣，戴波特羅破了納達爾的發球局，但納達爾很快做出反應，也破了對方的發球，並從這一刻起開始慢慢恢復信心，展現他的球王本色，最終拿下第二盤，第三盤更把戴波特羅打得潰不成軍。第四盤雙方都十分緊張，來回抽球消耗了大量精力，早已累得筋疲力竭，兩人皆沒能保住自己的發球局。最終比賽以搶七局定勝負，戴波特羅累得不成人形，而納達爾則是連一分都沒有丟失。這是西班牙隊的第五座台維斯盃冠軍，是納達爾的第四座。他已成為這場國與國賽事的傳奇。他這年的賽季結束了，這年相當艱苦，因為他好幾場決賽都敗給喬科維奇，但這年也還算成功，因為他展現高超球技，更在法網和台維斯盃奪冠。

二〇一一年賽季轉瞬即逝，滿是令人永生難忘的精采時刻，有如進入下一個新的十年的起跑信號，屬於三巨頭的十年；這十年間，費德勒、納達爾和喬科維奇為我們獻上許多網球史上最令人激動的場景。這些年間，三人的宿敵對峙將達到最鼎盛的時刻，截至二〇二〇年，三人共出戰三十九項大滿貫賽事，包辦其中三十一座冠軍。二〇一一年，喬科維奇一開始便在**三人中居首**，但這年的主角換人當了許多次，主要是由納達爾占上風，略勝費德勒一籌。這個十年還是前一個十年較為出色，實在不好說，每位球迷的偏好和喜好都不同，都有各自緬懷的時刻，見仁見智。

3-14 二〇一二年：三強鼎立

經歷了由喬科維奇完全統治的一年後，三巨頭實際包辦了所有大比賽的冠軍頭銜，且都在各自最鍾情的大滿貫技壓群雄。

若我們必須在過去二十年中挑選最能代表ATP巡迴賽的一年，大部分的人會說是二〇一二年。理由很簡單：經歷了由喬科維奇完全統治的一年後，三巨頭實際包辦了所有大比賽的冠軍頭銜，且都在各自最鍾情的大滿貫技壓群雄。不幸的是，這年賽季之所以有代表性，是因為傷勢使得納達爾無法增加他的冠軍頭銜採收量。他的膝蓋又受傷了，賽季中期不得不暫停活動，暫別球場長達七個月。

說來也妙，雖然這不是三人第一次都至少在一項大滿貫封王（二〇〇八年他們就辦到了，二〇一八年也再次包辦四大滿貫冠軍），但倒是至今三人在各自最偏愛的比賽封王的唯一一年。這叫人難以置信，要知道費德勒共八次高舉溫網金盃，納達爾在法網十四度封王，而喬科維奇也是澳網十冠王。然而，就是那麼巧，二〇一二年這年由喬科維奇在墨爾本率先拔得頭籌，納達爾在巴黎跟上腳步，最終費德勒在倫敦收尾。光是三座大滿貫冠軍還不夠，三巨頭還包辦了九項大師賽中的八座冠軍，只有出身哈韋亞的鬥士費雷爾有本事自他們手中搶走一座，在巴黎大師賽決賽戰勝波蘭選手雅諾維茨（Jerzy Janowicz，六比四和六比三），這年共計七度封王，成為年度奪冠次數最多的選手。費雷爾是三巨頭時代下最大的受害者之一，這年還取得他唯一一座大師賽冠軍，成績耀眼，但他的成就鮮少被人重視。

澳網開跑前沒幾天，費德勒與納達爾發生一起不尋常的爭議事件，被攤在陽光下，而巡迴賽賽程成了背景，最終這起事件可能導致選手在年度一項大滿貫罷賽。費納兩人領導ATP球員理事會，費德勒擔任主席，納達爾為副主席。一直以來，兩人宿敵對峙的一大特色是彼此間關係良好，甚至可以說是友好，也因此這起事件才令人意外。一直以來，每當被問起與理事會有關的問題時，無論費德勒說什麼，納達爾總說他會支持，但現在事情變調了。納達爾已成為更成熟的選手，但他的身體也正開始飽受摧殘，因為賽程緊湊令人精疲力竭，大部分場地還都是硬地球場，對選手的身體造成極大負擔。這點對費德勒從來都不成問題，他的體能超乎常人，幾乎不曾為傷所苦。分歧就此展開，兩個月前在倫敦舉辦的年終賽便可看出端倪。

他倆的爭論集中在三個主要議題上：縮減賽程、建立雙年度排行榜制度，讓選手不必像如今這樣被迫參賽，以及討論是否要透過罷賽對ATP施壓。納達爾提倡「起義」，而費德勒則擁護維持**現狀**。網壇的兩位老大甚至這幾天還在倫敦會面，想要各退一步達成共識，但兩人的立場一如各自的球風，截然相反。就這樣，時間來到澳網開打前的週末，兩人在墨爾本碰頭，氣氛有些尷尬。他倆甚至舉行投票，決定是否該發動罷賽。與會的澳網主席最害怕事情走到這個地步。最終，事情沒有結果，兩天後澳網如期順利開始。有些選手，如費德勒之前的前任理事會主席暨他的現任教練留比契奇，將這起事件定調為「羞恥和馬戲團」，他是最支持他的現任子弟兵費德勒的人之一，對納達爾的立場嗤之以鼻。反之，其他人則譴責費德勒在面對問題時所展現的被動態度，要知道他可是擔任重大職位。

情況緊繃。納達爾在墨爾本的首戰賽前記者會上，被記者問到這起事件，不禁大爆發：「我不同意他的看法。閉上嘴巴什麼都不說很簡單，一切都很正面，這樣我會顯得很『紳士』，讓別人去焦頭爛額就好……職業生涯結束時渾身上下都痛，才沒有什麼正面可言。反正他最後也是精神煥發，因為他的體能得天獨厚，但是莫瑞、喬科維奇或者我，我們最後不會和他一樣……我們會在幾歲的時候停止打網球？之後人生還有許多路要走，身體的健康很重要，我害怕無法和朋友一起踢足球或滑雪。」納達爾的攻擊言論明顯是衝著費德勒和ATP而來的，因為ATP將賽程安排得滿得不得了，而且又以對選手健康傷害最大的硬地球場作為主要比賽場地。「你的膝蓋、腳踝和背會壞掉。此外，賽程的現狀讓人無法休息。賽程無需經歷劇烈改變便可改善，這是我們大部分選手的訴求。」最終，納達爾的要求不了了之，他也辭去副主席的職位。日後，他與費德勒的關係恢復正常，隨著時間經過，數年後兩人發展出真摯的友誼，甚至一些年後，他倆還再次掌管ATP球員理事會，擔任與當年相同的職位。

緊繃的壓力一發不可收拾，演出開始了，這年的澳網烙印在球迷的記憶中。比賽一輪一輪地推進，緊張的氣氛逐漸緩和下來，變成選手在場上的**演出**。主要演出者是三巨頭，只有莫瑞有能力與之抗衡，並稱為**四巨頭**。八強賽上，費德勒達成出戰一千場比賽的魔幻數字。雖然距離康諾斯的一千四百七十九場還差之甚遠，但他盡可能地慶祝這起大事件，上了一堂網球課，而戴波特羅則有幸接收他的智慧（六比四、六比三和六比二）。世人最痴迷渴求的四強賽已成定局，有如舊日時光的費納對決，因為近期的爭議事件更添趣味。還可以要求什麼呢？除了網球，還是網球。兩位球王上了一堂網球課，展現出各自最具代表性的優雅和勇氣。這場對決和往日一樣，許多時刻兩人都拿出極高的球技，你來我往，不分軒輊。然而，費德勒的正拍擊球多次失誤，每次上網時，又被納達爾打出**穿越球**，以上總總都決定了勝利是屬於納達爾的，兩人交手二十七次，這是他的第十八場勝利。前往更衣室前，納達爾在球場上接受訪問，有意誠心讚美他的對手一番，藉此緩和兩人之間的爭議：「一直以來，能夠和羅傑一起比賽都是件榮幸的事，我祝福他本季能夠一帆風順。我依舊從他身上學到許多。」

若這場四強賽是堂網球課，那麼決賽就是一場史詩級戰役，為大滿貫史上耗時最長的一場決賽。最終，納達爾英勇戰死。對決耗時五小時五十三分，喬科維奇和納達爾在羅德．拉沃球場使出渾身解數，戰至榨乾最後一滴汗水。他倆頂著超過三十四度的高溫，獻上一場足以載入史冊的經典大戰，精采程度不亞於體育史上最經典的對決。兩人都戰得精疲力竭，頒獎典禮正要開始時，他倆彎著身子、雙手撐著膝蓋喘氣的畫面被世人銘記。他們累得不成人形，主辦單位甚至搬來椅子讓他們在頒獎前演說時可以坐著，因為他們已經站不起身了。第五盤比分來到四比二時，納達爾已是勝券在握，但喬科維奇和幾個月前在美網一樣，再次力挽狂瀾（五比七、六比四、六比二、六比七和七比五）。這是他的連續第三座大滿貫冠軍，意味著他已無疑是網壇霸主，在最偉大的選手中占有一席之地。他證明自己的實力，興奮不已，用摔角手霍肯（Hulk Hogan）的風格慶祝這場勝利，當著欣喜若狂的**澳洲**觀眾的面扯破自己的球衣。

儘管未能打進決賽，費德勒整場澳網的表現依舊非常好，依舊延續了二〇一一年末以來的勁頭，之後連續拿下鹿特丹、杜拜和印地安泉的冠軍。這年賽季的大師賽就此展開了有趣的王位輪替，三人輪番在前八項大師賽封王：印地安泉（費德勒）、邁阿密（喬科維奇）、蒙地卡羅（納達爾）、馬德里（費德勒）、羅馬（納達爾）、多倫多（喬科維奇）、辛辛那提（費德勒）和上海（喬科維奇）。

賽季的頭幾場較量中，喬科維奇已再次成為那個有如人造人的他，儘管他在墨爾本和邁阿密斬獲勝利，但莫瑞和伊斯內（John Isner）也在杜拜和印地安泉證明他們不是省油的燈，分別在這兩項賽事擊敗他。紅土賽季到來，人們不免俗會想問：納達爾會打破與喬科維奇在決賽對決的七連敗魔咒嗎？喬科維奇有本事和前一年一樣，繼續讓納達爾在紅土上吞敗嗎？最重要的問題是：若兩人在法網相遇，喬科維奇可以在五盤三勝制的大戰擊敗這位史上最強的紅土選手嗎？兩人參加的第一項錦標賽蒙地卡羅大師賽，給出頭兩個問題的答案。最近七屆的蒙地卡羅最終都是由納達爾封王。加上費德勒缺賽，很容易猜出在喬科維奇的居住地將會是哪兩位選手角逐冠軍。然而，在雷尼爾三世球場當家的人是納達爾，他化解各路疑慮，壓倒性大敗喬科維奇（六比三和六比一），結束這場爭論。這邊必須替喬科維奇說句話，比賽前幾天他的爺爺恰好過世，他過得不是很好。喬科維奇和爺爺的感情非常好，因為童年好一部分時間都在爺爺的貝爾格勒公寓度過。爺爺辭世一事無疑影響了他那天的表現。

拿下蒙地卡羅八連冠後（該賽事史無前例的壯舉），納達爾的士氣大振，迎戰春季剩餘的行程。一直以來，春天都是他最愛的季節。他在巴塞隆納和羅馬也證明了這點，特別是在永恆之城羅馬，他再次於決賽擊敗喬科維奇（七比五和六比三）。納達爾已決心要超越柏格在巴黎創下的六冠王紀錄，在他眼中，喬科維奇顯得越來越不像妖魔鬼怪。費德勒也滿懷希望抵達法網，他的紅土賽季旅程較短，避免負擔過重。最終他也順利在馬德里大師賽封王。來到法網，費德勒遭遇的每一場對決都不簡單，一路上丟失許多盤，在場上消耗許多時間，尤其是與戴波特羅交手的八強賽。戴波特羅再次逼得費德勒拿出真本事。對方以兩盤領先占優勢，費德勒使出渾身解數才扭轉計分板（三比六、六比七、六比二、六比〇和六比三）。費德勒在這場對決的下半段使出高強球技，他只擔心四強賽對上喬科維奇時會過於疲勞。然而，看來喬科維奇並不想占便宜比賽：他與塞皮（Andreas

Seppi）和松加的兩場比賽也都拖到第五盤才分出勝負。他倆的狀態可說是半斤八兩。

四強賽上，費德勒的老毛病又犯了，沒能把握住再次晉級法網決賽的機會。六比四、七比五和六比三的比分乍看之下是一面倒，實則為假象，因為費德勒前兩盤一度有破發優勢，但未能將其轉化成勝利。喬科維奇利用了紳士費德勒的禮貌，隨即抓住生涯以來首次闖進法網決賽的機會。這次費德勒連續第九次空手離開大滿貫，上一次在墨爾本奪冠已是兩年半前的事了。他就快要三十一歲，開始懷疑自己是否能重返顛峰，而且這些疑慮越來越說得通。

萬眾矚目的決賽好戲登場。納達爾連續第五次晉級法網的最後一輪，再次在巴黎完整走完無法度量的兩週。一路上他遭遇的許多對手，光是能夠自他手上多搶下幾局便心滿意足，而對上他們時納達爾下手可以說是毫不留情。費雷爾在四強賽只搶下五局，摩納哥在十六強賽只勉強拿下兩局。這份名單可以繼續。當然，喬科維奇是另一個等級的難關；此外，兩人最近三次在大滿貫決賽交手，喬科維奇都自納達爾手中搶走勝利，這筆舊帳還沒算呢。決賽上許多事物左右了戰局，值得一一細數。喬科維奇本有機會拿下他的首座法網冠軍，達成生涯大滿貫，甚至有機會打破納達爾所保持的生涯大滿貫最年輕選手紀錄。此外，若奪冠的話，他將連續在四大滿貫封王，公開賽年代至今只有拉沃曾辦到，而拉沃是在同一年賽季達成此壯舉，完成真正意義上的大滿貫。至於納達爾，他力求拿下他在巴黎的第七冠，藉此一舉打破柏格的紀錄，成為史上在布洛涅森林封王最多次的選手。另一方面，他將追平山普拉斯，成為在單一大滿貫奪冠次數最多的選手，差別在於山普拉斯是在溫網寫下紀錄的。最後，唯有再次封王，他才能夠保住排名第二的位置。

上述的前因後果加總在一起，決賽展開了，但巴黎的天空灰濛濛一片，不排除比賽會中途喊停。法網球王納達爾全神貫注地登上競技場，反倒是挑戰者喬科維奇的心情無比忐忑，甚至還揮拍打壞他的椅子。納達爾拿下前兩盤，第一盤結束後比賽還因雨首次暫停，但第三盤喬科維奇做出反應，連續自納達爾手中搶下八局，一舉拿下第三盤，第四盤初更以兩局領先。雨水讓球變得更重，某種程度而言，喬科維奇靠著這點撐了下來，逐漸恢復贏球的信念，現在在他眼中勝利不無可能。反觀納達爾，他不斷對他的包廂抱怨，說球吸水膨脹，害他打不高。雨勢加劇，瑞典主審弗蘭克森（Stefan Francsson）中斷比賽，偏偏這時納達爾打斷了喬科維奇連勝的勁頭，在第四盤以二比一暫時領先。兩人對主審決定中止比賽的時間點都很有意見，但這場對決將會延至隔日再戰。法網上一次決賽喊停是發生在一九七三年，最終勝利被羅馬尼亞的納斯塔塞拖走，而他的手下敗將恰好正是喬科維奇的前教練皮里奇。

星期一中午，納達爾站上球場，準備了斷這場比賽。打從第一分他便發動猛烈攻勢，一登場便破了喬科維奇的發球局，扭轉比分，一路保持優勢到最後，而身為排名第一的喬科維奇卻打出雙發失誤，完全說不通。一如傳統，納達爾在菲利普．沙特里耶球場的紅土打滾，但這次他慶祝得更為狂喜，他的家人也是。他在看台上擁抱家人。在所有人的記憶中，納達爾敗給喬科維奇的最近幾場大滿貫決賽仍歷歷在目；這場勝利意味著他已克服創傷。他共計拿下十一座大滿貫冠軍，職業生涯來到和拉沃和柏格同等的高度，成為史上最強的選手。他縮短與費德勒的差距，在大滿貫奪冠數上只落後他五冠。要知道，兩年半前這個差距恰好是兩倍。

幾天後的哈雷網賽，納達爾試圖快速適應場地類型的改變，以便有把握地挑戰追平柏格的另一項壯舉，挑戰三次成為法網暨溫網的雙冠王。但他的計畫並不順利，因為第二輪比賽科爾施賴伯將他淘汰出局，也預告了下週在全英俱樂部會發生什麼事。至於費德勒，他順利晉級決賽，但敗給哈斯（七比六和六比四）。

來到溫網，排名一百的新人羅索（Lukas Rosol）跌破眾人眼鏡，於第二輪淘汰溫網雙冠王。從二〇〇五年起，納達爾就沒發生過這種事。羅索在關鍵時刻表現得無比沉穩，甚至第一盤還勝過納達爾（六比七、六比四、六比四、二比六和六比四）。更有甚者，對納達爾最糟的消息並不是被淘汰，而是這場對決將是他本賽季的最後一場比賽。他那遭受催殘的膝蓋又受傷了，迫使他暫時放下球拍，也因此錯過倫敦奧運，否則他本將擔任西班牙代表隊的旗手，此外他也無緣參加美網、年終賽和台維斯盃決賽。雖然起初他以為自己應該不會暫別球場太久，但復原的過程幾經波折，他不得不暫別賽場七個月。又來了，這年賽季他正取得非凡成績，偏偏又被傷勢擱了下來。

二〇一二年的溫網別有特色，因為僅僅一個月後，全英俱樂部的球場將用來舉辦倫敦奧運的網球賽事。這個月真是棒極了，奪冠熱門選手有望征服兩頂王冠。納達爾已早早出局，雙冠王的熱門人選只剩下三人：費德勒、喬科維奇和莫瑞。三人做了各自的功課，沒經歷太多意外插曲，紛紛順利打進四強。莫瑞與納達爾分到同一組，他抓緊這個大好機會，擠進他生涯的首場溫網決賽；此外，他還是過去七十四年來首位晉級溫網決賽的英國選手，上一位是綽號「兔子」的奧斯丁（Bunny Austin），一九三八年打進決賽，可能沒有一位參賽者親眼看過他打球。費德勒和喬科維奇將必須和上次在法網一樣，爭奪問鼎冠軍的門票。他倆過去直接交手了二十六次，沒有一次是在草地球場對決的，費德勒憑藉他在大教堂的經驗和霸權，睽違三年成功再次打進決賽。這是他的第八場溫網決賽，也是溫網史上的一大紀錄。

冠軍戰上，菜鳥莫瑞不僅需要對抗英國媒體加諸的壓力，還需對抗溫網傳奇選手，急於打破兩年半未在大滿貫封王魔咒的費德勒。只要再贏下一場比賽，他便能夠收復溫網王冠，還能奪回世界第一的王座，也因此前兩盤看得出他有些緊張。比分平手，第三盤依舊是老樣子，比賽因雨中斷，球僮快速替中央球場草地蓋上防水布。比賽暫停的四十五分鐘幫助費德勒鎮定心情，穩住他在場上的表現。這場比賽的關鍵在於第三盤第六局，經過了戲劇性的十八分鐘後，勝利的天平傾向費德勒這側。一局破發（四比二）讓他充滿信心，而莫瑞則是士氣大挫，眼睜睜地看著自己的第四場大滿貫決賽付之東流，束手無策，無法阻止費德勒在他鍾愛的溫布頓拿下他的第七場勝利（四比六、七比五、六比三和六比四）。費德勒淚流滿面，整個人在草地上打滾，想必心中也回想起連續喜悅數年後所經歷的那些煎熬時光。這是他的第十七座大滿貫金盃，追平山普拉斯在倫敦的七冠王紀錄，且確定將超越「手槍」皮特的排行榜頂點二百八十六週紀錄；就這點而言，他也稱得上是史上最強。費德勒喜不自勝，現在他的大目標是奧運金牌。這年他三十一歲，對他是機不可失，時不再來，更是忘卻諸多失望敗仗的機會。此外，奧運網球項目還將在他最愛的球場舉辦。

一個月後，主辦單位費了好一番工夫才復原了全英俱樂部的精美草地，倫敦奧運單打項目正式開打。納達爾是遺珠之憾，這次缺賽令他無比心痛，畢竟之前還是個孩子時他就參與過北京奧運。又是一個他無法捍衛的冠軍頭銜，而且不幸的是，他也慢慢習慣了。他的髕骨肌腱炎毛病害他無緣重新體驗奧運選手村的生活。在宣布棄賽的聲明中，納達爾顯得萎靡不振：「今天是我職業生涯最悲傷的一天，因為奧運是我最大的夢想之一，我職業生涯最特別的一刻也許是奧運開幕式擔任西班牙隊旗手，你們可以想像要做出這個決定有多困難。」

少了納達爾參賽攪局，這年溫網的四強選手均晉級獎牌戰，除了松加，還多了戴波特羅。戴波特羅與費德勒打了一場奧運史上耗時最長也最戲劇化的比賽，兩人光是這場三盤大戰便鏖戰四小時又二十六分鐘，才分出勝負（三比六、七比六和十九比十七）。這場對決有許多足以載入史冊的精采時刻和好球，戴波特羅將費德勒逼入困境，儘管第二盤搶七局未能一鼓作氣拿下勝利。比賽能夠載入網球史冊，不只是耗時很長，也是因為兩位選手皆展現無比熱情及勇氣。對決結束後，戴波特羅哭得撕心裂肺，他錯失奪冠機會，意志萎靡不振，肉體和靈魂都已榨乾。第二場四強賽，莫瑞持續拿出絕佳表現，戰勝喬科維奇，報了先前兩次大滿貫決賽被他截胡的仇。莫瑞堅若磐石，整場對決下來沒有被破發半次，連下兩盤七比五，拿下比賽。溫網決賽原班人馬上陣奧運決賽，但這次的結局大不同。金牌戰，費德勒打了他繼二〇〇八年的法網決賽後生涯最差的決賽之一。他被莫瑞打得潰不成軍，整場比賽下來只搶下七局（六比二、六比一和六比四）。

費德勒與戴波特羅一戰無疑耗損巨大，只能遷就於銀牌。這是他的第一面奧運男單獎牌，然而，他眼睜睜地看著自己錯過最後一次摘金機會，沒能拿下他無與倫比的戰績中所缺少的那項冠軍頭銜，這面獎牌對他又再次意味著失望。這感覺通常會發生在銀牌得主身上，當下無比心痛，唯有時間才能撫平傷痛。費德勒並不是唯一在倫敦垂頭喪氣的人。戴波特羅倒是及時自四強賽的重挫中重振旗鼓，拿出足夠力氣擊敗喬科維奇，奪下銅牌（七比五和六比四）。喬科維奇等於是連吞兩敗，既沒有拿下任何一面獎牌，也被踢下世界第一王座。

賽程狂熱，喬科維奇和費德勒彌補了奧運的幻想破滅，分別在多倫多和辛辛那提大師賽封王，儘管美網由時下的風雲人物奪下勝利。費德勒在八強賽遭柏蒂奇淘汰，莫瑞則是於決賽擊敗喬科維奇（七比六、七比五、二比六、三比六和六比二），高舉他在紐約的首座大滿貫冠軍。他先是不給喬科維奇問鼎奧運金牌的機會，現在又奪走他的美國王冠。莫瑞和教練暨傳奇選手藍道一樣，跌倒許多次如願在美網封王，前幾次挑戰都是失敗告終。這場勝利也確定莫瑞有望接替三巨頭，網壇唯一且真實的接班人。

這年季末還有一場費德勒與喬科維奇的世界排名第一之戰，費德勒自七月便蟬聯球王寶座至今。這年，全世界的網球迷都將目光聚焦在倫敦，結局同樣也發生在倫敦。倫敦O2體育館ATP年終賽上，喬科維奇力挽狂瀾，在決賽擊敗費德勒（七比六和七比五）。費德勒又白白浪費許多機會，因為第一盤他一度以三比〇領先，本可以拿下第二盤的勝利。對上喬科維奇簡直是他的彌天大罪；喬科維奇拿下他生涯第二座年終大師頭銜，並重返排行榜頂點，結束這年賽季。至於納達爾，他只有在電視上觀看這幾場決賽的份，西班牙隊台維斯盃敗給捷克隊的決賽也是（三比二）。這年賽季他本是最強，後來受傷，他仍需要療傷幾個月，也將錯過二〇一三年的第一項大滿貫賽事。莫瑞大展身手，補上了納達爾在賽季下半年留下的空缺。人們甚至開始討論「四巨頭」誕生的可能性。

3-15

二〇一三年：尤利西斯・費德勒

荷馬史詩《奧德賽》講述伊瑟卡國王尤利西斯征服特洛伊後的返家之旅。荷馬另部史詩《伊里亞德》則描述特洛伊戰爭。十年間，尤利西斯（希臘語中的奧德修斯）面對各種考驗，幾經波折，才終於返家，收復王座，回歸以往的生活。二〇一三年，費德勒開始了屬於他的漂流記。二〇一二年收復溫網後，瑞士球王開始了一段長達五年的顛簸旅程，雖然時間只有尤利西斯返鄉記的一半，但讓他體驗到諸多對他完全陌生的情況，最終才收復屬於他的領土。費德勒頭一遭必須與重大傷勢對抗、妻子再次懷孕（這次懷的是一對雙胞胎男孩），以及賽程重整，由於年紀和家庭責任的關係，他更加挑選特定賽事參加。再加上他的兩大宿敵正處於全盛期，他根本不可能將成績維持在相同水準上。然而，沒有人料到二〇一三年費德勒的表現會立即跌落谷底，唯一斬獲的頭銜是哈雷網賽的冠軍。

費德勒顯然必須重新規畫他的職業生涯，得更謹慎挑選比賽打，以免過度勉強自己的身體，並盡可能延長職業生涯壽命。

費德勒顯然必須重新規畫他的職業生涯，得更謹慎挑選比賽打，以免過度勉強自己的身體，並盡可能延長職業生涯壽命。為此，他有ATP無法估量的協助：ATP發布一條新規定：1.08條款，根據此規則，滿足下列三項要求的選手可以棄賽，且不會受罰：打過六百場比賽，在役十二年以上，年齡超過三十一歲。可能是巧合，也可能不是，這條規定通過時，費德勒三項要求都符合。

除了他以外，當下只有哈斯、斯泰潘內克和費雷爾可以從中獲益。不曉得納達爾和喬科維奇知悉這條他倆沾不上邊的規則時，心裡在想什麼，尤其是納達爾，他總是強力批評ATP在賽程上的安排。

與費德勒的糟糕賽季截然相反，這年對納達爾是美妙的一年，與二〇一〇年並列他職業生涯成績最好的賽季，打出七十五勝七負，並以十座冠軍結束這年賽季，其中包括兩座大滿貫冠軍和五座大師賽冠軍，追平喬科維奇在次級賽事創下的奪冠數紀錄。儘管喬科維奇這年的表現不俗，在澳網、年終賽和三項大師賽封王，但納達爾又再次轟動網壇，重返賽場，名正言順地收復世界第一王座。至於莫瑞，這次他包下費德勒所留下的空洞，再次成為霸權接班人，只要納達爾和喬科維奇缺席他倆引以為傲的賽事，莫瑞便會奪冠。

納達爾的其中一次缺賽紀錄發生在澳洲，由於膝蓋髕骨肌腱受傷，他不得不暫別球場，一停就是七個月。這點反倒讓他這年賽季的出色表現更添光彩。費德勒和喬科維奇同為墨爾本公園有史以來最強的選手，就沒有出什麼差錯。費德勒整場澳網下來的表現優異，但積累的疲勞最終害他的雙腿沉重得不聽使喚。他精力充沛地打入八強，但松加和之後四強賽的莫瑞都把比賽拖進第五盤，最終導致他在與莫瑞一戰上付出代價。儘管費德勒散發出類拔萃的光芒，但莫瑞非凡的體能最終決定了勝負，他可是網壇一流的防守者（六比四、六比七、六比三、六比七和六比二）。相隔四個月後，美網決賽發生過的事又再次上演了。喬科維奇闖進決賽，澳洲炎熱的天氣令他口乾舌燥，心中也滿是復仇業火。他的澳網之路風平浪靜，直到碰上瓦林卡，兩人的對決在第五盤以十二比十分出勝負，喬科維奇差點就要輸球。「斯坦野獸」從此成為喬科維奇的絆腳石。

這場決賽比預料中還來得沒那麼精采，因為莫瑞的右腳長了一顆水泡，痛得他苦不堪言，像是一頭小野豬般在場上苦戰，贏下第一盤，還幾乎將比賽拖到四小時那麼漫長，但他的狀態不佳，要擊敗喬科維奇這種巨人，根本連想都不敢想（六比七、七比六、六比三和六比二）。就這樣，喬科維奇高舉他的第四座諾曼．布魯克斯挑戰盃，也成為公開賽年代以來第一位澳網三連冠王。他迎頭趕上費德勒和阿格西這兩位在墨爾本成績最輝煌的選手，雖然這時的絕頂紀錄屬於愛默生，一九六一至一九六七年間六度封王。

澳網結束僅僅一週後，納達爾缺席網壇近八個月終於重磅回歸。他選擇智利作為復出的舞台。他決定參加拉丁美洲紅土巡迴，藉此開始恢復體能和球感，以便之後迎戰硬地球場的各項大師賽。他的此番規畫簡直做對了。復出首戰他便殺進決賽，也拿下巴西和墨西哥的冠軍，讓他快速恢復對自己表現的信心。經過那麼長的時間沒有比賽，沒有人想像得到他的復出會是如此成功。但我們可是在討論納達爾，他數次回歸網壇，都拿下網壇記憶中最出色的成績，這年只是其中之一。此外，這次復出也像在向世人宣告好戲即將上場。

下一項錦標賽，印地安泉大師賽，納達爾重返鬥牛圈的意圖一覽無遺。他在加州沙漠的表現出色，八強賽擊敗費德勒，四強賽戰勝柏蒂奇，決賽力克戴波特羅（四比六、六比三和六比四）——送喬科維奇上路的劊子手。暫別賽場那麼久，連他自己都無法相信居然能夠奪冠，他站在球場上，宣稱這是他「最特別的勝利之一」。此外，納達爾還對團隊和家人說了幾句誠心的謝詞，感謝他們在他養傷這段時間「忍受他」。這位大球王少了比賽的腎上腺素，要跟他朝夕相處想必不容易。他也和邁阿密大師賽說聲抱歉，說他之所以沒有參加，是不想在復出網壇初期就過度消耗他那易傷的膝蓋。

印地安泉一開始沒人注意到費德勒有傷在身，不曉得若他沒有棄賽，可能會害傷勢惡化。在對陣克羅埃西亞選手多迪格（Ivan Dodig）的比賽上，費德勒感覺背部疼痛，但他依舊輕鬆拿下比賽，且有意繼續征戰到底。之後與瓦林卡和納達爾的比賽花了他九牛二虎之力，加劇了疼痛的問題，即便這時候他也決定不要稍微暫停，等待身體完全復原。後果就是每隔一段時間疼痛就會發作，拖累了他一整年的表現。費德勒職業生涯將近十五個年頭，這還是他第一次面對有些嚴重的身體問題，他必須與這毛病共存。

來到紅土賽季。納達爾告訴世人他從未離開。他展現能量滿溢的狂野球風，闖進蒙地卡羅決賽，並接連拿下巴塞隆納、馬德里、羅馬和法網的冠軍。他想征服全世界。唯獨喬科維奇有能耐在摩納哥攔下他，以精湛球技大敗他（六比二和七比六）。這場勝利非同小可，因為喬科維奇中止了納達爾在蒙地卡羅鄉村俱樂部的八連冠紀錄。和觀眾說話時，納達爾說「這次沒辦法」。喬科維奇聽得笑了，伸出食指，向納達爾表示在這裡敗給他一次沒什麼關係。

這是紅土之王唯一一次讓步。至於費德勒和喬科維奇，他倆的表現非常不穩定，時而打出好比賽，時而慘敗。來到法網，費德勒在八強賽出乎意料敗給松加（七比五、六比三和六比三），儘管紅土並不是對松加有利的場地類型。喬科維奇的這些日子十分難熬，第三輪與迪米特洛夫的比賽後，他收到甘西琪過世的消息，死因為癌症。甘西琪是發掘喬科維奇才能的人，更是他的啟蒙導師。喬科維奇痛失至親，心情大受打擊，取消賽後記者會，兩天後才在媒體發聲：「她是我的再生母親，教了我許多東西，成就了今日的我、我的個性。我對她的印象非常好，我感覺自己有責任把她的精神傳承下去。她將一生奉獻給網球，她是我認識最不可思議的人之一。」

喬科維奇再次展現他的球王本色，克服精神上的痛苦，繼續在淘汰賽中挺進，最終於四強賽遭遇納達爾。納達爾雖然長時間缺賽，但仍位居排行榜第四位，預示著他將登上決賽的舞台。無論是選手，還是就兩人為菲利普．沙特里耶球場現場觀眾獻上高超球技來看，這場比賽很精采，到了史詩程度，ATP官方網站（www.atptour.com）甚至將其選為年度大滿貫最佳比賽。納達爾花了將近五小時才結束這場對決，邁向他在巴黎的第八場決賽；比賽的最後一盤相當戲劇化（六比四、三比六、六比一、六比七和九比七）。《國家報》（*El País*）的記者馬特奧（Juan José Mateo）在這天的報導中寫道，納達爾是「戰勝人生難關的紀念碑」。此話不無道理。面對網球史上最強的對手之一喬科維奇，納達爾給世人上了一堂榮譽感的課。他必須終結喬科維奇兩次。兩人的對決開始變得和前幾年的費納對決一樣，十分引人矚目。

決賽完全是西班牙人的舞台，費雷爾的戰力比預料得還低。要知道他可是網壇最強的選手之一，在紅土特別有兩把刷子。誰要是想像這場比賽會拖得漫長，午休時間還大睡特睡，醒來的時候就已經是頒獎典禮了。納達爾依舊展現破壞力十足的球技，將以往不知疲倦的費雷爾打得體無完膚，根本不讓他好好享受他的唯一一場大滿貫決賽（六比三、六比二和六比三）。納達爾八次打進法網決賽、八次封王，奪冠次數比任何人在任何一項大滿貫都來得多，決賽勝率高達百分之百。甚至法國觀眾也開始喜歡上他。如今，說納達爾會在法網奪冠，就像在說廢話。他在法網十拿九穩，完全沒什麼讓人意外的空間。

事情在溫網就不同了。前幾年，他在頭幾輪比賽打出引人注目的成績，但也沒有二〇一三年來得令人衝擊。有兩位選手在頭兩場比賽就將納達爾和費德勒淘汰出局，若我們把他倆的排名次加起來，會得到兩百五十一這個數字，這等級的選手根本沒機會闖進溫網八強。比利時選手達西斯（Steve Darcis）和烏克蘭選手斯塔霍斯基（Sergiy Stakhovsky），在世界最具聲望的球場，面對史上最強的兩位選手，創下了此壯舉，未來可以拿來跟子孫說嘴了。喬科維奇並沒有被嚇著，眼見兩位大宿敵紛紛落敗，他繃緊神經。四強賽他報仇雪恨，戰勝戴波特羅，報了一年前在同座球場被奪走銅牌的仇，儘管戴波特羅又再次逼得世界第一的喬科維奇拿出真本事，激戰到第五盤才不敵落敗（七比五、四比六、七比六、六比七和六比三）。倫敦奧運的某件歷史倒是重演了，綽號「坦迪爾高塔」的戴波特羅幫了莫瑞一個大忙，把他將在決賽遭遇的敵手整得筋疲力竭。與費德勒發生的事一樣，莫瑞把握戴波特羅傳給他的這個「空中接力」，在決賽上蹂躪了他的對手（六比四、七比五和六比四）。這天下午，莫瑞搖身一變成為首位在溫網封王的英國選手，打破七十七年無英國選手奪冠的魔咒。不難猜出他的第一句感想為何：「我真不敢相信。」中央球場全場觀眾也無法相信眼前的這一幕，不斷為新科球王獻上熱烈掌聲，明白他的功績有多麼非同小可。

在溫網的敗仗並沒有讓費德勒做出反應，面對沒有份量的對手他依舊踢了很多鐵板。他放棄參加加拿大大師賽，意圖重新站上辛辛那提的球場，並以最佳狀態登陸美網。但他的如意算盤失策了。辛辛那提大師賽，他在八強賽不敵納達爾，來到年度最後一項大滿貫，則在對陣羅布雷多的第四輪比賽飲恨落敗。瑞士球王找不到自己，他徘徊於球場上，身上完全沒有那股球王風範，完全看不出來他曾在場上施展魔法。好想念從前的那個他。

若在全英俱樂部落敗對某人是件好事，這人便是納達爾。淘汰出局後，他也能趁機休息兩週，讓他的膝蓋好好休息，讓身體充電，迎戰賽季的最後一哩路。這年的美洲巡迴是他職業生涯的最佳成績，施展了帽子戲法，在蒙特婁、辛辛那提和紐約皆拿下冠軍。在加拿大，他在四強賽送走喬科維奇，決賽戰勝地主選手拉奧尼奇（Milos Raonic，六比二和六比二），在辛辛那提決賽擊敗地主選手伊斯內（七比六和七比六）。到了法拉盛草地公園，由於費德勒已遭淘汰，決賽成了近年最強的兩位選手對決。又一次。世界第一對上世界第二。喬科維奇對決納達爾。喬科維奇與瓦林卡打了一場艱困至極的四強賽，以更強的姿態站上決賽。瓦林卡用他強力的單手反拍蹂躪喬科維奇，但喬科維奇撐了下來，激戰五盤後終於度過難關（二比六、七比六、三比六、六比三和六比四）。這是喬科維奇的歷史。

這場比賽符合眾人期待，許多精采時刻都讓亞瑟・艾許這座神話級球場的傳奇更上層樓。尤其第二盤第六局，兩人來回對拚了五十四球，戰況之膠著，連主審都自椅子起身。「沒有人和諾瓦克一樣，可以逼我使出真本事。」對決結束後納達爾如此說。最終，喬科維奇未能維持納達爾從第一分開始便帶入的高強度節奏（六比二、三比六、六比四和六比一），納達爾拿下兩人近期七度交手的第六勝，也成功翻轉了這道創傷。納達爾縱情大哭，從未像這個當下如此熱情地咬著獎盃。怎麼能夠不呢？一如他之後向媒體坦言，這年是「最感動的賽季」。他自地獄歸來，如今恣意漫步在雲端。哪兒的雲端？紐約的雲端。

喬科維奇也承認沒有人比納達爾更值得在紐約封王，在這個困難的當下他也給出預言：「我必須繼續戰鬥，繼續變得更強。我感覺我的職業生涯的全盛期就要到來了。」他這番話說得簡直對極了。雖然喬科維奇在二〇一五年才進入全盛期，他最偉大的時刻之一在他給出預言的隔週便展開了。他帶領塞爾維亞隊在貝爾格勒擊敗加拿大隊，再次晉級台維斯盃決賽，並開始了賽季最後一段路，成績優異，在中國網賽、上海大師賽和巴黎大師賽皆封王。此時他還剩下年終賽和台維斯盃決賽還沒打。這時有一則壞消息等著他，納達爾在北京闖入決賽後，收復世界第一王位，但說來也妙，這場比賽他敗給喬科維奇（六比三和六比四）。究竟是誰為這場敗仗心痛呢？

就在上海大師賽開打前，費德勒和安納科恩決定結束合作。費德勒需要有所改變，尋找解方。路奇依舊擔任主教練，儘管並不是一直伴隨在費德勒身邊，而費德勒開始考慮尋找輔佐他的候補人選。他需要找到能與他相輔相成的人，可以為他的球風帶來其他色彩的人。同時，他還必須想方設法晉級ATP年終賽。從來沒發生過這種事，而他也在巴黎壓哨達成了。搭上空中快線後，費德勒的第一站為倫敦，結果與三天前在巴黎大師賽一樣，敗給喬科維奇（六比四、六比七和六比二）。他展現球王真本事，擊敗賈斯凱和戴波特羅，終於成功擠進四強，但浴火重生、已重返第一的納達爾不放他通行決賽（六比三和六比四）。美網決賽的劇情又重新上演，世界第二再次大戰排行榜霸主。兩人的角色已互換，這次勝利的是喬科維奇（六比三和六比四），拿下他的第三座大師頭銜。一如二〇一〇年，納達爾一整年賽季如夢似幻，卻未能在ATP年終賽畫下完美句點。從今以後他沒有相同的機會可以結束賽季。

同樣一如二〇一〇年，喬科維奇想在同胞面前慶祝台維斯盃的勝利。舞台同樣也是已成為塞爾維亞網球聖殿的貝爾格萊德球場。他們的對手是現任冠軍、由斯泰潘內克和柏蒂奇領軍的捷克隊；這兩人可不是省油的燈。捷克隊的份量叫經驗不足的小將拉約維奇（Dusan Lajovic）無法承受，他年僅二十三歲，排名一百一十七，被迫替補蒂普薩雷維奇的空缺。捷克隊經驗老道的雙人組沒有被塞爾維亞主場觀眾所營造的熱血氣氛嚇著，而是充分利用拉約維奇年輕的弱點。決勝分時兩隊打成平手，喬科維奇拿下兩勝，抵消了柏蒂奇和捷克雙打組合各拿下的一分。一切都看拉約維奇和老狐狸斯泰潘內克了。斯泰潘內克血盆大口一張，將對手生吞活剝（六比三、六比一和六比一）。捷克隊噴灑香檳，塞爾維亞隊則像被潑了一大盆冷水，貝爾格勒正值冬季，想也知道有多難受。無法對喬科維奇苛求什麼，他可是拿下自己的每一分。他對他的國家義不容辭，表現可圈可點，好得不能再好。

這年賽季結束前，喬科維奇宣布他將聘貝克擔任教練，加入瓦伊達和團隊。他信誓旦旦地說，聘請貝克後，他要尋找「一個嶄新的焦點，與瓦伊達組成戰無不勝的教練團」。喬科維奇的這步棋下得十分完美，短暫適應後，二〇一四至二〇一六年間成績最輝煌的旅程就要到來。

3-16

二〇一四年：台維斯盃作為庇護所

瑞士隊有費德勒和瓦林卡，陣容堅強，而且瓦林卡實力大爆發，才剛拿下他的首座大滿貫冠軍。

納達爾復出網壇，經歷成績非凡的賽季，一切都指向二〇一四年他的戰果將更上層樓。他正處於全盛期，凱旋復出也令他充滿自信。然而，傷勢再度阻攔他的路。又一次。首先，後背的傷勢害他無緣拿下他的第二座澳網冠軍，賽季前半的表現都被這問題拖累；之後，他的手腕迫使他錯過整個美洲巡迴，包括他本要捍衛冠軍頭銜的美網，情況與二〇〇九年溫網和二〇一二年倫敦奧運如出一轍；最後，由於腹部受傷的緣故，他必須放棄倫敦舉辦的ATP年終賽。運氣很難比他還背。儘管他第九度在法網封王，也保不住世界第一寶座，排名跌至第三位。喬科維奇這年成績非凡，在溫網和年終賽均封王，更拿下五座大師賽冠軍，排名重返巔峰。他歷經大落大起，鳴槍起跑，展開他完全制霸網壇的兩年。

費德勒想念像他倆這樣統治網壇。這年大滿貫他又繳了白卷。這是他四年內第三次在大滿貫空手而歸，唯獨在溫網差點可以終止厄運，但喬科維奇在這場非同尋可的決賽中不讓他如願。無論如何，瑞士球王記憶中的二〇一四年都有愛，因為他用最佳方式結束了這年。挑戰多年後，費德勒在瓦林卡的輔佐下，終於帶領瑞士隊征服台維斯盃，而這年也是瓦林卡職業生涯最棒的賽季。這年賽季對費德勒無比艱辛，他的排名甚至跌至第八，但最終還是在賽季下半年成功找回水準，拿下五座冠軍，品嘗勝利滋味。

這年賽季初，費德勒在球風上引入重大變化。他尋找解方，為此聘請他童年的大偶像之一，艾柏格。兩人的結合很有看頭，因為他倆一直以來都是以強大的可塑性著稱的選手。艾柏格擔任顧問教練，輔佐主教練塞路奇。他的影響很快便有成效。費德勒在網前的侵略性變得更強，縮短了與對手來回對球的次數，更加使用反拍**上旋球**，而不是他經典的切球。這改變的其中一個目的無疑是為了減少在場上比賽的時間，避免對他的身體造成太多負擔。為達到這個目的，他也改用拍頭更大的球拍打球，儘管一開始很難適應。這新工具是Wilson為他量身打造，拍框更大，使用複合材質拍線，而拍線的間隔更大。費德勒藉此追求擊球的更大威力和更佳控制度，而作為結果，他的自信心也大幅提升。他費了很大力氣才踏出第一步，捨棄過往的球拍型號——山普拉斯從前使用的型號。對當代的重砲選手而言，那支球拍非常小，要求選手要有很好的體能，調整好位置，將球完美地打在拍框中心。儘管費德勒已有年紀，他仍一心想改善他的網球。他的自我要求令人欽佩，帶領他攀上顛峰，至今仍是他最主要的美德之一，也是讓他繼續在網壇戰鬥的關鍵之一。

這年賽季初，三巨頭在澳網開打前分別參加了不同的比賽，但只有納達爾在卡達取得勝利。他保持著前一個賽季的勁頭，但打從站上墨爾本公園的第一刻，他的身體便出了問題。比賽一開始，他左手上的一顆大水泡搞得他苦不堪言，水泡恰好長在他抓握球拍的位置。儘管出師不利，納達爾仍化險為夷，在非常困難的籤表分組中殺出重圍，接連擊敗孟菲斯、錦織圭和迪米特洛夫，一路殺進四強，遭遇費德勒。費德勒的晉級之路搞不好更淒慘，他必須淘汰松加和莫瑞這兩位曾問鼎澳網冠軍的好手。反觀喬科維奇，他未能成功打進四強，被瓦林卡阻攔下來，無緣拿下他的澳網四連冠。他倆的這場比賽無比轟動，喬科維奇最終因用力過猛而抽筋（二比六、六比四、六比二、三比六和九比七）。與貝克的合作可以說是出師不利，雖然他打了一場精采比賽，換作是跟其他教練合作，比賽結果肯定也不會改變。

四強賽，納達爾對自己的經典大敵下手毫不留情，兩人至今共對決了三十三次，這是他第二十三次擊敗對方。費德勒已對這項數據感到羞慚。他採用艾柏格的全新方針，但完全沒有將對手逼入窘境，反倒是自己心急如焚。反之，納達爾固若金湯，就連手上的水泡也沒有害他的擊球威力減弱。毫無波瀾的三盤（七比六、六比三和六比三）結束這場比賽。決賽納達爾將對上「另一位瑞士人」。瓦林卡將是他嘗試首次拿下雙圈大滿貫的最後一道阻礙。公開賽以來從無人達成此壯舉。就兩人先前交手的紀錄來看，納達爾占上風，先前十二次對決他全勝，連一盤都沒丟失。此外，瓦林卡過去十五度對決網壇排名第一的球王，連一次都沒贏過。瓦林卡在澳網的這兩週表現出色，但總總跡象皆表明納達爾將再次拿下勝利。

儘管我們永遠也不會知道若情況正常，會發生什麼事。賽前熱身時，納達爾的所有幻想破滅。事後的檢測指出他的後背水腫，導致他與勝利失之交臂。出於對網球的愛，以及對澳洲觀眾和對手的尊重，他在場上強忍不適，但第一盤不得不接受物理治療師的治療，事實擺在眼前，他無法拖走他在墨爾本的第二座冠軍。瓦林卡輕易贏下前兩盤，但沒來由地輸掉第三盤，與其說戰力大減的納達爾扳回一城，不如說是因為他自己過於緊張。納達爾的畫面有些不堪入目，他好幾次發球球速並未超過時速一百四十公里，職業選手的發球不該是這個速度。此外，他不追逐長球，因為疼痛害他無法自在移動。瓦林卡本屆澳網的表現優異，戰績絲毫沒有因此而削減。第四盤，他終於結束對納達爾和觀眾的折磨（六比三、六比二、三比六和六比三）。就這樣，「斯坦野獸」征服他的首座大滿貫冠軍，展開戰果極佳的三年，這三年間，每年賽季他都至少在一項大滿貫封王。他與莫瑞並列唯一有本事在最重大的比賽與三巨頭分庭抗禮的選手。納達爾二〇一四年的傷勢噩夢正是從這個不祥之夜開始的，成了他一整年的老毛病。事實上，後背傷勢問題拖累了他在整個紅土賽季的表現，成績大不如以往，即便如此，他仍再次在法網封王。他在法網奪冠完完全全出於慣性使然。

戰場來到北美的大師賽，喬科維奇拿下雙料冠軍，對上三巨頭另兩位的決賽皆勝出。他在印地安泉擊敗費德勒（三比六、六比三和七比六），在邁阿密戰勝納達爾（六比三和六比三）；這還是納達爾在佛羅里達輸掉的第四場決賽。此刻，費德勒已決定他這年的一大目標是首次贏下台維斯盃。他的獎盃展示櫃中戰績璀璨，獨缺台維斯盃和奧運單打金牌尚未攻克。二〇一四年，總總跡象表明他能夠達成此目標。第一個理由顯而易見，瑞士隊有費德勒和瓦林卡，陣容堅強，而且瓦林卡實力大爆發，才剛拿下他的首座大滿貫冠軍。這是費德勒頭一遭有位無比可靠的隊友。此外，晉級之路他們走得無往不利，第一輪遭遇塞爾維亞隊，但塞爾維亞沒有喬科維奇、蒂普薩雷維奇和特羅伊茨基。八強賽預計對上比利時隊、哈薩克隊，或者雖是奪冠大熱門、但少了納達爾的西班牙隊。以上總總加上瑞士隊長是他的教練塞韋路奇，而且他的摯友丘迪內利也在隊上，他還有什麼可以要求的呢？任誰都看得出來這是瑞士隊千載難逢的機會，瓦林卡甚至還透過媒體與費德勒眉目傳情：「我的夢想是羅傑會發個訊息給我，說他願意繼續打球。」而費德勒也說了「對，我願意」。

在貝爾格勒的第一場淘汰賽以三場對決分出勝負。費德勒突如其來地現身，重挫了塞爾維亞人的士氣，因為他們在最後關頭才曉得費德勒會參賽，恰巧在喬科維奇宣布棄賽之後，因為征戰澳洲的那幾週他累壞了。下一輪比賽，瑞士隊在日內瓦隊上哈薩克隊，所有預測差點就要翻車。第一場比賽，戈盧別夫（Andrey Golubev）讓瓦林卡大吃一驚，儘管第二場對決費德勒彌補了他的失誤。星期六警報大作，瑞士最強的兩位當家選手敗給哈薩克的雙打組合，戈盧別夫和內多維耶斯索夫（Aleksandr Nedovyesov）。瑞士隊必須扳回一城，而他倆也辦到了，日內瓦帕爾波展覽中心的現場觀眾也鬆了一口氣。瑞士隊與義大利隊的四強賽也將在同個舞台舉辦，但仍須等待至九月。

紅土賽季緊接而來，從蒙地卡羅開始。在納達爾的王國中，瑞士雙人組證明這年是屬於他們的一年，不約而同闖進決賽，驚豔世人。納達爾已敗給費雷爾，而喬科維奇則是費德勒送走的。這是「斯坦野獸」第三次現身大師賽的決賽，他也想打敗他的好友兼隊友，以延長自己的輝煌時刻（四比六、七比六和六比二）。這場敗仗並未打擊費德勒的士氣。兩週後，他公開喜獲第二對雙胞胎的消息，這次是一對男孩。利奧和利尼於五月六日降臨人世，費德勒和米爾卡的孩子們終於團圓，他倆同時照顧四個孩子，奔波征討比賽時的隨行人員陣仗浩大。接下來的幾年，夫妻倆縝密地安排後勤物流事宜，整合他們的龐大流動性基礎建設，包括人數眾多的大家庭、大陣仗的技術團隊、廚師和孩子們的老師及保姆。

家有喜事，費德勒放棄參加馬德里大師賽，並在羅馬重返賽場，他全心掛念著家人，首戰即落敗。馬德里大師賽，納達爾擊敗錦織圭，順利封王；錦織圭正如日中天，之後打進美網決賽，進一步證明自己的實力。羅馬大師賽，喬科維奇在納達爾最鍾情的領地之一打敗他（四比六、六比三和六比三）；年度第二項大滿貫在即，這場敗仗可能會對納達爾造成精神上的影響。然而，並沒有。

來到法網，納達爾總是進入熱血模式，一旦進入這個狀態，誰都攔不住他。就連費德爾或莫瑞等強手也無法讓他心緒不寧。喬科維奇同樣也毫無破綻，儘管他的對手最拿手的場地並非紅土，如契利奇、松加或拉奧尼奇等人。他在四強賽對上古比斯，被對方拿下一盤（六比三、六比三、三比六和六比三），是一路上碰到的最大阻礙。古比斯可是送走了費德勒；從二〇〇九年奪冠以來，費德勒每一年都比前一年提早一輪遭淘汰。羅馬大師賽的決賽在巴黎重新上演：排名第一和第二的球王一路上只丟失一盤，決賽正面對決。然而，這兒可是菲利普．沙特里耶，納達爾先生可不允許革命。就算喬科維奇搶下第一盤——先前的每一場決賽，他只要贏下第一盤，就必定能夠封王——也未能獲勝。隨著他逐漸意識到自己勢必輸掉這場決賽，越來越掩飾不住焦急的心情。在巴黎，只有納達爾才是唯一的火槍手，這場對決兩人來回抽球，精采無比，但納達爾在紅土球場依舊固若金湯，再次拿下勝利（三比六、七比五、六比二和六比四）。

納達爾在法網譜寫的傳奇變得越來越巨大，十年內九度封王；此外，這次還是五連冠，超越與柏格共享的紀錄，雖然納達爾已兩度達成了。此外，他還創下另一項非凡紀錄，連續十年都在大滿貫賽事封王，這項數據著實驚人。就連從職業生涯初期就纏著他的傷勢也擋不住他，再次證明他是獨一無二的選手，恆心與毅力堅定。柏格、山普拉斯和費德勒都位居之後，他們都曾連續八年賽季至少贏下一座大滿貫。拿下這場勝利後，納達爾保住排名第一的王座。喬科維奇意圖拿下他職業生涯獨缺的大滿貫金盃，替他的戰績錦上添花，但這個夢想第二次被納達爾攔腰斬斷。納達爾甚至三度在同一座球場上對費德勒做出同樣的事。若說誰最懂喬科維奇此刻的心情，那非費德勒莫屬。和費德勒一樣，比賽戰場從紅土改為草地，喬科維奇肯定開始感到解脫。

近幾年納達爾打得沒那麼順利的賽事正是溫網。連續第三個賽季，他連八強都沒能打進；這次是爭議人物基瑞爾斯害他無緣晉級決賽的。費德勒的戰況完全相反，他來到教堂路，走上曾無數次帶領他來到大教堂成功結局的道路，換言之，溫網之前他先到哈雷走了一遭，拿下冠軍盃。他的溫網晉級之路又同樣如草地般蓬鬆柔軟，一路直達決賽，唯獨好友瓦林卡稍微讓他碰上難關。喬科維奇的道路介於兩者之間，時而碰上簡單的比賽，時而碰上棘手的比賽，比方與契利奇的對決，他就被逼著打出驚天大逆轉（六比一、三比六、六比七、六比二和六比二）。溫網是他的新教練貝克最能助他一臂之力的大滿貫，因為貝克曾是溫網三冠王，而且就住在溫布頓。喬科維奇在球技上最明顯的改善就是他的發球，貝克還在當選手的時代，發球就是他的主要殺手鐧，喬科維奇的發球提升也是預料中的事。但一開始他倆也針對心智強度做了許多努力。喬科維奇也承認這一點，並在接下來幾個月展現堅若磐石的心智，幫助他克服許多棘手難關。

這場決賽一開始喬科維奇取得好兆頭，因為前一天捷克選手克維托娃（Petra Kvitova）在全英俱樂部拿下她的第二座冠軍。說來也巧，克維托娃首次封后是在二〇一一年，喬科維奇拿下他在倫敦唯一一座金盃的前一天。然而，費德勒對什麼預言的沒有興趣，他站上中央球場，準備不給對手喘息的空間，展現最純粹的艾柏格球風，不斷上網。他的上網次數也許太多了，少了冷靜和精準，喬科維奇開局便以三比〇教訓了他一頓。然而，費德勒並沒有改變他的比賽計畫，在搶七局這個打法最終收穫成果。比賽來到第二盤，劇本改變了，費德勒的發球不再百發百中，讓喬科維奇有機會展現他精湛的回球，並追平比分。第三盤搶七局，費德勒犯了兩大失誤，讓喬科維奇取得優勢。第四盤，兩人的表現讓看台上的觀眾熱血沸騰，費德勒甚至挽回一個賽末點，將這場對決推向決勝盤。在倫敦，球迷只有一位偶像，但就連看台上傳來的應援也無法阻礙喬科維奇在這座網球古蹟中拿下勝利（六比七、六比四、七比六、五比七和六比四）。預兆成真，喬科維奇再次成為克維托娃在溫網冠軍晚宴上的舞伴。這是他在英國聖殿拿下的第二座冠軍，他也收復世界第一的王座，終於宣洩最近幾場大滿貫決賽輸球的鬱悶。

亞軍得主費德勒這時已三十三歲，還能繼續爭奪大滿貫，說來也還算欣慰。他上一次打進大滿貫決賽是二十四個月之前的事，還能將世界第一逼至極限，一些細節決定了這場比賽誰勝誰負。看得出來費德勒做足了準備面對他的年度大挑戰，繼續與他的三巨頭同儕宣戰。喬科維奇在頒獎典禮承認了這點，感謝費德勒讓他在溫網封王，惹得中央球場全場哈哈大笑。玩笑開完後，喬科維奇嚴肅了起來，想講一段真摯又特別的謝詞。甘西琪前一年過世了。打從孩提時代，喬科維奇便與她分享著在溫網奪冠的夢想，現在想把這場勝利獻給她。「這是我一直想贏下的錦標賽，也是世界上最棒的錦標賽。我想將這份成就獻給我的第一位教練，她教導我擊球和做人的所有基礎。這份榮耀屬於她。」喬科維奇高舉獎盃，望著倫敦的天空，貝克和瓦伊達則在看台上感動地鼓掌。

喬科維奇重新攀上頂點，但這次是就兩個方面而言。溫網奪冠的四天後，他得到「已婚男子」的新頭銜，與伊蓮娜結為連理。此外，他一直以來的女友還懷有六個月的身孕，因此這對小夫妻的喜悅十分圓滿。位於蒙特內哥羅的亞得里亞海海岸，風景絕美的聖斯特凡島被他倆選為婚禮地點。雖然喬科維奇沒有時間休息，但婚禮的奢華肯定能讓他自賽事抽離。他花了好一番工夫才找回比賽節奏，在美洲巡迴時為此付出代價，無論是多倫多或辛辛那提大師賽，皆於第二輪就落敗。

納達爾甚至連參加上述兩項賽事的機會都沒有。這年他一直在受傷，大大小小形形色色的傷。這次問題出在他的右手手腕，某次練球時受了傷，不只發疼（納達爾早已習慣應對痛楚了），更害他無法撐著右手打反拍擊球，雖然一開始傷勢好似能夠趕在美網之前痊癒，但最終並無可能。這是他職業生涯第七次錯過的大滿貫。實際上，每六場大滿貫他就錯過一場，實在令人氣餒。而且拜納達爾再次缺席所賜，喬科維奇在出戰過的大滿貫場次上超越他，儘管比他晚了兩個賽季才初次站上大滿貫的賽場。納達爾的大滿貫參賽場次停留在三十九場，而喬科維奇已累積五十場，打從二〇〇五年的處女秀以來，他連一次都沒有缺席。費德勒也是，自一九九九年起的每一場大滿貫他都參戰了，甚至還創下連續參加大滿貫六十五場的紀錄。

費德勒在溫網的表現良好，之後也獲得充分休息。他在邁阿密打進八強，在辛辛那提擊敗三位世界排名前十的選手，莫瑞、拉奧尼奇、費雷爾，一舉拿下他的第六冠。他的良好狀態一路延續至美網，雖然四強賽他不敵二〇一四年正值全盛期的契利奇。契利奇僅花了三盤便擊敗他（六比三、六比四和六比四），過程出乎意料地輕鬆。這對費德勒就像是當頭棒喝，更慘的是，他還得知另一位晉級決賽的不是喬科維奇，而是錦織圭。數小時前錦織圭引起轟動，將奪冠大熱門淘汰出局，導致這場決賽沒有一位世界前十的選手（六比四、一比六、七比六和六比三）。克羅埃西亞重砲手契利奇拿下冠軍，加入戴波特羅、莫瑞和瓦林卡等人的行列，成為自二〇〇五年起少數有本事自三巨頭手中搶走大滿貫的選手。

費德勒沒有時間自怨自艾，一週後便必須站上台維斯盃四強賽的戰場，與義大利隊交手。日內瓦帕爾波展覽中心再次成為瑞士隊的魔幻舞台，毫無懸念地戰勝這支來自阿爾卑斯山彼側的隊伍。費德勒和瓦林卡不費吹灰之力擊敗博萊利（Simone Bolelli）和福尼尼（Fabio Fognini），然而，他倆在雙打比賽卻戰勝瓦林卡和丘迪內利的組合。最終還是靠著老大哥費德勒帶領瑞士隊晉級他們心心念念的決賽。他並不打算讓大好機會白白飛走，痛宰了福尼尼一頓（六比二、六比三和七比六）。瑞士隊距離首座銀沙拉碗只差一步之遙。晉級之路走來一點都不崎嶇，真正的難關可以說是法國隊，隊上有松加、孟菲斯和賈斯凱，此外，決賽的球場也對他們有利。

年度最後一項賽事前，喬科維奇在中國網賽、巴黎大師賽和倫敦年終賽皆奪冠，成為網壇的大主角。他的第一個兒子替他的諸多成就錦上添花，斯特凡・喬科維奇（Stefan Djokovic），出生於蒙地卡羅一間私人醫院，蒙地卡羅也是他與妻子的現居地。斯特凡出生的幾天前，費德勒在上海大師賽封王，之前在四強賽淘汰了喬科維奇。這是他最不在意的一次敗仗。費德勒恰好成了最適合喬科維奇的一面鏡子，從這一刻起他也必須重新規畫他在網球場外的人生，與他的大勁敵先前一樣。

這個改變並不容易；儘管他最成功的時期開始了，私生活領域他碰上一些困難，靠著伊蓮娜的無條件支持才得以克服。

納達爾恰好選在亞洲巡迴復出賽場，但只打了七場比賽就又負傷。二〇一四年他的運氣簡直背到家。他的不幸始於上海大師賽，感覺腹部不適，第一輪比賽就敗給羅培茲，慘遭淘汰。他的苦痛尚未停止；瑞士室內網賽後（又是費德勒奪冠），他在巴塞隆納一家私人醫院動了闌尾手術，術後必須靜養三週，因此他的賽季也到此為止。這將是他十年來第四次錯過年終賽，缺賽率高達四十%，害他無法湊齊戰績。未來他還會缺賽更多次。

令他惋惜的是，在倫敦，媒體的注意力全聚焦在台維斯盃的瑞士隊上。喬科維奇高舉他的第四座年終賽金盃，而且還是三連冠，但主角是費德勒、米爾卡和瓦林卡。事件完全無關什麼三角戀情，反倒恰恰相反。年終賽的大爭議發生於四強賽上；這場比賽對瑞士本應是台維斯盃決賽前的一場派對，在前往里爾前幾天差點演變成決裂。費德勒打了一場精采對決，拿下四個**賽末點**，而瑞士二把手瓦林卡則向法國主審穆希耶（Cédric Mourier）抱怨，說他每次準備發球，好友兼對手費德勒的妻子就會發出叫聲。面對瓦林卡的抱怨，看台上清楚傳來某人罵了他一句「愛哭包」。許多目擊證人，其中包括這場對決的數名攝影師，皆把矛頭指向米爾卡，瓦林卡也是這麼認為。事件過後，費德勒逆轉比賽，成功晉級決賽，但之後不會上場應戰。然而，更糟的是另一場決賽，台維斯盃決賽陷入危機。首先，這場硬仗害他受了傷；再者，這起事件害他與瓦林卡的關係處於破裂危險，而瓦林卡是他在國家隊中的強力夥伴。這起衝突的起源可以回溯到更早之前，幾個月前兩人在溫網八強賽對上，當時瓦林卡就曾埋怨過米爾卡的態度。距離瑞士隊的大日子剩沒幾天，隊長暨費德勒的教練路奇未來有份艱難的工作，必須想辦法讓這兩人重修舊好。

由於背傷問題，費德勒並沒有現身ATP年終賽決賽。從二〇一三年他就為這個問題所苦，也害他可能無法參戰台維斯盃。頭一回，大師的頭銜在沒有比賽的情況下決定贏家。比賽開始前半小時，費德勒現身倫敦O2體育館，宣布他將無法比賽。「說來遺憾，我的狀態不佳。我什麼都嘗試過了，我也不喜歡像這樣子結束。從昨晚開始我試過止痛藥、各種療法、休息、熱敷，但我沒辦法以這種狀態與諾瓦克一較高下。」就這樣，喬科維奇連球衣都沒換上，就結束了他豐收的一年。套一句傳奇足球教練埃雷拉（Helenio Herrera）的說法，喬科維奇「根本連大巴都沒下」就贏了。

至於「米爾卡門事件」，費德勒和瓦林卡做了明智決定，私底下解決了這個問題。現為成功球評的前選手馬克安諾指出，他倆在更衣室有過一段冗長且緊繃的對話，開始化解誤會。費德勒和瓦林卡是長年好友，曉得這起爭議事件到頭來只會傷害他倆，並害他們偏離大目標。就這樣，瑞士隊來到法國隊為他們在里爾皮耶・莫瓦體育場準備好的決賽生死鬥，面對兩萬七千四百四十八位觀眾。松加、孟菲斯和賈斯凱將在這個對任何選手都夢寐以求的氣氛中比賽。第一天好似奏效。瓦林卡力挽狂瀾，擊敗松加（六比一、三比六、六比三和六比二）。瑞士二哥藉此彌補費德勒敗給孟菲斯的比賽（六比一、六比四和六比三）；這場比賽費德勒的球技下滑，絲毫不見球王風采。他的後背疼痛問題尚未痊癒，也導致瑞士隊的奪冠機會岌岌可危。

第二天是這場淘汰賽的轉折點，瑞士史上最強的兩位網球選手輕鬆擊敗貝內托（Julien Benneteau）和賈斯凱（六比三、七比五和六比四）。比賽第三日，費德勒有機會成為瑞士隊的英雄，替國家拿下關鍵一分，彌補他輸給孟菲斯的敗仗。他並沒有辜負大家期望。面對完全解放的球王，賈斯凱毫無招架之力。費德勒有如一道網球颶風，襲捲而過，快速拿下三盤（六比四、六比二和六比二），帶領瑞士隊攻下首座銀沙拉碗。費德勒和瓦林卡言歸於好。這年無論對瑞士或者對瓦林卡都是偉大的一年。而且台維斯盃冠軍對費德勒是最特別的頭銜，此外，他還是與摯友丘迪內利及教練路奇一同拿下的。三十三歲，身旁圍繞著朋友，這天下午他在里爾征服了他在網球星球所缺的倒數第二座高峰，甚至可以說讓他獨一無二的球王身分更具份量。

3-17

二〇一五年：喬科維奇之年

對許多專家而言，喬科維奇的2015年賽季跟公開賽年代的任何選手相比，都是最佳賽季。幾乎不可能超越他的成績。

用中華文化曆法的生肖來比喻，二〇一五年是網球野獸喬科維奇之年。這年賽季他所展現的球技水準和打出的成績，從前並不常見。也許是前所未見。二〇〇五和二〇〇六年的費德勒，二〇一〇和二〇一三年的納達爾，以及二〇一一年（和之後的二〇二一年）的喬科維奇，都打出足以載入史冊的賽季，和康諾斯、馬克安諾或藍道等網壇神話一樣。然而，對許多專家而言，喬科維奇的二〇一五年賽季跟公開賽年代的任何選手相比，都是最佳賽季。幾乎不可能超越他的成績。說來也妙，喬科維奇這年賽季一開始輸掉卡達的八強賽，但從那之後，他參加了十五項錦標賽，無一不打入決賽，奪下十一座冠軍，其中包括三座大滿貫、六座大師賽（絕對的紀錄）和ATP年終賽。更不用說他是年度排名第一的球王，積分達到一萬六千五百八十五分，打破最高分紀錄，這分數幾乎是排名第二的莫瑞積分的兩倍。這年度排行榜在歷史上寫下新頁。此外，喬科維奇的八十二場勝利也讓他贏得豐厚獎金，約超過一千八百萬美金，從未有選手在單一賽季贏得如此大筆金額。他的少數幾場敗仗是敗給卡洛維奇、莫瑞、瓦林卡和費德勒，而且是三度敗給費德勒。最令他心痛的敗仗無疑是與瓦林卡對決的法網，他再次與他的最大目標失之交臂。

這年喬科維奇大放異彩，使得費德勒無法在冠軍頭銜上重新取得亮眼成績，因為單就在場上的表現來看，他這年打得很好。季初，費德勒在布里斯本國際網賽封王，戰勝拉奧尼奇，這場比賽已是他職業生涯的第一千勝，一個充滿象徵意義的數字。「我的女兒們還數不到一千呢。」在球場上接受採訪時，費德勒如此說道。排在他前面的只有藍道的一千零七十一勝，以及康諾斯的一千兩百五十三勝。此外，至此費德勒打了一百二十五場決賽，這是他拿下的第八十三座冠軍。另外，他這年在溫網、美網和年終賽都將打進決賽，但喬科維奇對他有如一面無法逾越的高牆。這年兩人八次對決，費德勒擊敗喬科維奇三次，但偏偏都不是在重要比賽贏的。儘管這年他共收穫六座冠軍，但只有辛辛那提大師賽是頂尖賽事。

納達爾的這年賽季糟得不堪入目。他對自己的球技失去信心，害他打出職業生涯成績最差的賽季。十年來頭一遭，他沒有拿下任何一項大滿貫冠軍，就連法網也成不了他的庇護所。從二〇一四年，他便因傷無法持續參賽，士氣大受影響，自信陷入危機，費了好一番工夫才走出來。他的不安全感一覽無遺，他甚至在某些特定時候感到焦慮。這反映在他不佳的表現和成績上，排名一度下降至第十位，儘管最終爬回年終第五。他的父親塞巴斯蒂安日後在《羅賓遜報告》（Informe Robinson）節目說：「那些年的身體耗損，結果導致一些情況，不是在球場上，而是害他在日常生活中越來越焦慮。他開始產生負面態度，看起來不開心。他過得不好。」西班牙球王在職業生涯遭遇的困難何其多，這場每天與自己的抗爭是他打過最硬的仗之一。然而，與他打過的其他無數戰役一樣，他受盡苦痛，但終將勝利。

儘管心存疑惑，納達爾還有勇氣往前邁出一步，做出無論是運動員還是個人都值得受讚揚的舉動，他承認自己的焦慮症和心理障礙。他是史上最具天賦的選手，承認眼下的問題是他最主要的弱點。此話一出，在網壇掀起**軒然大波**，因為當時在體壇，心理健康問題基本上可說是禁忌話題。此外，沒有人樂見他在球場如無頭蒼蠅，沒有決心。然而，雖然這麼說可能聽起來自相矛盾，他坦承自己的弱點與恐懼，恰恰表示出他的心智有多麼強韌。從那之後他開始恢復，雖然必須走過漫長的路。唯獨他、家人、朋友和團隊曉得這段時期他都在面對些什麼。

賽季初納達爾在澳洲的體驗非常差。他對上柏蒂奇，賽後坦言打了一場糟糕透頂的比賽，不到一小時便丟失兩盤，面對捷克**轟炸機**的猛攻，僅僅拿下八局（六比二、六比〇和七比六）。他的苦難之路就此展開。然而，當時更令人跌破眼鏡的是費德勒敗給義大利的塞皮，因為他連續十一屆澳網都至少晉級四強，紀錄就此中斷。三巨頭只剩一位尚未倒下。與納達爾相反，喬科維奇在墨爾本公園展開他的勝利之旅，直達年終冕禮。他的王冠不是荊棘，而是桂冠。各位還記得「連通器」的理論嗎？

兩大宿敵不約而同缺席，喬科維奇與唯二膽敢在三巨頭時代拿下一座以上大滿貫冠軍的選手對決。而且這兩人都趕赴戰場了。四強賽，總是令喬科維奇頭疼的對手瓦林卡，再次將比賽推至極限，但這次喬科維奇在決賽盤把他打得體無完膚（七比六、三比六、六比四、四比六和六比〇）。瓦林卡惹到他不該招惹的人。對決莫瑞的決賽，喬科維奇最後一盤再次讓對方抱蛋（七比六、六比七、六比三和六比〇），結束比賽，高舉他的第五座諾曼·布魯克斯挑戰盃，他的第八座大滿貫冠軍。這次是莫瑞第四次在羅德·拉沃球場鎩羽而歸，其中三次就是敗給這位巴爾幹島剋星。

年度的第一場美洲巡迴，喬科維奇打好打滿。排名第一的他在印地安泉決賽戰勝費德勒（六比三、六比七和六比二），抱了幾週前在杜拜敗給他的一箭之仇。之後在邁阿密，莫瑞再次成了喬科維奇在最後一輪的手下敗將，而且喬科維奇再次讓對手在最後一盤掛蛋（七比六、四比六和六比〇）。事到如今，人們已經開始討論納達爾的季初打得有多糟了，他接連敗給拉奧尼奇和沃達斯科，看不出曾是統治網壇的王者。儘管如此，紅土賽季到來，以往納達爾總是火力全開，所有人都期盼他能夠恢復正常。然而，不管現在看來有多麼難以置信，納達爾最終只打進一場決賽，馬德里大師賽，還打得不怎麼火熱便敗給莫瑞（六比三和六比二）。他的症狀十分令人擔憂，他的比賽危機顯而易見。納達爾百般嘗試無果，時而表現良好，時而打得一敗塗地，更何況他是這種水準的選手。只有法網可以讓他擺脫這個絕境。納達爾的心理障礙最主要的受益者就是喬科維奇，他把握納達爾在蒙地卡羅和羅馬的「缺席」，攻克兩座他以往通常無緣拿下的冠軍。

最大的未知數是之後法網會發生什麼事。法網是納達爾的領土，是他人無法打下的王國，他在法網打了七十一場比賽，贏了其中七十場。八強賽對決喬科維奇時，納達爾有機會拍桌吆喝，扭轉他的處境。兩人在他最鍾愛的球場上比賽，這年還是他成為史上最強紅土選手的二十週年。還能出什麼差錯呢？答案是全部。對納達爾而言，陰天變成黑暗的日子，他摔落谷底。網壇的許多同儕說這次是納達爾第一次認輸。而且還是在菲利普·沙特里耶球場。場上的這名選手不是納達爾，不是那位九度征服火槍手盃的球王，不是那位法網的在世傳奇。納達爾徘徊球場上；他是偉大的戰士，是熱情與付出的典範，見他這個模樣實在令人難以接受。但他也是人，雖然許多時候我們都懷疑他是外星人。喬科維奇將這一切看在眼裡，他曉得宿敵目前很弱，直擊他的要害，不給他喘息的機會，僅花了三盤便了結這場對決（七比五、六比三和六比一）。納達爾參加過十一屆法網，這是他第二次被淘汰出局。最後一分演繹了他面臨的危機有多麼嚴重。他讓對手三度握有賽末點，甚至連做個樣子爭奪這一分都不。喬科維奇的回球才正要落地，他就已經準備到網前做最後的致意了。沒有人能夠相信眼前的這一幕。他怎麼了？

喬科維奇更摸不著頭緒。他看見這次是他在法網封王並達成生涯大滿貫的大好機會。費德勒也於八強賽被瓦林卡淘汰（六比四、六比三和七比六），澳網的歷史正在重新上演。要取得勝利，他變成必須再次擊敗瓦林卡和莫瑞，這次順序反了過來。直到二〇一九年前，這次是費德勒最後一次參加法網，由於他小心選擇比賽出戰的策略，接下來的三屆法網他都棄賽。對決莫瑞的四強賽上，喬科維奇被追回兩盤，頓時覺得自己的獲勝機會岌岌可危。這場比賽由於光線不足中場暫停。比賽重新開始時，喬科維奇以二盤比一盤領先，但莫瑞拿下第四盤，將比賽帶入第五盤。直到這時喬科維奇才做出反應，贏下比賽晉級決賽。決賽等著他的對手是瓦林卡。瓦林卡前一天打敗松加，因此決賽時他的體力較充沛，但他將面對一位好似浸泡過冥河之水的選手。這人如阿基里斯般戰無不勝，連續拿下二十八場勝利，除了澳網，也在四項大師賽封王。若這麼說還不夠，沒有他更積極想征服的冠軍獎盃了，法網是他心心念念想拿下的目標。一如阿基里斯，喬科維奇一心追求榮耀，並不打算撒手放開。

然而，斯坦野獸迎接挑戰，他也熟悉這則希臘神話故事。阿基里斯有個弱點，而瓦林卡死命對其猛攻，就像自行車選手說的，一股腦地埋頭猛衝，不顧前方有什麼危險。儘管輸掉第一盤，瓦林卡繼續不停對喬科維奇發動攻勢，不斷得分，最終在數據上終於超越對手。盤中比分平手時，瓦林卡的信心與士氣呈指數型增長，而對手的氣勢則變得越來越弱。喬科維奇必須等待新的機會降臨，因為這天是屬於瓦林卡的日子，他展現精湛球技，第四盤將火槍手盃收為囊中物（四比六、六比四、六比三和六比四）。這是瓦林卡第二座大滿貫金盃，短短兩年內他就替他的獎盃展示櫃增添許多光彩。這場比賽對喬科維奇是他職業生涯最沉重的敗仗，最難以承受的失敗。這次是他第三次在法網決賽鎩羽而歸，而且這年的對手還不是納達爾。納達爾遲早會恢復他的球王本色。這年是喬科維奇表現最佳的賽季，這場比賽也是他最慘烈的失敗。有些事情唯有在體育的脈絡中才解釋得出來。

只有在這個範疇才可以理解為何幾週後布朗（Dustin Brown）會在溫網第二輪戰勝納達爾。這時的納達爾排名第十，歷經法網早早淘汰後，他的表現有所改善，甚至在草地球場的斯圖加特封王。然而，一個人運氣很背時，霉運會累積起來。布朗打了一場他人生最棒的比賽，在場上舉手投足有如天使下凡，對上史上最強的選手之一，他甚至讓人感覺有些游刃有餘。這場對決納達爾並不是打得不好，但對手的擊球想怎麼打就怎麼打，無論有多麼天方夜譚都打得出來。信不信由你。布朗於第四盤終結比賽，在納達爾的傷口撒鹽。

溫網慘遭淘汰後，在他最低潮的時候，納達爾尋求總是對他最有用的治療方法：他返回馬約卡島，在家鄉待上幾週，暫時把網壇賽事拋諸腦後，讓大海和家人陪伴他。他需要充電，需要暫時忘卻網球一陣子，讓家鄉的海風幫他釐清思緒。同時在全英俱樂部，二〇一四年的歷史重新上演，喬科維奇在週日決賽與費德勒一較高下。結局為何？前一年的決賽對決組合重演，兩位選手都拿出真本事，為大教堂的現場觀眾獻上他們最厲害的抽球、反拍和截擊，絲毫不留一手。雖然費德勒未能順利靠發球拿下第一盤，他並沒有垂頭喪氣，第二盤繼續拿出最佳實力，搬出他曾征服萬千球迷的擊球軍火庫。戰火正熾時，天空落下雨水，好似就要害觀眾意猶未盡。但那是假警報，比賽隨即重新開打；如同皇后樂團主唱墨裘瑞（Freddie Mercury）所唱，「表演必須繼續下去」（Show must go on）。網球課繼續，但費德勒急於攻擊對手，最終犯下許多不該犯的失誤。喬科維奇並沒有放過他一馬，從來都不會，他於第四盤結束這場比賽（七比六、六比七、六比四和六比三），一面高舉雙臂，一面著魔似地向團隊大喊。這是他的第三座溫網冠軍，他曉得這場勝利有很大一部分必須歸功於貝克和瓦伊達的努力。兩位教練正將喬科維奇推上他職業生涯的最高點，甚至改變

ATP的現狀。溫網勝利將幫助他忘卻巴黎的創傷。

夏季休兵並沒有打斷世界第一球王對於冠軍頭銜的渴望，他保持同樣的勁頭，一路征戰到年終。他對於宿敵的唯一讓步發生在美洲巡迴上，屈居亞軍。莫瑞和費德勒在蒙特婁和辛辛那提感激喬科維奇的慈悲，感激他讓他倆抱回冠軍。在尋找對付喬科維奇銳不可擋球技的解方過程中，費德勒為他無窮盡的招式添加一種新的擊球。這招被他的經紀人命名為SABR（Sneak Attack by Roger，羅傑奇襲），在對手準備打出第二次發球時往前邁進許多步。費德勒靠著這招打得對手出其不意：回球時，他人已經來到網前，給對手非常短的時間做反應。這個戰術極具風險，馬克安諾從前就使用過，但費德勒的打法更加困難，因為他打的幾乎是壓線球。這招無疑打得所有對手猝不及防，就連喬科維奇也無法招架，但幾個月後，費德勒就不再使用這招了。這個打法的風險太高了，因為他必須猜測發球的軌跡，而且得分率也沒那麼高。

紐約，世界第一球王的憐憫來到盡頭，已經沒有任何計策攔得住他。錯失兩座冠軍已經太過頭了。納達爾倒是和季初在里約決賽一樣，在美網也對福尼尼仁慈。福尼尼再次反超納達爾，這次追回兩盤；納達爾一共在大滿貫打過一百五十三場比賽，這還是他第一次如此白白浪費優勢。但在二〇一五年，什麼事都可能發生。賽後人人各有一套解讀方式。愛烏鴉嘴的人說納達爾的氣數已盡，但在信徒眼中，偶像已重振旗鼓。當然，答案尚未揭曉。前兩盤納達爾打得非常好，換作是其他任何一年，這場比賽早就畫下句點。顯然他的狀態已有所改善，這是一個出發點，但要恢復最佳水準，他還有好長一段路要走。納達爾在記者會上也承認這一點：「我拚戰到最後，經歷這一切後，我沒有一刻認輸，心態沒有一刻崩潰。現在暫時還輪不到我贏球。我不得不承認自己還要變強。」納達爾正在安上他心理城牆的第一塊石頭，令對手聞風喪膽、曾帶領他攀上頂點的那面城牆；那面一直保護著他，並於二〇一五年崩塌的城牆。

費德勒倒是在美網重現最佳水準。此時位居第二的他游刃有餘地在硬地球場擊敗數名危險的對手，如伊斯內、賈斯凱和瓦林卡；瓦林卡已是大滿貫決賽的常客了，他就像是鬣狗潛伏於四周，看看若三巨頭這三位大掠食者會不會落下主餐不吃。然而，費德勒不留下殘羹剩飯，晉級決賽的路上就連一盤都沒有丟失。他打起球來乾淨俐落，展現出唯有他才展現得出的可塑性，宛如擊劍大師，在紐約替大家上了一課。在他身上看得出艾柏格精緻的手腕。

喬科維奇碰上的困難比預期中來得大。對上鮑蒂斯塔．阿古和羅培茲這兩位西班牙強手，他不得不使出全力，雖然晉級之路並沒有陷入危險。四強賽他對上時任冠軍契利奇。喬科維奇想清楚告訴契利奇前一年發生的事純屬意外。整場比賽他輾壓契利奇（六比〇、六比一和六比二），而契利奇從沒如此珍惜他在二〇一四年征服的冠軍。拿下這場勝利後，喬科維奇成為公開賽年代繼拉沃和費德勒之後，第三位在同一年賽季打進四大滿貫決賽的選手。而費德勒恰好是他在亞瑟．艾許球場的對手。大雨滂沱，比賽延遲了三小時才開打。人們總說好事需要等待，確實如此，喬科維奇處於有史以來的巔峰，費德勒也正逐漸恢復他卓越的身手，這場比賽勢必值得等待。費德勒先前在辛辛那提擊敗喬科維奇，相信自己可以再下一城。

比賽的前兩盤精采絕倫。紐約觀眾就喜歡看這種激戰，場上的分貝數不斷提高。費德勒依舊打得很激進，除了發球和截擊外，也頻頻上網，這個經典打法總是讓紐約球迷驚奇。但喬科維奇並沒有被他嚇唬住，透過他在場上不可思議的滑行進行防守，以令人不安的強力擊球反擊，儼然一具裝有溜冰鞋的火箭炮。與之前溫網發生的事一樣，從第三盤費德勒的節奏開始下降，但喬科維奇的生化人狀態並沒有煞車模式，最終拿下這場令人難忘的比賽。喬科維奇狠狠瞪了一眼無條件支持費德勒的全場觀眾，用這個方式慶祝拿下關鍵一分。這是他在美網拿下的第二座金盃，先前四次問鼎冠軍都以失敗收場。這也是他第二度在同一年賽季征服三項大滿貫，比三度達成此壯舉的費德勒少了一次，但比納達爾多一次。但他與他們兩位的各自對決勝敗倒是打平了，分別都拿下二十一勝。對費德勒而言，一個傑出的賽季與一個良好的賽季之間的差異便是喬科維奇。在艾柏格的指導下，他的球技大幅提升，但關鍵時刻依舊無法一舉拿下勝利。

巴爾幹半島颶風沒有減弱的意思，繼續馬力全開。喬科維奇在最喜愛的錦標賽之一中國網賽，五輪比賽打下來只輸了十八局，平均下來每場比賽只丟失三局多。伊斯內、費雷爾和納達爾只能為他的高超球技鼓掌。納達爾這邊有一則好消息：他重新站上決賽舞台，儘管最終是以大敗收場，但他還是再次問鼎冠軍了（六比二和六比二）。在紐約對決福尼尼時就看得出納達爾有明顯的改善，他也在中國網賽四強賽保持此狀態（幾日後在上海大師賽也是）一雪前恥，擊敗福尼尼。納達爾正嘗試讓他的球技得到進化，賽季就要結束了，是時候為下個賽季先小試牛刀了。他的目標是打得更激進，縮短得分時間以及上網。這個戰術與費德勒先前採取的打法類似，但又不失自己的風格，雖然進攻性沒那麼強。這個打法在於加大火力，而不是用細火慢熬的方式得分，能夠減少對身體的負擔。天才總曉得如何重塑自我，納達爾與費德勒一樣，決定往這個方向邁進。

戰場回到歐洲，睽違二十一個月，網球經典中的經典對決重新開打。費德勒和納達爾在瑞士巴塞爾網賽重逢，而且是在決賽重逢。聖雅各布體育場就是費德勒的主場，在家鄉征服他的第九座冠軍，但最重要的是再次看見這兩位神級選手和往日一樣爭奪冠軍。這麼多年來兩人幾乎每逢週日都在對決，可想而知球迷有多麼思念他倆。這場比賽不是溫網決賽，但根據費德勒於賽後所言，「是非常特別的一天」。他以三盤拿下勝利（六比三、五比七和六比三），中斷納達爾於兩人對決打下的五連勝紀錄。在瑞士室內網賽的優異表現讓納達爾確認自己的勢頭正旺，也讓他入圍年終賽。這年賽季好一段時間，一切對納達爾好似都很危險。

這年是喬科維奇之年，派對尾聲的主角必須是他。他先是在巴黎征服他的年度第六座大師賽冠軍，打破與納達爾平手的紀錄，接著空降倫敦。大家都期待他再下一城，錦上添花。喬科維奇熱愛扮演主角，非常樂意這麼做……而且他的球技精湛，曉得該怎麼做。這年是公開賽年代最棒的賽季之一，O2體育館展開一場最恰當的對決：喬科維奇贏下他的第五個大師頭銜，而且還是四連冠，先是在四強賽擊敗納達爾（六比三和六比三），再於決賽力克費德勒（六比三和六比四）。他做夢也沒有想到自己有一年會取得此番驚人成績。這有史以來最佳的一年嗎？可能是吧。他心中只剩一根刺，雖然扎得很深，難以挑出。他已證明自己的實力可以與費德勒和納達爾並駕齊驅，大滿貫奪冠數的差距也大幅縮減（十七比十四比十）。即便如此，要成為兩位大宿敵高度的傳奇，他還差重要的一步：贏得法網冠軍，達成生涯大滿貫。二〇一六年他滿腦子就只有這個目標。

年終賽的幾週後，費德勒發了一則聲明，宣布他將不再與艾柏格合作，新賽季將由留比契奇擔任他的教練。路奇依舊會是他的主要教練。艾柏格幫助費德勒改變許多面向，這些改變正在取得不錯成績，留比契奇未來的任務就是將其繼續打磨。費德勒與艾柏格協議好結束合作，因為事實上，一開始簽訂的合約就是一年，由於之前費德勒的表現有所改善，兩人才延長合作關係。許多人開始要求納達爾也做出一樣的決定，要他別再和托尼合作。這些人提出的論述是長年的職業合作關係對精神有所損耗，換作是任何人都一樣。然而，儘管他倆都承認確實如此，兩人在私領域的羈絆更為緊密，並不打算因為一年成績不如意，就舉白旗投降。納達爾親上火線替團隊辯護，說許多時候無論勝敗，他都難辭其咎。他替整個他所信任的團隊說話，雖然他也開始琢磨召募新血的可能性，找個想法新穎且能彌補他不足的人。現在還不是時候，但不失為一個選項。一切取決於二〇一六年的結果。

3-18

二〇一六年：四巨頭？

喬科維奇於二〇一五年經歷的童話在二〇一六年上半年繼續譜寫下去。他延展他的霸權六個月，最終達成他的最大心願。終於在法網封王、達成生涯大滿貫後，氣球刺破了，他開始漫長的降落地表之旅，這一落就是兩年。和先前發生在費德勒及納達爾身上的事一樣，攀上頂點後，隨之而來的是空虛。偉大的球王通常會有這種感覺，一旦贏得所有，他們問自己的第一個問題便是：現在呢？最強選手攻頂後心中總會冒出這個疑問。這是人性固有的一部分。達成目標的同一刻，他們會回憶起曾經做過的犧牲，會懷疑這一切是否值得。唯有時間讓他們以正確的角度評估所打下的江山，並帶給他們最大的滿足感。

這年下半年，喬科維奇逐漸進入先前費德勒和納達爾努力擺脫的危機中。莫瑞抓住這個空檔，趁機上位。他已在排行榜前四名上上下下數年，如今機會到來，他也往前邁出一步。可以說瓦林卡也是，他連續第三年各拿下一座大滿貫冠軍。於美網封王後，他距離達成生涯大滿貫只差一步之遙。他的奪冠紀錄越來越耀眼，獨缺溫網金盃。

對瓦林卡的同胞兼好友費德勒而言，這是他連續第四年賽季沒有收穫大滿貫。已經沒多少人認為他有能力再拿下大滿貫了。職業生涯頭一遭完全沒贏下任何賽事，還受了傷，拖了很久才復

這年下半年，喬科維奇逐漸進入先前費德勒和納達爾努力擺脫的危機中。莫瑞抓住這個空檔，趁機上位。

原，也因此錯過整個下半年的比賽，從前他總是對受傷免疫，還創下連續出戰大滿貫的紀錄（連續六十五場）。對他而言一切都是新的，甚至總有人問他何時打算退役。而納達爾在受傷這方面完全沒有什麼新鮮事。他的情況用被下了詛咒來形容也不為過。前一年賽季尾聲他擺脫心理障礙，加強球技，恰好正要重新起飛時，傷勢又回到他的生命。很難在這種情況下找回自信心，就算你的名字叫做納達爾，也不容易。不穩定再次成為主調，他有很多時間可以好好思索該做出什麼重大決定。

季初，納達爾打進卡達決賽，但適得其反，因為喬科維奇無情地擊敗他（六比一和六比二）。耶誕假期喬科維奇好似沒有休息，他依舊停留在二〇一五年，不願捨棄這個無敵的光環。我們並不曉得這場敗仗是否對納達爾造成影響，澳網第一輪他便不敵沃達斯科，遭到淘汰。一如令人難忘的二〇〇九年四強賽，兩人打了一場殊死戰，但這次高唱勝利的是沃達斯科。這場對決也是一場馬拉松，耗時近五小時，沃達斯科最終為他職業生涯最沉重的敗仗雪恥（七比六、四比六、三比六、七比六和六比二）。

比賽途中，費德勒與他的經紀人戈席克的Team8經紀公司，宣布創立拉沃盃。這是網球界的萊德盃，歐洲區最強的一眾選手對抗世界其他地區的最強選手。比賽將透過澳洲網球協會協辦，儘管在這賽事贏球並不能累積ATP排行榜積分，倒是會頒發豐厚獎金。拉沃盃將於二〇一七年開打，此外也將在經濟上幫助澳洲傳奇選手羅德．拉沃。費德勒是他的朋友，也深深崇拜著他。拉沃盃還必須等待一年半多才會正式揭幕，但緊湊的賽程永遠不缺好比賽，比方這屆的澳網

澳網第三輪，費德勒擊敗迪米特洛夫，達成在大滿貫拿下第三百場勝利。一九九九年以來時移物換，當年扎著馬尾的邋遢少年首次站上法網舞台，與拉夫特對決。如今他已成為「絕地大師」，正在追尋解答，對付專屬於他的達斯．維達。但在澳洲他依舊沒有找到答案，四強賽喬科維奇再次

讓他吃足苦頭（六比一、六比二、三比六和六比三）。喬科維奇正逐漸達到任何選手都無法企及的球技水準。他和莫瑞將二〇一一、二〇一三和二〇一五年的決賽重新搬上舞台……比賽結果也是（六比一、七比五和七比六）。羅德．拉沃球場讓莫瑞霉運纏身，他在這裡輸了五場決賽，最後四次均敗給喬科維奇。羅德．拉沃球場對喬科維奇有如護身符，追平另位澳洲英雄愛默生在墨爾本創下的六冠王紀錄。此外，在大滿貫奪冠數上，他達到柏格和拉沃的高度。此刻的喬科維奇根本無人對付得了，毫無破綻。莫瑞只能夠耐心等候，等待他崛起的時機到來。

澳網遭淘汰的隔日，費德勒在墨爾本受了他職業生涯最嚴重的傷，而且事發經過荒謬至極。他在下榻飯店替浴缸放水，準備幫雙胞胎女兒米拉和夏琳洗澡，突然感覺膝蓋「喀」了一聲。起初他並不在意，隔天他感覺疼痛，膝蓋整個腫了起來，回到瑞士即馬上接受檢查。診斷結果比預期中來得還糟，他的軟骨骨折了，被迫暫別賽場，一休就是兩個月。手術後，一切對他都是新的，膝蓋的感覺並沒完全好，也被迫接受復健。在蒙地卡羅大師賽復出時，他的感覺並不好，只能忍受這個問題，最終決定打完溫網就停止活動。當時，瑞士網球協會的根據地比爾辦了一場令他感動的致敬活動，以他的名字替一條大道命名，「羅傑．費德勒大街」。這個舉動令費德勒感動萬分，他正處於職業生涯最糟的時刻，充滿著滿滿不確定性，還是他頭一遭必須面對嚴重傷勢。他為瑞士網球的付出與貢獻何其多，挑這個時候承認他的偉大，再適合不過了。

喬科維奇的父親非但沒致敬費德勒，反而在《新聞週刊》（*Newsweek*）的訪談中再次對他落井下石。費德勒正處於難關，瑟強此舉很失當。十年過去了，瑟強顯然對二〇〇六年的台維斯盃淘汰賽念念不忘。「諾瓦克有鼻中隔彎曲問題，沒辦法呼吸，要他比賽或長時間打球，非常困難。他有這毛病，費德勒卻毫不尊重他。」喬科維奇家的家長為他的攻擊收尾，最後表明在他看來，費德勒該退役了。「他都三十四歲了，為什麼還在打球？」這起爭議事件完全沒有對喬科維奇的表現造成影響，他依舊是百戰百勝，無論什麼場地類型、對手是何人、天氣如何，他皆戰無不勝。他席捲印地安泉大師賽，在邁阿密拿下第六冠，大師賽奪冠數來到二十八座，暫時超越納達爾，成為封王次數最多的選手。從此兩人展開一場拔河，看看誰才是大師賽奪冠數最多的選手。

無論瑟強有多麼不喜歡，一週後費德勒回歸賽場，選擇在蒙地卡羅復出。蒙地卡羅製造出許多頭條新聞。第一則重磅消息顯然是瑞士球王東山再起一事，前兩場比賽他的表現良好，之後不敵松加，遭到淘汰。這場對決中的費德勒看起來既挫折又憤怒，想必是因為膝蓋的反應不好，不如他的預期。第二條重磅消息是喬科維奇於第一輪就遭維斯利（Jiri Vesely）淘汰（六比四、二比六和六比四）。先前長達一年多的時間不曾在決賽失利，喬科維奇居然在自家落敗，而且對手還是排名五十四的選手。維斯利打了一場可以與子孫說嘴的戰役。面對如此情況，睽違三年沒有在他最愛的賽事之一奪冠的納達爾清楚看見收復王冠的大好機會。這週人們看見的是全盛時期的那個納達爾，以輾壓之勢重潰蒂姆、瓦林卡和莫瑞，之後擊敗孟菲斯（七比五、五比七和六比〇），替這年的蒙地卡羅畫上句點。這是他在雷尼爾三世球場的第九冠，好似一頭探入隧道的盡頭。尤其是隔週在巴塞隆納晉級決賽，隨然這次他不敵錦織圭（六比四和七比五），未能如願摘下桂冠。

馬德里和羅馬大師賽，決賽的主人翁都是喬科維奇和莫瑞，兩人輪流獲勝，也輪流淘汰納達爾。至於費德勒，他的身體感覺依舊不好。膝蓋的不適也開始影響他的背部。出於此原因，超越藍道、成為第二位史上勝場數最多（一千零七十二場）的選手後，他做出艱難決定，宣布放棄參加法網。他想稍作休息，希望盡可能以最佳狀態出戰溫網。連續參加了六十五場大滿貫後，史上大滿貫封王次數最多的選手即將缺賽。接下來的兩個賽季也一樣，費德勒自願放棄整個紅土賽季，直至二〇一九年都沒有在布洛涅森林看見他上場揮拍。

費德勒缺席法網在網壇造成轟動，納達爾於第三輪退賽更是貨真價實的驚天大消息。他本將與格拉諾勒斯對決，但在賽前記者會宣布退出，說若繼續打下去，「兩天後手腕會斷掉」。他坦承從馬德里大師賽以來便為這個毛病所苦。「來到法網前我就已經有這個問題了，而且還惡化了。我沒辦法擊球，還打了麻醉藥上場比賽，承擔所有可能需要承擔的風險。但我沒法連五場比賽都麻醉手腕。」這道傷勢也害他無法參加溫網，職業生涯十四年以來第九次缺席大滿貫賽事。

喬科維奇的法網封王之路暢通無阻，終於拿下這座從他手中溜走數次的冠軍。前一年他歷經慘敗，若現在不能封王，更待何時。人生贈予他一個新的機會，這次他也沒有讓這機會落空。與鮑蒂斯塔．阿古打了一場艱難的比賽後，與柏蒂奇和蒂姆的對決他皆拿出最佳表現，全神貫注。誰都無法阻礙他逐夢。決賽他與送走瓦林卡的莫瑞再次一較高下。這兩人總是在等待三巨頭馬前失蹄……最終瓦林卡輸掉這場比賽，喬科維奇如釋重負。

六月五日，法網主辦單位已準備好在火槍手盃銘牌上刻下一個新的名字。起初喬科維奇被緊張的情緒擺了一道，輸掉第一盤。這是個壞消息，因為莫瑞先前在法網打過二十六場比賽，只要開頭取得優勢就沒有輸過。然而，盤中休息時間喬科維奇好似變了個人，他在板凳上重置他的頭腦，隨後在菲利普．沙特里耶球場展現無比高超的球技，打得莫瑞束手無策（三比六、六比一、六比二和六比四），只能對G－8（有本事湊齊四大滿貫的傳奇選手）的最後這位成員表達敬意。喬科維奇接連在四大滿貫封王，為所有大滿貫的現任冠軍，儼然魔戒的主人。先前唯有巴吉（一九三八年）和拉沃曾達成此壯舉，他們是在同一年賽季辦到的，真正意義上的大滿貫。

喬科維奇至今都是為了也因為網球而存在，這場勝利是他人生的頂點。他甚至一度認為自己此生沒機會再於巴黎封王了，一如康諾斯、馬克安諾、貝克或山普拉斯等偉大選手。許多年間費德勒心中也有相同的恐懼。對頂尖神級選手而言，法網一直都是最難攻克的大滿貫。因此高舉金盃時，喬科維奇細細品味這個當下，緊閉雙眼，露出大大笑容，不斷深呼吸。他辦到了，終於拿下了。這是他的第十二座大滿貫，大滿貫封王次數排名第四位，與愛默生不相上下，距離納達爾和山普拉斯只差兩冠，差費德勒五冠，若考慮到他是從什麼位置爬上現在的高度，五冠的差距非常之小。從二〇一四年溫網以來，短短不到兩年時間喬科維奇已追上六座冠軍。此外，他還將積分拉到歷史新高點，累積一萬六千九百五十分。他無比快樂，這是他職業生涯的高潮……雖然我們都曉得經歷這魔幻的一刻，隨之而來的總是鬆懈。

喬科維奇的懈怠隨即兌現。溫網第三輪，他被奎里（Sam Querrey）痛宰一頓（七比六、六比一、三比六和七比六），飲恨西北。這是他七年來頭一次沒有至少打進四強。這場敗仗讓他反思現實，他心裡也清楚會發生這種事：「這不是我第一次在大滿貫輸球，連續四次奪冠固然美妙，但也很累人，我需要稍作休息。」喬科維奇這番話的意思是他需要充電，準備迎戰他的下一個大目標里約奧運，但他話中有話。過去兩年他完全制霸網壇，幾乎每週都在決賽場上作戰，累積的身體耗損無比巨大。達成目標後，他的身體和心靈隨即發出吶喊，要他脫離網球。他感到一陣空虛。

後來，喬科維奇接受塞爾維亞《拜斯體育》（Vice Sport）專訪，坦承這個大起大落的過程是怎麼一回事。「成為爸爸給了我巨大的動力，我打出職業生涯最棒的十五個月。內人負責帶孩子，我感覺大受激勵，充滿能量，因此我甚至還想多打幾場比賽。我已拿出人生的最佳表現，這感覺棒極了。但我犧牲了與兒子相處的時間。我是個幸運的人，因為我有內人支持我。達成生涯大滿貫時、法網封王時，我感到無比驕傲，感覺自己成功了，達成渴望多年的目標，但另一方面我也感到一股從前我根本不曉得存在的空虛感，這感覺就是我在納悶下一步該做些什麼。這是巨大的過渡期，是我人生的一道轉變，我完全感受到另一面的自己。我意識到還有很多事情還沒去體會，我從前不怎麼關注的那些事。」喬科維奇的這番肺腑之言也是他與貝克越走越遠的起源。貝克發出聲明，表示他雖然可以理解門生對於優先事務的新順序，但並不同意他這麼做。

喬科維奇在中央球場遭到淘汰，加上納達爾的缺席，本屆溫網的奪冠熱門是哪兩人一目瞭然。一位是費德勒，另一位是莫瑞，還能是誰呢？費德勒步伐堅定，一路過關斬將，八強賽遭遇契利奇。這場五盤大戰耗費了他許多精力，接下來對上拉奧尼奇同樣也鏖戰五盤，令他承受不起（六比三、六比七、四比六、七比五和六比三）。四十八小時內打了十盤大戰，此番強度對費德勒太高了，對他受了重傷的左膝蓋也是。在留比契奇指導下好似取得好成績，但他的身體狀態這年賽季並沒有站在他這一邊。賽後，費德勒承認他受傷了：「希望不嚴重，我不曉得會持續個三天還是更久。」結果比他說的還久得多了。

兩週後，費德勒在媒體發出聲明，證實了最壞的兆頭。「我要以無比失望的心情，向各位宣布我將無法代表瑞士隊參加里約奧運，也將錯過賽季的剩餘賽事。與我的醫師和團隊諮詢過後，我做下此決定，希望年初接受手術後，我的膝蓋可以痊癒。」此外，費德勒也反思他在受傷這事上的運氣，表示他希望傷勢痊癒的心願：「往好的地方想，這次經驗讓我意識到自己有多幸運，職業生涯一路走來受過的傷非常少。我真心希望二〇一七年復出時我可以變得比以往都強。」儘管費德勒宣布他將會回歸賽場，媒體仍馬上做出各種臆測，說他可能要退役了，不然就是說他沒機會再繼續爭奪大滿貫了。六個月後，瑞士球王會讓他們看清楚真相。儘管暫停活動並不是做治療的理想方式，但對他的心理很好。在網壇征戰多年，受損的不只是他的身體，還有心靈。療養期間他可以透透氣，享受親子時光，找回為每個冠軍頭銜戰鬥的欲望。

費德勒遭淘汰後，溫網決賽十四年來頭一遭沒有三巨頭的成員上場。必須把時間推回二〇〇二年，這年休伊特擊敗納班迪安封王……當年納達爾和喬科維奇都還沒有出道。這些年間，三巨頭唯一一次沒有拿下溫網冠軍發生在二〇一三年，這年莫瑞力克喬科維奇封王。二〇一六年出乎意料的決賽，莫瑞打敗拉奧尼奇，再次拿下冠軍，這場比賽也是他連續闖進的第三場大滿貫決賽。無論聽起來有多麼難以置信，莫瑞開始蠶食喬科維奇在ATP排行榜的地盤。

二〇一六年的網壇賽程多了一個畫上紅色註記的日子。奧運回到年度規畫，對許多選手是時候清算舊帳了。主要對喬科維奇是如此，二〇一二年倫敦奧運他敗給戴波特羅，空手而歸，一面獎牌都沒拿下。命運莫測，喬科維奇在小組中的第一個對手正是戴波特羅。戴波特羅為傷勢吃盡苦頭，排名落到一百四十一，對於本次奧運並沒有過多期望，只想好好享受這次經驗，更何況他面對的是過去兩年戰無不勝的球王，而且兩人先前十四次交手，戴波特羅就敗北十一次。更有甚者，戴波特羅的這天並沒有好的開始，奧運選手村斷電，害他被困在電梯裡，受困四十分鐘，綽號「角鬥士」的手球隊同胞才把他救出來。

戴波特羅的這天一開始運氣就很背，但最終以派對與淚水作結。他與喬科維奇打了一場勢均力敵的比賽，兩度推進搶七局才分出勝負，跌破眾人眼鏡，淘汰了本屆的奪金大熱門。過去幾個月戴波特羅過得相當辛苦，無法相信自己居然贏了，激動全寫在臉上。喬科維奇的心情也全寫在臉上，離開球場時還忍不住哭了出來。再次摘金的機會又從他手中溜走了，而二〇二〇東京奧運還很遠，比這個難熬的當下他心中所想的還遠。誰曉得到時候又會發生什麼事呢。這是喬科維奇職業生涯最令他痛心的敗仗之一。他的母親迪亞娜二〇二〇年五月接受瑞士《一瞥報》採訪，說：「我從沒見他像那次哭得那麼慘。他具備摘金的所有條件，但未能如願以償。他的手肘有問題，無法承受壓力。他感覺自己辜負了塞爾維亞全國人民的期望。那場敗仗傷透了我的心。」

戴波特羅決心重返媒體第一線，接下來也擊敗納達爾，重申他的決心。這場四強賽長存於世人的記憶中，兩位最為傷勢所苦的選手為全世界上了一課，展現自身的愛以及純粹的網球競技。這場戰鬥的節奏非常快，所幸兩人都沒有為他們飽受摧殘的手腕所苦。戴波特羅在決勝搶七局勝出，但兩人都有機會成為這場比賽的贏家（五比七、六比四和七比六）。他倆在這場比賽使出九牛二虎之力，都戰得精疲力竭，因此各自接下來的比賽也紛紛落敗。戴波特羅對上莫瑞，被迫屈就於銀牌，眼睜睜看著莫瑞再次摘金。至於納達爾，他在銅牌戰敗給錦織圭（六比二、六比七和六比三），贏得殿軍。

即便如此，這次奧運納達爾並不是空手而歸，他想藉由這次機會宣洩二〇一二年倫敦奧運缺席的怨氣。首先，他終於順利參賽，並擔任西班牙代表隊的旗手。之後，他與好友洛佩斯搭檔，拿下男子雙打金牌。雖然在男單比賽未能奪牌，男雙金牌依舊讓他的戰績更完整，可以這麼說吧。決賽他倆力克羅馬尼亞強手梅賈和德高，打了一場感動人心的激烈對決（六比二、三比六和六比四）。拿下致勝一分時，納達爾整個人撲倒在地板上，在洛佩斯的攙扶下才爬起來，兩人緊緊相擁，一同品嘗彼此職業生涯無比特殊的一刻。

每逢奧運，賽程就不給選手喘息的機會。短短兩週後，美網開打。沒有時間品嘗獎牌，也沒有時間舔拭傷口。這年美網充滿諸多意外，納達爾在第四輪敗給普伊（Lucas Pouille），成了第一個出局的知名選手。兩人激戰四個多小時，最終普伊在第五盤搶七局勝出（六比一、二比六、六比四、三比六和七比六），帶走勝利。這是納達爾連續第五次參加大滿貫沒有打進八強，非常痛心。

溫網和奧運的冠軍莫瑞在下一輪遭淘汰出局，二〇一五年法網決賽原班人馬登上決賽。喬科維奇握有和瓦林卡一雪前恥的機會，但瓦林卡再次從中作梗，拿下他的第三座大滿貫冠軍，而且最近三次打進決賽都順利封王，賽事還沒有重複。加上台維斯盃、奧運金牌和一座大師賽冠軍，我們很難找到另一位像他這樣的選手，奪冠次數不多，卻無比重要。斯坦野獸是非常講究的贏家。

這次，喬科維奇被腳上的水泡擺了一道，雖然他從未在場上待過如此短的時間。他的前幾場比賽中，甚至有三位選手棄賽：維斯利缺席，尤茲尼打了六局後棄賽，松加則是於第二盤結束後退出。即便如此，即便喬科維奇依舊奮力作戰，但瓦林卡再次拿出令他無力招架的實力，打得極具侵略性，且精準無比。喬科維奇無能為力，無法抵禦瓦林卡的猛烈攻勢，苦戰近四小時後終於伏首稱臣（六比七、六比四、七比五和六比三）。和溫網一樣，喬科維奇再次丟了許多積分，而莫瑞不斷縮短距離，離得越來越近了。

莫瑞在中國網賽、上海大師賽及維也納網賽接連封王，之後又在巴黎大師賽奪冠，完成他的絕地大追趕。這段時間，喬科維奇依舊在每項比賽丟失積分，因此年終賽上，莫瑞首次登上世界第一。至於納達爾，這是他職業生涯第五次因傷無法和八位最強選手同場較勁，而費德勒也是十五年來首次缺席。本屆年終賽是許久以來最風輕雲淡的一屆，很容易猜出最後會由哪兩位選手角逐冠軍。決賽上，莫瑞向喬科維奇證明他能夠成為世界第一絕非巧合，連下兩盤搞定他（六比三和六比四），在倫敦O2體育館加冕為ATP大師。他在家鄉比賽顯然打得很好。

三週前，納達爾邀請費德勒參加他的大計畫的開幕式：由Movistar贊助的納達爾學院。學院場館美侖美奐，規畫及發展了兩年後，十月十九日在馬納科落成。這次機會無比特殊，納達爾希望他此生最大宿敵能夠一同出席，特別是因為對決這麼久以後，兩人已成朋友。學院座落在二萬四千平方公尺的土地上，宗旨是挖掘學生在網球和學術上的潛力。為此，學院設施有宿舍、紅土和硬地球場、健身中心、室內和露天游泳池、足球場和七座板網球場。由納達爾的妻子西絲卡領導的納達爾基金會也位於建築群中，另外還有一間靠著國際重要體育人士捐款而設立的運動博物館。

費德勒為納達爾學院的各項設施感到佩服，難怪他會說未來要送他的孩子來這兒學球。納達爾「發自內心」感謝他在「如此特別的日子」到場支持。兩人當著媒體的面展開一場親密對談，回想他們的職業生涯，聊了彼此獲得的成就，也聊了近幾年各自經歷的困難時刻，也回應人們對於他倆二〇一七年復出的期待。費德勒強調說他倆的對峙被譽為典範，關鍵之一在於「邏輯上，兩人為了達成各自的目標，彼此的關係自然緊繃，但他倆相互懷有極高的敬意」。活動上看得出兩人互相欽佩，但他倆不想把場面搞得太令人感動，省得讓人以為他們的職業生涯要迎向終點了。納達爾負責對兩人的對手們發出一則訊息：「羅傑和我都還沒忘記怎麼打網球，我們正努力恢復最高水準，回到場上比賽。」短短幾個月後，他的這番話便應驗了。

這年賽季結束時，二〇〇四年來頭一遭ATP榜首不是三巨頭的任一位成員。喬科維奇接連兩個賽季幾乎戰無不勝，無論是身體還是心理都早已枯竭，將王位讓給莫瑞。達成生涯大滿貫後他感到無比空虛，以致將私領域事務置於優先位置，進而導致他在十二月與貝克決裂。至於納達爾，戰勝他的心理障礙後，因為傷勢害他無法持續在場上作戰，也無法拿出昔日表現，連續第二年在四大滿貫都沒突破八強，要知道在這之前他可是連續十年都至少拿下一座大滿貫冠軍。最後，費德勒因傷長期缺賽，排名落至十六，而且考量到他的年紀，越來越多人對他產生質疑。種種疑問在記者和球迷心中湧現。我們正面對一個時代的結束嗎？莫瑞能夠成功保持現在的水準嗎？我們將會見到「四巨頭」誕生嗎？

3-19

二〇一七年：浴火鳳凰

經歷最低潮的幾年後，2017年兩人包辦四大滿貫冠軍，共在五項大師賽封王，此外許多錦標賽亦然。史上最強宿敵回來了。

在許多古代文明中，鳳凰都是一種神話生物，是從灰燼中重生高飛的烈焰火鷹。一直以來鳳凰都象徵著人類的抵抗能力和東山再起。體壇沒有人比納達爾更能體現上述這些價值，他的抵抗力之強，助他度過許多難關，換作他人早就一蹶不振。就這點而言，他對托尼的虧欠可多了，他那斯達漢諾夫運動式的訓練方法，他的紀律。雖然公牛標誌完美體現了納達爾的美德，但Nike或可考慮把鳳凰作為他的商標。

費德勒從未受過什麼嚴重傷勢。他的體能條件得天獨厚，十五年來都沒碰上什麼嚴重問題。後來他不小心弄傷膝蓋，害他二〇一六年的半個賽季直接報廢。納達爾的傷勢在職業生涯有如家常便飯，最近兩年過得特別辛苦，身體不斷出現各種毛病，害他錯過許多重大比賽。納達爾和費德勒的這些傷勢後果反映在一月二日公布的二〇一七年首次ATP排行榜，兩人分別位居第九和十六。兩位史上最強選手正處於低谷，他們那充滿美酒與玫瑰的美好昔日好似一去不復返。費德勒這年三十五歲，納達爾三十歲，許多人打賭此刻位居排行榜領導地位的喬科維奇和莫瑞將形成新的雙強壟斷現象。

二〇一八年一月一日，恰好整整一年後，納達爾登上第一成為主宰，而他唯一的威脅是排名第二虎視眈眈的費德勒。喬科維奇的排名下降至十二，我們得往下到第十六位才找得到莫瑞。頂尖體壇的「連通器」理論又可以拿出來用了。費德勒和納達爾有如鳳凰，自二〇一七年初的灰燼中重生，讓我們重新體驗他倆宿敵關係最棒的那些年，彷彿時光從未流逝一樣。但他倆帶給我們的並非經典老式網球，而是天賦、犧牲以及兩人對於網球的愛。經歷最低潮的幾年後，二〇一七年兩人包辦四大滿貫冠軍，共在五項大師賽封王，此外許多錦標賽亦然。史上最強宿敵回來了，而且這一回歸就又稱霸好幾年。與喬科維奇和莫瑞席捲網壇的成績一樣，前兩年他倆不只展現非凡球技，對手的傷勢也有所影響。現在事情反了過來。費德勒和納達爾展現出色球技，但也自喬科維奇的手肘毛病受益，賽季下半年則是占了莫瑞髖部傷勢的便宜。在最高水準的體壇，一切都有所影響，但這並不減少勝利者的功績，因為追尋相同目標的強大選手可多著呢。

二〇一六年美網決賽後，喬科維奇開始感覺手肘不適，雖然他還是出賽年終賽。隨著新賽季開跑，他這才意識到這個傷勢有多嚴重，影響了他的發球和正拍擊球。手肘的痛楚，加上二〇一五年達到諸多成就後感受到的那股空虛，導致他的身體和心理達到飽和，賽季中不得不暫停活動。就這樣，溫網棄賽後，喬科維奇宣布他到下個賽季前都不會再參加比賽。他需要呼吸新鮮空氣，恢復他的體能狀態，就和納達爾和費德勒先前所做的一樣，而且他倆的結果棒極了。

季初，納達爾的摯友莫亞加入他的團隊，與托尼和羅伊格一同擔任教練。納達爾於十二月公開這個決定，可說是一則重磅消息，因為他從未對他的親近人士作出人事異動，一段過渡期就此展開，將是托尼執導姪子的最後一年。托尼是納達爾在網球的啟蒙導師，讓納達爾的天賦和心智成型，未來將轉為管理納達爾學院；說起培養年輕的明日之星，沒有人比他更適合了。莫亞也是補上托尼離開後留下空缺的適合人選，適合承接這項艱難任務。首先，莫亞具有高深的網球知識，他也曾是世界第一球王，也曾在法網奪冠；再者，他與整個團隊的關係友好，在納達爾初入網壇時期曾幫他們許多忙，帶著納達爾一起練球，充當他在網壇的大哥。最後，先前與拉奧尼奇合作取得出色成績，證明他身為教練的價值。在莫亞的指導下，拉奧尼奇的排名自第十三位一躍而上，二〇一六年季末來到第三位。

納達爾與托尼一生都處在一起，自然產生許多耗損，總總跡象顯示是時候讓新的想法加入他的訓練中了。經過這麼多年，托尼的信心喊話在納達爾身上的效果已經不一樣了，納達爾無論在個人或是職業層面都已非常成熟。他需要新的心理諮商師。此外，他顯然必須改變他的球風，因為出於年紀和時常受傷的緣故，他必須照顧自己的身體。然而，若接替托尼的人不能得到他完全的信任，他是永遠也不會踏出這步的。家庭對他就是一切，而團隊也是家庭的一部分。托尼張羅此事，得知莫亞將不再與拉奧尼奇合作時，親自打了電話給他。他倆都同意這麼做。消息公開時（新賽季開始不久前，喬科維奇宣布與貝克分手時），莫亞談起這個新計畫時顯得信心十足：「能夠輔佐拉法是件很特別的事。我非常有信心，相信他能再次贏得我們期望他拿下的冠軍頭銜。」

這個全新組合很快便開始取得成果。澳網時，納達爾看起來與前兩年截然不同，簡直像變了個人。他的籤組相當棘手，但整場賽事下來他的體能充沛，接連擊敗拉奧尼奇、孟菲斯、茲維列夫和迪米特洛夫，與最後兩位的比賽同樣苛刻，而這次他未能通過考驗。伊斯托明（Denis Istomin）的比賽還拖到第五盤才分出勝負。喬科維奇於第二輪對上伊斯托明，花了五盤淘汰澳網史上最強選手（七比六、五比七、二比六、七比六和六比四）。這年賽季對喬科維奇一開始就十分坎坷。

與納達爾一樣，費德勒必須拿出最佳實力和體能，才終於闖進決賽。他被迫以大會第十六種子展開比賽。復出高水準競技令他緊張萬分，首場比賽的表現啟人疑竇，但之後他漸漸放鬆，每場比賽都越戰越勇。與柏蒂奇的對決是轉折點，兩人打了一場水準極高的大戰，最終由費德勒送走柏蒂奇。十六強賽的錦織圭以及八強賽的瓦林卡迫使費德勒打入第五盤才得以過關，但這兩場比賽也幫助他找回最佳狀態和在大滿貫作戰的感覺。與納達爾一樣，費德勒一路上榨乾最後一滴汗水，勇闖決賽。但這又有什麼關係？重點是他倆將再次在大滿貫的決賽上相會。短短幾個月前，在納達爾網球學院的座談會上，這不過是個心願，是不太實際的假設。費德勒最後一次站上大滿貫決賽是二〇一五年的美網決賽，而對納達爾則更遙遠，他的最後一次是二〇一四年的法網決賽。起初，本屆澳網兩人被視為奪冠機會渺茫，甚至被認為能夠晉級八強就是老天保佑了，賽前記者會上兩人也承認這一點。但他們是費德勒和納達爾，期望對他們從來都不是極限。

體壇頓時陷入癱瘓，就為了見證這場經典對決中的經典。從二〇一一年法網後，就沒見過費納在大滿貫決賽一較高下了。時間一晃就是六年，在當今體壇可說是恍如隔世。表演已準備上演，聲勢浩大。兩位史上最強選手（至少到這個當下都還是），為羅德・拉沃球場的觀眾獻上一場值得載入史冊的比賽。兩人似乎都不為一路積累的巨大損耗所苦，有如兩台全速前進的火車迎頭相撞。比賽一開始，費德累便試圖縮短得分時間，有如一陣疾風，接連拿下分數，順利搶下第一盤。納達爾隨即做出回應，第二盤開盤便以四比〇橫掃對手，追平比分。這場對決令人的心情有如坐雲霄飛車般起起伏伏，兩人輪流主宰比賽。費德勒拿下許多致勝球，但也犯下許多非受迫性失誤。納達爾的表現較穩定，鮮少失誤，但致勝球也比較少。其中一人好似就要拿下勝利時，對手就會打出最厲害的擊球，將天秤恢復平衡。就這樣，比賽來到第五盤，納達爾破發成功，取得領先（三比一）。他只需要保住自己的發球局。只嗎？在像這樣的對決中，破發並不保證一定能夠獲勝……事實也並非如此。費德勒被逼入絕境，敲響警鐘，像是神風特攻隊似地義無反顧撲向勝利。但他發動的並非自殺式攻擊。他的計畫圓滿成功，半小時內表現精采，連續拿下五局，並靠著鷹眼系統的確認拿下最後一分（六比四、三比六、六比一、三比六和六比三）。他辦到了，睽違五年，長得宛若永恆的五年。

費德勒自澳洲傳奇拉沃手中接過獎盃，他在三十五歲這年拿下的第五座澳網金盃。歷史上只有羅斯威爾曾在高齡征服大滿貫。這是費德勒的第十九座大滿貫冠軍，與納達爾之間的大滿貫差距拉開到四座。若這次是納達爾奪冠，那麼差距只落後兩座。此外，費德勒還成為史上唯一一位在三項大滿貫中都至少五次封王的選手（澳網、溫網和美網），達成其他選手難以超越的里程碑，就算是納達爾和喬科維奇也很難辦到。然而，更重要的是他的奉獻，多年來一心回到頂點，這份努力終於得到回報。而且還是透過擊敗他的死敵的方式，戰勝這位從二〇〇七年溫網決賽以來，過去十年他從未在大滿貫打敗過的對手。他們兩人都回來了，準備掀起許多戰爭。永遠的傳奇。

這次的頒獎典禮是世人記憶中最令人感動的一場典禮，而且必須如此。費德勒熱淚盈眶也是情有可原。和他二〇〇九年落下的淚水一樣，但原因大不相同。費德勒是個紳士，在感謝演說上對納達爾說了幾句感人肺腑的話。納達爾比任何人都明白費德勒第一次經歷了何等痛苦的道路。「我認為我倆都不曾想過可以打進決賽，但我們現在就站在這裡。網球是一項艱難的運動，沒有平手，但今天我願意接受平手，與拉法共享這座冠軍獎盃。」觀眾掌聲如雷，費德勒的孩子們首次見證父親的諸多壯舉之一，十分獨特的一屆澳網就這樣畫上句點。

費德勒已爬回排行榜第十位，納達爾第六位，北美賽事的一切都宛如昔日，就像是兩人從前每個週日在決賽一較高下一樣，就像是喬科維奇尚未開始加入戰局一樣。喬科維奇已展開他漫長的朝聖之旅，他的表現依舊如斷崖式下跌，墨西哥網賽和印地安泉大師賽前幾輪便遭基瑞爾斯淘汰出局。印地安泉大師賽發生一件怪事，費德勒和納達爾於第三輪遭遇，彷彿時光倒回二〇〇四年。排行榜排名決定一切，費德勒速戰速決，了斷這場比賽（六比二和六比三）。同樣的結局發生在邁阿密大師賽決賽，兩人首次角逐冠軍的十二年後（六比三和六比四）。在這兩項賽事奪冠後，費德勒的排名上升至第五位，超越下降至第七的納達爾。他也美化了兩人對決的勝負場次，雖然納達爾仍游刃有餘地稱霸（二十四比十三）。

紅土賽事開打前，喬科維奇在貝爾格勒參加台維斯盃的八強淘汰賽，對戰西班牙隊。納達爾、鮑蒂斯塔．阿古和費雷爾皆缺席，塞爾維亞隊毫無懸念地取得勝利（四比一），晉級四強。但四強賽時隊上沒有喬科維奇，不敵法國隊（三比一）。紅土賽季少了費德勒這位大人物共襄盛舉。他已宣布不會參加紅土的各項大師賽，並於法網開打前兩週確認也將缺席。他想盡可能以最佳狀態迎戰草地和硬地賽季，不想把賽程塞得過滿。在二〇一六年的身體問題影響下，他重新規畫職業生涯，開始仔細挑選賽事參加。他已三十五歲，想盡可能延長他的運動生命。這年的這個階段，喬科維奇的表現開始有起色。他在蒙地卡羅大師賽第三輪遭戈芬（David Goffin）淘汰出局，馬德里大師賽四強賽雖然被納達爾重擊（六比二和六比四），但也算是進步。他的表現一路向上，於羅馬大師賽晉級決賽。義大利廣場是適合重新封王的理想舞台，但新世代最具天賦選手之一的茲維列夫並不同意（六比四和六比三）。馬德里和羅馬大師賽喬科維奇孤軍奮戰，因為蒙地卡羅大師賽後他做出令人意外的極端決定。一同經歷戰果豐碩的十年後，喬科維奇與團隊分手，不只辭退了教練瓦伊達，也開除了防護員格里茨和物理治療師阿曼諾維奇。上述三人的命運與貝克如出一轍，前一年賽季結束後，喬科維奇便決定與貝克分道揚鑣。他宣布將在沒有教練的情況下繼續比賽，與費德勒成績最優異的那幾年做的決定一樣，雖然這步棋費德勒下得並沒有那麼好。一如奧地利心理學家弗蘭克（Viktor Frankl）的名著標題所言，這時的喬科維奇是「尋找意義的人」。他不止尋求技術的解方，也在尋找職業生涯的動力。他的身體受了傷，但精神也是。

我們可以稱二〇一七年的春季為「馬納科之春」。這年春天納達爾徹底解放，終於擺脫桎梏，解放他的網球，一如一九六八年的捷克斯洛伐克人民。這三個月，只有一位選手能和他在多場比賽分庭抗禮，並擊敗他一次。當時繼納達爾之後全世界第二強的紅土選手，蒂姆。這位奧地利小將是穆斯特（Thomas Muster）的傳人，在巴塞隆納和馬德里的決賽敗給納達爾，但在羅馬八強賽擊敗他。在這之前，紅土賽季納達爾旗開得勝，在蒙地卡羅拿下他的第十冠。他痛宰同胞拉莫斯（Albert Ramos，六比一和六比三），攻克十冠王的成就。拉莫斯再怎麼說也只敗給納達爾，這場比賽可以算是他職業生涯最大成就。

昔日大部分的王座都重新回到納達爾的手上，但他還差一個最寶貴的王座尚未攻下，讓他躋身網壇神話之列的王座，法網。二〇一五年與喬科維奇一戰後他跌落谷底，二〇一六年被迫退賽，如今他盡可能以最佳狀態回到他最鍾愛的領地，打出他在巴黎的最佳表現。納達爾幾乎沒在球場待上多久時間，便一路來到決賽舞台。他不只連一盤都沒有丟失，而且只有三位選手有本事在一盤中搶下他四局。被他修理最慘的就是巴西拉什威利（Nikoloz Basilashvili），被納達爾拿出他在大滿貫的最強實力痛宰一頓；整場比賽納達爾只丟失一局（六比〇、六比一和六比〇）。這場比賽的前一天，法國網球協會主席吉帝瑟利（Bernard Giudicelli），在歐洲體育頻道（Eurosport）的「Avantage Leconte」節目宣布法網將替納達爾立雕像。「他是個怪物。他會有一尊雕像，儘管他只拿下九次冠軍。」雕像將設立在通往菲利普．沙特里耶球場（法網中央球場）的入口。最佳的位置，獻給最佳的選手。此言不虛，納達爾已經征服了法國人的心。

八強賽上，蒂姆再次展現他的強勁潛力，將喬科維奇掃地出門（七比六、六比三和六比〇），不給他再次對決納達爾的機會。有鑒於納達爾的水準，蒂姆算是幫了他一個忙。沒有教練好一段時間後，喬科維奇已開始與阿格西合作，但要看見成效還太早。四強賽上，納達爾完全輾壓蒂姆，甚至還讓他抱蛋（六比三、六比四和六比〇）。蒂姆必須「學著」尊重傳奇選手。來到決賽，瓦林卡親身體會到何為痛苦，他的對手是正宗的納達爾，不是二〇一四年澳網那個走下坡的選手。納達爾在大滿貫決賽百戰百勝，蒂姆束手無策。納達爾徹底擊潰瓦林卡（六比二、六比三和六比一），與二〇〇八和二〇一〇年一樣，完美制霸法網。睽違三年，他再次依循傳統，在菲利普・沙特里耶球場的紅土上打滾，慶祝他最特別的勝仗之一。這是他的法網第十冠，和蒙地卡羅大師賽一樣，和巴塞隆納大師賽一樣，但這座冠軍所承載的意義更具份量。

西班牙神話達成的成就無比非凡，法國網球協會便想對這位最特別的選手做兩件美妙的安排。首先，托尼負責將火槍手盃頒給他的姪子。換作是近三十年前，有誰想像得到這一幕呢？托尼即將不再與納達爾一起合作了，兩人捧著獎盃的畫面為他倆一起走過的無與倫比旅程畫上完美句點，像是畫上一個完美的圓。此外，法網主辦單位還宣布納達爾將收到一座一比一比例的冠軍盃複製品，而不是以往頒發給選手的小一號仿製獎盃。他將是唯一收到這禮物的選手。

納達爾的排名已來到世界第二位，僅次於莫瑞。大宿敵在法網封王的幾天後，費德勒重新現身，在草地球場的斯圖加特網賽亮相，但首戰便敗給德國老將哈斯。哈斯此刻的排名是三百〇二，但他抓住費德勒長時間缺賽這點，拿下勝利（二比六、七比六和六比四）。費德勒只是在熱身罷了，很快便抓住草地的節奏，在哈雷再次替茲維列夫兄弟和卡洽諾夫（Karen Kachanov）等年輕小將上了一堂大師課。這是他在哈雷的第九冠；哈雷是他繼巴塞爾和溫布頓之後第三個家。至於喬科維奇，為了替溫網備戰，他選擇參加ATP250的英國伊斯特本國際網賽，還在團隊中加入前選手安契奇，與阿格西一同指導他。安契奇因患有單核白血球增多症而退役，是精通草地球場的高手，可以助喬科維奇一臂之力。喬科維奇重新奪冠，如願好好地替溫網備戰，決賽擊敗孟菲爾斯（六比三和六比四）。然而，手肘問題依舊替他添了許多麻煩。

全世界最古老網球賽的第一百三十一屆開打。有四位選手力爭以排名第一的身分離開倫敦：莫瑞、納達爾、瓦林卡和喬科維奇。然而，他們全都沒打進四強。瓦林卡未能突破第一場比賽，納達爾於第四輪遭穆勒淘汰，喬科維奇和莫瑞則於八強賽說再見。莫瑞敗給奎里，但最糟糕的是他的髖部傷勢無比嚴重，開始折磨他，也害他從此無法恢復最佳水準。網壇將會很想念他。喬科維奇的傷勢雖然沒莫瑞來得嚴重，但對上柏蒂奇的比賽他依舊被迫放棄，因為右手肘疼痛劇烈，害他無法繼續打下去。他的手肘告訴他「夠了」。

費德勒是本屆溫網第五奪冠熱門人選，沒有機會爭奪世界第一，這會成了奪冠首要人選。事實上，他一直都是。他是溫網史上最強選手不是沒有原因的。費德勒不負他的神話之名，整場比賽一盤未失，完美封王。就連決賽對上契利奇也是。契利奇為他的左腳傷勢所苦，幾乎無力抵抗（六比三、六比一和六比四），面對狀態如此良好的費德勒，他幾乎毫無招架之力。契利奇靠著自尊硬撐到最後，並沒有棄賽，向溫網諸多傳奇選手和費德勒表示敬意。他在場上流下憤怒的淚水，而費德勒則是感動落淚。睽違五年，尤利西斯終於回到伊瑟卡，至少花了《奧德賽》主角一半的時間。大教堂的全場觀眾喜不自勝，見證他們的大偶像擁抱冠軍盃。費德勒終於超越山普拉斯，拿下八座溫網冠軍，全英俱樂部的奧林帕斯山中沒有人達到和他一樣的高度。這是他的第十九座大滿貫冠軍，他已高齡三十五歲又三百四十二天。此外，這是他睽違八年後再次於同一年賽季中拿下兩項大滿貫。是時候針對他的未來重新提問了：費德勒將會永垂不朽嗎？

中央球場集體狂喜過去短短十天後，喬科維奇宣布由於右手肘傷勢，他將不會參加這年賽季剩餘賽事。這天是七月二十六日，恰好是費德勒做出同樣決定的整整一年後；ATP應該把這天列為禁止的日子。喬科維奇在他的Facebook宣布此消息，並解釋其中原因：「經年累月的比賽下來，我的手肘受傷了，發球和打抽球時總是感到不適。這些年，我的身體躲過受傷的命運，我為此感到驕傲，但它也有極限。我諮詢過的每一位醫師皆同意這個傷勢需要歇息療養。」阿格西支持喬科維奇的這個決定，但他將錯過美網。連續參加了五十一項大滿貫後，這是他第一次在大滿貫缺席。十年的時光過去了，喬科維奇沒有名列排行榜前四位，一路下降到第十二名的位置。這一切都無關緊要，在費德勒和納達爾展現的典範前，更顯得微不足道。喬科維奇說明了他的意圖，並給了他的球迷一則好消息：「我會變得更強回來的。我將利用這段時間加強我的體能，由於賽程嚴苛，我的網球中有許多面向我沒有辦法訓練，也將利用這段時間改善。五個月看似漫長，但一轉眼就過了。內人伊蓮娜懷了第二胎，我們正等待孩子出生。」如同費德勒，喬科維奇回來時將變得更強，且膝下有更多後代。

夏季稍作歇息後，網壇現在少了喬科維奇和莫瑞，世界第一球王的寶座再次由兩位經典對手爭奪，費德勒和納達爾。蒙特婁大師賽，納達爾於第二輪敗給年輕小將沙波瓦洛夫（Denis Shapovalov，三比六、六比四和七比六），排名一百四十三，但天賦不容小覷。費德勒的戰況截然不同，他一路打進決賽，雖然最終不敵茲維列夫（六比三和六比四），但硬地賽季的賽程似乎對他有利，有助於他達成收復世界王位的目標。然而，隔日他跌破眾人眼鏡，居然宣布放棄參加辛辛那提大師賽，排名第一寶座也自動落入納達爾手中。命運變化莫測，重新登基時，納達爾正參加二〇〇八年他首次成為球王的錦標賽，且睽違三年沒有品嘗君臨天下的滋味。他上次成為世界第一是二〇一四年七月七日。再次成為網壇霸主後，納達爾接受《網球電視》（Tennis TV）採訪，承認重返頂點對他意義重大：「對我來說非常特別，能夠重新登上世界第一，我很開心。這中間發生過很多事。我受了很多傷，碰上很多問題，但我萬分努力，保持對於比賽的熱情和想像。」也許正是這個情緒害他鬆懈，八強敗給基瑞爾斯（六比二和七比五），遭到淘汰，雖然當下這場敗仗沒那麼重要。

納達爾在最愛賽事之一的美網，再次以當下最強球員身分站上賽場。他捍衛的積分很少，但費德勒因前一年缺賽，完全沒有捍衛到積分。世界第一的王位正危在旦夕，而兩位角逐王位的選手注定要在四強賽相遇。至於喬科維奇，他大概在貝爾格勒透過電視轉播看著這一切，也可能沒有。這幾天他第二次當爸爸，這次喜獲一女，取名塔拉。誰還管網球啊？納達爾則不負期望，八強賽順利擊敗魯布列夫（六比一、六比二和六比二）。下一個突襲亞瑟·艾許球場的人是費德勒，但他的對手更令人畏懼，總是不按牌理出牌的戴波特羅。戴波特羅雖然排名二十八，但歷經暫停比賽近乎三年後，從前一年賽季起排名開始一路大幅攀升。他的左手手腕動了三次手術，害他的排名落到一千〇四十五。但戴波特羅一直都是鬥士，這年賽季結束時已躋身世界前十強。不得不向他脫帽致敬。坦迪爾高塔回來了，而且這座塔對費德勒太高聳了，他眼睜睜看著自己的雄心大志被擋了下來（七比五、三比六、七比六和六比四）。納達爾的晉級之路則暢通無阻。對上戴波特羅時他並沒有出差錯，第一盤之後的接下來三盤他只丟失五局（四比六、六比〇、六比三和六比二）。

機會千載難逢，他有望拿下他在紐約的第三座金盃。決賽等著他的對手是安德森（Kevin

Anderson），排名三十二，根據納達爾所言，他是「孩童的典範」。他這麼說是因為安德森不斷克服傷勢。納達爾曉得自己在說什麼，他在受傷上也是經驗豐富。這次命運之神對納達爾投以微笑，整場錦標賽下來，他無需與前二十五強的選手交手。決賽，安德森開頭打得很好，但很快菜鳥的緊張心情浮上檯面。他和納達爾青年時期就認識，這場比賽打不出他拿手的發球和截擊。對手接連回擊他的強力發球，把他逼得左右來回奔波，最終找到破綻，將他一舉擊敗。這場比賽沒有什麼插曲，納達爾愜意地連下三盤，結束對決（六比三、六比三和六比四）。他用山普拉斯的打法拿下最後一分，發球加上截擊，北美流派的打法。納達爾高舉雙臂，仰望紐約夜空的繁星。其中一顆星辰應該冠上他的姓名才是。雖然這是他打過最簡單的大滿貫決賽之一，也意味著他歷經球技危機和前兩年差強人意的成績後，他確定已恢復最佳水準。這是他的第十六座大滿貫冠軍，這年賽季的第二座，第三度達成法網–美網雙料冠軍。高舉冠軍盃前，納達爾在場上接受採訪。這是他與托尼一同征服的最後一座大滿貫，不想忘了他的功勞。托尼坐在莫亞身旁，自看台上聆聽他的肺腑之言。「再怎麼感激他都不夠。沒有他，我不會成為網球選手。」托尼，謝謝你。

同月底在布拉格發生另一樁特別事件。首屆拉沃盃舉行，費德勒與其經紀公司Team8一同創立的表演賽，靈感取自高爾夫球界的萊德盃，每年由歐洲代表隊對抗世界其他地區選手組成的隊伍。舊大陸代表隊由柏格領軍，而世界組**全明星**隊則聽從馬克安諾發號司令。隊長人選捨他倆其誰。歐洲隊總是有費德勒、納達爾和喬科維奇這三位人選，可以說每一屆賽事都暫時被舊大陸隊拿下[13]。這年喬科維奇缺席，費德勒和納達爾首次搭檔上陣，儼然成了一道最獨特的光景，更不用說這年他

13 編按：二〇二二年倫敦舉行的拉沃盃由世界隊奪冠。

倆凱旋復出。兩人在其中一場雙打比賽聯手，對決美國二人組奎里和薩克（Jack Sock）。這場比賽雙方不相上下，但兩位球王在最後的超級搶七局勝出（六比四、一比六和十比五）。可以看見網壇兩大最強宿敵捍衛相同的隊伍，簡直棒極了，看著他倆恣意享受，一同歡笑。贏球後兩人最終擁抱的畫面已成了網球史的一部分。雖然拉沃盃並不會讓選手獲得積分，但仍有著世界一流選手支持。除了三巨頭外，還有蒂姆、茲維列夫、西西帕斯、基瑞爾斯、迪米特洛夫、拉奧尼奇、沙波瓦洛夫、施瓦茲曼、伊斯內和福尼尼等人共襄盛舉。拉沃盃成功在無比飽和的賽程中占有一席之地，因為選手們將其視為可以好好享受比賽的時刻，並在比網壇更輕鬆許多的氣氛中組隊相互交流。

回到現實生活後，納達爾的身體再次為賽季的損耗吃不消。這不是什麼新鮮事，因為他的身體容易受傷，主要是他的膝蓋，賽季的最後一段路顯得相當漫長。起初納達爾的表現良好，拿下中國網賽的冠軍，上海大師賽也打進決賽，但敗給費德勒（六比四和六比三）。在中國比賽途中他開始感覺右膝關節不適，基於此原因，他放棄參加巴塞爾網賽，而費德勒也一如既往地封王。納達爾於巴黎大師賽重返賽場，但八強賽對陣克拉伊諾維奇前宣布棄賽。有鑒於二〇一六年缺席ATP年終賽，他不想要過度勉強，嘗試再次站上年終賽的舞台。然而，他的目標只達成一半。在倫敦的第一場比賽他對上戈芬，幾乎無力一戰，輸球，然後退賽。詛咒繼續纏身，這是他第六次無法參加年終賽，無緣爭奪大師頭銜。少了納達爾、喬科維奇和莫瑞，一切對費德勒有利，有望拿下他在倫敦的第九冠。他取得好的開始，在小組賽大殺四方，擊敗薩克、茲維列夫和契利奇。然而，幾天前戰勝納達爾後，戈芬達成他人生的第二大成就，但最終無法走完這偉大的一週，於決賽遭迪米特洛夫擊敗。

ATP網壇記憶中最緊湊又感動的一年就此畫上句點。這年昔日的統治者回歸網壇，納達爾重返世界第一，而老戰友費德勒緊追在後。自從二〇一〇年兩人攀上年終排行榜頂點，已經過去七年……納達爾首次成為排名第一球王，已是九年前的往事。這些數據恰恰讓費德勒和納達爾的職業生涯更顯偉大，他倆不僅達到史無前例的高超水準，並且維持此水準許多年，比任何人都來得久。當然，喬科維奇也達到他倆的高度，但二〇一七年不是屬於他的一年，而是費納回歸之年。過去兩年喬科維奇百戰百勝，而且幾乎每項賽事的每場比賽都打好打滿，幾乎沒有休息，導致他身心都承受巨大壓力。現在稍作歇息對他再適合不過，他會變得更強回來，與費德勒和納達爾先前證明的一樣。他的兩位大宿敵之於他，也是一面明鏡。

3-20

二〇一八年：大滿貫之爭

統治網壇的權力再次交替，三巨頭在2018年間都曾制霸排行榜，說來還真不尋常。

要更理解二〇一八年賽季發生的事，必須在七月十四日這天畫一條分界線，將上半年與下半年的事件分開。這天，納達爾和喬科維奇在溫網四強賽交手，打出網壇有史以來最精采的對決之一。兩人猶如神仙打架，激戰五小時後，喬科維奇拿下勝利。而這場比賽成了賽季的轉捩點。從這天以後，一切都變了。喬科維奇的身體毛病一路糾纏他至此，這天轉移到納達爾身上，而納達爾則把他那接連贏球的強大衝勁，連同他最後一次制霸ATP排行榜的地位一起轉讓出去。就年終排名和大滿貫奪冠數來看，二〇一八年顯然喬科維奇更勝一籌。前半年他被手肘問題拖累，發揮並不好，但下半年的表現棒極了，不只在溫網和美網封王，還拿下辛辛那提大師賽冠軍，成為唯一一位湊齊九座大師賽冠軍，完成「生涯金大師」的選手。

然而，二〇一八年的賽季還可以畫上另一道分水嶺，將健康的納達爾與為身體毛病所苦的納達爾一刀切開。納達爾苦樂參半，因為他本是網壇最強之人，保持不受傷。問題在於傷勢四度浮現。除非有得天獨厚的心理素質，否則根本承受不住。納達爾以四次滑鐵盧結束這年賽季，其中兩次是在澳網八強和美網四強退賽，另兩次分別在神話般的溫網四強對決喬科維奇失利（第五盤以十比八結束），以及馬德里八強賽，打出他整年賽季最糟的成績。儘管踢到鐵板，他依舊在法網第十一度封王，並拿下三座大師賽冠軍。他的紅土賽季表現十分出色，捍衛了大量岌岌可危的積分，進而守下世界第一寶座，但從溫網之後，他的膝蓋毛病越發嚴重，最後害他在紐約棄賽，就此結束他的二〇一八年。

費德勒的季初火焰燒得正旺，但時間一週一週過去，他的火苗逐漸熄滅。季初他搶下好彩頭，在墨爾本衛冕冠軍，拿下他的第二十座大滿貫，也是截至今日的最後一座。這是個魔幻數字，但他未能讓這數字增加。此外，他甚至再次登上排行榜頂點，是歷史上達成此成就的最資深選手。這個功勳非比尋常，替他無可挑剔的生涯添上濃墨重彩的一筆。然而，由於缺席紅土賽季，他很難重新跟上比賽節奏，也沒恢復他的最佳水準。這肯定是他決定隔年再回來法網的原因之一。儘管他在倫敦和紐約的成績為他留下不快的餘韻，這年賽季他依舊算是大獲成功，他位居第三，湊齊了被三巨頭占據的前三名。從二〇一四年開始，三巨頭都沒有同時名列排行前三。

當前的網球三王直接空降澳網，展開賽季。費德勒和納達爾保持著前一年賽季的水準，一路過關斬將，幾乎沒有人是他倆的對手。而喬科維奇，缺席網壇長達六個月後，選擇他最鍾意的澳網復出，已將右手肘問題拋諸腦後。他最大的風險就是長時間離開賽場而找不回球感。他最終也為此付出代價。第四輪，排名五十八的鄭泫僅花了三盤便擊敗他（七比六、七比五和七比六）。鄭泫的攻擊威力極強，喬科維奇雖貴為澳網六冠王，但這時仍尚未準備好，無力招架。此外，他感覺手肘又開始發疼了，先前暫停活動好像並沒有解決他的問題。比賽結束後，鄭泫宣稱他「還可以再打兩小時」，因為他「比喬科維奇年輕」。這是新世代ATP年終賽球王的青年原罪，想必是因為當下心情激動，才口出狂言。對戰費德勒的四強賽上，二十一歲的鄭泫必須把自己說過的話收回去，他的右腳長了水泡，疼痛不堪，被迫於第二盤棄賽（六比二和五比二）。在此之前，比鄭泫年長十五歲的費德勒有時間和他解釋網球該怎麼打。費德勒將爭奪他的第三十場大滿貫決賽。

納達爾在八強賽的命運與鄭泫相同。這場對決契利奇的比賽，納達爾取得好的開始，但取得兩盤比一盤領先時，他被迫呼叫理療師援助，而契利奇最終以四比一主宰第四盤。納達爾右大腿的股四頭肌出了問題，讓他幾乎動彈不得。他嘗試硬撐下去，但第五盤第三局時還是不得不退賽（六比三、三比六、六比七、六比二和二比〇）。二〇一七年年末扯他後腿的身體問題又發生了。他幾次無法參加大滿貫，或者幾次必須自大滿貫退賽，已經數不清了。

對陣契利奇的決賽，費德勒再次證明他永垂不朽。這時他高齡三十六歲又一百六十三天，距離首次大滿貫封王已過去十五年，拿下他的第二十座大滿貫冠軍。換作是幾年前，根本無法想像他可以達到這個數字。這場比賽開局費德勒便以發球碾壓對手，而契利奇也不是省油的燈，掌控這場對決，並將費德勒推至極限。決勝盤上費德勒的表現大幅提升。中央球場屋頂下只容得下一名選手。他卯足全力，緊緊抓住他在墨爾本公園的第六座冠軍（六比二、六比七、六比三、三比六和六比一）。費德勒追平喬科維奇的大滿貫奪冠數紀錄，在其中兩項大滿貫的封王次數也取得領先。閉幕典禮上，費德勒又再次感動得不能自己，泣不成聲，演說甚至被驟然打斷，與二〇〇九年敗給納達爾後一樣。瑞士記者史道佛在《羅傑．費德勒：無可取代的網球之王》中說羅德．拉沃球場有如「淚場」，這話顯然是暗指瑞士球王在這座球場所經歷的無數激動時刻。他達成的壯舉何其偉大，哭泣也是情有可原。現在問題很明顯：費德勒會一直贏球到什麼時候呢？他的極限在哪裡？

球迷還在思索這個問題時，喬科維奇在截然不同的極限中達成壯舉。疼痛的極限，他的右手肘所能承受的極限。二月初喬科維奇動了一場外科手術，想就此解決疼痛問題，因為歇息六個月並沒有成效。那是一場小手術，等參加印地安泉大師賽時他就會恢復了，因此決定二月是適合手術的時機。他將有整個賽季在前方等著他，不會影響他參加大滿貫賽事。

美國賽季前，費德勒一心努力收復世界第一王座，他只差一百五十五分，因此參加鹿特丹網賽。他只需贏下三場比賽並打進四強，便可奪回排行榜霸主地位。輕鬆拿下前兩場比賽後，對上地主選手哈塞時他的情緒忐忑，輸掉第一盤。這時他深呼吸，集中精神，痛宰哈塞一頓（四比六、六比一和六比一），再次登基為王，君臨天下。這時他三十六歲六個月又十一天，打破阿格西的紀錄，年齡比他大近三歲，成為統治網壇最高齡的選手。距離他首次登上頂點已過去十四年，彷彿一切都從未改變。天佑國王。

納達爾仍處於康復期，總總跡象顯示費德勒與喬科維奇可能會對決，但現實截然不同。手術過後，喬科維奇於印地安泉大師賽復出，首輪比賽便不敵排名一百〇九的無名小卒，日本的丹尼爾．太郎（七比六、四比六和六比一）。邁阿密大師賽的賽況證實喬科維奇仍需要時間才得以恢復最佳水準，他在那兒也是首戰就落敗，這回敗給法國的佩爾（Benoît Paire，六比三和六比四）。然而，邁阿密大師賽最引人注目的事與費德勒有關。剛打完印地安泉決賽的他，竟然也在第一場比賽就打包回家，不敵排名一百七十五的科基納基斯（Thanasi Kokkinakis，三比六、六比三和七比六）。

紅土賽季開跑前，台維斯盃舉辦了八強賽，納達爾復出賽場。西班牙隊在瓦倫西亞鬥牛場迎戰德國隊。要喚醒西班牙隊最勇猛的蠻牛，這個場地再適合不過。現場觀眾沉迷於比賽中，國家最大偶像下手毫不留情，輾壓茲維列夫和科爾施賴伯，帶領西班牙隊從容晉級四強（四比一）。費德勒還在為溫網養精蓄銳之際，屬於納達爾的時刻就已經到來。納達爾最大的狩獵季自蒙地卡羅大師賽展開，他旗開得勝，在摩納哥公國征服他的第十一座冠軍。一路上他遭遇貝德尼（Aljaž

Bedene）、卡洽諾夫、蒂姆和錦織圭等對手，一共只丟失二十一局。他再次令對手聞風喪膽，告訴他們好戲即將上場。對戰蒂姆取得的壓倒性勝利尤其意義重大。蒂姆先前淘汰了喬科維奇，是納達爾在紅土球場上最大的敵人。

雷尼爾三世球場的另一則消息是瓦伊達回歸喬科維奇的團隊。喬科維奇先前決定捨棄斯泰潘內克和阿格西的指導，因此有段時間沒有教練。雖然他並沒有發布正式聲明，蒙地卡羅大師賽上瓦伊達現身，兩人恢復合作。過去十一年，兩人的合作關係為喬科維奇帶來許多成就。二〇一七年兩人中斷合作，其中一個原因是瓦伊達想多花點時間在家人身上，因此還不曉得他們會如何安排訓練事宜。喬科維奇想重新嘗試成功的方程式，雖然要見到成效，他仍須等待。

前往法網的路上，納達爾和喬科維奇走上相同的道路，但結果大不相同。喬科維奇的表現自谷底向上攀升。他在巴塞隆納的首輪落敗，在馬德里的第二輪落敗，在羅馬則打進四強。在義大利廣場擊敗他的人正是納達爾（七比六和六比三），並在羅馬和巴塞隆納皆奪下冠軍。唯獨蒂姆有能耐阻礙納達爾打出完美的紅土賽季，於馬德里八強賽戰勝他（七比五和六比三）。然而，納達爾勢必奪回世界第一王位，而且還是在他最鍾愛的法網之前，在羅馬大師賽重新登基。

上半年賽季喬科維奇輸掉許多積分，以排名二十二來到巴黎。他分配到的籤表分組無比困難，接連戰勝鮑蒂斯塔・阿古和沃達斯科後，好似找回在場上戰鬥的感覺。他的下一個對手是本屆法網的風雲人物切基納托（Marco Cecchinato，排名七十二）；切基納托先前淘汰了卡雷尼奧和戈芬。然而，喬科維奇在蘇珊・朗格倫球場再次對自己產生懷疑。切基納托把握住他對自己球技缺乏自信，拿下勝利（六比三、七比六、一比六和七比六），成為繼一九九九年的梅德維傑夫（Andrei Medvedev）之後，打進法網四強排名最低的選手。喬科維奇的賽季開始成為折磨，賽後他表示不曉得是否會出戰溫網。

這段時間的納達爾不知道疑惑為何物，他的意志堅決，目標拿下他的第十一座火槍手盃。他沒有遭遇任何難關，一路直達決賽，唯獨八強賽被實力堅強的小將施瓦茲曼搶下一盤。四強賽他速戰速決了斷戴波特羅，在巴黎再次封王路上的最後一道阻礙是蒂姆。蒂姆開始成為紅土賽場上的常客。先前於二〇一七年羅馬大師賽和二〇一八年馬德里大師賽上，蒂姆曾擊敗納達爾，但法網是另一個等級的難關；根本不可能在決賽讓納達爾跌破眼鏡。蒂姆只在第一盤一度有機會獲勝，因為接下來的兩盤他被打得束手無策，只能像是賭上性命一般，死命搏鬥。他是令人欽佩的選手，未來有望成為法網冠軍球王，但要在巴黎高舉金盃，他仍須等待。巴黎，光之都，照亮納達爾的光。納達爾於第三盤結束這場比賽。這時他的手臂開始抽筋，但並不妨礙他於菲利普・沙特里耶球場拿下新的勝利（六比四、六比三和六比二）。這是納達爾的第十一座法網冠軍，追平瑪格麗特・考特寫下的紀錄，成為在單一大滿貫封王次數最多的選手。天曉得他還會再奪冠幾次，猜測已毫無意義。這完全取決於他、他的身體以及他的鬥志。

納達爾選擇在溫網前稍作歇息，而費德勒和喬科維奇則是認真備賽。費德勒養兵兩個半月後，在斯圖加特網賽復出，並順利奪冠，但哈雷決賽則被丘里奇（Borna Coric）從他手中搶走冠軍（七比六、三比六和六比二）。這個情況讓費德勒重新成為世界第一一週，但敗給丘里奇後，他便將王位歸還給納達爾。喬科維奇選擇參加女王草地網賽，於決賽敗給另一位克羅埃西亞選手契利奇（五比七、七比六和六比三）。無論如何，這次參賽對喬科維奇都是好的測試，重振士氣。

全英俱樂部發生的一切都很正常，直到八強賽前，三巨頭皆臉不紅氣不喘氣地解決各自的對手。比賽的激情全聚焦在四強賽和決賽上，為觀眾獻上傳奇的對決。四強賽的第一場比賽，費德勒對安德森，照理說這場比賽對他應該易如反掌，費德勒準備好拿下比賽，但第三盤白白浪費了一個賽末點。從那之後，比賽有了一百八十度的轉變，安德森表現變得更加出色，將對決推進第五盤。費德勒越來越為疲勞所苦，在後場盡力苦撐，幾乎沒有上網。這點助長了安德森的氣焰，為了勝利他豁出去了，最終成功在第二十四局獲勝（二比六、六比七、七比五、六比四和十三比十一）。娜拉提洛娃的溫網九冠還有得等呢。

籤表分組的另一邊，喬科維奇已在前方等著納達爾。納達爾於八強賽遭遇戴波特羅，兩人打了一場熱血又疲憊的對決。戴波特羅一直都是令三巨頭頭疼的存在，就算沒將他們淘汰出局，也特別有本事把他們搞得精疲力竭。中央球場的這場拉丁裔戰役是一場史詩大戰，最終戴波特羅倒在草地上，納達爾跳過球網攙扶他，兩人緊緊相擁，看台上的觀眾紛紛起立，為他倆歡呼鼓掌（七比五、六比七、四比六、六比四和六比四）。納達爾的理療師馬伊莫再次完成了一項艱鉅任務，將納達爾的身體調整到適合的狀態，讓他迎接下一場戰役；納達爾下一場比賽的對手將是喬科維奇。若少了馬伊莫的支援，納達爾根本承受不住與喬科維奇的史詩大戰。兩人在中央球場大戰五小時又十七分。四強賽被拆成兩天進行，也幫了納達爾的忙。星期五由於光線照明不足，比賽喊停。安德森與伊斯內的四強對決同樣也漫長且累人，兩人相互狂轟濫炸逾六小時，第五盤以二十六比二十四分出勝負。這場大戰導致納達爾和喬科維奇來不及分出勝負，這場對決的結局須待隔日揭曉。

比賽重新開始，喬科維奇暫時領先兩盤，但納達爾追平比分，又須以決勝盤定生死。最後一盤，兩位近十年來最強選手都拿出看家本領，殊死搏鬥，打出許多令人震撼的進球得分，看得所有球迷樂開懷。喬科維奇的攻勢較猛烈，但納達爾懷著怒火防守，反擊，用一慣冷靜接連挽救驚險場面。最終，喬科維奇的決心終於有了回報，於第十八局拿下勝利，如願晉級決賽（六比四、三比

六、七比六、三比六和十比八）。他回來了，睽違兩年，站上大滿貫決賽舞台。這天是這年賽季的轉折點。這天，賽季開始轉向喬科維奇這一邊。

這兩場比賽耗時巨大，人們開始爭論是否該找出方法，避免比賽無止盡地延長下去。歷經數個月研究各種可能性後，十月溫網主辦單位決定比賽第五盤也將加入搶七局制度，當比數來到十二比十二平手時即發動搶七。喬科維奇在決賽對上安德森，不需要搶七即征服他的第四座溫網金盃。安德森在短短不到一年內兩度闖進大滿貫決賽，但打到這場關鍵對決時他的身體早已撐不住了。他的前兩場比賽共計耗時十一小時，對他的身體造成損害，害他根本不是喬科維奇的對手；這場比賽喬科維奇無人能敵，僅花了兩個多小時便拿下冠軍（六比二、六比二和七比六）。二〇一六年法網封王後，他的大滿貫奪冠數計分板便停住了，睽違許久再次奪冠。鮮少有機會見到喬科維奇如此滿面春風，慶祝贏得冠軍。一如先前的費德勒和納達爾，他也經歷了數個月的傷勢與對自己球技的不信任，如今收復桂冠。賽季中，三巨頭已包辦三項大滿貫冠軍，角逐年終世界排名第一的位置。從喬科維奇首次在澳網封王已經過去十年，三人仍舊是網壇的主宰。

喬科維奇的排名上升至第十位。從這一刻起，他只有不捍衛任何一項二〇一七年的成績，才可以進一步累積積分。納達爾依舊死守他世界第一王座，在多倫多大師賽戰勝西西帕斯（六比二和七比六），接下來隨即宣布放棄參加辛辛那提大師賽。一如往年，賽季走到這個階段，他的身體開始感到不適，而他想避免在美網之前冒險。在辛辛那提大師賽，喬科維奇完成他職業生涯最大壯舉之一，成為唯一達成「生涯金大師」的選手，湊齊九項大師賽冠軍。決賽他戰勝費德勒（六比四和六比四），完成這個難度極高的收藏，之所以極其困難，因為選手必須精通所有類型的場地，還要懂得適應全球各地的氣候。喬科維奇再一次證明他也許是史上最多變的選手。

紐約，就籤表分組來看，喬科維奇與費德勒極有可能在八強賽相遇。晉級路上，費德勒游刃有餘地拯救一場與基瑞爾斯的危險對決，但被另一位澳洲選手打得措手不及，而這人照理應該是更容易戰勝的對手。世界排名五十五的米爾曼（John Millman）打了他人生最精采的一場比賽，讓所有想看到三巨頭中兩位成員對決的球迷心願破滅（三比六、七比五、七比六和七比六）。必須等到決賽才有機會見到三巨頭對決。喬科維奇一路過關斬將，淘汰了終結費德勒的劊子手，並輕而易舉地擊敗錦織圭。還差納達爾；納達爾將再次遭遇戴波特羅，我們都知道對上他可不是什麼容易的事。整場錦標賽下來納達爾都感到身體不適，登場時右腳膝蓋纏著繃帶。八強賽，蒂姆將納達爾逼到極限，對決直到第五盤搶七局才分出勝負（〇比六、六比四、七比五、六比七和七比六）。

納達爾的右膝蓋越來越不舒服。對戰戴波特羅的四強賽他終於承受不住，雖然第一盤頑強抵抗，他的狀態顯然不好，第二盤幾乎跑不動，可以說算是瘸了。出於尊重，納達爾硬撐到這盤完畢，才向主審和他的阿根廷好友宣布他無法繼續比賽。又來了，他的右膝蓋又在最糟的時刻背叛他。這次是納達爾二〇一八年第二度於大滿貫退賽。他一共在大滿貫已退賽三次，缺賽八次，意味著幾乎每五次就有一次沒辦法出席。要與費德勒和喬科維奇一較高下，爭奪史上大滿貫封王數最多選手的頭銜，傷勢可說是巨大的絆腳石。但納達爾也因此顯得了不起，凡是他出戰的大滿貫奪冠率非常高，擁有史上最高的大滿貫封王率。

決賽，亞瑟·艾許球場，喬科維奇有帳要和戴波特羅算，因為戴波特羅是害他兩度奧運夢碎的罪魁禍首。我們不曉得他心中是否如此渴望復仇，但看似如此。比賽一開始，喬科維奇便發動閃電攻勢，打得對手無力招架，逼他左右奔波，追著球跑。第二盤兩人較勢均力敵，戴波特羅一度有機會獲勝，但搶七局喬科維奇發揮得比較好。取得兩盤領先後，喬科維奇打起球來相當愜意：比賽發展到這個地步，已無需再做什麼了。戴波特羅接受自己無緣在法拉盛草地公園再次奪冠的事實。就這樣，喬科維奇拿下他的年度第二座大滿貫冠軍（六比三、七比六和六比三），他職業生涯的第十四座，追平兒時大偶像山普拉斯的紀錄。手槍皮特早已習慣三巨頭超越他的每一項紀錄了，也許正因為如此，這次他才選擇不到現場親眼見證。拿下勝利後，喬科維奇上升至排行榜第三位，恰好位居費德勒之後；睽違一年，他又登上前三名了。納達爾穩坐頂點，但不曉得何時才能再上場打球，由於受傷（不是因為球場上發生的事），他極有可能於年底再次拱手讓出世界第一。若確實如此，那麼費德勒與喬科維奇將展開一場大戰，兩人的優勢在於無需捍衛任何積分。

喬科維奇人生中的一切像是回到從前。重大的勝利回來了，他也恢復最佳水準。而且是由瓦伊達領軍、他長年的團隊一手造就的。長年處於嚴苛的網壇，經歷諸多耗損後，兩人當年分手時肯定都需要稍微喘口氣，但現在他們很享受，成功回來了，兩人再次感受到想要贏下一切的欲望。目前，兩人重新合作已收穫兩座大滿貫，這個決策無疑做得對極了。

費德勒和喬科維奇繼續在美國活動，於芝加哥參加第二屆拉沃盃。這次納達爾錯過了，台維斯盃四強賽、上海和巴黎大師賽及倫敦年終賽也是。上海大師賽，費德勒再次敗給丘里奇（六比四和六比四），和先前害他失去世界第一王座的哈雷決賽一樣。丘里奇也是喬科維奇的決賽對手，但他是第一次打進大師賽決賽，喬科維奇絲毫不讓步，拿下冠軍（六比三和六比四）。排名第二的位置已經是他的囊中物了。納達爾宣布不會參加巴黎大師賽，這次是因為腹部的傷勢，而不是膝蓋的毛病。此消息一出，喬科維奇極有可能成為新任世界球王。二〇一六年十二月七日退位後，他將重新站上王座。他的復出戰果豐碩，算是圓滿了。統治網壇的權力再次交替，三巨頭在二〇一八年間都曾制霸排行榜，說來還真不尋常。納達爾在賽季四分之三的時間中稱王，費德勒兩度登基，而喬科維奇則是於巴黎大師賽四強賽擊敗費德勒後（七比六、五比七和七比六），終於如願以償，於年終站上排行榜頂點，但決賽他並無法阻攔卡洽諾夫拿下他的第一座大師賽冠軍（七比五和六比四）。

喬科維奇成為世界第一後的第一場比賽在倫敦O2體育館，他在年終賽小組賽擊敗伊斯內、茲維列夫和契利奇。此外，對戰茲維列夫的這場勝利，也讓喬科維奇成為唯一與每一位前十強選手交手戰績皆勝的選手。他的胸前又可以掛上一面獎牌了。費德勒首戰便敗給錦織圭，但戰勝蒂姆和安德森，順利晉級四強。四強賽，茲維列夫在一場勢均力敵的對決中的表現更勝費德勒一籌，成功首次闖進年終賽決賽（七比五和七比六）。反觀喬科維奇，他沒花什麼力氣便輕鬆再次擊敗安德森（六比二和六比二），第七次晉級決賽。決賽只有一位奪冠熱門人選：喬科維奇。他最近出戰三十七場比賽，其中三十五場皆凱旋而歸。然而，茲維列夫初生之犢不畏虎，才不管他是球王，從第一分就開始對喬科維奇發起猛攻。這位德國小將是新生代選手中最具天賦的球員之一，這場比賽有如天使下凡，打出許多精采好球，徹底主宰比賽。其中最亮眼的一球可能是結束比賽的那記出色穿越球，茲維列夫邊跑邊打出，喬科維奇試圖上網施壓，但被突破。茲維列夫整個人倒在地上，慶祝他前途看好的職業生涯至今最大勝利，還一舉登上排行榜第四位，可謂是凡人的主宰。

喬科維奇下半年賽季的表現出色，雖然未能圓滿，但他仍幾乎憑著最後一口氣登上世界第一。這是他第五次達成此壯舉，追平康諾斯和費德勒的紀錄，只差山普拉斯一階。這是他夢寐以求的結局，考慮到他二〇一八年初的情況及二月接受的手術，更是如此。歷經了「納達爾式」的復出後，喬科維奇再次成為二〇一一年和二〇一五年席捲網壇的那位選手，一部堪稱完美的網球比賽機器，球技幾乎毫無破綻可言。值得注意的是，儘管吞了二十敗，年終喬科維奇仍站上頂點，而納達爾雖然只輸了四場球，卻統治排行榜幾乎一整年。有個解釋這現象的方式，喬科維奇除了表現驚人，下半年賽季更無需捍衛任何積分。此外，很難解釋納達爾怎麼又受傷了。二〇一八年他共受過四次傷，分別對他的髕骨肌腱、腰肌、腹部和腳踝造成影響。即便如此，他仍有本事拿下一座大滿貫冠軍，死守排行榜霸主的位置數個月，還能參加九項錦標賽，並在其中五項封王。他在場上待的時間如此之短，很難要求他拿出更好表現。納達爾沒什麼好自責的，但倒是有許多遺憾，雖然我們已經知道他從不自怨自艾，目光總是放在前方。正因為如此，他才能夠站上頂點。

可惜我們永遠也不會知道若二〇一八年納達爾和喬科維奇整個賽季都身體健康會發生什麼事。兩人的表現曲線只在溫網四強賽相交，結果驚人。費德勒三十六歲這年的賽季同樣也大獲成功，表現逐漸下滑，但再次拿下一座大滿貫，無可估量的功勳，雖然是因為納達爾和喬科維奇受傷的緣故，他才有機會奪冠。他甚至一度登上世界第一，但在年度最後兩項大滿貫的成績很差，讓他無緣於年底爭奪王位。年終，三巨頭占據排行榜前三名，三人共計贏下四座大滿貫，外加五項大師賽冠軍。一如二〇一七年三人的全盛時期一樣，他們再次壟斷最重要的冠軍獎座，唯獨在年終賽對陣新生代天賦異稟的小將時有所讓步。三人皆已恢復最佳水準，可以預期二〇一九年的史上最強之戰將非常激烈。

3-21 二〇一九年：近在咫尺

二〇一九年，三巨頭連續第三年包辦四大滿貫冠軍，三人全力衝刺，看看誰究竟才是史上最強。二〇一七年費德勒和納達爾不分軒輊，而二〇一八年三人都分到屬於他的那份蛋糕，那麼這年則是納達爾和喬科維奇再次拿下兩座大滿貫冠軍。納達爾是這三年間最規律的人，二〇一九年在法網和美網皆封王，距離費德勒只差一冠。他從來沒有離他這麼近。此外，喬科維奇讓三人間的爭鬥更激烈，拿下澳網和溫網冠軍，距離瑞士球王設下的標準只差四冠。納達爾和喬科維奇第五次在同一年賽季贏下至少一座大滿貫，是三巨頭第八次包辦年度四大滿貫冠軍。當然，年終三人也霸占排行榜前三名。

茲維列夫於年終賽戰勝喬科維奇，替新生代的年輕小將打了一劑強心針，紛紛感覺自己有機會推翻三巨頭。更正確來說，他們只是腦中閃過這個念頭，因為在大滿貫根本無法阻止三巨頭再次大獲全勝。蒂姆再次挺身而出，第二度打進法網決賽，但再次遭遇無敵的納達爾。美網風雲人物梅德維夫也碰上相同的事。儘管節節吞敗，這幫新生代選手再次於年終賽留下印記，這次是西西帕斯在決賽戰勝蒂姆。他們的距離又更近一步，儘管仍無法企及三巨頭。

賽季於澳洲揭開帷幕。喬科維奇又一次握有大好機會，可以鞏固他的球王地位。他只需在他最

他在這場五小時戰役中拿下他的第16座大滿貫冠軍，距離納達爾只差兩座，差費德勒四座。越來越近了。

鍾愛的球場捍衛前一年的第四輪，而納達爾必須打進八強，費德勒更需奪冠。新生代選手給三巨頭添了亂子。沙波瓦洛夫和梅德維夫在頭幾輪對上喬科維奇，儘管最終喬科維奇勝出，之後更像是在錦織圭和普伊面前散步，一路直達決賽。籤表的另一組，年僅二十歲的年輕小將西西帕斯放話說他將擊敗費德勒，而且也在十六強賽辦到（六比七、七比六、七比五和七比六）。墨爾本的希臘社群人口龐大，在他們的聲援下，西西帕斯幾乎像是本土選手。這些球迷無比熱情，羅德．拉沃球場的氣氛宛如足球場或籃球場，這份激情也帶領西西帕斯快速拿下他最大的勝利。他簡直無法相信自己戰勝費德勒，宣稱這輩子將永遠記得擊敗自己偶像的這天。西西帕斯出生時，費德勒剛在溫網青少年組奪冠，且已踏足職業網壇。但西西帕斯高興沒太久，四強賽對上納達爾，就算球迷無條件替他加油，也無濟於事。納達爾置身激昂的氛圍只會變得更強大，以天賦和破壞力十足的擊球潑了希臘球迷一桶冷水（六比二、六比四和六比〇）。西西帕斯被問到納達爾的表現時，特別強調「他的發球，他在底線的侵略性，他擊球的角度」。前兩項是莫亞加入團隊後引入的諸多改變的成果，新版本的納達爾變得更具攻擊性，二〇一八年初，他的一發變得更強，有目共睹。

萬眾矚目的對決已登場，兩位選手在這場比賽都懷有許多目標。這是納達爾在墨爾本的第五場決賽，而且有望成為公開賽年代第一位達成雙圈大滿貫的選手；費德勒和喬科維奇要等到法網才有機會。喬科維奇的大目標是打破與費德勒的平手，成為澳網奪冠次數最多的選手，保持二〇一八年下半年帶他登上世界第一的良好身體狀態。至於納達爾，整場錦標賽他的表現可以說是完美，一盤未失，前一年賽季末糾纏他的腹部不適也已不成問題。兩人的對決預計會是一場史詩級大戰，預計精采程度不亞於他倆最近幾次的大滿貫比賽。然而，有時期望是一回事，現實又是另一回事。納達爾打了他有史以來最糟糕的大滿貫決賽，幾乎沒在球場待上多久時間。喬科維奇打起球來相當愜意，重重擊潰納達爾（六比三、六比二和六比三），高舉他的第七座諾曼・布魯克斯挑戰盃，並鞏固他排行榜霸主的地位。拿下他的第十五座大滿貫冠軍後，喬科維奇將山普拉斯逐下名次台，獨占歷史性的第三位。最近三次大滿貫連續封王後，他差費德勒五座大滿貫冠軍，只落後納達爾兩冠。這年的網壇熱情可期，且這次眾人極高的期望不會落空。

費德勒的排名跌至第七。他先是在墨爾本公園失去一千八百二十分，之後沒參加鹿特丹網賽，又丟失五百分；前一年他參加鹿特丹，意圖取得可以讓他重返第一的積分。然而，他很快便能夠止血，在杜拜奪冠、重新打進印地安泉決賽，並在邁阿密奪下冠軍，補足虧損的積分。在阿拉伯大公國的決賽上費德勒擊敗西西帕斯（六比四和六比四），報了一箭之仇，在加州的決賽則敗給蒂姆（三比六、六比二和七比五），在佛羅里達則戰勝伊斯內（六比一和六比四）。這些成績讓他在迎戰紅土賽季前重新躋身世界前五強。由於二〇一八年缺賽，這年紅土賽季他只會增加積分。喬科維奇和納達爾的北美巡迴就沒有那麼正向了。喬科維奇和前一年一樣，表現糟糕，在兩項賽事皆沒有突破第三輪，而納達爾的成績更慘，他在印地安泉退賽，無法與費德勒在四強一較高下。他的髕骨肌腱又再次擺了他一道，才打了四場比賽，就為硬地場地的衝擊所苦。熱身時納達爾感覺很不舒服，決定不要冒險。不幸的是，他在受傷算是行家了，非常清楚在這些場地打球，他的膝蓋會承受何等風險。

蒙地卡羅大師賽，十五年來頭一遭三巨頭都沒有晉級決賽。費德勒沒有參賽，喬科維奇於八強敗給梅德維夫（六比三、四比六和六比二），而納達爾在四強賽的命運也一樣，福尼尼擊敗十一冠王（六比四喝六比二），決賽戰勝菜鳥拉約維奇，奪下冠軍。隔週，巴塞隆納，納達爾得到相同結果，但這回終結他的是蒂姆（六比四和六比四）。每年賽季納達爾注定要和蒂姆在紅土球場相遇。

雖然乍看之下這只是另一項錦標賽，但這週對納達爾十分重要，左右了他在這精采一年中的改變。長時間的身體不適折磨著他，參加巴塞隆納比賽時他沒什麼動力，不是以往賽季席捲網壇的那個納達爾。腹部和髕骨肌腱的問題並未消失，嚴重影響了他的自信心。然而，之後納達爾本人坦承說這場比賽讓他做了反思。儘管身體有諸多毛病，他也差點就要打進最後幾輪，因此他曉得這些問題解決時，他就可以恢復百分之百的水準，自然會取得優異的成績。

馬德里大師賽這話應驗了，納達爾找回樂觀態度，八強賽以輾壓之勢擊潰瓦林卡（六比一和六比二）。儘管之後與西西帕斯一戰輸了球，納達爾仍開始找回好的感覺。新生代選手的實力變得越來越強，蒂姆也將費德勒淘汰出局（三比六、七比六和六比四）。四強賽，喬科維奇替三巨頭報仇雪恨，但決賽不敵表現絕佳的西西帕斯（六比三和六比四）。羅馬大師賽是法網前的最後一站，警報響起，費德勒由於右腿出問題，被迫退賽。他抱怨主辦單位替場地澆水，導致場上的線容易害人打滑，不過最終他還是出戰法網。義大利廣場的決賽，網壇排名第一和第二的兩位選手的年度第二場對決。納達爾已及時恢復最佳水準，整週下來都展現高超球技；他的倒數第二位手下敗將正是無處不在的西西帕斯（六比三和六比四）。前三輪比賽納達爾一共只丟失六局，決賽的第一盤和第三盤皆完全輾壓喬科維奇（六比〇、四比六和六比一）。這是他在最鍾愛的舞台之一羅馬的第九冠，成功調整好狀態，準備再次與歷史相約。

法網第二週的籤表剩下尚未出局的選手，每個人都是衝著冠軍而來，雖然奪冠熱門人選只有一位。網壇最強之人齊聚一堂，獨缺梅德維夫和西西帕斯。西西帕斯已在與瓦林卡的對決中遭淘汰，兩人的這場對決被譽為本屆法網最精采的比賽，他倆打起球來毫不保留，面露凶光，把每一球當作最後一球在打。西西帕斯的身體耗損嚴重，但未能得到獎勵，現在他曉得斯坦野獸在大比賽有多厲害了。瓦林卡恰好正是費德勒在八強賽的對手，但先前的五盤大戰讓瓦林卡累得不成人形，在這場同胞相殘的對決中落敗（七比六、四比六、七比六和六比四）。最近三次缺席法網並未對費德勒造成影響，睽違七年再次打進布洛涅森林的四強賽。

籤表的另一邊，喬科維奇與茲維列夫重現前一年的年終賽決賽，但這次喬科維奇並沒有出什麼意外（七比五、六比二和六比二）。紅土球場並非茲維列夫最擅長的場地類型，大滿貫也不是適合遭遇喬科維奇的地方。喬科維奇的運氣不好，因為前者套在蒂姆身上不適用。蒂姆是他在四強賽的對手，兩年前曾在巴黎淘汰過世界第一的他，證明被稱為納達爾的紅土接班人，並非浪得虛名，縮短兩人之間的巨大差異。這場比賽中途被大雨打斷一小時，但並未讓人失望。喬科維奇抵死不從，但蒂姆成功終結他的大滿貫二十六勝三連冠（六比二、三比六、七比五、五比七和七比五）。

另一場四強賽，納達爾和費德勒睽違八年，在菲利普・沙特里耶球場重逢；兩人首次在巴黎交手已近十五年前，那場四強賽的贏家如今已成為法網傳奇。風是這場對決的主角，而納達爾較懂得適應各種不同氣候。對費德勒來說，在紅土與納達爾交手就夠討厭了，遑論還是在這種情況下與他一戰，令他的心情緊張到了極點。納達爾抓住這一點，以他超乎尋常的防守反擊速戰速決贏下比賽，了斷費德勒的希望（六比三、六比四和六比二）。費納在法網六度交手，納達爾六戰全勝。

決賽由二〇一八年決賽原班人馬上陣。紅土王子第二次有機會廢黜法網之王。這場對決一開始雙方勢均力敵，從第三盤起納達爾進入最佳狀態（那還用說），輾壓為積累疲勞所苦的蒂姆（六比三、五比七、六比一和六比一）。這場決賽就這樣輕描淡寫地結束了，法網王權交替還有得等呢。納達爾拿下他在法網第十二冠，超越考特的澳網十一冠紀錄，完成他在巴黎的最後一項挑戰。不只是除他以外從沒有人在單一大滿貫十二度封王過，而是從未有選手在單一錦標賽達成過。就他的奪冠數和決賽勝率來看，這項成就在網壇都是空前絕後，體育史鮮少有案例能夠相提並論。最棒的一點是，我們不曉得納達爾還能走多遠。

幾乎沒時間慶祝或埋怨，網壇的注意力便從紅土轉往草地，從法網轉至溫網，自巴黎轉至倫敦，一如往年的夏初。只有費德勒避開空橋，和以往一樣在哈雷事先停靠，並且拿下他的第十冠。喬科維奇與團隊新血伊凡尼塞維奇一同認真備賽；伊凡尼塞維奇來自克羅埃西亞，前網球選手，二〇〇一年曾在溫布頓奪冠。這兒發生的事與布洛涅森林相反，新生代成員甚至連八強都沒打進，四強賽又再次由三巨頭擔綱演出。第一場四強賽，喬科維奇擊敗鮑蒂斯塔・阿古（六比二、四比六、六比三和六比二），報了之前在卡達和邁阿密的仇。雖然前兩盤鮑蒂斯塔・阿古的表現，加上兩人先前的恩怨，在在都使喬科維奇很不自在，但從第三盤他開始以高超球技壓制對方，順利晉級他的第六場溫網決賽。費德勒同樣也有機會與納達爾清算舊帳。這筆帳可以分為兩個方面。首先是一個月前法網發生的事；再者，因為繼那場被許多人視為網球史上最經典的比賽後，兩人是頭一次在溫網對決，距離二〇〇八年的那個史詩級午後已過去整整十一年，雖然費德勒打起球來，就彷彿他的時間從未流逝。他憑著過人發球和健壯雙腿，自第三盤開始主宰比賽，這次完全不給納達爾任何餘地（七比六、一比六、六比三和六比四）。他將為他在大教堂的第九冠而戰。

這場決賽幾乎與二〇〇八年決賽同樣精采。賽後，費德勒的概述比任何人都來得精闢：「這是一場會被全世界記住的比賽，也是一場我會試著遺忘的比賽。」這是溫網史上耗時最長的決賽，兩人於第五盤打成六比六平手，最終以搶七局定勝負。在此之前，費德勒一度以八比七領先且握有發球局，卻白白浪費的兩個冠軍點。比分四〇比十五時他未能發出好球得分（他最犀利的武器），讓喬科維奇死裡逃生。這是致命的失誤。喬科維奇是與生俱來的倖存者，我們早就說過了。他在北約組織對貝爾格勒的轟炸中存活下來，夢想成為溫網冠軍球王，剛撐過費德勒的狂轟濫炸，而心中的目標不變。他再次證明他能夠自困境脫身的獨特才能，挽救一場本應輸掉的比賽，在三局搶七局中拿下三盤。費德勒贏的局數較多，但喬科維奇贏得溫網冠軍。兩人在這座最具象徵意義的球場上拿出最佳實力拚搏，盡情揮灑天賦，驚豔全場觀眾。費德勒的發球和截擊技藝嫻熟，不停發動攻勢，但喬科維奇宛若漫威英雄，伸縮彎曲自如，輕鬆接下他的全部攻擊。

比賽最後一盤宛如一首網球讚歌，兩人來回抽球之精采、投入，有如充滿張力的史詩。誰都不希望這場比賽結束，觀眾擠得中央球場水泄不通，看得熱血沸騰。若溫網這年沒有規定第五盤搶七局決勝制度，費德勒和喬科維奇大概會永無止盡地打下去。溫網一百三十三屆賽事以來從未有決賽以搶七局決定結果，很難令人驚羨不已。若觀眾看得不開心，場上的主角會是什麼滋味？最終，結局快速揭曉（七比三）。喬科維奇證明他在命懸一線的窘境中很有一套。將第五座溫網冠軍收為囊中物（七比六、一比六、七比六、四比六和十三比十二），喬科維奇望向他的包廂，咬著嘴唇，憤怒地捶打胸膛。他在這場五小時戰役中拿下他的第十六座大滿貫冠軍，距離納達爾只差兩座，差費德勒四座。越來越近了。

經過如此緊繃的張力後，球迷放輕鬆，選手養精蓄銳，三週後，世界一流好手來到大西洋彼端的美國，重新回到賽場上。年度賽季的最後衝刺直線上有兩位大主角，一位屬於新生代，另一位則是三巨頭之一。前者是梅德維夫，他闖進美網和三項大師賽的決賽，並奪下其中兩項大師賽冠軍。後者是納達爾，真正的主角。他首先在蒙特婁大師賽封王，之後抱走三項大獎：美網冠軍、台維斯盃冠軍以及世界排名第一。很難於年終取得比這更好的成績。

費德勒和喬科維奇紛紛缺賽，納達爾成了加拿大大師賽的奪冠大熱門。整場錦標賽下來幾乎沒有人是他的對手，決賽上首次與梅德維夫交手，便把對方打得落花流水（六比三和六比〇）。但梅德維夫為未來做了筆記；兩人還會在場上相遇。奪冠後，納達爾選擇稍作歇息，給他的膝蓋一些時間復原。他想避免前一年的場面再次重演，去年與戴波特羅在四強賽對決時，他最終基本上是瘸著腿退賽。來到辛辛那提，費德勒和喬科維奇皆未能打進決賽。費德勒於第二輪敗給魯布列夫（六比三和六比四），而此時貴為世界第一的喬科維奇則成了梅德維夫的手下敗將（三比六、六比三和六比三）；這時期的梅德維夫實力大為增長，於決賽擊敗戈芬，拿下他的首座大師賽冠軍，排名上升至世界第五。

溫網決賽的兩位主角在紐約的處境並沒有比較好。喬科維奇的左肩疼痛，迫使他放棄與瓦林卡交手的十六強賽。在辛辛那提時他就覺得肩膀發疼了，但對決費德勒時再也忍耐不了（六比四、七比五和二比一）。納達爾前一年經歷的挫折如今發生在喬科維奇身上。他和納達爾當時一樣，需要積分捍衛第一王座。下一輪比賽，費德勒又再次於五盤大戰中落敗，這次敗給迪米特洛夫（三比六、六比四、三比六、六比四和六比二）。迪米特洛夫的球風與費德勒相似，綽號「小費德勒」，但他並非處於最佳狀態，排名跌至七十八，但依舊一度與費德勒打成兩盤比兩盤平手，之後便由體能定勝負。第四盤後，費德勒暫停比賽，在更衣室待了好長一段時間，回來後簡直變了個人，不是那個如神話般的他。他跟不上比賽節奏，犯下許多非受迫性失誤，將這場比賽拱手獻給迪米特洛夫，讓他躋身四強。

倒數第二輪的兩場對決走向，換作是賽事剛開打時絕對沒有人料得到。梅德維夫和迪米特洛夫在第一場比賽相遇，而納達爾則對上本屆賽事的另一匹黑馬，義大利的貝雷蒂尼。第一盤貝雷蒂尼施展強大正拍擊球，一度將納達爾逼入窘境，但納達爾最終搶七勝出。之後，隨著比賽發展下去，貝雷蒂尼的火力越來越弱，最終於第三盤伏首稱臣（七比六、六比四和六比一）。

決賽是一場貨真價實的世代對決，全網壇狀態最好的兩位選手皆展現超乎常人的球技。梅德維夫先前在美國巡迴取得優異成績，連續打進四場決賽。他在這場決賽將納達爾逼到體力的極限。這場比賽無比激烈，納達爾痛苦了近五小時，才拿下冠軍（七比五、六比三、五比七、四比六和六比四）。第五局雙方皆展現極強的擊球和體能，看得紐約現場觀眾如癡如醉，他倆最終也戰得體力透支。這是納達爾的第十九座大滿貫冠軍，距離費德勒僅僅只差一冠。苦苦追趕十五年後，他從未離得如此近，終於有機會拿下史上最強選手的封號。為了替納達爾慶祝這個無比特別的一刻，主辦單位播放一段影片，回顧他所征服的每一座大滿貫金盃，看得納達爾有好一段時間都止不住淚水。從未見過他如此感動的模樣。梅德維夫自他的板凳望著納達爾，眼神流露出真摯的欽佩。這一刻對網球運動中最偉大的傳奇之一十分特別，觀眾掌聲如雷，歡呼聲震耳欲聾，不斷呼喊著「拉法、拉法、拉法……」。頒獎典禮上，梅德維夫耍了個幽默，看完影片後，他問主辦單位若今天奪冠的人是他，那麼會播放什麼影片，這話顯然是在暗示兩人在奪冠數上的巨大差距。

納達爾的慶祝並沒有就此結束；參加完拉沃盃後，他與西絲卡成婚。婚禮辦在馬約卡島的小城波連薩，絕美的薩福塔萊薩堡壘城牆內。新人忠於本色，選擇巴利亞利群島海岸的這處美麗地點，讓媒體不得其門而入，與最親近的親友一起享受這個屬於他倆的大日子。這一刻十分特別，兩人能夠與世界脫節個幾天，之後再回到瘋狂的現實生活。納達爾要面對的現實是做最後衝刺，他有三個大目標：奪回世界第一王位、拿下他的第一座ATP年終賽冠軍，並和西班牙隊一起在新一屆的台維斯盃拿下他的第五座銀沙拉碗。他的成果還不錯，順利達成自己設下的兩個目標，失敗的恰恰是他戰績中唯一沒拿下的年終賽。一如他的職業生涯遭遇，他的身體又出問題，害季末和上述這些目標變得岌岌可危。

納達爾被迫放棄參加上海大師賽。他的左手手腕劇烈疼痛，奪回世界第一的機會變得越來越渺茫。直到喬科維奇在上海八強賽敗給西西帕斯（三比六、七比五和六比三），等到巴黎大師賽結束時，世界第一將自動讓位給納達爾。睽違一年，納達爾重返網壇主宰地位，將以此身分參加年終賽。年終賽前，費德勒第十度在巴塞爾網賽封王，喬科維奇則拿下巴黎大師賽冠軍。至於納達爾，他在巴黎又受傷了，這次是腹部，無法參加四強賽。沙波瓦洛夫不費吹灰之力闖進決賽。雖然這場比賽喬科維奇告別世界第一王位，但仍打得沙波瓦洛夫無力招架（六比三和六比四）。

納達爾在年終賽前及時復原，但年終究竟是他還是喬科維奇能夠立足於排行榜頂點，仍有待驗證。若命運女神對納達爾微笑，他將追平康諾斯、費德勒和喬科維奇創下的紀錄，五度於年終成為世界第一。若辦到的人是喬科維奇，他將來到山普拉斯的高度，成為唯二達成此壯舉六次的人。納達爾需要贏下他在小組賽的三場比賽，才可以靠自己穩坐第一，或者至少贏下一場對決，逼迫喬科維奇交出年終第一。他出師不利，第一場比賽就敗給時任冠軍茲維列夫（六比二和六比四），而喬科維奇則按部就班，以壓倒性優勢擊敗首次參加年終賽的貝雷蒂尼（六比二和六比一）。之後，兩人的角色調換，納達爾贏下對戰梅德維夫和西西帕斯的對決，而喬科維奇則敗給蒂姆和費德勒。世界第一獎落納達爾，睽違兩年，他再次統治ATP排行榜，也一舉成為唯一一位在五個不同賽季年終攻頂、卻從來沒有達成二連霸的選手。此外，沒有人和他一樣，第一次和最近一次封王之間相隔那麼長時間，二〇〇八年到二〇一九年，整整隔了十一年之久。

但納達爾沒有機會慶祝自己打進四強，因為他與西西帕斯和茲維列夫三人打成平手，害他無緣晉級。費德勒倒是成功殺進四強。先前他在小組賽擊敗喬科維奇（六比四和六比三），雖然倒數第二輪再次遭遇西西帕斯，與澳網的結果一樣（六比三和六比四）。這年賽季他的第一場和最近一場敗仗都是西西帕斯害的。而西西帕斯則是戰勝蒂姆，加冕成為大師，成為茲維列夫的繼位球王。一時之間，新生代在大師賽和年終賽大顯神威，但大滿貫依舊是他們無法攻克的禁地；大滿貫是屬於三巨頭的私人獵場。

一如往年，網壇賽季由台維斯盃畫上句點。二〇一九年的台維斯盃是特別的一屆。歷經更改賽季以及連帶惹出的諸多爭議後，新的台維斯盃由足球選手皮克名下的公司Kosmos集團主辦。比賽正式開打。新制台維斯盃的首戰舞台在馬德里魔術盒球場，場地類型是硬地。新的賽制將十八支參賽隊伍分成三組，每組三隊。六支勝出的隊伍和兩支第二強的隊伍將得以晉級八強。淘汰賽採三戰兩勝制，兩場單打和一場雙打比賽，與舊賽制相比，雙打比賽的重要性提升不少。

納達爾的西班牙隊和喬科維奇的塞爾維亞隊被視為奪冠熱門隊伍，其餘被看好的隊伍還有俄羅斯隊、法國隊、英國隊和澳洲隊。費德勒對比賽改制嗤之以鼻，雖然他也沒機會參賽就是了，因為瑞士隊並未成功晉級。和他一樣缺席的大選手還有蒂姆、梅德維夫、西西帕斯和茲維列夫。五大缺席選手，但基本上也是世界前三十強中唯一缺席的幾人，其他如納達爾、喬科維奇、莫瑞、貝雷蒂尼、鮑蒂斯塔・阿古、孟菲斯、戈芬、福尼尼、施瓦茲曼、沙波瓦洛夫、卡洽諾夫、德米瑙（Alex De Miñaur）和基瑞爾斯，皆為各自的隊伍貢獻一己之力。西班牙隊和塞爾維亞隊都在第一階段贏下兩場淘汰賽，兩隊主將皆輕鬆拿下各自的單打比賽，為隊伍提供分數。對戰克羅埃西亞的比賽，納達爾甚至還贏下雙打比賽的積分。世界最強的兩位選手在不同小組過關斬將，夢寐以求的決賽看似就在眼前。納喬有機會代表各自的國家，於台維斯盃決賽上一較高下，網球迷想到這點都會興奮不已。

但這場夢並沒有持續太久，因為卡洽諾夫和魯布列夫在第一場八強賽便將塞爾維亞隊淘汰出局。這兩位俄羅斯好手總是無論單雙打比賽都上場，最後一場比賽將塞爾維亞隊的不足之處攤在陽光下。喬科維奇擊敗卡洽諾夫，克拉伊諾維奇出乎意料地敗給魯布列夫，震驚所有人。決勝比賽上，二〇一〇年台維斯盃的塞爾維亞民族英雄喬科維奇與特羅伊茨基搭檔。這場比賽緊湊又激動人心，決勝搶七局特羅伊茨基的心情緊張到了極點，頻頻失誤，將勝利送給俄羅斯雙人組；卡洽諾夫和魯布列夫在這個搶七局挽救了三個賽末點。記者會上，塞爾維亞隊全體成員止不住挫敗的淚水，隊長齊莫尼奇沮喪至極，幾乎連話都說不清楚。一同為三色國旗征戰許多年後，比起國家代表隊，他們更像是一家人，這點在最困難的時刻看得出來。

大宿敵淘汰出局後，納達爾披上超級英雄的披風，完成一段令人難忘的最後階段。八強賽西班牙隊遭遇阿根廷隊，四強賽則對上英國隊，兩場淘汰賽皆輸掉第一分，但納達爾維持著隊伍的生命。他贏下自己的單打比賽，追平比分，與阿根廷隊的雙打賽他與格拉諾勒斯搭檔，與英國隊一戰則與羅培茲聯手，兩場比賽皆獲勝，晉級下一輪。距離帶領西班牙隊拿下第六座台維斯盃冠軍只差一步之遙。眼見大偶像這週的所作所為，全場觀眾群情激昂。決賽西班牙隊以二比〇擊敗年輕且前途看好的加拿大隊，這次納達爾有另一位英雄鮑蒂斯塔・阿古協助他。這週一開始鮑蒂斯塔・阿古輸掉他的第一場比賽，之後因為父親逝世而退出比賽，最終於週日回歸戰場，拿下他在決賽的第一分。他付出的努力無比驚人，能夠在如此短的時間內克服如此艱困的情況，說起來還有些不真實。納達爾在球場上讚許鮑蒂斯塔・阿古行為，說他的表現「幾乎是非人類，可以啟發人心一輩子」。

西班牙第一球王在本屆賽事的表現值得分開拿出來一提。他展現極高的榮譽心、付出和球技，在短短六天內贏下八場比賽，有些比賽還是戰到半夜才結束。他在決賽帶領西班牙隊征服第六座銀沙拉碗，馬德里魔術盒球場的觀眾完全拜倒在他們最愛的體育選手之下。納達爾贏下的場次之多，若不是台維斯盃史上最強的選手，也是最強之一。二〇〇四年，他十七歲那年初次參加台維斯盃，處女戰對決伊里．諾瓦克，從那時起便未輸過一場單打比賽，在十六個賽季中連續贏下二十九場單打，五度勇奪銀沙拉碗。此外，他還是賽事逾一百二十年歷史中唯一一位單雙打比賽加起來超過三十連勝的選手，無非是為這項賽事而生的完美選手。納達爾於賽後記者會解釋他這項成就的祕密：「這是獨一無二的比賽，因為我們代表國家出賽。當著全國人民的面打球，可以有兩種理解方式，要麼感受到巨大的壓力，要麼將這股壓力轉化成正能量，與隊伍、隊長和觀眾一起並肩作戰。」納達爾顯然受到這股壓力影響，因為鮮少見到選手和觀眾會在球場上如此團結一心。

就這樣，二〇一九年賽季落下帷幕。這年納達爾追趕費德勒創下的紀錄。兩人的宿敵對峙從未如此緊張過，納達爾距離費德勒的二十座大滿貫冠軍只差一冠，喬科維奇則還差四冠。納達爾首次有本錢追上費德勒，甚至一鼓作氣超越他；二〇二〇年將會是「超越」之年。兩大宿敵較年輕，費德勒將很難保住他的大滿貫霸權，很難繼續被視為史上最強的選手。網壇的注意力全聚焦在三巨頭的對決上，新的賽季熱血可期，可能會發生歷史性的改變，霸主換人當當看。沒有人料到這個改變即將發生，改變我們的生活。

3-22

二〇二〇年：納達爾追上費德勒

若贏下美網或法網，納達爾將有機會追平他的紀錄，甚至還能一舉超越他……如果比賽最終能夠重啟。

新制台維斯盃在馬德里結束僅一個月後，第一屆ATP盃在澳洲開打。選手幾乎沒時間休息和好好備賽，即投入另一項國與國較勁的賽事。大部分職業選手都認為有兩項一模一樣的賽事，著實荒謬，更何況年度賽程已經夠飽和了，主角們根本連喘口氣的機會都沒有。ATP盃並不如每年的台維斯盃，未能激起相同的期待。台維斯盃才是純正的團體比賽，淵源可溯及一九〇〇年舉辦的第一屆。此外在賽制上，ATP盃也與Kosmos集團主辦的台維斯盃極其相似，對球迷沒有什麼不同的可看之處。有鑒於此，ATP、ITF（國際網球總會）和Kosmos集團正在尋找整合兩項賽事的辦法，將兩項賽事合併為一才是理想的解決方案。二〇二〇年二月，在路透社的採訪中，ITF主席哈格蒂（David Haggerty）承認正在嘗試合併，只舉辦一場國與國的團體賽事：「我們正在與ATP及選手商討。我們認為只有一項男子團體對抗賽，可能比較合理。無關金錢，而是基於賽程的考量。」

雖然ATP盃辦得可圈可點，且有許多比賽場館，許多新穎之處也讓比賽變得更精采，但在澳洲，人們缺少如台維斯盃的那股熱情。一個月前在馬德里奪冠的西班牙隊，於四強擊敗由基瑞爾斯領軍的地主隊，再次晉級決賽。決賽是一場萬眾矚目的對決，雖然不是澳洲觀眾期待的組合，納達爾的西班牙隊對陣喬科維奇的塞爾維亞隊。四強賽，塞爾維亞隊擊敗實力強勁的俄羅斯隊；在俄國一哥梅德維夫的加持下，俄羅斯隊變得更強了。決賽，喬科維奇獨挑大樑，帶領國家奪冠，先是在單打比賽擊敗納達爾（六比二和七比六），後與特羅伊茨基聯手，也贏下雙打；特羅伊茨基終於一掃台維斯盃的陰霾。西班牙隊主將納達爾已不如一個月前，未能展現不可思議的水準，甚至八強賽對決戈芬也落敗。拿下這兩場勝利後，塞爾維亞隊追回第一場被鮑蒂斯塔．阿古從拉約維奇手中搶走的積分，一鼓作氣逆轉情勢，在雪梨肯．羅斯威爾球場高舉ATP盃史上第一座冠軍獎盃。很難預測ATP盃未來的發展會如何。

數日後，世界網球改變焦點，關注年度第一項大滿貫澳網。就某方面來說，今年的澳網十分詭異，費德勒的體能狀況下滑，與每位對手交手都打得很辛苦，最終不敵喬科維奇而落敗。整場賽事下來費德勒都有如走鋼索般舉步維艱，甚至對陣排名四十七的米爾蒙時，在第五盤超級搶七局還一度以四比八落後。之後與福索維斯（Marton Fucsovics，排名六十七）的比賽，費德勒追回一盤，對陣桑德格倫（Tennys Sandgren，排名一百）的比賽創造奇蹟，一共挽救了七個賽末點。但這樣下去不是辦法，走不了多遠。喬科維奇在四強賽證實了這點，他展現出ATP盃上的那番高超球技，算是輕鬆了結這場對決（七比六、六比四和六比三）。雖然此刻費德勒尚不知曉他的命運為何，但這是他往後一年半的最後一場比賽。決賽殺手喬科維奇對決蒂姆；歷經兩度在法網決賽敗給納達爾後，蒂姆打進他的第三場大滿貫決賽。八強賽納達爾恰好是蒂姆的手下敗將，雙方勢均力敵，但蒂姆贏下三局搶七局，拿下勝利（七比六、七比六、四比六和七比六）。

新生代中最成熟和實力最堅強的選手（如果可以算新生代），讓澳網霸主吃足苦頭，喬科維奇好幾度想像自己就要輸掉這場決賽，一如二〇一二年與納達爾交手時。蒂姆取得兩盤比一盤領先，但喬科維奇的競技怒火燒了起來，和從前許多次一樣助他自險境脫困（六比四、四比六、二比六、六比三和六比四）。蒂姆又一次夢碎，他高呼要求一座大滿貫冠軍，而且距離越來越近了。這場勝利讓喬科維奇收復世界第一王位，是他在墨爾本公園拿下的第八冠，追平費德勒的紀錄，並列在單一大滿貫奪冠次數第二多的選手。要達到火槍手納達爾拿下的法網十二冠簡直有如癡人說夢。奪冠後，喬科維奇讓三巨頭的專屬計分板戰況變得更加激烈。打從二〇一八年費德勒在澳網奪冠後，納達爾和喬科維奇便包辦了之後的八座大滿貫冠軍。他已拿下十七冠，距離費德勒的二十冠只差三冠，只差納達爾兩冠。二〇一〇年以來發生了許多事，當年費德勒還以十六冠獨占鰲頭，大幅領先納達爾的十冠和喬科維奇的五冠。

頒獎典禮上喬科維奇發表了一段感人肺腑的演說，回憶令澳洲人民痛苦、將全國許多地方夷為平地的恐怖火災悲劇，並為世界體壇巨星布萊恩（Kobe Bryant）離世表示遺憾。布萊恩是洛杉磯湖人隊的傳奇，也是喬科維奇的摯友，澳網開打不久前與女兒吉安娜一同搭乘直升機，不幸發生事故雙雙身亡。此消息一出震撼全世界，令喬科維奇悲痛不已：「我將他視為我生命中最親近的人之一，對我而言有如導師。我想說的是，這起事件提醒我們的關係必須更加緊密，親近愛我們並為我們操心的人。」在此之前，蒂姆不只讚揚喬科維奇，也稱讚三巨頭，說他們三人正在達成的成就偉大得「不真實」，將他們所愛的網球競技推向「另一個高度」，能夠與他們同場較勁，令他深感榮幸。

儘管喬科維奇親口說過澳網是他最喜愛的賽事，他父親的想法並不一樣，忍不住表達他對澳洲球迷的不滿。瑟強在俄羅斯新聞網站《電報》發表聲明，稱澳洲球迷在決賽一面倒支持蒂姆，這番態度「有失尊重」，他很遺憾這種情況居然「在世界其他地方」重新上演，因為「網球是有錢人的運動，一位來自貧困的塞爾維亞選手連續十年都能成為該賽事的最強之人，令人看了很刺眼」。可以理解瑟強的不悅，因為喬科維奇時常必須在觀眾不挺他的情況下比賽，但這種言論對他備受欽佩的兒子來說一點好處也沒有，也無法替他贏得全世界球迷的心。

澳網後，納達爾和喬科維奇分別在墨西哥和杜拜奪冠，之後新冠病毒肆虐，徹底改變全世界，網壇的所有活動也陷入停擺。二〇一九年賽季結束之際，中國武漢市誕生了新型的SARS-CoV-2新冠病毒，引發Covid-19疫情。病毒飛快蔓延全球，二〇二〇年三月十一日，世界衛生組織（WHO）將其宣布為全球性大型傳染病。從那一刻起，世界許多城市進入封城狀態，大部分市民都關在家中，各項體育賽事也都無限期暫停，網球賽事也不例外，ATP第一時間取消了上半年的賽程。這意味著所有紅土賽季的賽事都將暫停，待草地賽季來臨才會重新開打，但之後隨著疫情擴散，得到更多關於病毒的資料後，大部分賽程也連帶跟著取消。

世人起初疑惑的是這起事件將對選手的排名造成怎樣影響，因為選手必須捍衛積分。此外，喬科維奇正處於追趕費德勒的戰鬥中，球迷無不納悶他的ATP排名第一週數是否照算。猶豫不絕數日後，ATP宣布凍結排行榜積分，此舉的用意為讓選手的排名不會受到賽事取消影響。不久後，另一個未知數變得明朗：無賽事可參加的這段時間的週數將不列入計算。喬科維奇必須等待事件恢復正常，才可以回到球場上超越山普拉斯的兩百八十六週排名第一紀錄，之後才有資格挑戰費德勒的紀錄。

第一時間，費德勒成了排名成績的最大受益者，因為二月十九日他的右膝蓋動了一場手術，直到草地賽季開始前都無法回到球場上。因此，他的休兵時間恰好與官方公布的賽事中斷時間重疊，而且如此一來，納達爾將沒有機會趁他缺席時追平他的大滿貫奪冠數。顯然，費德勒並沒有計畫這種情況，當時也不曉得自己的康復會變得如此棘手。就這樣，六月初時，費德勒宣布他做了第二次關節鏡手術，一整年都無法回到場上打球。他就快要三十九歲了，幾乎整個賽季都沒參加比賽，對他未來的懷疑也顯得比以往更加合理。若贏下美網或法網，納達爾將有機會追平他的紀錄，甚至還能一舉超越他……如果比賽最終能夠重啟。

讓網壇完全停擺是很艱難的決定，但三巨頭扮演的角色相當活躍。雖然最終決定權掌握在ATP董事會手上，費德勒、納達爾和喬科維奇三人也牽涉其中，盡可能讓大家得到最大共識。前職業選手、現任ATP協會成員諾爾斯（Mark Knowles），在《網球頻道》（Tennis Channel）訪問中承認這一點。「羅傑、拉法和諾瓦克也牽涉其中，但他們的努力並沒有獲得承認。我們非常幸運，每個決策都有史上最強的三位選手參與。」網壇三雄也參與尋找解方，以彌補排行榜後段班同儕的經濟損失。喬科維奇身為ATP球員理事會主席，擔起這件事負責人的義務，是「選手紓困基金」的幕後大推手。這份基金用於救濟網壇受影響最深的選手。除了這個計畫以外，網球選手社群及全世界運動員也發起許多活動。納達爾與好友加索（Pau Gasol）協力對抗病毒，發起的「#我們最棒的勝利」（#NuestraMejorVictoria）募得超過一千四百萬歐元的資金，用於受疫情影響最嚴重的災民。

當下最棘手的大爭議隨著法網到來。溫網決定取消二〇二〇年的比賽，但法網卻單方面選擇延期，更改比賽日期，在資金和賽制引起巨大騷動。法網主辦單位公布的新比賽日程是美網兩週後，無論是選手或其他受影響的賽事主辦單位都覺得很感冒。大量批評隨即湧現，因為這個決定並沒有諮詢任何人，而此刻整個網壇面臨危機，更需要團結一心。

在此之前，四大滿貫賽事一向與ITF共進退，因此法網的這個決定對團結是一種威脅。美網主辦單位在一份聲明中表達了這一點，批評法網的這個行為：「在這個史無前例的時刻，我們正在評估所有選項，不排除將比賽延後舉辦。這種時刻全世界應該團結在一起，我們認為不該單方面做出這種決定，美國網球協會（USTA）唯有諮詢過其他大滿貫賽事、國際女子網球協會（WTA）、ATP、ITF及合作夥伴（包括拉沃盃），才會這麼做。」費德勒也加入對抗法網主辦單位的前線，宣布不會變更拉沃盃的比賽日期；拉沃盃將和法網於相同日期，在波士頓舉辦。

面對法網的態度，溫網主辦單位考量諸多選項，但最終做出最難以接受的決定：全英草地網球和槌球俱樂部（AELTC）決定取消比賽。一九四五年溫網曾因第二次世界大戰而取消，此後就從沒有停辦過。現在我們正處在一場新的戰爭中，對抗無形的敵人，而且這場戰役可能會將二〇二〇年的網球賽季毀滅殆盡。所幸，溫網的決定並不會對其資金或者未來的可行性造成太大影響，因為二〇〇三年主辦單位曾簽了一份可以理賠偶然發生的大型傳染病的保險，因此，根據《泰晤士報》的報導，溫網應該會收到一筆近一千萬英鎊（約一千五百萬歐元）的理賠金。消息一出，整個網壇都為全英俱樂部管理層的未雨綢繆感到驚訝。並不是說溫網管理層懂得占卜問卦，而是因為二〇〇三年爆發SARS病毒（嚴重急性呼吸道症候群），他們決定留個後手，簽署救命保險單。根據溫網執行長路易斯（Richard Lewis）的說法，每年溫網需支付近一百五十萬英鎊的保費，雖然就發生的事來看，他們應該是做了一筆很棒的交易。這筆理賠金，加上省下本要頒給選手的近四千五百萬英鎊獎金，部分彌補了在售票、電視轉播權和周邊商品的停止進帳。

網球賽季部分取消，球迷開始懷念起這項美妙運動這些年來的精采對決。北美電視臺ESPN非常清楚這一點，決定在三月二十八日開始馬拉松式地播放費德勒和納達爾從前的史詩比賽。最傳奇宿敵的經典對決，整整二十二個小時不間斷。費德勒已三十九歲，還受了重傷，很難想像這些大滿貫對決能夠再次上演，面對納達爾和喬科維奇的來勢洶洶，很難想像他能夠捍衛他的霸權，雖然像他這種傳奇選手，永遠也不能說他沒戲唱了。

總的來說，三巨頭對社會都是典範，除了捐款，也尋找方式在這個艱難時刻娛樂人民，大部分活動透過社群網路執行。這個善舉的缺失之一發生在夏初的亞德里亞網賽。塞爾維亞和克羅埃西亞政府放寬隔離政策後，喬科維奇組織了這項賽事，在貝爾格勒和札達爾舉辦。他想證明在這個充滿不確定性的時刻是有可能重新比賽的，結果卻適得其反。雖然他是一番美意，但這麼做已經超過需求，且許多場娛樂活動都沒有使用口罩或其他防護措施，結果導致許多人感染Covid-19，也包括他自己、團隊部分成員、迪米特洛夫和特羅伊茨基，都未能倖免。他們一行人被拍到在夜店打赤膊跳舞，完全沒有保持社交距離，引起部分人士公憤，認為他們非常不負責任。

喬科維奇的震撼夏季就此展開。八月下旬，他宣布創立新的網球選手協會，目標在捍衛選手在ATP範疇之外的利益。因此，他辭去ATP球員理事會主席一職；現在理事會由費德勒和納達爾代表所有網壇同儕發聲。他倆皆批評喬科維奇的態度，認為這個時候並不適合搞分裂，而應該更加團結。

在眾所期待的大賽事回歸上，喬科維奇再次顯得無人能敵，趁著納達爾和費德勒缺賽，繼續在賽季中戰無不勝，整場辛辛那提大師賽如入無人之境，擊敗拉奧尼奇（一比六、六比三和六比四），奪下冠軍。這次封王後，他追平納達爾的大師賽三十五冠，還讓自己創下的紀錄翻了一倍，成為唯一一位達成雙圈九座大師賽金盃的選手。美網即將到來，納達爾出於安全考量選擇棄賽，費德勒因傷休兵，喬科維奇成為能夠在紐約泡泡勝出的熱門人選。

之前美網不確定是否將如期舉辦，加上沒有觀眾能到場觀戰，以及為了保護選手不被感染的爭議決定，在在都使得賽事正式開打時世人的期待非常之高。儘管偌大的亞瑟・艾許球場空無一人的畫面看起來無比詭異，但最令人匪夷所思的事恰好隨著喬科維奇上場發生。他成了年度最瘋傳畫面之一的主角，葬送了自己所有的雄心大志。對戰卡雷尼奧的十六強賽上，第一盤對方以六比五領先時，喬科維奇以不恰當的高度和速度，將球打向球僮，而且運氣不好的是，這球不偏不倚打在一位女線審的頸子上。線審疼得發出大叫，重重倒地。比賽隨即叫停，以便替這位裁判進行醫療援助，而主辦單位則不得不依照規則，撤銷喬科維奇的比賽資格。喬科維奇本有望追趕納達爾，來到只落後他一座大滿貫冠軍，落後費德勒兩冠；如此一來，他只能黯然退場。這起事件無疑是年度體壇大新聞之一；事後喬科維奇承認他將永生難忘。

有史以來第一次，八強賽不見三巨頭成員的身影，取而代之的是八位從未大滿貫奪冠過的選手。其中經驗最老道的就屬蒂姆，緊緊抓住這個千載難逢的機會。先前蒂姆已三次打進大滿貫決賽，但皆以戰敗收場。這回他在決賽大展實力，逆轉茲維列夫兩盤，拿下勝利（二比六、四比六、六比四、六比三和七比六）。就這樣，蒂姆收穫新生代的第一座大滿貫金盃，成為在三巨頭時代征服大滿貫菁英選手俱樂部的一員。

喬科維奇沒有時間懊悔，馬上迎戰不同以往的紅土賽季，這次只有羅馬大師賽和法網。納達爾經過逾二百天沒有比賽後，於義大利廣場重出江湖，但因太久沒活動，吃足了苦頭，八強賽不敵施瓦茲曼落敗（六比二和七比五）。一開始他的表現還算好，還有望奪冠。喬科維奇沒讓這個機會溜走，拿下他的第三十六座大師賽冠軍，一舉超越納達爾，成為史上大師賽封王數最多的人。這場勝利也讓他慶祝終於超越山普拉斯的紀錄，蟬聯排行榜頂點二百八十七週；前方只剩霸榜三百一十週的費德勒。他將紐約發生的事拋諸腦後，士氣高昂地空降巴黎；這年他還沒在球場上敗給任何人過，準備好在納達爾最鍾愛的領地縮短兩人的差距。

短短不到一週後，史上最反常的法網正式開跑，儘管情況詭異，並不影響賽事的發展以及一貫的結果。兩個因素使得這次賽事與以往六月的法網不一樣：一是氣候，十月的巴黎已入秋，選手頂著寒冷的天氣比賽。一是比賽使用Wilson的新式網球，球體重量較重，讓納達爾這種紅土好手打得很不自在。納達爾表達他在這件事上的不悅，但說這個改變並不會左右比賽結果：他會試著保持正向的態度。另一件新鮮事是中央球場的頂棚首次亮相，避免重要比賽因下雨而喊停。

在羅馬踢到鐵板後，納達爾逐漸適應新的比賽條件，隨著一輪一輪地晉級，他的球技也變得越來越強，終於打滿他夢寐以求的第二週。四強賽他擊敗施瓦茲曼（六比三、六比三和七比六），一雪前恥，第十三度站上法網決賽舞台，與喬科維奇正面對決；喬科維奇先前與西西帕斯打了一場五盤大戰，費了九牛二虎之力才將其淘汰（六比三、六比二、五比七、四比六和六比一）。眾所期待的對決上場，是史上最重要的比賽之一，因為納達爾有望追平費德勒的二十冠大滿貫，並列史上最偉大選手。此外，這場決賽兩位選手的大滿貫奪冠數加起來也是史無前例的多，兩人共計三十六冠。

儘管比賽場地為紅土，許多專家仍認為喬科維奇會勝出，不只因為他這年賽季成績優異，狀態極佳，也因為這場比賽是在室內進行，天氣寒冷，球場和球都變得更加沉重。喬科維奇的教練伊凡尼塞維奇也如此認為，毫不羞赧地聲稱面對他的得意門生，納達爾完全沒有機會獲勝。然而，伊凡尼塞維奇大錯特錯，忘了納達爾是法網的何等傳奇。納達爾再次證明他身為勝者的心理強度與眾不同，一切彷彿都與他作對，但他重擊喬科維奇，出手毫不手軟，打出他史上最佳比賽之一，開場便取得六比〇領先。他的意圖一覽無遺，比賽一個小時過去了，不讓喬科維奇拿下一局，只犯下三個非受迫性失誤。所謂的「完美」真實存在，在紅土球場這兩字就是納達爾。喬科維奇只在第三盤做出反應，但這天午後他完全無法從納達爾手中搶下一盤。納達爾第四次完美走完法網，一盤未失。喬科維奇和媒體坦承說這場比賽他被對手「完全輾壓」。

納達爾以一計發球得分，結束他最棒的對決（六比〇、六比二和七比五），跪倒在菲利普・沙特里耶球場的紅土上，臉上堆滿喜悅的笑容，望著包廂內的家人和團隊。這對他是一個圓滿的下午，一氣呵成地達成他在法網的第一百勝，也是他在這兒的第十三冠（決賽勝率百分之百）暨第二十座大滿貫金盃，追上費德勒，共享史上最強選手的榮譽頭銜。西班牙國歌響起時，納達爾不禁潸然淚下，擁抱冠軍盃。他落淚也是合情合理。托尼也感動落淚，接受西班牙媒體採訪時難掩激動情緒。從來沒人見過這位鐵石心腸的教練哭過，這點也說明他的姪子達成的壯舉是何等偉大，十六年來不懈追趕，終於在網球競技的巔峰趕上費德勒。

費德勒致敬他的崇高地位，想在這個無比特別的場合恭喜他的大宿敵。他透過社群網路發了一條感人肺腑的訊息給納達爾，完美概述了兩人長達十五年的對峙所締結的美妙關係。「我總是對我的好友拉法懷有最高敬意，在我眼中他是人，也是冠軍球王。他在許多年間都是我的最大勁敵，我認為我倆相互砥礪，成為最強的選手。因此，能夠祝賀他贏得第二十座大滿貫冠軍，我真的很榮幸。他在法網十三度封王尤其驚人，是體壇最偉大的成就之一。我也想祝賀他的團隊，因為沒有人可以憑一己之力辦到這件事。我希望『二十』只是我倆一同經歷的旅程中的一站。幹得好，拉法，你實至名歸。」

納達爾的法網奪冠數堪稱是另一個境界的天文數字。這場比賽戰勝喬科維奇後，他的戰績為一百勝二負，只輸過兩次，勝率高達九十八％。用英國前足球員萊尼克（Gary Lineker）的足球名言來比喻，法網有一百二十八位選手參賽，但奪冠的人總是納達爾。他的勝率如此之高，就算是換到其他運動競技，也無人能夠蓋過他的光芒。就算納達爾整個職業生涯只在法網拿下十三冠，那他也是史上大滿貫奪冠數第四多的選手，只有費德勒、喬科維奇和山普拉斯的排名可以超越他。這項數據道盡一切，展現他達成的壯舉有多麼宏大。二〇一七年成為法網十冠王時，主辦單位認可他的成就，頒給他一座一比一的獎盃複製品，並在菲利普・沙特里耶球場豎立一座他的雕像，現在他奪下十三冠，主辦單位該怎麼做？用他的名字替中央球場命名嗎？或以他之名命名法網？必須等到納達爾覺得他何時停止在法網奪冠，才知道該如何向他致敬。

納達爾在法網決賽取得的壓倒性勝利令喬科維奇不知所措。下一場出戰的ATP500維也納網賽，他嘗到職業生涯第二慘烈的敗仗，敗給當時排名四十二的索內戈（Lorenzo Sonego，六比二和六比一）。在此之前，只有二〇〇五年的澳網第一輪薩芬曾如此重挫他（六比〇、六比二和六比一），但那場比賽是乳臭未乾的喬科維奇大滿貫處女秀，那年他才十七歲，還是從會外賽晉級而來。納達爾選擇繼續在巴黎奮戰，再次嘗試襲擊他一直未能拿下的大師賽，雖然這次也未能成功，在四強賽敗給茲維列夫（六比四和七比五）。

納達爾和喬科維奇懷著截然不同的心情來到年終賽，儘管最終兩人都心有不甘地飲恨離開倫敦。梅德維夫和蒂姆讓他倆雙雙止步四強。兩人角逐冠軍，這是年終賽連續第五屆決賽沒落入三巨頭手中。決賽戰況激烈，蒂姆又一次被拒門外，無緣加冕為大師，榮耀屬於莫斯科小將梅德維夫（四比六、七比六和六比四）。梅德維夫先是在巴黎大師賽奪冠，年終又取得優異成績。台維斯盃取消舉辦，無比怪異又難忘的二〇二〇年賽季也隨著這場比賽的結束落下帷幕。

法網後，網壇頂點的權力平衡大幅變動，費德勒和納達爾以二十冠大滿貫站在巔峰，而喬科維奇一路走來則累積十七冠。史上第一次，費德勒與納達爾共享王座，而納達爾現在則是想方設法獨占大位。有鑒於這些數字，加上費德勒的復出，二〇二一年將是網球漫長歷史最重要的年份之一，有機會看到費德勒或納達爾獨自稱王，甚至喬科維奇也有機會，雖然他需要打出夢想中的賽季。

總之，如同納達爾征服他的第十三座法網冠軍後所言，此刻世界最大的擔憂並非他與費德勒的宿敵關係，而是與病毒作戰；新冠疫情不只改變了我們觀看或進行體育活動的方式，更害我們的生活天翻地覆。本書完稿之際（二〇二一年十月），根據路透社公布的數據，全世界已有超過兩億三千萬人感染Covid-19（已通報案例），五百萬人為此喪命。有好幾個月，千百萬人隔離在家中，為自己和摯愛的人的安全感到害怕。儘管疫情對運動迷是一道沉重的打擊，但與其他諸多問題相比，賽事取消根本不值一提……無論我們有多麼想念三巨頭在球場上戰鬥也一樣。

3-23

二〇二一年．喬科維奇大突襲

只有喬科維奇能夠在二〇二一年一月想像自己這年賽季有望追平費德勒和納達爾，與他倆並列史上最強選手。喬科維奇接連交出漂亮的成績單，奪下年度前三項大滿貫冠軍。拿下他的第六座溫網冠軍後，他終於達到「二十座大滿貫冠軍」這個魔幻數字。從他二〇〇八年在澳網拿下生涯首座大滿貫以來，歷經十三年的瘋狂追趕，終於攀上頂點。喬科維奇欣喜若狂，一心追求榮耀，嘗試更困難的挑戰，將目光放在年度大滿貫和金滿貫上……而且他就快要達成了。雖然最後他的美夢以戲劇性的方式結束，這年依舊是他最棒的賽季之一，若他說自己是第二，沒人敢說自己是第一。

喬科維奇完美利用了費德勒和納達爾經受的嚴重傷勢，在這年達到極其優異的成績，但這麼說並不是減少他的功績。費德勒和納達爾幾乎沒參加幾項比賽。此外，他們參加的幾場賽事也沒有完全打完。兩人只爭奪了四項大滿貫，而納達爾只在法網有望奪冠，但四強賽敗給氣勢正旺的喬科維奇。這場勝利也是喬科維奇二〇二一年的諸多英勇事蹟之一。如此一來，喬科維奇成了這年唯一真正的主角，翻轉了三巨頭的歷史性對抗，並且成為史上最強選手的熱門人選。

休息了將近兩個月後，隨著第二屆ATP盃在澳洲開打，體壇的注意力重新聚焦在網球上。這場比賽的開頭與前一年的結尾相同，球技高超的梅德維夫率領俄羅斯隊攻下首座ATP盃冠軍。梅

他2008年在澳網拿下生涯首座大滿貫以來，歷經13年的瘋狂追趕，終於攀上頂點。

德維夫有魯布列夫這位強力盟友，兩人在墨爾本戰無不勝。再加上卡洽諾夫，以及年度風雲人物之一的卡拉塞夫（Aslan Karatsev），俄羅斯選手組成一支令人聞風喪膽的隊伍，橫掃ATP盃和台維斯盃。三巨頭在ATP盃幾乎沒有存在感，費德勒缺席，納達爾雖是西班牙代表隊一員，但因背部有傷，完全沒辦法上場比賽。他另一個多災多難的一年就此展開，身體上的諸多毛病越來越嚴重，最終害他於七月時放棄賽季。季初喬科維奇也沒有搶下好彩頭，儘管他在小組賽贏下自己的兩場單打比賽，對抗德國隊的決勝雙打比賽與查契奇（Nikola Cacic）一同落敗，而德國隊則順利晉級四強。

俄羅斯隊在ATP盃奪冠的隔日，澳網最超現實的其中一屆開打，由於先前惹出的諸多爭議，賽事進行期間和之後都讓主辦單位受盡折磨。但上述總總並不阻礙喬科維奇高舉諾曼・布魯克斯挑戰盃。他又辦到了，彌補了飲恨而終的二〇二〇年終，就此展開他的史詩級大反超。大滿貫開打的三週前，壞消息就發生了，從洛杉磯和阿布達比飛抵墨爾本的數架班機中檢測出三位Covid-19為陽性的乘客。有四十七位網球選手是搭乘這些航班而來，隨即被迫接受隔離十四天。事後，澳洲網球協會更進一步規定所有已入境澳洲國門的選手都需隔離，只允許他們一天外出五小時，其中的一百三十分鐘可用於練球。如此一來，大部分澳網參賽選手的計畫都被攪亂了，除了網壇的大人物以外，他們身處南澳洲海岸，被安排在阿德萊德的一個專為他們打造的泡泡內。職業選手遭受不公平對待導致許多其他選手發聲抗議，表達他們對澳網主辦單位的深刻不滿。顯然比賽條件並沒有公平分配。

由於先前並未參加ATP盃，納達爾在這次澳網展現良好水準，輕鬆贏下前四場比賽，且一盤未失。八強賽與西西帕斯的對決維持和先前一樣的發展，納達爾輕易拿下前兩盤，表現極佳。但第三盤搶七局，一切全變了樣。納達爾一計簡單的截擊失誤，西西帕斯因此死而復生，拿下這盤，之後展現精湛球技，扭轉這場比賽，打得納達爾束手無策（三比六、二比六、七比六、六比四和七比五）。這是納達爾第二次在大滿貫先贏兩盤的優勢下遭對手逆轉，這年賽季的前程非常不被看好。當然，西西帕斯在這場比賽的表現也是可圈可點。納達爾已淘汰出局，而費德勒還要一個月後才會重返賽場，想當然耳喬科維奇的奪冠之路無比順利。事實也如此，但只有從四強賽開始，彷彿他的直接勁敵被淘汰的消息令他充滿力量，讓他展現出前幾輪都沒展現的實力。

直到四強賽前，喬科維奇在籤表分組的晉級之路相當曲折，差點慘遭美國的弗里茲（Taylor Fritz）淘汰。弗里茲在落後兩盤的情況下與喬科維奇打得難分難捨，但最後一盤喬科維奇反應過來，弗里茲終究不是他的對手（七比六、六比四、三比六、四比六和六比二）。這場對決引發激烈議論，從前對於喬科維奇面對劣勢時是否會佯裝受傷的懷疑又浮上檯面。然而，第三盤以一比二落後時，喬科維奇確實曾第一次請求醫療援助，但這時他可是領先了兩盤。他的右側腹部不舒服，才讓弗里茲拿下第三盤，並在第四盤以發球打出三比二優勢。這時喬科維奇自一個與他完全無關的情況中受益，這情況相當超現實，是這年澳網無比反常的局勢造成的結果。這完全不是喬科維奇的策略，而是命運使然。主辦單位暫停比賽，讓現場觀眾離開羅德・拉沃球場，遵守澳洲政府制定的宵禁政策，準時回家。Covid-19再次爆發，維多利亞州宣布封城五天，因此這期間的看台空無一人。休戰讓喬科維奇可以喘口氣，恢復力量。之後，他再一次證明自己能成為傳奇絕非巧合。雖然有些人對他的身體狀態抱持懷疑態度，在「肌肉撕裂」的情況下，他依舊在賽場上活了下來，並在記者會上聲稱這是他職業生涯「最重要的勝利之一」。

喬科維奇的這場勝利無疑是轉折點之一，不僅對澳網，也是對整個賽季，因為從這一刻起他的自信心爆棚。排除諸多惡意落井下石的評論和懷疑論，喬科維奇接下來對上兩位硬地球場的勁敵，拉奧尼奇和茲維列夫，這兩場比賽花了他好一番工夫，但四強賽他依舊展現自己的最佳實力。面對本年澳網的風雲人物、自會外賽一路殺進四強的卡拉塞夫，喬科維奇絲毫不給對方爆冷門的機會，節省許多在場上揮拍的時間，晉級決賽（六比三、六比四和六比二）。冠軍戰等待他的是另一位俄羅斯好手梅德維夫。由於人們對喬科維奇的身體狀態懷有疑慮，加上梅德維夫這兩週以來展現出非凡球技，他好似有望奪冠。然而，歷經艱難的兩週後，世界第一球王回來了，梅德維夫完全不是他的對手（七比五、六比二和六比二）。這場決賽梅德維夫打得差強人意，幾乎無力抵抗，而喬科維奇的堅不可破令人眼睛一亮，他在本屆澳網展現的統治力和個性亦然。他吃足苦頭，克服腹部的疼痛、觀眾的噓聲，以及許多人對他的質疑。拿下澳網第九冠後，他一舉超越費德勒，成為單一大滿冠奪冠數史上第二多的選手，距離費德勒和納達爾的二十座大滿貫冠軍紀錄只差兩冠。放眼望去，他已經沒有其他目標了，心中唯一想的就是追趕他的兩大勁敵。雖然這個目標仍遙遠，而且法網使得他今年達成此目標顯得難上加難，他依舊覺得自己有能力化不可能為可能。也許他和他父親是這麼看的吧。瑟強在塞爾維亞《信使報》（*Kurir*）再次抱怨「每次都是所有人與諾瓦克為敵」，並將兒子比喻為某種彌賽亞救世主。「在塞爾維亞人民最艱難的時刻，他被上帝派去證明我們與其他普通人無二致，不是野蠻的殺手。」瑟強對自己的兒子懷有無限的信念，二〇二一年的確有理由說喬科維奇是以網球選手形象化身的神之子。

在這場爭奪史上最強選手頭銜的永恆之戰中，一個歷史性的日期沒多久便到來。萬眾矚目的三月八日。喬科維奇無論在目標或個人野心皆無法得到滿足，於這天超越費德勒，成為ATP排名第一週數最多的選手，以三百一十一週超越費德勒的三百一十週。相較之下，納達爾的二百零九週紀錄差之甚遠。喬科維奇創下里程碑，說明他不屈不撓，不安於現狀，更是眼中沒有極限，自信心極高的運動員，具備喬丹或故友布萊恩的人格特質。之後喬科維奇發表聲明，證明這是他不能放棄的目標，在他的生活中已達到執念的地步。他在聲明中坦白說他感覺「解脫」。此外，他也表示在此之後，他將改變他的賽程，顯然是想把所有精力集中在與費德勒和納達爾的爭鬥上。費德勒至少還握有蟬聯網壇球王寶座連續二百三十七週的驚人紀錄，來自他輝煌時期的紀念品，至少還能感到一絲安慰。納達爾也是，他也寫下連續位居網壇前十的紀錄，二〇二〇年底超越康諾斯，二〇二一年底蟬聯週數逼近八百五十週，自二〇〇五年四月以來，長達十六年都沒有掉出排名前十[14]。納達爾不如兩位大宿敵，曾長期統治網壇，但他是這場最強頭銜之爭奮戰最持久的人。

命運變化莫測。最珍貴的紀錄之一被人奪走的兩天後，費德勒回歸網壇。他選擇卡達作為復出的舞台，在「不抱期望」的情況下及「為期三個月的良好訓練後」參賽，與埃文斯（Daniel Evans）打了一場困難的比賽，終以七比六、三比六和七比五戰勝對方，雖然這場勝利無關緊要，重要的是他能夠再次享受他的藝術、他那無盡的擊球資源。距離他上一次上場揮拍已過了整整四百〇五天，太久了。獲勝後，費德勒好似忘記他的右膝蓋做過兩次關節鏡手術，面對媒體採訪顯得非常開心：「在我這個年紀復出並不容易，是一項巨大挑戰，但光是能夠打一場像這樣的比賽，便值得了。」針對外界質疑他是否該退休了，他也補充說「退役從來都沒提出來討論過」。很不幸，之後的事情發展使得費德勒的心態沒那麼樂觀。事實上，下一場比賽敗給巴西拉什威利後，費德勒便宣布他將不會參加杜拜網賽，他會持續訓練，直到兩個月後的日內瓦網賽之前，都不會再上場比

14 編按：至二〇二一年底已達連續九百週、長達十七年排名前十的紀錄。

賽。他不想承擔風險，他的整個賽程安排都集中在以最佳狀態迎戰他的賽事，也就是溫網，不然還會是什麼比賽呢？

喬科維奇超越費德勒的整整一週後，梅德維夫取代納達爾，坐上排名第二的位子。要不是過去逾十五年間這個位置皆由四巨頭（三巨頭加上莫瑞）所霸占，梅德維夫篡位一事也沒什麼重要性。具體來說，從二〇〇五年六月二十五日起，納達爾首次於法網封王的一個月後，梅德維夫年僅九歲的時候，這個位置的主人就不是四巨頭以外的人。時間不待人，對神級選手亦然，若誰認為三巨頭會永垂不朽，這年賽季將會認清現實。費德勒甚至會對自己的排名沒有跌得更慘而心存感激，一如茲維列夫這天所言：「我是費德勒的頭號粉絲，但他一整年下來都沒參加任何賽事，排名卻還在我之上。我可是打進一場大滿貫決賽、一場大師賽決賽，還贏得一些比賽……我認為計分制糟糕透頂。」這位德國小將所言不無道理，因為費德勒四百零五天沒上場比賽，卻還高居排名六，多虧一開始的積分凍結，加上後來的制度調整，他的排名沒受到什麼影響。

儘管諸多選手紛紛抗議，但疫情持續爆發，管理賽程也並非易事。此情況導致往常的美洲巡迴亂成一團，印地安泉大師賽被延至十月，邁阿密大師賽也成為世人記憶中最索然無味的一屆。排名前百強的選手中有超過三成的人因染疫缺賽，這意味著大部分網壇強手都沒參賽，其中也包括三巨頭。自二〇〇四年巴黎大師賽以來，十六年來頭一次在大師賽的籤表不見三巨頭身影，而他們三人共計參加了一百三十九項大師賽。一方面是害怕染疫，另一方面是紅土賽季將至，再加上暫時的計分制度會保留二〇一九年獲得積分的五十%，在在都導致選手出賽意願極低。為此感到最高興的人非胡爾卡奇（Hubert Hurkacz）莫屬，他成了本屆的奪冠黑馬，決賽擊敗義大利網球明日之星、小將辛納（Jannik Sinner）。

一週後，紅土賽季於蒙地卡羅展開。費德勒依舊缺席，但納達爾和喬科維奇並沒有，兩人休兵三個月後回歸賽場，但長時間沒比賽而吃足苦頭。一開始納達爾以輾壓之勢擊潰戴波尼斯（Federico Delbonis）和迪米特洛夫，但八強賽不敵無比強大的魯布列夫（六比二、四比六和二比六）。喬科維奇的蒙地卡羅之旅更短，首戰大勝一向危險的辛納，但第二輪便敗給埃文斯（四比六和五比七）。在居住地出盡洋相後，喬科維奇回到家鄉取暖，參加塞爾維亞網賽。短短一個月內，他的家鄉貝爾格勒的俱樂部將舉辦兩項ATP250級賽事，而塞爾維亞網賽是其中第一項。然而，喬科維奇於四強賽莫名其妙地落敗。會說「莫名其妙」，是因為這場比賽卡拉塞夫挽救了二十三個破發點，打得喬科維奇很絕望。賽後（五比七、六比四和四比六），他承認自己若參加法網必須表現得更好，否則無緣奪冠。

納達爾在家鄉倒是打得比較順利。他拿下巴塞隆納第十二冠，很快走出在摩納哥公國經受的失望。巴塞隆納也是他頻繁奪冠的賽事之一。決賽他對上西西帕斯，比賽排名（Race）的第一名、蒙地卡羅大師賽的冠軍得主。納達爾挽救了一個賽末點，報了在澳網輸球的一箭之仇（六比四、六比七和七比五），也恢復部分信心；他需要自信，才能夠慢慢找回最佳身手。「拉法．納達爾」就代表著紅土球場，他的紅土勝場數持續上升，有什麼地方比冠有他名字的球場更適合寫下紀錄呢。戰勝西西帕斯後，納達爾在紅土球場的勝場數來到四百五十二場，比費德勒和喬科維奇相加起來還多一場（二百二十八＋二百二十三）……他在紅土上百戰百勝，讓他達成連續十八年每個賽季都至少拿下一座冠軍的紀錄，從二〇〇四年首次在波蘭索波特網賽奪冠以來，他職業生涯的每一年都是，從來沒有破功。更不用說就這份榜單來看，緊追在他身後的人是喬科維奇和費德勒，分別為十六年和十五年。與納達爾相同，喬科維奇準備好繼續加大這個驚人數據，但費德勒則不，他的紀錄於二〇一五年中斷。

這年賽季最受人期待的時刻之一發生在羅馬大師賽決賽，排名第一和第二選手的首場對決。抵達羅馬之前，納達爾於馬德里八強賽被茲維列夫擊敗（六比四和六比四）。馬德里是最讓紅土好手們頭痛的賽事，喬科維奇直接選擇放棄參賽，如同他與媒體的說法，目的在讓精神好好休息。羅馬也是決戰法網前的最後一道考驗，納達爾和喬科維奇都嚴肅以待，雖然納達爾在兩人對決之前幾輪的比賽都是輕鬆寫意地突破。時局詭異，兩人的第五十七次對決打斷了新生代在大師賽的四連冠紀錄。此外，年度第一場三巨頭對決也沒有辜負大家的期待。喬科維奇由於疲勞，條件較不利。前一天他剛打完八強賽和四強賽，在場上待了近五小時，花了六盤才擊敗西西帕斯和索內戈。然而他戰勝疲勞，與納達爾展開一場從開頭到結尾都無比精采的比賽。這場對決於第三盤分出勝負，納達爾掌握破發的機會掌握得較好，拿下勝利（七比五、一比六和六比三）。從二〇一五年開始計算，這場比賽是納達爾在紅土贏下的連續第十六場決賽，許多年前，二〇〇四至二〇〇七年間，他的前十六場紅土決賽也是百戰百勝。他第十度加冕為「羅馬皇帝」，也追平喬科維奇的大師賽三十六冠紀錄。在這場無盡的爭鬥，費德勒早就已經不是對手了。納達爾最愛的時刻就快要到了，再次以法網內定冠軍的姿態空降巴黎。然而，喬科維奇雖然輸球，依舊懷著良好的感覺離開義大利廣場，感覺自己有能力在這年法網爆冷門。就連二〇二〇年的決賽失利都無法動搖他那堅不可摧的決心。

羅馬決賽隔天，納達爾和喬科維奇正在恢復體力之際，費德勒打了他在ATP250級日內瓦網賽的第一場比賽。這是他在法網之前唯一參加的紅土賽事。賽前記者會上，瑞士球王說把他這項比賽當作是「考試」，看看自己是否能夠「連續出戰多項錦標賽」，並承認自己應該「排在排名第八百位」，暗示茲維列夫之前的發言說得有道理。考試結果不盡人意，就算有熱切見到偶像贏球的觀眾替他加油，他依舊不敵安杜哈（Pablo Andújar，四比六、六比四和四比六）。第三盤，疲勞在費德勒身上造成影響，休兵兩個月，加上兩年沒在紅土球場比賽，都導致他的體力跟不上。喬科維奇於法網前一週做的測試結果大不相同，他回到家鄉，出戰ATP250級的貝爾格勒網賽。一個月前，他才被卡拉塞夫擊敗，心情沮喪。但這次他輕鬆解決所有排名前百之外的選手，摩拳擦掌，準備迎接賽季最困難的挑戰，也或許是他職業生涯最難越過的檻：在法網擊敗納達爾，將兩人的大滿貫奪冠數差距縮減至史上最短距離。

五月下旬，三巨頭全體空降巴黎。他們得知頭一遭三人將分到籤表同一邊，不可能在決賽相遇。納達爾在馬德里落敗，導致排名下滑至世界第三。那時還沒多少人知道這件事對於賽季的走向有多重要。首戰數日前，納達爾在法網主入口處看見那尊紀念他傳奇事蹟的雕像，佇立在火槍手花園一旁；這尊雕像出自西班牙雕塑家費南德茲（Jordi Díez Fernández）之手，用重達八百公斤的不鏽鋼製成，提醒所有拜訪法網的人誰才是這項賽事史上最偉大選手。納達爾以一貫的謹慎面對他最鍾愛的賽事，但也打算用力拍桌，宣示主權。若他贏下他的第十四座火槍手盃，那他將累積二十一座大滿貫冠軍，將獨自暫時視為史上最偉大選手。此外，他與這場狂人之戰中他最危險的勁敵喬科維奇的差距將增加至三冠，也將大幅限制費德勒以三人之首的身分結束職業生涯的機會。喬科維奇的動機沒那麼強烈，他只企圖縮短與費德勒和納達爾之間一冠的差距，再加上溫網近在咫尺，他將嘗試發動最終襲擊，一舉攻下王位。此外，若喬科維奇在法網封王，那他將成為公開賽年代唯一一位達成雙圈大滿貫的選手。費德勒的抱負更小，他承認自己沒懷有過多的幻想來到巴黎：「我是現實主義者，我曉得自己此刻的能耐為何。我知道自己沒辦法奪冠，若誰覺得我辦得到，那他搞錯了。」他參加法網的意圖為抓住比賽的節奏，在球場上待上一些時間，增加他在溫網的奪冠機會。溫網是唯一費德勒覺得自己有機會大展身手的賽事。

費德勒的這番話不是說給觀眾聽的。他拿下三場艱困比賽的勝利，但也在球場上待了太長時間，於是決定放棄第四輪對陣貝雷蒂尼的比賽。費德勒在Twitter解釋棄賽的動機：「與團隊討論後，我決定今天退出法網。我的膝蓋動過兩次刀，復健長達一年多，我務必聆聽身體的聲音，切莫將它逼到極限……」各方批評如雨點般朝著費德勒襲來，指責他明明沒有負傷，卻決定棄賽。為此，法網總監佛傑跳出來為費德勒說話，要求大家理性看待：「羅傑比誰都更瞭解他自己。他是高齡四十的球王，膝蓋在短時間內動過兩次手術，他與時間賽跑，只為了找回最佳水準。若說他能在哪項大滿貫封王，那非溫網莫屬，雖然他並不曉得自己是否有機會奪冠。他來到法網測試自己的狀態，並非有失尊重的行為。」

費德勒棄賽後，網壇的目光全聚焦在極有可能上演的納喬四強賽對決。最終，這場大戰成真，比賽結果不只對賽季是個轉折，對兩人的宿敵對峙亦然，一如二〇〇八年溫網決賽那天。前幾輪的比賽，納達爾對他的對手就是「納達爾」，和以往在菲利普．沙特里耶球場上一樣，宛如一座從任何坡面都攀爬不上的高峰。他只在對陣施瓦茲曼的比賽上丟失一盤，感覺簡直好得不得了。喬科維奇的戰況完全相反，第四輪比賽他對上穆塞蒂（Lorezon Musetti），差點就要淘汰出局。與世界第一交手，穆塞蒂一度取得兩盤領先，但他的優勢過早消失，第三盤之後只拿下一局，最終於第五盤因傷棄賽（六比七、六比七、六比一、六比〇和四比〇）。對戰另一位義大利選手貝雷蒂尼時，喬科維奇也不得不追回一盤的劣勢，才終於晉級他夢寐以求數個月的比賽。他歷經千辛萬苦，但還是在最艱困的處境中存活下來。

世人記憶中最激烈的一場對決就此展開。最近的十二項大滿貫賽事，納喬就包辦了十一座冠軍。這場比賽有如提早上演的決賽，將決定體育史上最大宿敵關係的走向。賽前記者會上，喬科維奇坦承說納達爾是他職業生涯一路走來「最大勁敵」：「在這裡與他交手是網球運動最大的挑戰之一。只有和他一起站在場上，才會懂那感覺不一樣。」喬科維奇此話不無道理，在法網戰勝納達爾不僅是網球運動最艱難的課題，就所有運動競技的角度而言也是。至此，納達爾參加過十七屆法網，在巴黎紅土打過一百零七場比賽，僅僅敗北過兩次，而且沒有一次是決賽。他的勝率高達九十八%，戰勝他對喬科維奇簡直就是不可能的任務。但沒有比這令喬科維奇更興奮的事，他已醞釀了八個月，準備為二〇二〇年決賽落敗一事報仇血恨。機不可失，更待何時。若他輸了這場比賽，納達爾極有可能封王，而他將眼睜睜看著納達爾在這場大滿貫奪冠數之戰中拉開差距（二十一冠比十八冠），而且若納達爾再次拿下火槍手盃，將被所有人視為史上最偉大選手。

激烈大戰開始，第一局他倆便打得難分難捨，纏鬥了九分鐘。兩人均展現出要在蘇珊・朗格倫球場戰到至死方休的決心。最終勝利的天平傾向納達爾，接下來的四局也是，讓他一開始便取得五比〇的壓倒性優勢，預告接下來他將大開殺戒。但喬科維奇並沒有就此放棄這場比賽。雖然最終以六比三輸掉第一盤，但他做出反應。第一盤尾聲他充滿幹勁，第二盤旗開得勝，表現極佳，這場比賽也演變成史詩級的激烈拉鋸戰，兩人頻頻打出只有他們打得出的好球，有幸親臨現場的觀眾看得如癡如醉。儘管這場比賽打得精采，納達爾這天的發球很差，且左腳劇烈疼痛，再一次拖累了他。左腳的疼痛是他那該死的舟狀骨頭造成的，整個職業生涯都困擾著他，害他不得不請求醫療支援。納達爾並沒有把這個問題當作藉口，他已習慣帶著疼痛上場比賽，繼續戰鬥下去，拿出自己百分之百的實力，雖然面對狀態極佳的喬科維奇，他能做的並不多。喬科維奇成功扭轉比分，拿下左右這場對決的搶七局後，他距離改變歷史只差一盤。

現場觀眾曉得他們正在見證什麼時刻，齊聲高呼「我們不會走」，成功說服法國政府允許他們繼續觀賽，不必遵守現行的宵禁政策，趕在晚間十一點前回家。政府的這個決定飽受爭議，但全場觀眾齊唱《馬賽進行曲》——振奮作戰士氣的法國國歌——慶祝政府法外開恩。澳網時，與弗里茲一戰中喬科維奇受了傷，當時比賽中斷，讓觀眾離場，若說他那次從中受益，這次反倒是比賽不被喊停才對他有利，因為他的狀態好極了，他的對手才比較需要暫停。命運變化莫測，喬科維奇曉得這是屬於他的時刻，是時候給這位職業生涯此高度的唯一勁敵致命打擊。他的士氣高昂，身影彷彿也變大許多，在他的擊球中灌注決心和怒火，一球一球地痛宰對手，要求恢復他的球王名譽。他的節奏沒有緩和下來的意思，最後終於擊敗納達爾。納達爾被他打得束手無策，垂死掙扎逾四小時後，只能眼睜睜看著計高一籌的喬科維奇超越他（三比六、六比三、七比六和六比二）。過去六年間納達爾百戰百勝，終於重新在布洛涅森林吞敗：連他也沒辦法永遠一直贏下去。如同最瞭解納達爾的托尼說的，「這場敗仗還多了一股痛楚」。托尼在《國家報》專欄分析姪子這年的賽季表現，指出他未能「保持這些年來一貫穩固，和他那堅不可破的心理堡壘」。在墨爾本時就已有徵兆，在巴黎則獲得證實。

這是喬科維奇第二次在法網戰勝納達爾，「我在這裡打過最棒的比賽」，賽後他雀躍不已，如此作結。這無疑是他職業生涯最重要的勝利之一，儘管是四強賽，儘管他之前只在法網奪冠過一次。因為這場勝利的象徵意義極大，因為他給了大宿敵一記重擊，因為這場勝利讓他充滿信心。但他的任務尚未結束，若攻頂聖母峰，卻沒在山頂插上塞爾維亞國旗，一切也毫無意義。決賽等待喬科維奇的是西西帕斯，這年勝場數最多的選手，蒙地卡羅大師賽封王後，便誓言也要拿下法網冠軍。喬科維奇的最大危險就是他自己，因為他狂喜過頭了。之後，他承認擊敗納達爾後，自己一度心想：「好，我已經打完法網了。」他的鬆懈差點就要害他嘗到人生最難受的飲恨。實力堅強的西西帕斯為喬科維奇設下無法逾越的關卡，唯有他那與生俱來且無與倫比的逃脫能力可以解釋他是如何有能耐扭轉這場比賽。前兩盤西西帕斯打出他此生的最佳表現，以二盤優勢領先喬科維奇。勝利近在咫尺，也無比遙遠。但他可是喬科維奇，除非與他在網前握手致意，不然你不能說自己是贏家……網壇馬蓋先再次自最窘迫的險境瀟灑脫身。既然都全盤皆輸了，喬科維奇也鋌而走險，打出自己的最佳水準，他的身影變得越來越巨大，而西西帕斯則籠罩在贏球的恐懼中，身形變得越來越小，他在比賽尾聲留下淚水，說明了他有多麼無能為力（六比七、二比六、六比三、六比二和六比四）。喬科維奇攻下他的第二座法網冠軍，對他意義重大。他共計累積十九座大滿貫冠軍，距離費德勒和納達爾只差一冠，公開賽年代只有他達成雙圈大滿貫，這個三巨頭長久以來熱切追求的目標。此外，喬科維奇湊齊所有大滿貫和大師賽的冠軍……而且還湊齊了兩輪。這是史詩級的成就。在巴黎擊敗納達爾對他有如「攻頂聖母峰」，但這還不夠。一週後溫網就要開打，他已隱約看見世界網壇的山巔。

費德勒趕赴教堂路參賽前的情況大不相同。他想在哈雷再測試一次自己的能耐，但幾乎沒能找回球感，因為他第二輪便敗給加拿大小將奧傑－阿里辛（Félix Auger-Aliassime，六比四、三比六和二比六），托尼的門生。溫網第九冠的夢想好似遙不可及，他至少能夠參賽。納達爾就沒那麼好運了，一天後他宣布不參加溫網和東京奧運。這對他是雙重打擊，在職業生涯的關鍵時刻再次遠離賽場。更加雪上加霜的是，幾週後他也被迫放棄剩餘賽事。少了納達爾，再加上費德勒的狀態大不如前，天堂之門為喬科維奇敞開，他面前的道路暢通無阻，嘗試追平並超越大滿貫奪冠數的紀錄，達成金滿貫，一舉成為史上最強選手。

一如預期，有鑒於上述情況，喬科維奇的第二十座大滿貫對他是最容易攻下的一座。他行走於全英俱樂部的綠蔭毯上，肯特公爵在地毯盡頭等待他，為他頒上冠軍盃。值得一提的是，他最棘手的時刻發生在對陣沙波瓦洛夫的四強賽，但他連下三盤，拿下這場比賽（七比六、七比五和七比五）。預期他與費德勒的對決也沒發生。費德勒年近四十，再次替世人上了一堂網球與榮譽的課，闖進賽事第二週，之後在八強賽敗給胡爾卡奇（三比六、六比七和〇比六），整個人精疲力竭，不見昔日風采。大教堂為他獻上熱烈掌聲，全體觀眾起立，不停鼓掌，構成網球記憶中最令人感動的光景之一，用實至名歸不足以形容的致敬，對他二十年間的高超球技及在網球聖殿的模範行為表示認可。對他是否該退役的懷疑掠過溫網草坪，費德勒在媒體會議室也解釋不清楚，坦承說他不曉得自己是否會參加東京奧運。最終，因膝蓋的狀態，幾天後他還是放棄出戰東奧。他非常清楚自己的處境：「我在球場上有許多想法，但有時我沒法做自己想做的事。」是時候思考與團隊一起評估所有因素，比方他的身體和精神狀態，決定何時以及他想如何替他網球選手的時光畫上句點。

喬科維奇與貝雷蒂尼交手的決賽一點都不令人激動，不會被載入歷史。雖然比賽第一盤貝雷蒂尼打得喬科維奇措手不及，喬科維奇依舊沒碰上大滿貫決賽理當會出現的困難，輕鬆拿下勝利（六比七、六比四、六比四和六比三）。然而，這場比賽的歷史意義倒是會被世人銘記，因為三巨頭首次在大滿貫奪冠數上打成平手。此外，從喬科維奇二〇〇八年征服他首座澳網冠軍以來，他苦苦追趕了超過十三年，著實令人感動，終於達到頂點。從二〇〇八年開始他便活在費德勒和納達爾的影子之下，這場勝利讓他終於站上網球的奧林帕斯山最高點，與造就他運動生涯的兩大宿敵比肩而立。但喬科維奇有一件事與他倆不同，就是他並沒有博得大部分球迷的支持，甚至在這個對他意義無比重大的時刻，大部分球迷又嚴厲地反對他，想當然耳，整場比賽這件事都困擾著他。但喬科維奇捱過去了，他有本事承受的可遠遠不只這些。對決一結束，他便把這些惡意中傷他的酸民拋諸腦後，品嘗他的第六座溫網冠軍、第二十座大滿貫，坐上王位。他真的如同字面意義地「品嘗」這場勝利，和二〇一一年首次在此封王一樣，再次啃了中央球場的草地一口。費德勒和納達爾很快透過社群捎來祝賀訊息，祝賀他的功績，歡迎他踏入他倆的國度。雖然經過這趟累人旅程後，喬科維奇終於來到費納的地盤，但他尚未準備好與他倆在此一較高下。考慮到兩位對手正在經歷的棘手時刻，就更難有機會與他倆交手了。對於敵人，毫不留情。

不爭的世界第一很快就展現他的意圖，在賽後記者會炫耀他那異於常人、職業生涯中猛力推動他前行的自信：「我當然自認為最強。若不這麼認為，我就不會談什麼年度大滿貫了，就不會說要用這股信心去創造歷史。」他明白自己已翻轉宿敵關係的局勢，從二〇二〇年法網決賽失利以來，還不到一年，當時納達爾看似將統治所有網球選手。現在，喬科維奇成了在這場無盡之戰中勝出的大熱門，他也不願錯過這個機會。因此，他出戰奧運，儘管他坦承說在溫網戰勝貝雷蒂尼後，他的心中有所疑慮。金滿貫極其稀有，過於誘人，就像溫網發生的事，彷彿可以企及。或者至少達成生涯金滿貫，他只需東奧摘金就可以辦到，便可追平阿格西和納達爾的豐功偉業。

溫網結束兩週後，史上最詭異的奧運網球比賽正式開打。由於新冠病毒肆虐全球，而東京疫情嚴峻，奧運比預期晚了一年、在沒有觀眾到場觀戰的情況下舉辦，此外，日本人民認為此刻並非舉辦比賽的時機，紛紛公開表示抗議。至於比賽的籤表分組，眾多知名選手不約而同缺席，喬科維奇來勢洶洶，直指金牌。他是摘金的唯一熱門人選，然而，歷經令人精疲力竭又無比激情的兩個月，他必須對抗身體和精神上的疲累。他將與自己交手，前四場比賽，他看起來無所不能，一盤未失，於八強賽痛宰日本地主偶像錦織圭（六比二和六比〇）。一切都進展得很順利。事實上，四強賽的第一盤他也重潰茲維列夫（六比一）。第二盤也本在他的掌控之下（三比二領先，還握有發球局），然而，幾分鐘後，他感到巨大的障礙，導致他被茲維列夫反超，被打得落花流水。有明網球中心的球場幾乎空無一人，茲維列夫靠著人們對喬科維奇的冷漠獲得力量，拿下勝利（六比一、三比六和六比一）。一眨眼的時間，喬科維奇二次奪下奧運金牌的機會付諸東流，沒能拿下他唯一缺少的冠軍頭銜。茲維列夫成為本屆奧運金牌得主，簡直無法相信自己贏了，賽後他留下的淚水足以證明這點。他終結了網壇排行榜霸主的二十三連勝。災難並未就此結束，幾個小時後，喬科維奇又再次吞敗，這次是男女混雙的四強賽，他斯托揚諾維奇（Nina Stojanovic）搭檔，不敵卡拉塞夫與費絲尼娜（Elena Vesnina）這對俄羅斯雙人組（七比六和七比五）。這是他在一天之內眼睜睜看著飛走的第二面金牌……而且最壞的事尚未發生。喬科維奇四次參加奧運都無緣摘金，奧運之於他根本就是一項受詛咒的賽事。

雖然身經百戰，會見塞爾維亞媒體時喬科維奇依舊垂頭喪氣，淚水在眼眶打轉。他承認代表國家出戰奧運令他備感壓力，可能對他造成影響，而且他是在「情感上極度精疲力竭」的狀態下出賽的。與卡雷尼奧交手的銅牌賽上這一點得到證明；鮮少有機會見到喬科維奇如此絕望，這場比賽某些時候他的行為舉止遠遠稱不上是他這種等級的傳奇典範該有的表現。他不只發出令人心碎的吼叫聲，有時感到無比挫敗，還把球拍砸爛，追不上卡雷尼奧的致勝球時，他甚至還把球拍砸向看台。卡雷尼奧還抗議主審並沒有因此判罰喬科維奇。人們回想起他在美網遭驅逐一事，恰好那次他的對手也是卡雷尼奧，但這次事情沒有鬧大，所幸沒有人被他砸傷。無法否認的是，喬科維奇付出努力，苦戰到最後一刻，挽救的賽末點高達五個。但他最終還是輸了（四比六、七比六和三比六），和二〇一二年倫敦奧運一樣，以殿軍之姿告別奧運，而且這次他拿到兩個第四名，幾分鐘後他宣布因肩膀有傷，不會參加男女混雙的銅牌戰。塞爾維亞大英雄已經到達極限，一週打了九場比賽，他的力量已消耗殆盡，但這點並無法避免他的這個決定遭人批評，因為他拋棄了搭檔斯托揚諾維奇。這對斯托揚諾維奇是千載難逢的奪銅機會，如今連上場一戰的機會都沒有。斯托揚諾維奇也表示這個打擊對她有多麼沉重，但幾天後她跳出來替同胞說話，在她的Instagram發布一張與喬科維奇的合照，外加一篇長文，表示「能夠與史上最強的選手並肩作戰，她感到三生有幸」。儘管斯托揚諾維奇排除爭議，許多人仍納悶為什麼喬科維奇明明體力到達極限了，還要報打男女混雙，也好奇若兩人晉級決賽、有望摘金，他是否還會選擇退賽。

納達爾距離奧運的戰場很遠，正在努力備賽，準備於ATP500級的華盛頓網賽復出。被問起喬科維奇在東奧的行為，納達爾表示「如此成功的人，有時候居然會做出這種反應，實在很奇怪，但他很好強，所以才會這樣。避免陷入這種情況很重要，那個場面鬧得不好看，而且他還是許多孩子的表率」。納達爾希望華盛頓網賽可以成為他打美網的前哨戰，但他的測試結果頗負面，明顯是瘸著腳上場比賽，第二輪即敗給南非選手哈里斯（Lloyd Harris，四比六、六比一和四比六）。最慘的並非比分，而是他的左腳又開始劇烈疼痛。之前在法網四強賽對決喬科維奇時，他的腳就在痛了，還迫使他幾天後宣布二〇二一年將不再上場比賽。又是他的左腳舟狀骨惹的禍，又是穆勒-魏斯氏症惹的禍，早在二〇〇五年這個疾病就差點害他退出網壇，整個職業生涯都折磨著他，如今又再次浮現，對他這年賽季造成毀滅性結果。左腳的毛病已害他錯過溫網和東奧，現在還要加上美網、ATP年終賽和台維斯盃。與膝蓋受傷的費德勒一樣，納達爾無緣在這個宿敵關係最關鍵的時刻捍衛他在網球史上的無上地位。他有一點與費德勒大相徑庭，費德勒打過一千五百場以上比賽，從來沒有被迫退賽過，而且他身體的問題是在職業生涯晚期才出現的，坐三望四的時候。

反觀納達爾，打從生涯初期就背負嚴重傷勢的重擔，他更是三巨頭中受這些倒霉事影響最深的一員，受害程度與其他兩位差之甚大。並非徒勞，把他所有因傷休兵的時期加起來，他脫離網壇的時間長達四年，這個數字著實令人震驚。對他來說更糟的是，他罹患的怪病無法透過外科手術恢復正常。骨科醫師維塞（Gilbert Versier）在法國《隊報》（*L'Equipe*）說若替納達爾動刀，那麼後果將是他永遠都不能再奔跑。

納達爾發表聲明，表示這次發生的事他認了。不幸的是，這個情況對他已有如家常便飯：「因為腳的關係，我一整年都在受不該受的苦。我需要時間休息一下，也要改變一些事，並試著去瞭解我的腳這幾年來的病況發展為何，因為這不是新的傷勢，從二〇〇五年就有了，害我的運動生涯發展受到限制。」納達爾非常清楚是時候「作出決定，尋找一個稍微不同的治療手段，找到解決這個問題的方法」。最後，他也安撫球迷，保證他會不擇手段盡可能恢復最佳狀態，「繼續享受這項運動一陣子」。

和奧運賽前發生的事一樣，沒多少人看好喬科維奇會在美網奪冠。在東奧意外失敗後，他暫停一段時間，讓他的身心休息，以便接下來迎戰他傑出運動生涯最重要的錦標賽。基於此原因，他放棄參加多倫多和辛辛那提大師賽；他在美網的兩大勁敵梅德維夫和茲維列夫，則分別拿下這兩項賽事的冠軍。二〇二一年，新生代無疑好好把握了三巨頭在這些賽事的缺席。來到紐約，體壇目光聚焦在喬科維奇身上。在他面前的是贏下第二十一座大滿貫的挑戰，拿下他這年的第四座大滿貫，便可完成真正意義上的年度大滿貫，只有拉沃於一九六九年達到此成就。若他成功辦到，他將公認是史上最偉大選手……雖然兩個月前溫網奪冠後，他沒等到在大滿貫奪冠數上超越費德勒和納達爾，就自行宣布是最強了。他手上握有二十座大滿貫，若這次美網封王，無人能質疑他的這番言論。他有望成為最強。

喬科維奇承受的壓力無比巨大，甚至對他這種球王也是。他將壓力視為日常一部分，早已習慣與之對抗。從溫網奪冠後，這個重擔就不斷增加，因為他被迫一直聽記者詢問金滿貫和年度大滿貫的諸多問題。費德勒和納達爾均未參賽，所有人都認定他將奪冠，有誰攔得住他呢？然而，令全世界意外的是，他在東奧本占盡一切優勢，卻在對抗茲維列夫的四強賽上崩盤。因此，喬科維奇決定先好好養精蓄銳，再出戰美網。他休息了好幾週，心思全集中在他人生最重要的這場比賽上。

喬科維奇過關斬將，突破了幾輪，直達四強，一路上沒碰上什麼太棘手的問題，雖然每場比賽都丟失個幾盤，這點對他不太尋常。他還沒拿出真功夫。倒數第二輪，他碰上第一場大考驗，和東奧一樣，再次對上茲維列夫。這場比賽是一場殊死鬥，貴為世界第一的喬科維奇又一次輸掉第一盤，但隨後找回水準，追回接下來兩盤。茲維列夫好歹也是這年奧運金牌得主，將比賽強行推至決勝第五盤。第五盤喬科維奇拿出整場比賽以來的最佳表現，無論是技術或者戰術都無懈可擊，證明誰才是不爭的世界第一，證明自己不打算和奧運一樣，被茲維列夫打得措手不及（四比六、六比二、六比四、四比六和六比二）。

一切準備就緒：這天就是登陸日。這場對決不只是喬科維奇人生最重要的比賽，就網壇歷史亦然，是可以改變這項運動發展的對決。舞台十分理想，全世界最宏偉的球場，加上近兩萬四千名狂熱觀眾，渴望見證精采比賽和歷史；其中包括拉沃，唯一達成年度大滿貫的人（一九六九年），特地從居住地來到洛杉磯。若有人即將追平他的偉大紀錄，他也想親眼見證。亞瑟．艾許球場上，兩位選手正面對決，雙方都急於證明各自最大的成功，雖然梅德維夫的成就低微得許多。梅德維夫是網壇狀態最好的選手，硬地好手，每逢季末的表現尤其亮眼。這是他的第三場大滿貫決賽，在此之前，二〇一九年他在同個舞台敗給納達爾，季初在澳網決賽輸給同一位對手，喬科維奇。這場失利令梅德維夫心痛不已，那場比賽他束手無策，幾乎沒有反抗。人們質疑他是否記取那次教訓，這次是否能讓這位在那天成為不朽的對手踢到鐵板。賽前記者會上，喬科維奇表示他會把這場比賽當作「職業生涯的最後一場」來打，會在球場上揮灑「心、靈魂、身體和頭腦」。當然，因為這是他的第三十一場大滿貫決賽（追平費德勒的紀錄），有機會打破與費德勒和納達爾的二十座大滿貫冠軍平局。幾個月前，這件事還看似遙不可及，當時納達爾在法網決賽擊敗他，讓三人的大滿貫奪冠數來到二十比二十比十七。當時有誰料得到喬科維奇在短短不到一年的時間就追平他倆呢？甚至若達成大滿貫，還能一舉超越他們。絕對沒有人料到，除了喬科維奇本人。他一定是這麼想的。

所有專家彷彿都來到這場大決賽賽前記者會。這場決賽，喬科維奇最主要的敵人是他肩上的巨大壓力、責任的重擔、化不可能為可能已是近在咫尺，就要實現他的最大夢想。沒多少人看好梅德維夫。他也是出色、天賦異稟且非正統的選手，只要站上硬地球場，比方亞瑟·艾許球場，實力就會大增。而且他還記取了墨爾本的教訓。比賽第一盤就看得出喬科維奇的情緒緊繃，未能靠發球守住第一個破發點。從那一刻起，梅德維夫證明自己是衝著冠軍而來的，不在意人們有多麼看好喬科維奇。喬科維奇無力應付他的發球，這幾局只拿下三分，而且沒有一分是以一發拿下的，以六比四暫時落後第一盤。這是他這兩週內第五次必須追回第一盤的劣勢，但這次他的對手占盡上風。世界第二的梅德維夫在第二盤打得非常穩，沒有丟失任何一發，大顯身手，而喬科維奇則在後場，被他打得茫然失措；梅德維夫接連得分，也一再於長時間的來回對球中勝出。喬科維奇心急如焚，尋找解決方法，增加他的網前壓力，但他的上網雜亂無章，沒騷擾到梅德維夫。梅德維夫已搶下前兩盤，第三盤也以五比二的優勢領先，還發球打出第一個賽末點。這一刻，一小部分紐約球迷展現最糟的一面，狂噓梅德維夫，他被打斷好幾次，沒辦法進入活球期。於是，他匆匆發球，打出雙發失誤，之後也丟了他整場對決下來的第一個發球局。喬科維奇依稀看見希望的微光，成功保住自己的發球局，盡可能向對方施壓，無奈梅德維夫的優勢已來到五比四，就要拿下他的首座美網冠軍。

兩人對抽期間發生令人難忘的一刻。觀眾席開始發出向喬科維奇發出震耳欲聾的熱烈歡呼。他終於扛不住這份難以承受的壓力，衝向後場回球時哭了出來。從沒有見過這種事，是運動史上極具戲劇性的一刻，傳奇球王眼見自己無緣達成他最大的渴望，情緒崩潰。職業生涯一路走來他贏過九百七十八場比賽，只需要再拿下一場勝利，但他無能為力。他的淚水令人聯想到那些在終點線幾公尺前受傷的奧運田徑選手，當著全場起立的觀眾的面，為了榮譽跑完最後一段距離。事實上，喬科維奇會情緒崩潰，也是因為觀眾的歡呼聲令他感動，因為這是有史以來第一次在美網決賽有觀眾全心支持他。而且觀眾挺他，不是因為他們討厭梅德維夫，而是想幫助喬科維奇締造歷史。他們又試了一次，在梅德維夫另兩次握有賽末點時又嘗試騷擾他；梅德維夫丟失其中第一個末賽點，正是因為觀眾的噓聲害他雙發失誤。但他無須把握第二次機會，喬科維奇自己無法再承受下去，回球觸網。梅德維夫創造屬於他自己的歷史：他成了繼卡費尼可夫和薩芬之後，第三位征服大滿貫冠軍的俄羅斯選手，而喬科維奇想超越費德勒和納達爾的這個夢想只能被迫延期，至少得延到下一年。無論是年度大滿貫或者金滿貫，他肯定都得與之永別了。因此，授獎典禮上他忍不住落淚，雖然觀眾的歡呼聲震天響，但他仍大幅縮短了他一貫的完美演說，因為他幾乎連話都說不清楚。從來沒有人見過他這副模樣。他展現出偉大的運動家精神，承認梅德維夫技高一籌。面對他此番美言，梅德維夫也回應稱對他而言喬科維奇是「史上最強」。

就這樣，梅德維夫成為五年來首位成功在大滿貫決賽擊敗三巨頭的人。上一位達成此成就的是瓦林卡，也是在美網決賽，對手也是喬科維奇。從那天起，三巨頭連續拿下十四場勝利，拿下最近十八項大滿貫中的十七項。唯有蒂姆於二〇二〇年美網打破霸權，當然，那屆美網費德勒和納達爾都缺席，喬科維奇還被取消比賽資格。考慮到蒂姆的年紀比梅德維夫稍大，梅德維夫的勝利才是真正意義上的新生代第一座大滿貫冠軍。除他之外，新生代的領頭羊還有茲維列夫和西西帕斯。之前，他們只在最近幾屆的年終賽和數項大師賽獲勝，但大滿貫仍是有待攻克的課題。看看費德勒和納達爾若身體健康，會發生什麼事，但沒有人能夠對抗歲月的腳步，新生代選手將一年一年地分割領地。這就是生命的法則。

因此，紐約，九月十二日，二〇〇一年世貿中心恐怖攻擊案（他們肯定對這樁可怕事件沒什麼記憶）的二十年又一天後，新生代選手展現他們有資格立足網壇。梅德維夫終於證明他們這幫新生代選手有望接替三巨頭在大滿貫的地位，繼承他們在排行榜的統治位子。但有一點他們難以追求，而且也沒有人可以要求他們非達成不可，就是追平這三位網球天才所創造的紀錄。歷經長達數月爭論三巨頭的未來，討論喬科維奇是否有機會超越費德勒和納達爾，二〇二一年則以三人在史上最強選手之爭的歷史性平手畫上句點。喬科維奇急起猛追，沒人料到三巨頭會打成平手，但對所有熱愛這項運動的球迷而言，這個平手局面恰到好處，令人感動。歷經這麼多年的持續大戰，看見三巨頭首次以大滿貫奪冠數平手結束一年，實在很特別。三人各自握有二十座冠軍，從十九年前、費德勒二〇〇三年溫網封王以來，三人參加過七十三項大滿貫，奪冠率高達八十二%。若有能力決定未來，許多球迷會連署支持運動史上最強的宿敵關係就這樣結束吧，讓費德勒、納達爾和喬科維奇勢均力敵，比肩佇立於頂點之上。然而，三巨頭的好勝心難以滿足，大概不會接受就此結束。就這樣，只要他們飽經傷痛的身體允許，他們就會在硬土、草地和紅土上繼續戰鬥下去。

PART 4

統計數據

＊以下所有數據和奪冠數，計算至2021年9月12日美網結束。

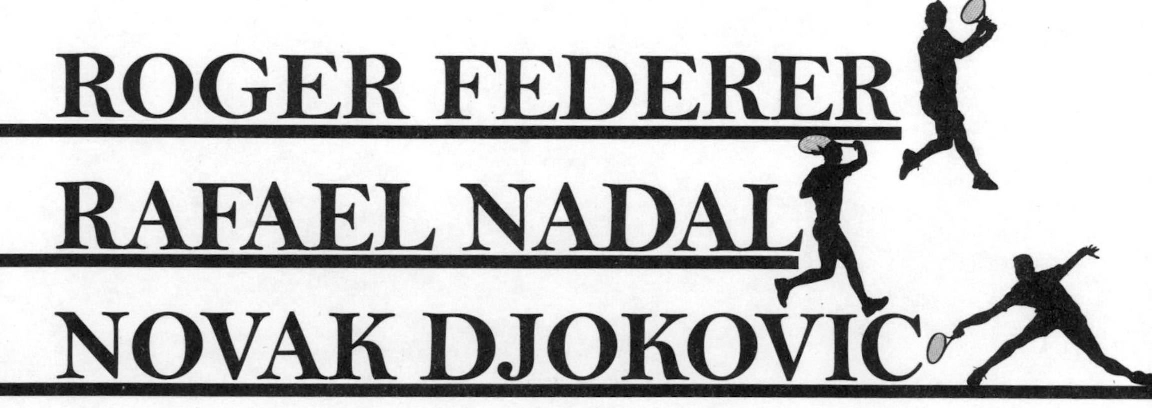

4-1 正面對決

16勝／費德勒
勝率40%

24勝／納達爾
勝率60%

	對決次數	勝利	
		費德勒	納達爾
總計	40	16（40%）	24（60%）
決賽	24	10（42%）	14（58%）
大滿貫	14	4（29%）	10（71%）
大滿貫決賽	9	3（33%）	6（67%）
ATP年終總決賽	5	4（80%）	1（20%）
1000大師賽	19	7（37%）	12（63%）
ATP 500巡迴賽	2	1（50%）	1（50%）

28勝／納達爾

勝率48%

30勝／喬科維奇

勝率52%

	對決次數	勝利	
		納達爾	喬科維奇
總計	58	28（48%）	30（52%）
決賽	28	13（46%）	15（54%）
大滿貫	17	10（59%）	7（41%）
大滿貫決賽	9	5（56%）	4（44%）
奧運	1	1（100%）	0（0%）
ATP年終總決賽	5	2（40%）	3（60%）
台維斯盃	1	1（100%）	0（0%）
1000大師賽	29	13（45%）	16（55%）
ATP盃	1	0（0%）	1（100%）
ATP 500巡迴賽	4	1（25%）	3（75%）

27勝／喬科維奇
勝率54%

23勝／費德勒
勝率46%

	對決次數	勝利	
		喬科維奇	**費德勒**
總計	50	27（54%）	23（46%）
決賽	20	14（70%）	6（30%）
大滿貫	17	11（65%）	6（35%）
大滿貫決賽	5	4（80%）	1（20%）
ATP年終總決賽	7	4（57%）	3（43%）
台維斯盃	1	0（0%）	1（100%）
1000大師賽	20	11（55%）	9（45%）
ATP 500巡迴賽	6	2（33%）	4（67%）

16勝／費德勒 VS. 納達爾／24勝

年份	賽事	場地類型	輪	勝者	比分
2019	溫網	室外草地	四強	費德勒	7-6, 1-6, 6-3, 6-4
2019	法網	室外紅土	四強	納達爾	6-3, 6-4, 6-2
2019	印地安泉1000大師賽	室外硬地	四強	費德勒	納達爾退賽
2017	上海1000大師賽	室外硬地	決賽	費德勒	6-4, 6-3
2017	邁阿密1000大師賽	室外硬地	決賽	費德勒	6-3, 6-4
2017	印地安泉1000大師賽	室外硬地	16強	費德勒	6-2, 6-3
2017	澳網	室外硬地	決賽	費德勒	6-4, 3-6, 6-1, 3-6, 6-3
2015	ATP 500瑞士巴塞爾室內賽	室內硬地	決賽	費德勒	6-3, 5-7, 6-3
2014	澳網	室外硬地	四強	納達爾	7-6, 6-3, 6-3
2013	倫敦ATP年終賽	室內硬地	四強	納達爾	7-5, 6-3
2013	辛辛那提1000大師賽	室外硬地	八強	納達爾	5-7, 6-4, 6-3
2013	羅馬1000大師賽	室外紅土	決賽	納達爾	6-1, 6-3
2013	印地安泉1000大師賽	室外硬地	八強	納達爾	6-4, 6-2
2012	印地安泉1000大師賽	室外硬地	四強	費德勒	6-3, 6-4
2012	澳網	室外硬地	四強	納達爾	6-7, 6-2, 7-6, 6-4
2011	倫敦ATP年終賽	室內硬地	小組賽	費德勒	6-3, 6-0
2011	法網	室外紅土	決賽	納達爾	7-5, 7-6, 5-7, 6-1
2011	馬德里1000大師賽	室外紅土	四強	納達爾	5-7, 6-1, 6-3
2011	邁阿密1000大師賽	室外硬地	四強	納達爾	6-3, 6-2
2010	倫敦ATP年終賽	室內硬地	決賽	費德勒	6-3, 3-6, 6-1
2010	馬德里1000大師賽	室外紅土	決賽	納達爾	6-4, 7-6
2009	馬德里1000大師賽	室外紅土	決賽	費德勒	6-4, 6-4
2009	澳網	室外硬地	決賽	納達爾	7-5, 3-6, 7-6, 3-6, 6-2
2008	溫網	室外草地	決賽	納達爾	6-4, 6-4, 6-7, 6-7, 9-7
2008	法網	室外紅土	決賽	納達爾	6-1, 6-3, 6-0
2008	漢堡1000大師賽	室外紅土	決賽	納達爾	7-5, 6-7, 6-3
2008	蒙地卡羅1000大師賽	室外紅土	決賽	納達爾	7-5, 7-5
2007	上海ATP年終賽	室內硬地	四強	費德勒	6-4, 6-1
2007	溫網	室外草地	決賽	費德勒	7-6, 4-6, 7-6, 2-6, 6-2
2007	法網	室外紅土	決賽	納達爾	6-3, 4-6, 6-3, 6-4
2007	漢堡1000大師賽	室外紅土	決賽	費德勒	2-6, 6-2, 6-0

2007	蒙地卡羅1000大師賽	室外紅土	決賽	納達爾	6-4, 6-4
2006	上海ATP年終賽	室內硬地	四強	費德勒	6-4, 7-5
2006	溫網	室外草地	決賽	費德勒	6-0, 7-6, 6-7, 6-3
2006	法網	室外紅土	決賽	納達爾	1-6, 6-1, 6-4, 7-6
2006	羅馬1000大師賽	室外紅土	決賽	納達爾	6-7, 7-6, 6-4, 2-6, 7-6
2006	蒙地卡羅1000大師賽	室外紅土	決賽	納達爾	6-2, 6-7, 6-3, 7-6
2006	ATP 500杜拜網賽	室外硬地	決賽	納達爾	2-6, 6-4, 6-4
2005	法網	室外紅土	四強	納達爾	6-3, 4-6, 6-4, 6-3
2005	邁阿密1000大師賽	室外硬地	決賽	費德勒	2-6, 6-7, 7-6, 6-3, 6-1
2004	邁阿密1000大師賽	室外硬地	32強	納達爾	6-3, 6-3

27勝／喬科維奇 VS.費德勒／23勝

年份	賽事	場地類型	輪	勝者	比分
2020	澳網	室外硬地	四強	喬科維奇	7-6, 6-4, 6-3
2019	倫敦ATP年終賽	室內硬地	小組賽	費德勒	6-4, 6-3
2019	溫網	室外草地	決賽	喬科維奇	7-6, 1-6, 7-6, 4-6, 13-12
2018	巴黎1000大師賽	室內硬地	四強	喬科維奇	7-6, 5-7, 7-6
2018	辛辛那提1000大師賽	室外硬地	決賽	喬科維奇	6-4, 6-4
2016	澳網	室外硬地	四強	喬科維奇	6-1, 6-2, 3-6, 6-3
2015	倫敦ATP年終賽	室內硬地	小組賽	費德勒	7-5, 6-2
2015	倫敦ATP年終賽	室內硬地	決賽	喬科維奇	6-3, 6-4
2015	美網	室外硬地	決賽	喬科維奇	6-4, 5-7, 6-4, 6-4
2015	辛辛那提1000大師賽	室外硬地	決賽	費德勒	7-6, 6-3
2015	溫網	室外草地	決賽	喬科維奇	7-6, 6-7, 6-4, 6-3
2015	羅馬1000大師賽	室外紅土	決賽	喬科維奇	6-4, 6-3
2015	印地安泉1000大師賽	室內硬地	決賽	喬科維奇	6-3, 6-7, 6-2
2015	ATP 500杜拜網賽	室內硬地	決賽	費德勒	6-3, 7-5
2014	倫敦ATP年終賽	室內硬地	決賽	喬科維奇	費德勒退賽

2014	上海1000大師賽	室外硬地	四強	費德勒	6-4, 6-4
2014	溫網	室外草地	決賽	喬科維奇	6-7, 6-4, 7-6, 5-7, 6-4
2014	蒙地卡羅1000大師賽	室外紅土	四強	費德勒	7-5, 6-2
2014	印地安泉1000大師賽	室外硬地	決賽	喬科維奇	3-6, 6-3, 7-3
2014	ATP 500杜拜網賽	室外硬地	四強	費德勒	3-6, 6-3, 6-2
2013	倫敦ATP年終賽	室內硬地	小組賽	喬科維奇	6-4, 6-7, 6-2
2013	巴黎1000大師賽	室內硬地	四強	喬科維奇	4-6, 6-3, 6-2
2012	倫敦ATP年終賽	室內硬地	決賽	喬科維奇	7-6, 7-5
2012	辛辛那提1000大師賽	室外硬地	決賽	費德勒	6-0, 7-6
2012	溫網	室外草地	四強	費德勒	6-4, 3-6, 6-4, 6-3
2012	法網	室外紅土	四強	喬科維奇	6-4, 7-5, 6-3
2012	羅馬1000大師賽	室外紅土	四強	喬科維奇	6-2, 7-6
2011	美網	室外硬地	四強	喬科維奇	6-7, 4-6, 6-3, 6-2, 7-5
2011	法網	室外紅土	四強	費德勒	7-6, 6-3, 3-6, 7-6
2011	印地安泉1000大師賽	室外硬地	四強	喬科維奇	6-3, 3-6, 6-2
2011	ATP 500杜拜網賽	室內硬地	決賽	喬科維奇	6-3, 6-3
2011	澳網	室外硬地	四強	喬科維奇	7-6, 7-5, 6-4
2010	倫敦ATP年終賽	室內硬地	四強	費德勒	6-1, 6-4
2010	ATP 500瑞士巴塞爾室內賽	室內硬地	決賽	費德勒	6-4, 3-6, 6-1
2010	上海1000大師賽	室外硬地	四強	費德勒	7-5, 6-4
2010	美網	室外硬地	四強	喬科維奇	5-7, 6-1, 5-7, 6-2, 7-5
2010	加拿大1000大師賽	室外硬地	四強	費德勒	6-1, 3-6, 7-5
2009	ATP 500瑞士巴塞爾室內賽	室內硬地	決賽	喬科維奇	6-4, 4-6, 6-2
2009	美網	室外硬地	四強	費德勒	7-6, 7-5, 7-5
2009	辛辛那提1000大師賽	室外硬地	決賽	費德勒	6-1, 7-5
2009	羅馬1000大師賽	室外紅土	四強	喬科維奇	4-6, 6-3, 6-3
2009	邁阿密1000大師賽	室外硬地	四強	喬科維奇	3-6, 6-2, 6-3
2008	美網	室外硬地	四強	費德勒	6-3, 5-7, 7-5, 6-2
2008	蒙地卡羅1000大師賽	室外紅土	四強	費德勒	6-3, 3-2
2008	澳網	室外硬地	四強	喬科維奇	7-5, 6-3, 7-6
2007	美網	室外硬地	決賽	費德勒	7-6, 7-6, 6-4
2007	加拿大1000大師賽	室外硬地	決賽	喬科維奇	7-6, 2-6, 7-6
2007	ATP 500杜拜網賽	室內硬地	八強	費德勒	6-3, 6-7, 6-3
2007	澳網	室外硬地	16強	費德勒	6-2, 7-5, 6-3
2006	台維斯盃	室內硬地	小組賽	費德勒	6-3, 6-2, 6-3
2006	蒙地卡羅1000大師賽	室外紅土	64強	費德勒	6-3, 2-6, 6-3

28勝／納達爾 VS.喬科維奇／30勝

年份	賽事	場地類型	輪	勝者	比分
2021	法網	室外紅土	四強	喬科維奇	3-6, 6-3, 7-6, 6-2
2021	羅馬1000大師賽	室外紅土	決賽	納達爾	7-5, 1-6, 6-3
2020	法網	室外紅土	決賽	納達爾	6-0, 6-2, 7-5
2020	雪梨ATP盃	室外硬地	決賽	喬科維奇	6-2, 7-6
2019	羅馬1000大師賽	室外紅土	決賽	納達爾	6-0, 4-6, 6-1
2019	澳網	室外硬地	決賽	喬科維奇	6-3, 6-2, 6-3
2018	溫網	室外草地	四強	喬科維奇	6-4, 3-6, 7-6, 3-6, 10-8
2018	羅馬1000大師賽	室外紅土	四強	納達爾	7-6, 6-3
2017	馬德里1000大師賽	室外紅土	四強	納達爾	6-2, 6-4
2016	羅馬1000大師賽	室外紅土	八強	喬科維奇	7-5, 7-6
2016	印地安泉1000大師賽	室外硬地	四強	喬科維奇	7-6, 6-2
2016	ATP 500卡達網賽	室外硬地	決賽	喬科維奇	6-1, 6-2
2015	倫敦ATP年終賽	室內硬地	四強	喬科維奇	6-3, 6-3
2015	ATP 500中國北京網賽	室外硬地	決賽	喬科維奇	6-2, 6-2
2015	法網	室外紅土	八強	喬科維奇	7-5, 6-3, 6-1
2015	蒙地卡羅1000大師賽	室外紅土	四強	喬科維奇	6-3, 6-3
2014	法網	室外紅土	決賽	納達爾	3-6, 7-5, 6-2, 6-4
2014	羅馬1000大師賽	室外紅土	決賽	喬科維奇	4-6, 6-3, 6-3
2014	邁阿密1000大師賽	室外硬地	決賽	喬科維奇	6-3, 6-3
2013	倫敦ATP年終賽	室內硬地	決賽	喬科維奇	6-3, 6-4
2013	ATP 500中國北京網賽	室外硬地	決賽	喬科維奇	6-3, 6-4
2013	美網	室外硬地	決賽	納達爾	6-2, 3-6, 6-4, 6-1
2013	加拿大1000大師賽	室外硬地	四強	納達爾	6-4, 3-6, 7-6
2013	法網	室外紅土	四強	納達爾	6-3, 3-6, 6-1, 6-7, 9-7
2013	蒙地卡羅1000大師賽	室外紅土	決賽	喬科維奇	6-2, 7-6
2012	法網	室外紅土	決賽	納達爾	6-4, 6-3, 2-6, 7-5
2012	羅馬1000大師賽	室外紅土	決賽	納達爾	7-5, 6-3
2012	蒙地卡羅1000大師賽	室外紅土	決賽	納達爾	6-3, 6-1
2012	澳網	室外硬地	決賽	喬科維奇	5-7, 6-4, 6-2, 6-7, 7-5
2011	美網	室外硬地	決賽	喬科維奇	6-2, 6-4, 6-7, 6-1
2011	溫網	室外草地	決賽	喬科維奇	6-4, 6-1, 1-6, 6-3

2011	羅馬1000大師賽	室外紅土	決賽	喬科維奇	6-4, 6-4
2011	馬德里1000大師賽	室外紅土	決賽	喬科維奇	7-5, 6-4
2011	邁阿密1000大師賽	室外硬地	決賽	喬科維奇	4-6, 6-3, 7-6
2011	印地安泉1000大師賽	室內硬地	決賽	喬科維奇	4-6, 6-3, 6-2
2011	倫敦ATP年終賽	室內硬地	小組賽	納達爾	7-5, 6-2
2010	美網	室外硬地	決賽	納達爾	6-4, 5-7, 6-4, 6-2
2009	倫敦ATP年終賽	室內硬地	小組賽	喬科維奇	7-6, 6-3
2009	巴黎1000大師賽	室內硬地	四強	喬科維奇	6-2, 6-3
2009	辛辛那提1000大師賽	室外硬地	四強	喬科維奇	6-1, 6-4
2009	馬德里1000大師賽	室外紅土	四強	納達爾	3-6, 7-6, 7-6
2009	羅馬1000大師賽	室外紅土	決賽	納達爾	7-6, 6-2
2009	蒙地卡羅1000大師賽	室外紅土	決賽	納達爾	6-3, 2-6, 6-1
2009	台維斯盃	室外紅土	小組賽	納達爾	6-4, 6-4, 6-1
2008	北京奧運	室外硬地	四強	納達爾	6-1, 1-6, 6-4
2008	辛辛那提1000大師賽	室外硬地	四強	喬科維奇	6-1, 7-5
2008	ATP 500女王草地網賽	室外草地	決賽	納達爾	7-6, 7-5
2008	法網	室外紅土	四強	納達爾	6-4, 6-2, 7-6
2008	漢堡1000大師賽	室外紅土	四強	納達爾	7-5, 2-6, 6-2
2008	印地安泉1000大師賽	室內硬地	四強	喬科維奇	6-3, 6-2
2007	上海ATP年終賽	室內硬地	小組賽	納達爾	6-4, 6-4
2007	加拿大1000大師賽	室外硬地	四強	喬科維奇	7-5, 6-3
2007	溫網	室外草地	四強	納達爾	3-6, 6-1, 4-1
2007	法網	室外紅土	四強	納達爾	7-5, 6-4, 6-2
2007	羅馬1000大師賽	室外紅土	八強	納達爾	6-2, 6-3
2007	邁阿密1000大師賽	室外硬地	八強	喬科維奇	6-3, 6-4
2007	印地安泉1000大師賽	室內硬地	決賽	納達爾	6-2, 7-5
2006	法網	室外紅土	八強	納達爾	6-4, 6-4

*資料來源：WWW.ATPTOUR.COM

4-2 大滿貫奪冠紀錄

	費德勒	納達爾	喬科維奇
	20座 大滿貫冠軍 31場大滿貫決賽	**20座** 大滿貫冠軍 28場大滿貫決賽	**20座** 大滿貫冠軍 31場大滿貫決賽
澳網	**6** 2004, 2006, 2007, 2010, 2017 2018	**1** 2009	**9** 2008, 2011, 2012, 2013, 2015, 2016, 2019, 2020 2021
法網	**1** 2009	**13** 2005, 2006, 2007, 2008, 2010, 2011, 2012, 2013, 2014, 2017, 2018, 2019 2020	**2** 2016 2021
溫布頓	**8** 2003, 2004, 2005, 2006, 2007, 2009, 2012 2017	**2** 2008 2010	**6** 2011, 2014, 2015, 2018, 2019 2021
美網	**5** 2004, 2005, 2006, 2007 2008	**4** 2010, 2013, 2017 2019	**3** 2011, 2015 2018

*公開賽年代的冠軍頭銜

*編按：納達爾在2022年收穫澳網和法網兩座大滿貫冠軍，累積22座大滿貫冠軍。

*編按：喬科維奇在2022年拿下溫網冠軍和2023年贏得澳網冠軍，也累積22座大滿貫冠軍。

最多大滿貫奪冠紀錄

費德勒	瑞士	20
納達爾	西班牙	20
喬科維奇	塞爾維亞	20
山普拉斯	美國	14
柏格	瑞典	11
康諾斯	美國	8
藍道	捷克-美國	8
阿格西	美國	8
馬克安諾	美國	7
韋蘭德	瑞典	7

單一大滿貫最多奪冠數紀錄

納達爾	西班牙	13	法網
喬科維奇	塞爾維亞	9	澳網
費德勒	瑞士	8	溫網
山普拉斯	美國	7	溫網
柏格	瑞典	6	法網
費德勒	瑞士	6	澳網
喬科維奇	塞爾維亞	6	溫網
柏格	瑞典	5	溫網
康諾斯	美國	5	美網
山普拉斯	美國	5	美網
費德勒	瑞士	5	美網

各年年終累積大滿貫冠軍數

年份	2003	2004	2005	2006	2007	2008	2009	2010	2011	2012	2013	2014	2015	2016	2017	2018	2019	2020	2021
費德勒	1	4	6	9	12	13	15	16	16	17	17	17	17	17	19	20	20	20	20
納達爾	0	0	1	2	3	5	6	9	10	11	13	14	14	14	16	17	19	20	20
喬科維奇	0	0	0	0	0	1	1	1	4	5	6	7	10	12	12	14	16	17	20

● 最大差距 ○ 最小差距

各年大滿貫奪冠紀錄

年份	2003	2004	2005	2006	2007	2008	2009	2010	2011	2012	2013	2014	2015	2016	2017	2018	2019	2020	2021
澳網		費		費	費	喬	納	費	喬	喬	喬		喬	喬	費	費	喬	喬	喬
法網			納	納	納	納	費	納	納	納	納	納		喬	納	納	納	納	喬
溫網	費	費	費	費	費	納	費	納	喬	費		喬	喬		費	喬	喬		喬
美網		費	費	費	費	費		納	喬		納		喬		納	喬	納		

4-3 勝場數據

職業生涯勝率		費德勒	納達爾	喬科維奇
職業生涯總計	場數	1526	1237	1176
	勝場	1251（82%）	1028（**83%**）	978（**83%**）
大滿貫	場數	429	332	369
	勝場	369（86%）	291（**88%**）	323（**88%**）
1000大師賽	場數	489	481	451
	勝場	381（78%）	398（**83%**）	370（82%）
ATP年終賽	場數	72	36	47
	勝場	57（**79%**）	20（56%）	35（74%）
台維斯盃	場數	48	30	41
	勝場	40（83%）	29（**97%**）	34（83%）
對決三巨頭	場數	90	98	108
	勝場	39（43%）	52（**53%**）	57（**53%**）
對決排名前十	場數	347	277	325
	勝場	224（65%）	178（64%）	223（**69%**）
決賽	場數	156	125	120
	勝場	103（66%）	88（**70%**）	84（**70%**）

總勝率

喬科維奇	塞爾維亞	83.16%	978勝	198負
納達爾	西班牙	83.10%	1028勝	209負
柏格	瑞典	82.36%	654勝	140負
費德勒	瑞士	82.00%	1251勝	275負
康諾斯	美國	81.82%	1274勝	283負
馬克安諾	美國	81.68%	883勝	198負
藍道	捷克-美國	81.52%	1068勝	242負
拉沃	澳洲	79.88%	576勝	146負
山普拉斯	美國	77.43%	762勝	222負
貝克	德國	76.91%	713勝	214負

大滿貫勝率

柏格	瑞典	89.24%	141勝	17負
納達爾	西班牙	87.65%	291勝	41負
喬科維奇	塞爾維亞	87.53%	323勝	46負
費德勒	瑞士	86.01%	369勝	60負
山普拉斯	美國	84.23%	203勝	38負
康諾斯	美國	82.62%	233勝	49負
藍道	捷克-美國	81.92%	222勝	49負
馬克安諾	美國	81.46%	167勝	38負
貝克	德國	80.29%	163勝	40負
莫瑞	英國	79.66%	192勝	49負

4-4 獎項紀錄

重大賽事	費德勒	納達爾	喬科維奇
大滿貫冠軍數	20	20	20
澳網	6	1	9
法網	1	13	2
溫網	8	2	6
美網	5	4	3
ATP年終賽	6	0	5
1000大師賽	28	36	36
奧運單打	0	1	0
奧運雙打	1	1	0
台維斯盃	1	5	1
ATP單打冠軍	103	88	85
年終世界排名第一	5	5	7
世界排名第一週數	310	209	338
生涯金滿貫（大滿貫+奧運金牌）	否	是	否
生涯大滿貫	是	是	是
年度大滿貫	否	否	否

＊編按：截至2022年，納達爾累積22座大滿貫冠軍，含2座澳網和14座法網，以及92個單打冠軍。喬科維奇累積22座大滿貫冠軍，含7座溫網和10座澳網，以及6座年終賽冠軍，38座大師賽冠軍，93個單打冠軍，排名第一週數達到363週。

職業生涯奪冠總數

康諾斯	美國	109
費德勒	瑞士	103
藍道	捷克－美國	94
納達爾	西班牙	88
喬科維奇	塞爾維亞	85
馬克安諾	美國	77
柏格	瑞典	64
山普拉斯	美國	64
維拉斯	阿根廷	62
阿格西	美國	60

單一賽事最多奪冠數

納達爾	西班牙	13	法網	大滿貫
納達爾	西班牙	12	巴塞隆納網賽	ATP 500
納達爾	西班牙	11	蒙地卡羅1000大師賽	1000大師賽
費德勒	瑞士	10	哈雷網賽	ATP 500
費德勒	瑞士	10	瑞士巴塞爾室內網賽	ATP 500
納達爾	西班牙	10	羅馬1000大師賽	1000大師賽
喬科維奇	塞爾維亞	9	澳網	大滿貫
費德勒	瑞士	8	溫網	大滿貫
費德勒	瑞士	8	杜拜網賽	ATP 500
維拉斯	阿根廷	8	阿根廷網賽	ATP 250

年終世界排名第一次數

喬科維奇	塞爾維亞	7
山普拉斯	美國	6
康諾斯	美國	5
費德勒	瑞士	5
納達爾	西班牙	5
馬克安諾	美國	4
藍道	捷克-美國	4
柏格	瑞典	2
艾柏格	瑞典	2
休伊特	澳洲	2

世界排名第一週數

1	**喬科維奇**	塞爾維亞	總計338週	連續122週
2	費德勒	瑞士	總計310週	連續237週
3	山普拉斯	美國	總計286週	連續102週
4	藍道	捷克-美國	總計270週	連續157週
5	康諾斯	美國	總計268週	連續160週
6	納達爾	西班牙	總計209週	連續56週
7	馬克安諾	美國	總計170週	連續58週
8	柏格	瑞典	總計109週	連續46週
9	阿格西	美國	總計101週	連續52週
10	休伊特	澳洲	總計80週	連續75週

費德勒　職業生涯103冠

年份	奪冠數	賽事
2019	4	瑞士巴塞爾室內網賽（室內硬地） 哈雷網賽（室外草地） 邁阿密1000大師賽（室外硬地） 杜拜網賽（室外硬地）
2018	4	瑞士巴塞爾室內網賽（室內硬地） 斯圖加特網賽（室外草地） 鹿特丹網賽（室內硬地） 澳網（室外硬地）
2017	7	瑞士巴塞爾室內網賽（室內硬地） 上海1000大師賽（室外硬地） 溫網（室外草地） 哈雷網賽（室外草地） 邁阿密1000大師賽（室外硬地） 印地安泉1000大師賽（室外硬地） 澳網（室外硬地）
2015	6	瑞士巴塞爾室內網賽（室內硬地） 辛辛那提1000大師賽（室外硬地） 哈雷網賽（室外草地） 伊斯坦堡網賽（室外紅土） 杜拜網賽（室外硬地） 布里斯本網賽（室外硬地）
2014	5	瑞士巴塞爾室內網賽（室內硬地） 上海1000大師賽（室外硬地） 辛辛那提1000大師賽（室外硬地） 哈雷網賽（室外草地） 杜拜網賽（室外硬地）
2013	1	哈雷網賽（室外草地）
2012	6	辛辛那提1000大師賽（室外硬地） 溫網（室外草地） 馬德里1000大師賽（室外紅土） 印地安泉1000大師賽（室外硬地） 杜拜網賽（室外硬地） 鹿特丹網賽（室內硬地）

年份	奪冠數	賽事
2011	4	倫敦ATP年終賽（室內硬地） 巴黎1000大師賽（室內硬地） 瑞士巴塞爾室內網賽（室內硬地） 卡達網賽（室外硬地）
2010	5	倫敦ATP年終賽（室內硬地） 瑞士巴塞爾室內網賽（室內硬地） 斯德哥爾摩網賽（室內硬地） 辛辛那提1000大師賽（室外硬地） 澳網（室外硬地）
2009	4	辛辛那提1000大師賽（室外硬地） 溫網（室外草地） 法網（室外紅土） 馬德里1000大師賽（室外紅土）
2008	4	瑞士巴塞爾室內網賽（室內硬地） 美網（室外硬地） 哈雷網賽（室外草地） 愛斯多尼網賽（室外紅土）
2007	8	上海ATP年終賽（室內硬地） 瑞士巴塞爾室內網賽（室內硬地） 美網（室外硬地） 辛辛那提1000大師賽（室外硬地） 溫網（室外草地） 漢堡1000大師賽（室外紅土） 杜拜網賽（室外硬地） 澳網（室外硬地）
2006	12	上海ATP年終賽（室內硬地） 瑞士巴塞爾室內網賽（室內硬地） 馬德里1000大師賽（室外紅土） 東京網賽（室外硬地） 美網（室外硬地） 加拿大1000大師賽（室外硬地） 溫網（室外草地） 哈雷網賽（室外草地） 邁阿密1000大師賽（室外硬地） 印地安泉1000大師賽（室外硬地） 澳網（室外硬地） 卡達網賽（室外硬地）

年份	奪冠數	賽事
2005	11	泰國網賽（室內硬地） 美網（室外硬地） 辛辛那提1000大師賽（室外硬地） 溫網（室外草地） 哈雷網賽（室外草地） 漢堡1000大師賽（室外紅土） 邁阿密1000大師賽（室外硬地） 印地安泉1000大師賽（室外硬地） 杜拜網賽（室外硬地） 鹿特丹網賽（室內硬地） 卡達網賽（室外硬地）
2004	11	休士頓ATP年終賽（室外硬地） 泰國網賽（室內硬地） 美網（室外硬地） 加拿大1000大師賽（室外硬地） 瑞士格施塔德網賽（室外紅土） 溫網（室外草地） 哈雷網賽（室外草地） 漢堡1000大師賽（室外紅土） 印地安泉1000大師賽（室外硬地） 杜拜網賽（室外硬地） 澳網（室外硬地）
2003	7	休士頓ATP年終賽（室外硬地） 維也納網賽（室內硬地） 哈雷網賽（室外草地） 溫網（室外草地） 慕尼黑網賽（室外紅土） 杜拜網賽（室外硬地） 馬賽網賽（室內硬地）
2002	3	維也納網賽（室內硬地） 漢堡1000大師賽（室外紅土） 雪梨網賽（室外硬地）
2001	1	米蘭網賽（室內硬地）

納達爾　職業生涯88冠

年份	奪冠數	賽事
2021	2	羅馬1000大師賽（室外紅土） 巴塞隆納網賽（室外紅土）
2020	2	法網（室外紅土） 墨西哥網賽（室外紅土）
2019	4	美網（室外硬地） 加拿大1000大師賽（室外硬地） 法網（室外紅土） 羅馬1000大師賽（室外紅土）
2018	5	加拿大1000大師賽（室外硬地） 法網（室外紅土） 羅馬1000大師賽（室外紅土） 巴塞隆納網賽（室外紅土） 蒙地卡羅1000大師賽（室外紅土）
2017	6	中國北京網賽（室外硬地） 美網（室外硬地） 法網（室外紅土） 馬德里1000大師賽（室外紅土） 巴塞隆納網賽（室外紅土） 蒙地卡羅1000大師賽（室外紅土）
2016	2	巴塞隆納網賽（室外紅土） 蒙地卡羅1000大師賽（室外紅土）
2015	3	漢堡1000大師賽（室外紅土） 斯圖加特網賽（室外草地） 阿根廷網賽（室外紅土）
2014	4	法網（室外紅土） 馬德里1000大師賽（室外紅土） 里約網賽（室外紅土） 卡達網賽（室外硬地）

年份	奪冠數	賽事
2013	10	美網（室外硬地） 辛辛那提1000大師賽（室外硬地） 加拿大1000大師賽（室外硬地） 法網（室外紅土） 羅馬1000大師賽（室外紅土） 馬德里1000大師賽（室外紅土） 巴塞隆納網賽（室外紅土） 印地安泉1000大師賽（室外硬地） 墨西哥網賽（室外紅土） 巴西網賽（室內硬地）
2012	4	法網（室外紅土） 羅馬1000大師賽（室外紅土） 巴塞隆納網賽（室外紅土） 蒙地卡羅1000大師賽（室外紅土）
2011	3	法網（室外紅土） 巴塞隆納網賽（室外紅土） 蒙地卡羅1000大師賽（室外紅土）
2010	7	東京網賽（室外硬地） 美網（室外硬地） 溫網（室外草地） 法網（室外紅土） 馬德里1000大師賽（室外紅土） 羅馬1000大師賽（室外紅土） 蒙地卡羅1000大師賽（室外紅土）
2009	5	羅馬1000大師賽（室外紅土） 巴塞隆納網賽（室外紅土） 蒙地卡羅1000大師賽（室外紅土） 印地安泉1000大師賽（室外硬地） 澳網（室外硬地）

年份	奪冠數	賽事
2008	8	北京奧運（室外硬地） 加拿大1000大師賽（室外硬地） 溫網（室外草地） 女王草地網賽（室外草地） 法網（室外紅土） 漢堡1000大師賽（室外紅土） 巴塞隆納網賽（室外紅土） 蒙地卡羅1000大師賽（室外紅土）
2007	6	斯圖加特網賽（室外草地） 法網（室外紅土） 羅馬1000大師賽（室外紅土） 巴塞隆納網賽（室外紅土） 蒙地卡羅1000大師賽（室外紅土） 印地安泉1000大師賽（室外硬地）
2006	5	法網（室外紅土） 羅馬1000大師賽（室外紅土） 巴塞隆納網賽（室外紅土） 蒙地卡羅1000大師賽（室外紅土） 杜拜網賽（室外硬地）
2005	11	馬德里1000大師賽（室外紅土） 中國北京網賽（室內硬地） 加拿大1000大師賽（室外硬地） 斯圖加特網賽（室外草地） 瑞典網賽（室外紅土） 法網（室外紅土） 羅馬1000大師賽（室外紅土） 巴塞隆納網賽（室外紅土） 蒙地卡羅1000大師賽（室外紅土） 墨西哥網賽（室外紅土） 巴西網賽（室外紅土）
2004	1	波蘭索波特網賽（室外紅土）

喬科維奇　　職業生涯85冠

年份	奪冠數	賽事名稱
2021	4	溫網（室外草地） 法網（室外紅土） 塞爾維亞網賽（室外紅土） 澳網（室外硬地）
2020	4	羅馬1000大師賽（室外紅土） 辛辛那提1000大師賽（室外硬地） 杜拜網賽（室外硬地） 澳網（室外硬地）
2019	5	巴黎1000大師賽（室內硬地） 東京網賽（室外硬地） 溫網（室外草地） 馬德里1000大師賽（室外紅土） 澳網（室外硬地）
2018	4	上海1000大師賽（室外硬地） 美網（室外硬地） 辛辛那提1000大師賽（室外硬地） 溫網（室外草地）
2017	2	伊斯特本網賽（室外草地） 法網（室外紅土）
2016	7	加拿大1000大師賽（室外硬地） 法網（室外紅土） 馬德里1000大師賽（室外紅土） 邁阿密1000大師賽（室外硬地） 印地安泉1000大師賽（室外硬地） 澳網（室外硬地） 卡達網賽（室外硬地）

年份	奪冠數	賽事名稱
2015	11	倫敦ATP年終賽（室內硬地） 巴黎1000大師賽（室內硬地） 上海1000大師賽（室外硬地） 中國北京網賽（室外硬地） 美網（室外硬地） 溫網（室外草地） 羅馬1000大師賽（室外紅土） 蒙地卡羅1000大師賽（室外紅土） 邁阿密1000大師賽（室外硬地） 印地安泉1000大師賽（室外硬地） 澳網（室外硬地）
2014	7	倫敦ATP年終賽（室內硬地） 巴黎1000大師賽（室內硬地） 中國北京網賽（室外硬地） 溫網（室外草地） 羅馬1000大師賽（室外紅土） 邁阿密1000大師賽（室外硬地） 印地安泉1000大師賽（室外硬地）
2013	7	倫敦ATP年終賽（室內硬地） 巴黎1000大師賽（室內硬地） 上海1000大師賽（室外硬地） 中國北京網賽（室外硬地） 蒙地卡羅1000大師賽（室外紅土） 杜拜網賽（室外硬地） 澳網（室外硬地）
2012	6	倫敦ATP年終賽（室內硬地） 上海1000大師賽（室外硬地） 中國北京網賽（室外硬地） 加拿大1000大師賽（室外硬地） 邁阿密1000大師賽（室外硬地） 澳網（室外硬地）

年份	奪冠數	賽事名稱
2011	10	美網（室外硬地） 加拿大1000大師賽（室外硬地） 溫網（室外草地） 羅馬1000大師賽（室外紅土） 馬德里1000大師賽（室外紅土） 塞爾維亞網賽（室外紅土） 邁阿密1000大師賽（室外硬地） 印地安泉1000大師賽（室外硬地） 杜拜網賽（室外硬地） 澳網（室外硬地）
2010	2	中國北京網賽（室外硬地） 杜拜網賽（室外硬地）
2009	5	巴黎1000大師賽（室內硬地） 瑞士巴塞爾室內網賽（室內硬地） 中國北京網賽（室外硬地） 塞爾維亞網賽（室外紅土） 杜拜網賽（室外硬地）
2008	4	上海1000大師賽（室外硬地） 羅馬1000大師賽（室外紅土） 印地安泉1000大師賽（室外硬地） 澳網（室外硬地）
2007	5	維也納網賽（室內硬地） 加拿大1000大師賽（室外硬地） 愛斯多尼網賽（室外紅土） 邁阿密1000大師賽（室外硬地） 阿德雷德網賽（室外硬地）
2006	2	摩澤爾網賽（室內硬地） 阿默斯福特挑戰賽（室外紅土）

後記

基於熱愛網球，也對費德勒、納達爾和喬科維奇的成就及其影響力，深感敬佩，這本書於是誕生了。我在為另一項書寫計畫收集文獻的過程中，產生了撰寫這本書的念頭。誰曉得那項計畫有朝一日是否能問世呢。我閱讀了大量運動書籍，意識到許多著作不是分別講述他們三人，就是談論費德勒與納達爾的宿敵關係，不然就是根本沒有作品把喬科維奇納入其中。我很難相信這一點，三人的運動生涯達到這個高度，居然沒有一本關於三巨頭的著作。在我看來，以及對許多網球迷來說，三巨頭是史上最強的宿敵對峙。

出於三個原因，撰寫本書是真正的挑戰。首先，關於三人的可參考資訊數量無比龐大，除了本書引用的書籍和參考書目，還有全世界成千上百個媒體網站。再者，自三人的童年時期開始重建他們的生命歷程，穿插他們人生中最重要的章節，將這些章節置於正確的時空位置上，上述總總都是非常困難的課題。最後，這本書講的是三位現役頂尖運動員，他們在網球比賽和社交生活上的行程非常緊湊，使我不得不一直更新草稿。這項大挑戰的成果就是《BIG3網壇三巨頭》，一部向費德勒、納達爾和喬科維奇致敬之作，也向我們有幸經歷的網球黃金年代致敬。

這書的用意，是向讀者提供所有資訊和論述，讓各位自行決定誰才是史上最偉大的網球選手。

就我個人而言，分析過手上所有資料，看見三人在長達二十年間達到並維持非凡水準，我認為要明確斷言他們之中的誰才是技高一籌，是不可能的事。至少在三人幾乎完全不相上下的這一刻來說不可能。誰又曉得接下來幾年會發生什麼事呢。當然，每位球迷都有自己最愛的選手，許多人甚至斷言說他們其中的某位顯然比較強，但也有很多人很難選邊站。這兩種意見都說得通，和任何一種辯論主題一樣，若提出這些看法的人曾稍微花時間好好瞭解，那就更加說得通了。坦白說，本書給了他們一個無比穩固的地基，為他們準備大量的論述，讓他們可以捍衛自己所選擇的立場。

如同在前言中所述，史上最強的三位網球選手共處同個時代，是史無前例的事，未來也很難再發生。若今天網壇又發生這種事，那只能用烏托邦來形容了。因此，我們務必讚賞過去二十年來所經歷的一切，務必介紹費德勒、納達爾和喬科維奇在場上和場外對體壇的貢獻。同樣來說，不讓未來世代的選手感覺他們有義務追平三巨頭的壯舉，不用這個重擔拖累他們，也是負責任的表現。務必用正確的方式評價新生代和其他尚未到來的選手所打下的成就。百戰百勝並不是正常的事。費德勒、納達爾和喬科維奇所經歷的一切獨一無二。

要生成一位和他們三人相同水準的網球選手，必須要有非常多因素匯聚在一起，但這件事可遇不可求。他們三人之間，有人生來就有超乎常人的天賦，有人擁有得天獨厚的體能，有人有極高的智慧，有人有恰當的家庭環境，有人的運氣非常好，有人抱持堅不可摧的決心，且有能力承受置身頂尖體壇要付出的巨大犧牲。此外，他們還具備許多特質。上述條件缺一不可，我們才有機會再見到如他們三人等級的選手，所以三位同時存在於同個時代該是多麼困難啊。甚至可以說，若我們真的有幸再次擁有三位和三巨頭一樣強的選手，這些人也不可能和他們一樣，維持相同的球技水準和成績如此多年。因為，鮮少有運動選手能夠在贏得所有後，長年日復一日地尋找新的挑戰，有時候甚至是創造挑戰，只為了維持動力。這三人就是費德勒、納達爾和喬科維奇。

無可避免的一天逐漸接近，我們勢必得與這個美妙的宿敵關係說聲再見。那一刻，我們將回顧從前，意識到能夠享受他們三人的網球是何等幸運的事。無論如何向他們致敬，永遠都不嫌多。就用這本書來向他們表示敬意吧。

致謝

一直以來我都自認是非常幸運的人，會這麼說，主要是因為我一生中有許多人相伴。一開始籌畫撰寫這本書時，我感覺這個寫作計畫充滿幻想，很難問世。不幸的是，一路上我錯過了好幾百本作品。因此，我想透過這幾段文字感謝我在這段漫長過程中得到的支持。雖然我沒辦法提及所有人的名字，還是要對在某個時刻激勵我的人表示感謝，謝謝他們的關心、好奇和加油打氣。

首先，我想謝謝我在獻辭中提到的人，對我而言最特別的人。謝謝我的父親貝德羅，他是我的日常榜樣，激起了我對閱讀的熱情，我有成千上百的靈感想寫進書裡，都是出自他的圖書館。謝謝我的母親蘿拉，她讓我明白自己想做什麼都做得到，這點已經烙印在我的個性上。謝謝我的哥哥巴布羅，我跟他分享許多書籍和經歷。他對這本書貢獻良多，多虧了他幫忙校訂，這本書變得更好。謝謝我的哥哥貝里科，他是我形影不離的比賽隊友，正是那些比賽讓我愛上運動競技的，謝謝他總是看好我。謝謝我的妹妹瑪麗亞，她是突破自我的典範，謝謝她在我需要協助時總是有求必應。

同樣，我也想感謝卡門．安杜哈，她總是在我身邊，也在這個計畫中出了一份力。謝謝寶拉．德阿洛優，謝謝她日常誠心的支持，也謝謝她讓與這本書有關的許多大小事都變得更加簡單。

非常感謝我的編輯卡洛士．拉莫斯，謝謝他相信這本作品，謝謝他相信我，謝謝他竭盡所能讓我的夢想成真。有時候，我們在人生中需要的就只是一個機會。也謝謝貝雅翠絲．韓布麗娜和角落出版社這個大家庭的所有人，謝謝他們的美妙工作以及他們對體壇的偉大貢獻。少了他們，西班牙的運動書寫不會是今天這個模樣。

我不會忘記安赫．賈西亞，謝謝他願意合作，替本書撰寫一篇珍貴的序。我也不會忘記搭建atptour.com這個優秀網站的專業人士，多虧了這個網站，我取得無法計數的大量資料和數據，大大幫助了這個計畫。也要感謝西班牙、歐洲和美洲主要報紙的許多體育記者，他們的新聞、採訪和專題報導都幫助了我重建三巨頭的網球之路。

當然，我也要謝謝所有費心購買或閱讀本書的人。我在這本書中傾注了所有我能夠匯集的想像，就算只有一個人有興趣投資金錢或時間在我的文字上，我也會感到非常開心。

最後，我要感謝這三位讓一切成真的藝術家：費德勒、納達爾和喬科維奇。他們並不曉得自己讓數百萬球迷多麼享受網球這項運動，不曉得我們會有多麼想念他們三人。我用愛、真摯和奉獻寫下這本書，是我對他們的人生及職業歷程的小小致敬。

參考書目

- 《天才之擊》（*The stroke of genius*），沃海姆（L. Jon Wertheim），HMH Books。
- 《費德勒密碼》（*El código Federer*），塞梅拉諾（Stefano Semeraro），Córner。
- 《拉法，我的故事》（*Rafa. My Story*），納達爾和卡林（Rafael Nadal & John Carlin），Sphere。
- 《喬科維奇傳記》（*Novak Djokovic. The Biography*），鮑爾斯（Chris Bowers），John Blake。
- 《王者對決，Roger & Rafa》（*Rafa & Roger*），亞瑞納斯和普拉薩（Antonio Arenas & Rafael Plaza），Libros Cúpula。
- 《無網》（*Sin red*），費斯特（Sebastián Fest），Debate。
- 《羅傑・費德勒：無可取代的網球之王》（*Roger Federer - Die Biografie*），史道佛（René Stauffer），Sperling & Kupfer。
- 《喬科維奇身心健康書》（*Serve to win*），喬科維奇（Novak Djokovic），Corgi。
- 《喬科維奇》（*Novak Djokovic*），喬弗瑞斯（Clayton Geoffreys）。
- 《天才之擊》（*Strokes of genius*），道格拉斯（Andrew Douglas），根據沃海姆著作改編的紀錄片。
- 《公開：阿格西自傳》（*Open*），阿格西（Andre Agassi），Duomo Nefelibata。
- 《上帝、祖國和死亡：巴爾幹戰爭中的足球》（*Dios, patria y muerte. El fútbol en la guerra de los Balcanes*），馬里歐蒂尼（Diego Mariottini），Altamarea。

- ATP官方網站：www.atptour.com
  https://graphics.reuters.com/world-coronavirus-tracker-and-maps/es/

Roger Federer

Rafael Nadal

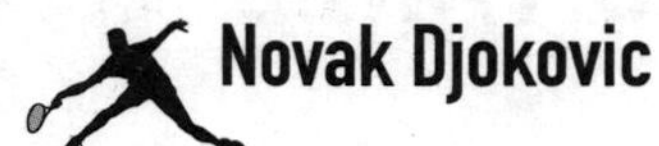
Novak Djokovic

BIG THREE